构建高质量、可持续的学校改进体系
大学-区域-学校伙伴协作模式探索与创新

宋萑 何暄 [英]戴杰思 ◎ 主编

谢萍 郑泽亚 ◎ 副主编

北京市教育科学『十四五』规划 2021 年度重点课题——区域教育治理视域下高校支持中学发展的策略研究 课题批准号：CCAA21054

河海大学出版社
·南京·

图书在版编目（CIP）数据

构建高质量、可持续的学校改进体系：大学-区域-学校伙伴协作模式探索与创新 / 宋萑，何暄，（英）戴杰思主编；谢萍，郑泽亚副主编. －－南京：河海大学出版社，2022.12
ISBN 978-7-5630-7974-2

Ⅰ. ①构… Ⅱ. ①宋… ②何… ③戴… ④谢… ⑤郑… Ⅲ. ①学校管理－研究 Ⅳ. ①G47

中国版本图书馆 CIP 数据核字（2022）第 253618 号

书　　名	构建高质量、可持续的学校改进体系——大学-区域-学校伙伴协作模式探索与创新 GOUJIAN GAOZHILIANG、KECHIXU DE XUEXIAO GAIJIN TIXI——DAXUE-QUYU-XUEXIAO HUOBAN XIEZUO MOSHI TANSUO YU CHUANGXIN
书　　号	ISBN 978-7-5630-7974-2
责任编辑	周　贤
责任校对	卢蓓蓓
封面设计	张育智　周彦余
出版发行	河海大学出版社
地　　址	南京市西康路 1 号（邮编：210098）
电　　话	（025）83737852（总编室） （025）83722833（营销部）
经　　销	江苏省新华发行集团有限公司
排　　版	南京布克文化发展有限公司
印　　刷	江苏凤凰数码印务有限公司
开　　本	787 毫米×1092 毫米　1/16
印　　张	17.25
字　　数	388 千字
版　　次	2022 年 12 月第 1 版
印　　次	2022 年 12 月第 1 次印刷
定　　价	89.00 元

序一

百年大计,教育为本,如何在当今飞速发展的时代办好教育,成为时代之问。为应对各种不确定性,构建互惠互助的共同体成为大势所趋。

北京市西城区为探索新型合作模式、助力区域教育高质量均衡发展,以区财政资助的形式大力支持北京市西城区教育科学研究院横向委托北京师范大学开展大学-区域-学校(以下简称U-D-S)研究项目,对准区域学校发展和教师成长的问题,通过大学、区域、学校合作,支持区域学校教育质量提升。国内外实证研究表明,成功的校长/中层的领导力对学生的成就有至关重要的影响,在学校教育中,仅次于教师在课堂对学生的影响。因此,该项目从领导力视角切入,以促使学校具备自我改进与提升的能力、实现可持续发展为目标开展研究。

"变革领导力提升与学校革新项目——高校支持中学发展"(以下简称"变革领导力提升"项目)的研究者们相信一位具备变革领导力的中层领导者能在解决学校革新的实践真问题过程中,引领其他教师参与学校革新和共同发展,并最终实现学生的全面发展。"变革领导力提升"项目有两个核心策略,一是循证式学校革新与行动研究,通过大学与中学的批判性协作,中层领导者发现学校革新问题,并基于理论和文献证据,设计变革行动和实施校本探究课题。二是递进式领导者引领学校变革模式,将中层领导者变革领导力发展融入学校变革实践中,中层领导者在引领教师和学生发展过程中实现使命担当、角色认同、知识领会、能力提升和影响力拓宽。在项目开展过程中,大学教师、区域研究机构研究员和学校教师积极探索和开拓U-D-S合作的有效模式,整合三方的资源,形成合力,从理论的高度和实践的深度共同探讨学校领导者的"变革领导力"提升和学校持续变革改进等问题。项目结束之际,参与学校实现了不同程度的学校革新和教师领导力发展,大学教师、区域研究机构研究员和一线教师都产生了新的理论思考与实践感悟,故著述此书,将探索经验保留下来,分享给诸位教育同仁。

此书共分为三个部分:第一部分是开端——探讨变革伙伴关系,从理论出发阐述学术维度下伙伴关系的性质、组织变革的本质,进而引出本项目设计中的"中层领导"的概念是什么,项目变革和改进模型是怎样的。第二部分是过程——摸索U-D-S协同模式,该部分主要描述高校团队与各校中层领导合作的校本实践的变革过程、结果与反思。首先聚焦校本项目研究主题与重点,在此基础上厘清学校现状与改进需求,接着叙述校本项目的开展情况(包括参与者的期待、经历、变化等环节)。本章内容也包含了高校教师与中学的互动,一些关键性的变化事件,项目的成效与结果,等等。第三部分是反思——构建高质量、可持续学校改进体系,通过分析不确定时代的共同协作,挖掘在协作模式中的高校角色,省思协作模式中的信任关系,回顾项目的完整经过,再次呼应伙伴协作关系对变革领导力和学校改进的重要性。这些是经过实践考证再次得出的扎实结论,饱含经验之实。

当前面临的挑战是新的,答案也应该是新的。本书展示了该项目在区域教育均衡发展和U-D-S伙伴合作等方面的新思路、新做法、新省思,真诚地希望能够给存在同样困惑的教师或团队提供借鉴,当然其中不乏不完美之处,本意是与诸位分享、共商,打开一扇对话的窗口。

本书参与编写的人员如下:

第一章:叶菊艳、曹钰昌(北京师范大学)

第二章:曾国权(香港教育大学)、白鸽、张予潇、王光强(北京师范大学)

第三章:何暄(北京市西城区教育科学研究院)

第四章:谢萍、王玉(北京师范大学)

第五章:朱利、沙抒音、张凯雯、刘雨桐、王雅菲(北京市宣武外国语实验学校)

第六章:司瑞智、魏健、唐世红、果征、王莉(北京市回民学校)

第七章:赵彤、屈文妍、张晓明、解妍、郑晚露、孟庆江(北京市第一五九中学)

第八章:徐立军、陈淑萍、段洁、李梦璐、胡振寰(北京市第三中学)

第九章:李平、丁素霜、郭婷婷、张雯、曾于秦、姚义、刘春秀、尹钰(北京市第七中学)

第十章:张冠洁、刘倩、魏伟、汪家发(北京市第六十六中学)

第十一章:王馨薇(北京师范大学)、王晓阳(山西大学)

第十二章:毕妍(天津工业大学)

第十三章:胡荣堃(北京市正泽学校)

第十四章:宋萑、陈嘉媛、冯展锋、李雨瞳、陈洁莹(北京师范大学)

北京师范大学"变革领导力提升与学校革新项目"研究团队
北京市西城区教育科学研究院

序二

北京市西城区是北京市优质资源的聚集地,长期以来,西城区教育委员会围绕实现"均衡发展的先进区、素质教育的示范区、创新教育的实践区和优秀人才培养的高产区"的工作要求,致力于推动优质教育资源的均衡发展,关注教育教学改革,关注每所学校的日常改进。"变革领导力提升"项目作为我区"高校支持中小学发展"的内容之一,得到了"两委"领导的支持,获得了区财政的创新项目资助,助力西城区教育科学研究院与北京师范大学共同开展研究。项目邀请六个学区的六所新优质学校参与,一同探索大学、区域、学校合作提升学校教育质量的新模式、新路径。

区域教育的优质均衡发展,依赖于中小学教育质量的提升,而学校教育质量提升的关键之一在于中层干部领导力的发展。中层领导者在面对学校革新的实践真问题时,其领导力有利于唤醒教师的变革潜能,引领其他教师参与学校革新和共同发展,并助力教学实践的改善,最终实现学生的全面发展。因此,为助力西城区学校教育质量的提升,首先要从提升学校中层干部的领导力开始,最终实现各学校具备自我变革的意识与能力,促进其主动变革,实现教育高质量发展。

"变革领导力提升"项目创新探索 U-D-S 伙伴协作的有效模式,来自高校的教育研究者、区域研究机构的研究员和一线教师三方共同形成合力,多次前往教育教学现场对学校青年教师发展、课堂教学改进、家校共建策略及学校课后服务路径探索等与教育教学改革相关的问题进行理论和实践指导,助力教师专业发展及提高学生学业成绩。在协作和共同学习的过程中,高校、区域和学校共同搭建起学校变革领导力理论研究与实践探索的桥梁,在不断参与项目的过程中形成对变革领导力的感悟与思考,并著述此书,希冀能与其他教育同仁进行对话。

作为项目的核心成果,本书由西城区教育科学研究院、北京师范大学、六所参与项目的学校共同编写,对相关理论、项目开展过程和促进学校发展的成效与反思做了系统梳理,以期能为西城区的教育发展带来启示及对未来 U-D-S 合作模式的优化提供借鉴。作为如何提升中层领导者领导力的理论和实践结晶,本书亦可作为校长、中层领导者的案上书。

当前的学校教育面临新挑战,需要不断探索其优化路径,促进区域优质教育的均衡发展。"变革领导力提升"项目的探索经验为之后西城区教育质量的提升打开了一扇窗。

在此真诚地向参与项目和本书编写的北京师范大学、北京市宣武外国语实验学校、北京市回民学校、北京市第一五九中学、北京市第三中学、北京市第七中学、北京市第六十六中学、北京市西城区教育科学研究院致以最诚挚的感谢。

王攀

北京市西城区教育委员会

目录

第一部分 理论篇

第一章 伙伴关系的性质：伙伴协作如何促进教师学习和学校改进 …………… 003
  第一节 "合作"与"协作" …………………………………………………… 003
  第二节 大学与中小学伙伴协作的历史源流 …………………………… 004
    一、缘起 ………………………………………………………………… 005
    二、发展 ………………………………………………………………… 005
    三、引入 ………………………………………………………………… 009
  第三节 大学与中小学的伙伴协作促进教师学习与学校改进的具体路径 …… 012
    一、典型的研究-实践伙伴协作模式 ……………………………… 014
    二、课例研究逐渐成为重要的研究-实践伙伴协作的跨界基础设施 …… 015
  第四节 已有研究与实践探索对建立大学与中小学伙伴协作关系的启示 …… 019
    一、大学研究者与教师在协作中的身份定位 …………………… 019
    二、大学与中小学伙伴协作中的可能"矛盾"与"知识互动" …… 021
    三、小结：伙伴协作如何促进教师学习与学校改进 …………… 022

第二章 组织变革的本质——成功的变革模式 ………………………………… 024
  第一节 组织变革的含义及本质 ………………………………………… 025
  第二节 组织变革的理论 ………………………………………………… 027
    一、过程取向 …………………………………………………………… 027
    二、策略取向 …………………………………………………………… 028
    三、系统取向 …………………………………………………………… 029
    四、迈克尔·富兰的理论 ……………………………………………… 030
    五、U-D-S伙伴协作模式 ……………………………………………… 032
  第三节 成功变革的关键要素 …………………………………………… 034
    一、塑造良好学校组织文化，营造和谐学校组织氛围 ………… 034
    二、建立共同愿景，明确发展目标 ………………………………… 034

三、提高领导能力，树立多元教育理念 035
  第四节　结论 035
第三章　中层领导：学校发展的中坚力量 037
  第一节　中层领导者在学校发展中的角色职能 038
  第二节　中层领导力的内涵 040
  第三节　学校中层领导的发展现状 042
　　　一、从"中间"到"中坚"的现实困境 042
　　　二、中坚力量的积淀与萌发 046
  第四节　中层领导力的提升与建构 048
　　　一、中层领导力提升的多元路径 048
　　　二、中层领导力提升的多元主体融合 049
　　　三、中层领导力提升的交流合作机制 050
  第五节　学校中层领导者的核心素养 050
　　　一、核心素养模型建构的理论基础：领导特质和行为理论 051
　　　二、中层领导者核心素养建构的相关研究 052
　　　三、学校中层领导者的核心素养建构 053
第四章　变革与变革模型 057
  第一节　变革与变革领导力 057
　　　一、领导力与变革领导力 058
　　　二、教育中的变革领导 061
  第二节　变革模型 061
　　　一、基本的工业与商业变革模型 061
　　　二、工商业领域技术取向与文化取向及其耦合 062
　　　三、教育变革与大学-区域-学校合作 064
  第三节　项目模型 067
　　　一、项目概念模型 067
　　　二、项目变革模型 070
  结语 072

第二部分　实践篇

第五章　"双减"背景下的学校课后服务课程开发与体系构建路径探索 075
  第一节　选题缘起 075
　　　一、项目背景 075
　　　二、项目简介 078
　　　三、项目意义 079

第二节	厘清学校现状与改进需求	080
	一、学校历史与发展目标	080
	二、"双减"契机与"课后服务"项目聚焦	081
第三节	校本项目开展情况	083
	一、初步开展期	083
	二、探寻期	084
	三、转变期	085
	四、初步成熟期	086
第四节	高校导师角色与互动	089
	一、引领者	089
	二、驱动者	090
	三、分享者	091
	四、陪伴者	093
第五节	关键事件变化	094
	一、"团队越来越和谐 目标越来越一致"	094
	二、"我们改进了评教评学的方式"	095
	三、"在探索的过程当中一定是有收获的"	096
	四、"我们之间是一个合作交流的伙伴关系"	096
第六节	变革的可持续性	098
	一、经验主义转向循证探究（Evidence-Based Inquiry）	098
	二、注重学生的实际需求和教师的潜能激发	099

第六章　依托项目研究 拓宽特色发展路径 … 102

第一节	新时期民族学校特色发展之路的探寻	102
	一、民族学校特色发展的新时代背景	102
	二、"融·和"文化理念的缘起、深化和自我审视	104
	三、基于课堂教学探寻学校特色发展的行动研究	105
第二节	民族特色学校发展的实然发展与应然追求	105
	一、新时期学校发展中遇到的挑战	105
	二、问题与目标导向的项目行动改进需求	107
第三节	学校变革领导力提升项目开展情况回溯	109
	一、预备期——组建团队，建立共同研究之舟	109
	二、初期——系统思考，扬学校改进之帆	109
	三、探寻——团队合作，锚定航向规划路径	109
	四、嬗变——生成智慧，聚焦问题反思改进	111
	五、成熟——总结提炼，收获内生动力	112
第四节	项目研究中高校导师的角色与互动	113

第五节　项目研究中关键变化事件 ·· 115
　　　　一、博观约取——确定研究思路 ·· 115
　　　　二、携手共进——影响日益增强 ·· 116
　　　　三、扎根课堂——从先行个案到群体研究 ·································· 116
　　第六节　项目研究的自我评估分析 ·· 117
　　　　一、扎根本土，贯通育人路径 ·· 117
　　　　二、立足课堂，实现科学渗透 ·· 118
　　　　三、项目引领，助力队伍建设 ·· 121

第七章　基于数据素养改进学校教育教学与管理的实践研究 ·············· 122
　　第一节　追溯缘起 ·· 122
　　　　一、研究背景 ·· 122
　　　　二、项目简介 ·· 123
　　　　三、项目的创新之处和意义 ··· 125
　　第二节　厘清现状 ·· 125
　　　　一、学校简介与发展现状 ··· 125
　　　　二、发展中面对的挑战与需求 ·· 127
　　第三节　梳理历程 ·· 128
　　　　一、预备期：寻找方向 ·· 128
　　　　二、初步开展期：聚焦项目 ··· 128
　　　　三、探寻期：高校助力 ·· 129
　　　　四、转变期：任务驱动 ·· 130
　　第四节　互动点滴 ·· 131
　　　　一、高校参与：带来新的思考点与成长点 ·································· 131
　　　　二、互动：从互相试探到合作共赢 ·· 132
　　第五节　聚焦变化 ·· 133
　　　　一、重要变化：项目带给我们哪些改变 ····································· 133
　　　　二、关键事件：变化是如何发生的 ·· 136
　　第六节　关注持续变革 ·· 140
　　　　一、总结变化与改进 ··· 140
　　　　二、未来持续变革 ·· 140

第八章　聚焦双减政策导向　共谋长效变革发展 ···························· 142
　　第一节　项目研究主题与重点 ·· 142
　　　　一、研究背景 ·· 142
　　　　二、研究内容与设计 ··· 143
　　第二节　学校现状与改进需求 ·· 144
　　　　一、学校发展目标 ·· 144

二、学校现状 …………………………………………………… 145
　　三、学校发展进程中面临的挑战 ………………………………… 147
第三节　项目开展情况 …………………………………………………… 149
　　一、启动期 …………………………………………………………… 149
　　二、探寻转变期 ……………………………………………………… 150
　　三、成熟期 …………………………………………………………… 153
第四节　高校导师角色与互动 …………………………………………… 156
　　一、高屋建瓴　政策解读——理论引领者 ……………………… 156
　　二、深入指导　鞭辟入里——实践指导者 ……………………… 157
第五节　关键变化事件 …………………………………………………… 157
　　一、项目组成员的扩大化推动了项目的发展 …………………… 157
　　二、"一节好课"的提出拓展了研究的思路 ……………………… 158
　　三、推出课堂评价标准，推进反思与创新 ……………………… 159
　　四、明确未来方向，推进课题的深入发展 ……………………… 160
第六节　变革的可持续性 ………………………………………………… 161
　　一、项目组培养了骨干教师，为变革可持续发展提供了人才保障 …… 161
　　二、项目组抓住了学校教育改革的根本，立足提高课堂教学质量 …… 161
　　三、学校课程建设进一步发展，为学校发展注入了新的活力 ……… 162
　　四、项目组为教师的成长提供了平台——建立学习型团队 ……… 162
第七节　结语 ……………………………………………………………… 163

第九章　促进学生心理健康的家校共育策略研究 ……………………… 164
　第一节　项目研究主题与重点 ………………………………………… 164
　　一、研究背景 ………………………………………………………… 164
　　二、研究内容与设计 ………………………………………………… 166
　第二节　学校现状与改进需求 ………………………………………… 167
　　一、学校发展的目标 ………………………………………………… 167
　　二、学校现状 ………………………………………………………… 168
　　三、学校发展进程中面对的挑战 …………………………………… 169
　第三节　项目开展情况 ………………………………………………… 170
　　一、启动期 …………………………………………………………… 170
　　二、探寻转变期 ……………………………………………………… 170
　　三、开展期 …………………………………………………………… 171
　　四、成熟期 …………………………………………………………… 173
　第四节　高校导师角色与互动 ………………………………………… 174
　　一、支持者 …………………………………………………………… 175
　　二、指导者 …………………………………………………………… 175

         三、同行者 ·· 175
         四、朋友 ·· 176
   第五节 关键变化事件 ·· 177
         一、面向导师的系列培训课程有效提升导师专业能力 ···················· 177
         二、系列家长培训和沙龙活动促成家长观念转变 ·························· 178
         三、教师和家长理论水平和指导能力提升帮助学生心理健康成长 ······ 179
         四、完善各类制度建设着力保障家校协同育人效果 ······················· 179
   第六节 变革的可持续性 ··· 180
         一、进一步完善家校共育的组织体系建设 ··································· 180
         二、加强了家校常态化沟通机制建设 ·· 180
         三、进一步开发了心理健康教育教师系列必修课程和系列选修课程建设
              ··· 181
         四、尝试开发与实施家庭心理健康教育课程 ······························· 181
         五、团队成员在项目参与过程中收获了成长 ······························· 181

第十章 聚焦青年教师专业成长,助力学校教育持续发展 ················ 187
   第一节 项目研究主题与重点 ·· 187
         一、研究背景 ·· 187
         二、研究主题 ·· 187
         三、研究框架 ·· 188
         四、研究重点 ·· 188
   第二节 厘清学校现状与改进需求 ·· 188
         一、学校现状及发展目标 ·· 188
         二、学校面临的挑战及改进需求 ··· 189
   第三节 校本项目开展情况 ··· 190
         一、项目启动期——在困惑中寻找变革的起点 ··························· 190
         二、项目探寻期——在摸索中找寻变革的突破点 ························ 191
         三、项目转变期——在兴奋中创新变革的生长点 ························ 192
         四、项目深化期——在实践中扩大变革的影响面 ························ 193
   第四节 高校导师角色与互动 ·· 194
         一、引领示范,注重实效,行为上有变化 ··································· 195
         二、指导探索,智慧碰撞,思想上有深化 ··································· 195
   第五节 关键变化事件 ·· 196
         一、参加工作坊学习:从"被培训者"到"变革主体"的转变 ········· 196
         二、和专家一起听评课:好课评价标准的转变 ··························· 196
         三、评价工具使用:促进教学评一体化转变 ······························· 196
         四、建立教师专业发展模型:从"工作逻辑"到"研究逻辑"的转变 ········· 197

第六节	变革的可持续性	198
	一、变革惊喜 持续发展	198
	二、引发思考 发现不足	198

第三部分　反思篇

第十一章	不确定时代的共同协作	203
第一节	不确定时代的样态	203
	一、不确定时代的内涵	203
	二、常态社会发展的不确定性	205
	三、不确定时代下中小学的确定性寻求	206
第二节	困境丛生的传统 U-D-S 合作	207
	一、形式导向的合作	208
	二、循规蹈矩的合作	209
	三、自上而下的合作	209
	四、有始无终的合作	210
第三节	直面不确定的新型 U-D-S 合作	211
	一、成长与陪伴	211
	二、表达与亲证	212
	三、发展与启发	213
	四、自主与赋能	214
第十二章	协作模式中的高校角色：优势与局限	216
第一节	协作模式中的高校角色	218
	一、启动阶段	218
	二、协作加强阶段	220
	三、变革自觉阶段	224
第二节	高校教师角色作用发挥的局限性与反思	227
	一、能否做到理论和实践的贯通，在行动中不断思考	227
	二、能否与学校建立持续的信任关系	228
	三、能否找到学校真正关心的合作主题	229
第十三章	协作模式中的信任	230
第一节	信任及其在协作模式中的价值	230
	一、什么是"信任"	230
	二、信任在协作模式中的价值	231
第二节	协作模式中信任的类型和发展过程	232
	一、协作模式中信任的主要类型	232

二、协作模式中信任的发展过程 ………………………………………… 235
第三节　协作模式中影响信任的因素和策略建议 …………………………… 240
　　一、协作模式中影响信任的主要因素 …………………………………… 240
　　二、协作模式中增强信任的策略建议 …………………………………… 244

第十四章　伙伴协作关系对变革领导力和学校改进的重要性 ……………… 246
第一节　技术取向伙伴协作关系与学校变革改进 …………………………… 247
　　一、技术取向伙伴协作关系实践 ………………………………………… 247
　　二、技术取向伙伴协作关系：变革领导力发展的工具箱 ……………… 249
　　三、技术取向伙伴协作关系：学校改进的资源提供商 ………………… 251
第二节　政治取向伙伴协作关系与学校变革改进 …………………………… 252
　　一、政治取向伙伴协作关系实践 ………………………………………… 252
　　二、政治取向伙伴协作关系：变革领导力发展的关系库 ……………… 254
　　三、政治取向伙伴协作关系：学校改进的启动器 ……………………… 255
第三节　文化取向伙伴协作关系与学校变革改进 …………………………… 255
　　一、文化取向伙伴协作关系实践 ………………………………………… 255
　　二、文化取向伙伴协作关系：变革领导力发展的价值愿景 …………… 257
　　三、文化取向伙伴协作关系：学校改进的动力源 ……………………… 258
第四节　伙伴协作关系与学校变革改进：指向可持续性 …………………… 259
　　一、伙伴协作赋予学校变革能量 ………………………………………… 260
　　二、伙伴协作厚积学校变革资本 ………………………………………… 260
　　三、伙伴协作赋能学校变革能动者 ……………………………………… 261
　　四、伙伴协作打通研究-实践路径 ………………………………………… 262

第一部分 理论篇

第一章

伙伴关系的性质：
伙伴协作如何促进教师学习和学校改进

当前，随着教育改革的不断推进，学校迫切需要与其他组织或机构结成伙伴关系来共同应对教育改革的考验与挑战。例如，学校之间可以结成区域层面的伙伴关系，共享教育资源，促进区域整体教育质量的提升；学校与大学进行伙伴协作，大学研究者可以为学校带来前沿的教改理念与实践，帮助学校进行教师专业发展，学校则为大学研究者提供鲜活的教育研究资源，促进理论与实践的有机结合；学校与商业机构结成伙伴关系，商业机构通过为学校提供资金、实习机会等，履行企业社会责任感的同时亦可通过学校培养企业发展所需要的人才，学校则通过与商业机构的合作更好地了解和回应社会的人才需求。在各种合作关系中，大学与中小学的伙伴协作越来越被看作是促进教师专业发展、提升学校整体效能的有效路径。

第一节 "合作"与"协作"

现阶段对于大学与中小学的伙伴协作（university-school partnership）有以下几种表述方式：大学与中小学合作（U-S 合作）、大学与中小学伙伴协作/伙伴合作（U-S 伙伴协作/伙伴合作）、院校合作或院校协作，或将大学更加具体化为高师院校或教师教育机构。不管是何种表述，都可以看出，"合作"与"伙伴协作"是两个经常被提及的概念。在英文中，"合作"主要对应三个单词，分别是 cooperation、coordination、collaboration。根据英国学者吉尔·尼科尔斯的考察，cooperation 指的是一方正在帮助或者愿意帮助另一方，collaboration 指的是一个主体与另一个主体或多个主体共同从事一项工作，而 coordination 则可以视作是从 cooperation 到 collaboration 的中间过渡状态。因此，在中文语境下，将 cooperation 译为"协助"，coordination 译为"合作"，collaboration 译为"协作"可能更符合其意思；另外，"伙伴协作"在英文中的表述为 partnership。其中，partner

意指"伙伴",而后缀"-ship"则表示一种关系状态。在中文语境下,"协作"本身就是一种关系,因此,partnership 译为"伙伴协作"或"伙伴关系"都是可以的。更准确地讲,伙伴协作是伙伴关系的动词化表达,伙伴关系是伙伴协作的名词化样态。

美国学者李·泰特尔曾言,"协作"(collaboration)与"伙伴协作"(partnership)是20世纪末和21世纪初使用最频繁的两个术语[1],但这两个词的内涵却不同。布鲁斯·巴内特认为,"协作仅仅是伙伴协作的一种特殊形式",并且根据各方参与度的不同,伙伴协作会由"协助"(cooperation)过渡为"合作"(coordination)再到"协作"(collaboration)。同样,伙伴关系也会由相对独立的关系变为相互依赖的关系[2]。由此可知,"伙伴协作"相比于"协作"的范围更大,换句话说,不管是协助(cooperation)、合作(coordination)还是协作(collaboration)都是一种伙伴协作,只不过伙伴双方的互惠程度、投入程度等不同罢了。伙伴协作和伙伴关系是一体两面的表达,伙伴协作说到底还是一种关系状态,而这种关系最重要的就是平等与互信,强调彼此之间必须平等相待、共同参与、互利互惠[3]。

本书选择"伙伴协作"作为核心概念,其与平时中文语境下使用的"合作"最为显著的区别在于,首先,"伙伴协作"是以各方主体之间签订合同和正式协议作为基础来开展的正式的合作关系,而"合作"却可以是口头或"握手成交"的非正式合作关系[4];其次,"伙伴协作"这一概念更能传达出"伙伴"之间的平等、互惠与信任,以及"协作"的共同谋事以实现共同愿景的意味;最后,在伙伴协作中,协助(cooperation)、合作(coordination)、协作(collaboration)这些合作样态都有可能出现,而这些合作样态并没有优劣好坏之分,任何一种合作样态也并非是"万全之策"(one size fits all)[5]。

第二节 大学与中小学伙伴协作的历史源流

大学和中小学在性质与功能上迥然不同。前者是研究高深学问和创造知识的学术机构,后者是致力于教书育人和传承人类文明的教育机构,它们之所以能走在一起并产生联结,进而形成一种伙伴协作关系,有学者指出,至少存在四个方面的动因,即教育研究范式的变革、教师教育的变革、学校教育的变革、大学功能的变革[5],且这四个动因往往是相互交织、彼此相依的。

---

[1] TEITEL L. The professional development schools handbook: Starting, sustaining, and assessing partnerships that improve student learning[M]. California: Corwin Press, 2003.
[2][5] BARNETT B G, HALL G E, BERG J H, et al. A typology of partnerships for promoting innovation[J]. Journal of School Leadership, 1999, 9(6): 484-510.
[3] 黄晶榕,林智中. 学校与大学伙伴协作推动教师专业发展的反思[J]. 教育发展研究, 2012, 32(22): 42-48.
[4] 张晓莉. 美国教师教育中大学与中小学合作的体制与机制研究[D]. 长春: 东北师范大学, 2013.
[5] 张景斌. 大学与中小学的伙伴协作:动因、经验与反思[J]. 教育研究, 2008(3): 84-89.

一、缘起

大学与中小学之间的伙伴协作最早可追溯到19世纪上半叶的德国。当时,德国教育学家赫尔巴特在科尼斯堡大学任教,在从事教育学、心理学研究的同时,他也注重将研究成果运用至教育实践中。1810年,赫尔巴特创办了教育研习班(seminary)及其附属实验学校,试图促进自己的理论成果在实践中进一步运用,并为进一步丰富与修正理论创造可能[1]。同样,在大西洋彼岸的美国,其大学和中小学的伙伴协作也于19世纪末期出现了端倪。1892年,来自哈佛大学的47位大学教师和来自中小学的42位教师结成伙伴关系,共同关注一线的教学情况,并对教师培养提供了相关建议。时任哈佛大学校长的查尔斯·埃利奥特认为,"应由大学不同学科教师和中小学教师共同组成一个委员会深入中小学,对其教育教学计划进行研究指导,以确认相关学科教学的限度、最好的教学方法、每门学科教学最佳课时分配及最佳学生评价方法"[2]。而大学与中小学伙伴协作真正的开端,则是杜威创办芝加哥大学实验学校。为了促进教育学科立足于大学的学科丛林之中,提高教育学的"科学"地位,杜威于1896年创建了芝加哥大学附属实验学校,将其作为实践与检验自身教育思想与理论的实验室。实验学校用来展示与检验、证明或证伪大学中教育学科所产生的教育理论,其成败直接决定着大学中教育学科的合法性,两个机构之间互惠互利,相依与共,这可以说是大学与中小学走向协作的开端[3]。但总的来说,此时大学与中小学的伙伴协作只能算是一种"联结"(linkage),并未形成制度化的伙伴关系样态,且学校更多处于接受大学指导的位置,是被动的、被指导的一方。

二、发展

(一) 大学与中小学发展伙伴协作以促进教师学习

20世纪初期,美国师范教育体系开始调整,原来的师范学校开始升格或转为师范学院。随着对于教师培养质量的重视,美国教师教育学院联合会(American Association of Colleges for Teacher Education)开始赋予大学附属实验学校教师培养功能。由杜威首创的实验学校也从最初仅仅是教育理论的试验田,逐步发展为具备培养新教师、从事在职教师培训等多功能的教师教育场所。截至1964年,全美实验学校达200余所。但实验学校毕竟不同于公立学校的教育教学场景,因其为实习场所,培养出的教师不一定能胜

---

[1] 于学友. 教师发展学校建设中的大学与中小学合作[D]. 北京:首都师范大学,2005.
[2] CLARK R W. School-university relationships: An interpretative review[M]//SIROTNIK K A, GOODLAD J I. School university partnerships in action: Concepts, cases, and concerns. New York: Teachers College Press,1988.
[3] 陈瑶. 杜威的教育学理想[J]. 教育学报,2012,8(6):15-25.

任公立学校的教学①。1957年,苏联卫星领先美国上天,震惊的美国人将原因归结于学校教育的质量低下,在提出教育改革以提升学校教育质量的同时,也开始关注教师教育质量。然而,当时教师教育中呈现出一种"能力为本"取向的范式,即教师教育学者利用科学程序测量出高效教师的能力维度,并试图通过微格教学等方式训练学生这些能力,以为如此培养出的师范生会成为高效教师(effective teacher)②。但人们很快发现,这种"去情景化"的教师培养模式并不适用于深受情境影响的教师职业,也难以提升教师的教育教学质量。因此,20世纪60年代至70年代,一种由中小学和大学密切合作培养新教师的建制——入门学校(Portal School)出现了。南希·维尼兹克曾对"入门学校"下了这样一个定义,"'入门学校'是培养新教师的场所,是大学教师验证新的实践和课程效果的研究场所,由中小学和大学的代表组成咨询委员会,共同选择合作场所,共同制订和落实目标"③。可以看出,"入门学校"定位于两个功能与目标,一个是基础教育的课程和教学研究与实验,另一个就是教师教育④。

但真正标志着大学与中小学之间形成一种制度化且具有典型意义的"伙伴协作"模式肇始于20世纪80年代中后期。20世纪80年代初期,美国中小学教育质量问题成为社会关注的中心,全美亦兴起了一股批判教师培养质量的声音。1983年,里根政府发布《国家处在危机之中:教育改革势在必行》,该报告作为美国现代教育史上的重要报告,指出美国教师队伍中存在很多问题,如教师教育课程设置中专业课程的学时偏少,教育类课程分量太重,合格教师数量不多,教师总数严重不足,等等。20世纪80年代,"教师作为研究者"⑤、"教师作为反思性实践者"⑥等概念的提出,使教师作为个体的成长和学习受到越来越多的关注。而随着学习理论的发展,特别是情境学习理论的提出⑦,教师学习不再被看作教师习得某一套专业知识或专业技能,而是转向了在具体情境实践中的"做中学",教师学习深受教师所处情境和背景的调节(learning mediated by context)。基于这种教师学习观的认识,教师教育也逐渐强调实践与建构取向的教师培养,教师培养由学院式培养转变为关注"以中小学为中心的校本学习方式",强调教师的学习与成长是一个共享经验的过程,是立足于教育现场的经验交流过程。但教师仅在自己教师群体中进行学习也容易产生一个问题,那就是成员之间同质化过高⑧,容易抹杀教师个体的独特性,

---

① 张晓莉. 美国U-S合作长效机制探索——以马里兰州PDS模式为例[J]. 外国教育研究, 2019, 46(12): 98-112.
② 王凯. 教师学习的生态转向及其特征[J]. 教育研究, 2010, 31(11): 83-87.
③ WINITZKY N, STODDART T, O'KEEFE P. Great expectations: Emergent professional development schools[J]. Journal of Teacher Education, 1992, 43(1): 3-18.
④ 张晓莉. 美国教师教育中大学与中小学合作的体制与机制研究[D]. 长春:东北师范大学, 2013.
⑤ STENHOUSE L. The relevance of practice to theory[J]. Theory into Practice, 1983, 22(3): 211-215.
⑥ LAVE J, WENGER E. Situated learning: Legitimate peripheral participation[M]. Cambridge UK: Cambridge University Press, 1991.
⑦ SCHON D A. The reflective practitioner: How professionals think in action[M]. New York: Basic books, 1984.
⑧ 王凯. 教师学习的生态转向及其特征[J]. 教育研究, 2010, 31(11): 83-87.

且易催生私人关系而取代专业关系,过分追求和谐的表面关系,不利于碰撞出新知[1]。而要想教师有效超越自己已有的教学惯习,就需要有外部专业力量介入。大学研究者无疑是最有力的一股力量。因此,1985年,霍姆斯小组(Holmes Group)在美国成立。经过15个月的调查工作,该小组于1986年5月发表报告《明日之教师》(Tomorrow's Teachers),提出六项教师教育改革的目标,其中一项就是"改变大学与中小学之间的关系、各自的角色和责任,加强他们的合作,保证美国儿童接受良好的教育"[2]。在此基本目标之下,又设立了具体的目标,如大学除了应该肩负起为国家培养中小学教师的责任外,还应承担教学研究的义务;大学应与学区建立实验学校,为大学职员和学生提供学习教学的场所,并在该报告中第一次提出建设"专业发展学校"(Professional Development School,简称PDS)的建议[3]。"专业发展学校"并非单独设立的学校,而是在现有学校功能的基础上加入培养教师的功能。借助教师专业发展学校的建设,大学研究者走入学校,与教师共同进行教育教学研究,促进在职教师的专业发展,乃至达成学校改进的目标。从"实验学校"到"入门学校"再到"专业发展学校",大学与中小学逐渐结成伙伴协作关系来共同促进教师专业学习。在这一发展历程的后期,大学与中小学的伙伴协作更加规范,具有了一定的程序与流程,如全美教师教育认证委员会(National Council for Accreditation of Teacher Education,简称NCATE)在2001年发布的《专业发展学校标准》中,清晰界定了"专业发展学校"的功能定位及合作机制。从图1-1中也可得知,当时人们至少总结出大学与中小学伙伴协作促进教师学习的三大要点:第一,要想有良好的伙伴协作基础,双方必须在合作中互相信任与平等交往,"关系"是一切协作的基础;第二,伙伴协作需要有激励制度(如问责制)来保障双方协作的持续开展;第三,大学与中小学伙伴协作以促进教师学习,其最终指向还是为了学生有更好的学业成就,这也意味着,可以从学生的学业成就与表现去评价大学与中小学伙伴协作促进教师学习的效果。

(二) 大学与中小学发展伙伴协作以促进学校改进

在20世纪80年代,世界范围内掀起了旨在提升教育质量的教改运动,"学校效能"(school effectiveness)研究也随之兴起。相应的,欧美国家开始出现一系列促进学校改进的实践探索,如校本管理变革、高效能学校运动、策略管理或学校发展计划等。在早期的一系列学校效能提升实践中,往往会通过实证研究的方式,多以量化的技术呈现作为衡量学校改进后所达成的效能。但这种以工具理性的认知旨趣为导向的学校改进忽略了过程性因素,难以达成长久持续的改进效果。到了20世纪90年代中后期,研究者转

---

[1] 王晓芳.从共同体到伙伴关系:教师学习情境和方式的扩展与变革[J].华东师范大学学报(教育科学版),2015,33(3):43-52.

[2] HOLMES GROUP. Tomorrow's school:Principles for the design of professional development schools[R]. East Lansing,MI:The Holmes Group,1990.

[3] 周钧.霍姆斯小组与美国教师教育改革[J].比较教育研究,2003,24(11):37-40.

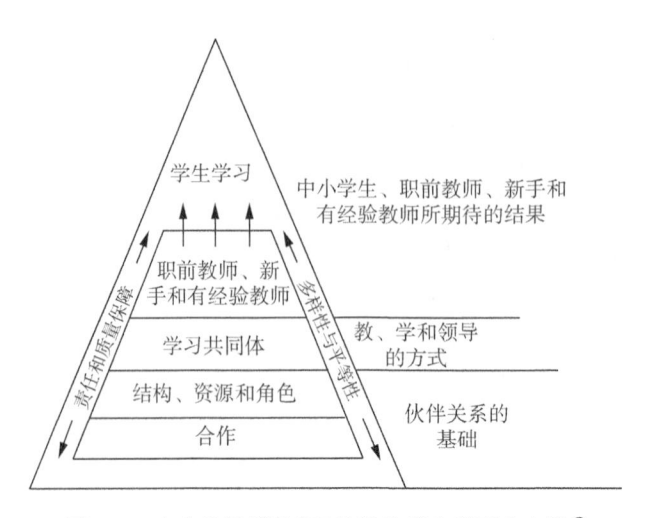

图 1-1　专业发展学校(PDS)标准学生学习金字塔[①]

而关注学校改进的过程性与内部因素,主要从学校的组织文化、领导者的理念、教师的专业发展、学校的组织结构和制度、教学内容和教学方式等方面进行研究,并更加注重学校的内涵式发展,重视利用学校内部已有资源,发掘内生性发展潜力,这就意味着每一所学校都有独一无二的改进历程,也都有独一无二的改进路向。

在学校改进的一系列探索中,由大学介入与中小学结成伙伴协作关系以有针对性地促进个别学校的发展,逐渐成为一条颇为有效的学校改进路径。由曾任哥伦比亚大学校长亨利·莱文发起的美国"跃进学校计划"(Accelerated School Project)是其中的典型代表。"跃进"就是要让薄弱学校变革成为优质强校,而这一学校改进的过程就需要大学研究者与学校教师共同介入与参与。1986年,第一所"跃进学校"在旧金山湾区开始推行,历时三年,成效显著,这与"跃进学校计划"的实施原则与核心策略密不可分。"跃进学校计划"有三大原则,分别为目标一致(unity of purpose)、权责共担(empowerment coupled with responsibility)、发挥所长(building on strengths)。"目标一致"指大学研究者与学校教师、学校管理者共同确定学校的发展目标与共同愿景;"权责共担"则指每个成员对学校工作在做出决策、执行决策上都有同等的权力,同时也要承担因此而带来的责任和后果;"发挥所长"指大学与学校成员发挥各自的力量,形成一股教育合力。"跃进学校计划"的核心策略是"强效学习"(powerful learning),其主要理念是强调学生在学习中主动参与、亲身体验、学会反思。1989年,为加速推进薄弱学校改进,"跃进学校计划"国家研究中心决定建立若干区域中心,次年,"跃进学校计划"扩展至中学改进。到了2001年,美国41个州的1 100所学校有60万学生实践"跃进学校计划"。2012年,全美有超过1 700多所中小学参加了"跃进学校计划",成为"美国范围最广、历时最久的学校综合改

---

① 张晓莉.美国U-S合作长效机制探索——以马里兰州PDS模式为例[J].外国教育研究,2019,46(12):98-112.

革模式之一"[1]。

三、引入

在20世纪末,我国香港地区积极借鉴美国"跃进学校计划"的模式,创立了香港"跃进学校计划",具体由香港中文大学教育学院与香港数所中小学进行合作实践,其共分为四个阶段:第一个阶段是"香港跃进学校计划"(1998—2001),第二个阶段是"优质学校计划"(2001—2003),第三个阶段是"优质学校行动计划"(2003—2004),第四个阶段是"优质学校改进计划"(2004—2009)。这四个计划之间是一个持续递进的改革历程,在操作过程中也不断调整着改进的方向与策略。在前三个阶段,香港部分中小学的改进工作主要以政府自上而下推行的教育政策为动力,以大学专家为主导,到了"优质学校改进计划"(2004—2009)之后,就逐渐演变为大学专家和学校教师共同参与的协作模式,学校教师被赋权成为能动的学校改进者,这主要体现在给予学校中部分优秀教师以主人翁地位,希冀其带领同事共同参与学校改进工作。在香港跃进学校改进阶段的后期,项目人员逐渐探索出"大齿轮"工作与"小齿轮"工作并行的模式。"大齿轮"工作包括检视学校整体状况、制订行动计划等,"小齿轮"工作包括学生培育、探索有效的课程设计与专题研讨等。在"大齿轮"与"小齿轮"的配合运作下,大学专家与学校教师通力合作进行学校改进工作的开展[2]。除了大学与中小学之外,香港特区政府在其中也发挥了两大作用,一是支持与鼓励,明确支持大学的教育发展计划,鼓励学校与大学结成伙伴,开展以校为本的"跃进学校计划";二是资源支持,政府发放"发展优质教育津贴",拨款给大学的发展计划,使得计划得以延续[3]。

在内地,伙伴协作促进学校改进的主体,由大学与中小学,逐渐扩展到大学与中小学、政府或者区域等多方主体的共同参与。首都师范大学借鉴美国"专业发展学校"的经验,在北京市丰台区和朝阳区地方政府的支持下,于2001年率先建设了5所"教师发展学校"(Teacher Development School),2002年和2004年又先后在河北省石家庄市、唐山市,辽宁省沈阳市以及北京市建设第二批、第三批教师发展学校,与中小学携手共同致力于培养师范生、促进在职教师专业发展和学校改进,而这其中都离不开地方政府的支持和引导。由华东师范大学叶澜教授带头引领的"新基础教育"实验,在大学与中小学伙伴协作的中后期也逐渐走向了U-D/G/A-S的多方合作,共同关注提升学校变革领导力,注重凝聚与扩散学校的变革力量[4]。东北师范大学在鞍山市铁东区政府的带头引领下,通过教育行政部门(教育行政机构、具有一定行政职能的教育学院、教师进修学校等)、大学

---

[1] 王蕊. 美国薄弱学校改进:"跃进学校"计划的理念、实践及启示[J]. 教育理论与实践,2014(10):23-27.
[2] 卢乃桂. 能动者的思索——香港学校改进协作模式的再造与更新[J]. 教育发展研究,2007(24):1-9.
[3] 李子建,赵志成. 迈向优质学校教育:香港《跃进学校计划》的特色[J]. 上海高教研究,1998(1):45-49.
[4] 庞庆举,李政涛. 大中小学合作推进学校整体变革的路径研究——以"新基础教育"27年研究为例[J]. 中国教育学刊,2021(10):57-61.

与中小学的伙伴协作(U-A-S)来帮助该区域的中小学进行学校改进。其中,地方政府负责把握大方向——要达到怎样的改进目标、提出要求——明确大学与中小学各方的要求和任务、给予经费和政策支持[①]。

在回溯与梳理大学与中小学伙伴协作的缘起与发展后,我们可以总结出以下经验:

第一,大学与中小学的伙伴协作逐渐由一方给予另一方的"协助"(cooperation)走向了具有制度保障的双方通力"协作"(collaboration)。在大学与中小学伙伴协作初期,无论是赫尔巴特的教育实验、杜威的芝加哥实验学校,抑或是哈佛校长埃利奥特的教育宣称,更多的是将学校置于接受大学支援与帮助的一方。随着教育改革的不断深入,大学与中小学逐渐联手共同发展、通力合作,以致彼此利益相依。有学者认识到,大学与中小学之所以能够进行伙伴协作,最根本的还是双方之间存有共同利益。大学的教师教育发展需要中小学的支持,而中小学的学校改进也需要大学的支持,两者之间利益的相互需求成为伙伴协作的重要前提[②]。共同利益的驱使促使着大学与中小学走向伙伴协作,而其可持续发展又离不开一系列体制与机制的建设。例如,美国"专业发展学校"在后期就逐渐探索出一套组织管理模式。大学教员与学校里的导师共同组成"联络小组",大学教员负责在学校中开设教师教育相关课程,指导师范生进行教育实习,学校里的导师则对师范生进行实习指导;学校内成立"学校指导委员会",来自大学与学校的多方人员共同负责专业发展学校的日常管理、实习与教师专业发展活动、安排会议议程等,到了学区层面,则由区域内专业发展学校的"多方协调委员会"来进行协调与指导[③]。威特福德等人将协作分为合作协同(cooperative collaboration)、共生合作(symbiotic cooperation)和有机协作(organic collaboration)。合作协同表现为一方"施与"而另一方"接收"的关系,共生合作表现为双方互有"施与"及"接受",有机协作表现为双方均有强烈的合作意愿及动机来解决双方共同的具体问题[④]。因此,大学与中小学真正的伙伴协作需要走向"有机协作"阶段,在以利益互补为前提的基础上,借助一定的体制与机制加以保障。古德莱德指出,"学校若要有效变革,需要有更高质量的教师,大学若想培养出更优秀的教师,就必须以中小学作为实践场所;若学校想成为模范学校,就必须不断地接受大学新思想和新知识的滋养,大学若要发现通向模范学校的道路,并使这些学校保持高质量,就必须在不同机构之间建立一种共生伙伴关系"[⑤]。

第二,大学与中小学伙伴协作的目的逐渐转向围绕教师教育与学校改进两个焦点进行理论与实践的双向互动。大学与中小学的伙伴协作在不同历史发展阶段中的主导目的是不同的。在合作初期,目的主要集中于教育理论在教育实践中的验证与应用,如何

---

① 马云鹏,欧璐莎,金宝.从双方合作到三方合作:学校改进模式新探索——以鞍山市铁东区为例[J].中国教育学刊,2011(4):25-28.
② 张翔,张学敏.教师教育U-S共生性合作的发生机制探究[J].教师教育研究,2012,24(1):29-34.
③ 赵慧.从专业发展学校看美国教师教育改革[J].全球教育展望,2001,30(7):17-22.
④ 王恒.中外大学与中小学合作研究的回顾与展望[J].黑龙江高教研究,2010(10):13-18.
⑤ 苏智欣.美国教师教育改革中的思想争论[M]//全国比较教育研究会.国际教育纵横——中国比较教育文选.北京:人民教育出版社,1994.

在学校中进行教育实习以培养教师并非主导目的,但当人们逐渐意识到培养优质教师、提升教师质量才是教育改革的关键后,大学与中小学伙伴协作的目的与着手点才真正转向了教师教育领域。而在教师教育中,其目的与导向也是多样的,有学者曾将美国教师教育中大学与中小学合作的类型总结为五种类型,如表1-1所示。显然,最为理想的目的与导向是实现中小学与教师教育机构的同步革新。大学与中小学的伙伴协作越来越成为学校改进的手段,美国"跃进学校改进计划"便是例证。

表1-1 美国教师教育中大学与中小学合作的五种类型

形态	目的	主要特征
教职员导向	增进职前教师、新入职教师、在职教师和行政人员的专业发展	改进教师职前培养;强调"临床"体验;推行教育人员革新方案
学生导向	激发学生的学习动机、提高学生的学业成绩	以都会地区中小学为主;以特殊学生为对象
任务导向	开发课程、教材及评价方式	开展语文、数学及科学教育项目的研究
机构导向	改革中小学教育机构	促进中小学教育改革,大学未得到改进;大学接管面临危机的中小学
全面革新导向	中小学及教师教育机构同步革新	建立持续稳定的合作关系;丰富的合作内涵,包括中小学的教育目的、内容及推进策略

而从我国大学与中小学伙伴协作的探索来看,无论是上海的新基础教育实验,还是"教师教育创新东北实验区"的打造[1],大学与中小学的伙伴协作就是朝向教师学习与学校改进的。教师学习与学校改进之间彼此互有关联:教师只有更好地学习,才能实现专业成长,进而助力学校改进;同样,学校要想更好地改进,也离不开教师学习新知识、新理念、新技能。大学与中小学之间的伙伴协作促进教师学习与学校改进,是历史的镜鉴与现实的诉求。当然,就如何协作以促进学校改进,也存在着不同路径,有学者总结出三条路径:"理论先行,实践验证与推广"的学校改进模式、"实践探索,总结提升"的学校改进模式、"理论与实践互动型"的学校改进路径[2]。第一种太少关注教师的内心感受,有可能催生教师对于改革的"抵制"情绪,且从一定情境中抽象出来的理论并没有普适性;第二种则可能要走许多弯路并付出一定的代价,还有可能会导致教师沉浸在自我经验欣赏的迷雾之中,永远停留在原地,或者由此走向衰落。唯有理论与实践互动,方有助于促进各个主体能动性的充分发挥。

第三,伙伴协作的主体由大学与中小学逐渐转变为多方主体的共同协作。无论是"专业发展学校"还是"跃进学校计划",其背后都有第三方(政府或教育机构)的支持与参与。"专业发展学校"能在全美迅速推进,离不开美国教育部和地方州政府的官方支持和

---

[1] 李广.教师教育协同创新机制研究——东北师范大学"U-G-S"教师教育模式新发展[J].教育研究,2017,38(4):146-151.

[2] 马云鹏,欧璐莎,金宝.从双方合作到三方合作:学校改进模式新探索——以鞍山市铁东区为例[J].中国教育学刊,2011(4):25-28.

推动;同样,"跃进学校计划"的成功实施,也离不开大学研究人员、教师、家长、社区人士能共同参与学校的决策,共同秉持的价值观念体系[①]。只不过在专业权力与政府权力分而治之的美国社会,更多的是关注大学与中小学这两个专业机构的合作,在一定程度上弱化了区域(如地方教育行政部门、教研机构等)的角色和作用。随着不同机构与组织间利益互补的需求,伙伴协作的主体呈现出愈发多元化的趋势,不仅是学校与学校之间、大学与中小学之间,还逐渐拓展到地区政府、教育行政部门、非政府组织、教研机构和商界组织等多种主体之间的协作。在我国,政府在伙伴协作中的介入、支持与参与是十分重要的。强大的地方政府的支持和协调,恰恰反映了我国目前所处的转型时期对于"强政府"的强烈需求[②]。假如没有第三方"区域"(District)的介入,大学与中小学双方,很可能出现目的错位、缺乏利益与责任联结机制的问题[③]。以"D"中的政府为例,政府可以在大学与中小学的伙伴协作中,投入行政力量并开展试点探索,制定相应的政策与措施,推动大学与中小学的合作普遍化、制度化与规范化,还可以组织和协调大学与中小学合作,启动相应的激励和评价机制保障其有效实施[④],政府在大学与中小学之间搭建平台,做双方的"媒人"才是创建良好伙伴协作的关键[⑤]。

第三节 大学与中小学的伙伴协作促进教师学习与学校改进的具体路径

不断有研究指出,大学与中小学的伙伴协作对于促进教师学习与学校改进大有助益。如有案例显示,一位学校教师和一位大学数学教授在一所专业发展学校中,共同负责指导一位名叫凯莎的师范生学习教学。他们通过共同研讨教学案例以发现教学问题、改进教学问题,凯莎逐渐学会了如何思考不同的教学方式,并发现了运用学生思维进行教学的力量,学会了理解性教学,实施了新教学方法[⑥];在一个大学与中小学合作培养教师的项目中,来自大学的研究者与一线教师通过每周一次的工作坊,共同辅助师范生尽早适应未来的专业实习环境。学校教师在这其中既提升了领导能力,也增长了个人的实

---

① 李国栋,杨小晶.U-D-S伙伴协作:理念、经验与启示[J].外国教育研究,2013,40(10):30-37.
② 宋萑,王敬英,王晨霞.地方政府推动下的"U-S"伙伴协作关系的发展过程与角色建构——以邢台市桥西区区域推动特色学校建设为例[J].教育发展研究,2014,33(20):11-17.
③ 陈理宣,刘炎欣.合作、服务与引领:新时期"U-G-S"三位一体关系的反思与实践路径重构[J].教育理论与实践,2021,41(13):27-33.
④ 庞丽娟,洪秀敏.破解教师教育难题:政府、大学与中小学合作[J].沈阳师范大学学报(社会科学版),2011,35(2):1-3.
⑤ 安富海,吴芳.大学与中小学合作:政策引导是关键[J].基础教育,2011,8(6):75-79+92.
⑥ 傅树京.PDS与TDS:教师专业发展的有效途径[J].教师教育研究,2004(6):7-12.

践能力，更增加了对师范生的需求、期望和知识的认识①。在密歇根州立大学与两所学校组成的伙伴协作关系中（项目为 Mitchell Scarlett Teaching and Learning Collaborative，简称 MSTLC），由大学教师教育者和实习老师共同培养师范生，让师范生观察特殊儿童的情况、邀请他们提供课堂改进建议、帮助解决课堂管理与教学的实际问题，不断与师范生进行"专业性对话"（professional dialogue），促进了师范生教学能力的提高②。

大学与中小学亦可以通过伙伴协作提升教师领导力以促进学校改进③。如有研究显示，美国某州开设阅读指导项目，由大学介入对教师开展暑期研修，学校中的部分教师拥有此次教师专业发展的机会后，提升了自身的知识、技能与信心，当他们回到学校后便与其他教师协作教学，指导其他教师，在交往与互动中获得了自身教师领导力的感知，并提升了自己的教师领导力。在这一变革中，教师集体组成委员会，通力合作提升学生的学习成就，从而促进了学校里教师集体效能感的提升④。

时至今日，大学与中小学伙伴协作的研究者们已探索出一系列学校改进的路径。如有学者总结出如下路径：一是系统的变革，即立足学校实际，形成办学核心价值理念并合作研究学校发展规划，从课程建设、教学改革、管理变革、教师发展、家校合作等多方面共同推进学校改进；二是以改进课堂教学为中心，其中又具体包括转变教师教学观念、转变学生的学习方式（自主学习、合作学习、探究学习的方式）以及进行校本课程开发；三是以教师发展为中心，共同合作研究促进教师专业发展；四是以学校文化建设为中心，在学校文化建设过程中，全面研究学校的发展特质，理解其文化渊源，对学校进行全面的文化诊断，发挥伙伴协作的效力，通过由内而外、由外而内的持续互动促进变革。

当前我国教育改革进入"深水区"，国家亦颁布了新的义务教育课程方案和课程标准，学校教育最为迫切且影响深刻的变革，莫过于转变教与学的方式，从以教师的教为中心转变到以学生的学为中心，以促进学生的核心素养发展为各科教学目标，培养有理想、有本领、有担当的社会主义建设者和接班人。而这对于中小学教师而言，是一个需要从心智模式到教育教学实践层面全面变革的过程，而学校亦面临着围绕落实新课程目标而进行的整体性变革。对于大学学者来说，亦需要提出新的更能回应和指导当前教育变革的教育理论。此时，开展大学与中小学伙伴协作无疑更为迫切，因为大学学者的介入有助于让实践者的教育信念和心智模式"亮相"、让实践者的实践发生"第二序改变"、让理论工作者和实践工作者共同发生蜕变，并促进学校内生型改进⑤，与此同时，大学学者又

---

① CLARKE D, WINSLADE M. A school-university teacher education partnership:Reconceptualising reciprocity of learning[J]. Journal of Teaching and Learning for Graduate Employability, 2019,10(1):138-156.
② REISCHL C H,KHASNABIS D, KARR K. Cultivating a school-university partnership for teacher learning [J]. Phi Delta Kappan, 2017,98(8):48-53.
③ 张佳伟,卢乃桂. 学校改进中教师领导研究述评[J]. 教育学报,2010,6(3):35-40.
④ CARPENTER B D, SHERRETZ C E. Professional development school partnerships:An instrument for teacher leadership[J]. School-University Partnerships, 2012,5(1):89-101.
⑤ 邬志辉. 学校改进的"本土化"与内生模式探索——大学与中小学合作伙伴关系的维度[J]. 教育发展研究,2010,30(4):1-5.

可以从中研究、提炼和修正相关理论。这种对教与学变革的关注以及对于新的教育学理论产生的关注也促进了在全球范围内各国大学与中小学越来越密切地开展协作,建立起"研究-实践伙伴关系"(research-practice partnership)。

一、典型的研究-实践伙伴协作模式

当德国"日耳曼式"学院派将教育知识学科化后,却使得教育理论逐渐远离了教育实践,教育学知识成为枯燥乏味的思辨产物,到19世纪末期,美国的教育研究开始转而关注一线教育实践,大学研究者与学校教师共同合作开展教育研究。例如,美国进步教育协会成立的"中学与大学关系委员会",于此开展的"八年研究"就是合作教育研究的产物[1]。大学与中小学结成伙伴协作关系,进而开展合作教育研究主要有两种模式:一是以大学教师为主、中小学教师为辅的理论式合作研究,即大学教师自身拥有课题,学校教师在课题中也承担相应任务,在共同参与课题的研究、讨论之中,学校教师逐渐习得研究性知识,增加自身理论素养;二是以中小学教师为主、大学教师为辅的行动式合作研究,即中小学教师作为主体开展行动研究,立足自身教育教学实践中的真实困惑,借助大学教师提供的理论资源与方向指导,在行动之中达成问题的解决,改进教育教学实践,学校教师在其中学会如何去厘清、思考、尝试解决问题[2]。合作教育研究的开展,无论对于大学研究者还是学校教师而言,都是用他者的眼光来突破自我思维常识的规限,以"陌生化"的眼光,将熟悉的事物和常识理解陌生化,以研究的姿态、批判的精神和审察的眼光重新走进他者的世界,从而发现教育现实的另一种面向[3]。

第一种理论式合作研究的典型代表是"新基础教育"实验。由叶澜教授主导的"新基础教育"实验坚持大学适度先行,大学教育研究者要在理论整体清晰的前提下再进行实践的介入。大学研究者要具备介入实践的资格,这并非是天然具有,而是通过转变研究范式,不断在实践中积累"贴地气"的研究,才会不断真正生成介入实践的资格。具体来讲,在介入时,要奠定思想基础,理论上整体清晰,知道要怎么去做,还要有实践立场,表现出对实践立场的尊重[4]。

第二种行动式合作研究,如香港中文大学教育学院与中小学通过"协作式行动研究"来建立伙伴协作关系,建立了4R协作式行动研究的路径,分别是关系建立(Relationship-building):建立愿景一致、平等互惠、相互依存的共生关系;概念重建(Reconceptualizing):大学研究者重视运用的学术成果,学校成员重视具有研究及理论基础的实践,并且强调在校本下基于协作探究的知识获得与理论重构;寻求资源(Resour-

---

[1] 伍红林.大学与中小学合作教育研究初探[J].贵州师范大学学报(社会科学版),2009(1):118-122.
[2] 孙丽丽.论大学与中小学合作对中小学教师专业发展的影响机制[J].基础教育,2010,7(12):37-42.
[3] 孙元涛,许建美.大学与中小学合作研究:经验、问题与思考[J].教育研究与实验,2012(3):44-49.
[4] 庞庆举,李政涛.大中小学合作推进学校整体变革的路径研究——以"新基础教育"27年研究为例[J].中国教育学刊,2021(10):57-61.

cing):将周边的同事、学校和社区视为资源提供者,积极扩展资源渠道;反躬自省(Reflecting):大学研究者与学校教师结成诤友、互通有无,通过反思、对话和分享,实现对理论的修改以及对实践成效的检讨,达成对理论与实践之间落差的调整[1]。云南师范大学与六哨乡的中小学开展了七年的合作研究,以一个个具体的研究课题或研究项目作为伙伴协作的抓手,推动伙伴关系不断走向深化、走向紧密,最终带动农村区域学校整体改进。该行动式合作研究以"互惠、互利、共生、共赢"的伙伴关系为基础,以 PRA(Participate Rural Appraisal,参与式农村评估)为理念,促使参与者更新思想体系,发现现实顽疾,制订计划,采取行动,促使参与者发展出一系列思想、方法和途径;以多层面、多领域、全面渗透为定位,多层面就是学校内部的多层面,多领域就是项目研究应指向思想观念的转变、学校教育的变革与发展、农业新品种和新技术的培训等多个领域,全面渗透就是项目以潜移默化的方式渗透在各种日常活动之中,并在关系、理念、定位的基础上开展一系列项目活动,如合作建设校本课程、帮助教师申报"小课题"以开展行动研究[2]。

合作教育研究让实践得到理论的滋养,使得实践更具有方向性,也让理论在实践之中扎根,使得理论更具生命力。教师在大学研究者的指导与点拨下,不断破除对于理论的恐惧心理,厘清思维中的痼疾,打破已有信念的桎梏,为开展更有效的教育教学实践奠定基础。

二、课例研究逐渐成为重要的研究-实践伙伴协作的跨界基础设施

"课例研究"一词最早源于日本。在日语中,课例研究被称为"授业研究"(jupyo kenkyu),其中 jupyo 是"学课"的意思,kenkyu 是"研究"的意思,合起来就是对某一节课共同合作进行研究,以达成促进与改善教学实践的目的。源自日本的课例研究不断被证实为促进教师专业发展的有效途径,也因此被美国等西方世界的国家广泛借鉴。当课例研究传入中国后,与中国本土已有的教研、听评课等传统制度相结合,成为现如今校本教师专业发展活动的重要载体[3]。有研究者通过对课例研究在中国情境下开展的研究进行文献梳理,发现课例研究虽然有助于促进教师专业知识、专业能力和专业态度的发展,但也存在诸多问题,其中之一就是进行课例研究的人员之间缺乏异质性,没有专家学者的介入,难以激发不同立场、不同层次的教师之间思维的碰撞与反思的发生[4]。建构课例研究共同体需要吸收各方异质性人员,其中大学研究者的介入可以为教师提供有关研究的不同

---

[1] 李子建.大学与学校伙伴协作式行动研究:从 4P 迈向 4R[J].上海教育科研,2007(8):1.
[2] 王凌,陈瑶.大学与中小学合作伙伴关系的形成与发展——基于云南农村学校改革个案的分析[J].民族教育研究,2010,21(2):54-60.
[3] 张侨平,陈敏.课例研究的缘起和流变:回顾与前瞻[J].全球教育展望,2020,49(8):75-91.
[4] 袁丽,胡艺曦.课例研究对促进教师专业发展的作用、不足与改进策略——基于文献的考察[J].教师教育研究,2018,30(4):99-105.

见解、教学改革的新观点,分享其他学校的经验等[①],而由外部专家学者,尤其是大学研究者与教师共同合作开展的课例研究就是跨界课例研究。跨界课例研究有助于促进大学研究者带来的理论与一线教师的实践相融合,从而有效促进教师学习的发生[②],因而成为大学与中小学协作的跨界基础设施(boundary infrastructure)[③]。

时至今日,大学学者与中小学教师在协作进行跨界研究中也探索出了一系列卓有成效的机制。如一项来自菲律宾的研究显示,大学研究者通过与教师进行为期三年的跨界课例研究以促进教师作为研究者的身份认同中,设计了三个阶段课例研究模式以实现双方的跨界协作:第一阶段为课例研究前的系列研习会。通过分析具体的教学录像,并通过高校专家讲座和一线教师对学生问题解决过程进行分析等,进一步诊断与阐释教与学中的具体问题;由于该项目关注基于问题的教学,因此,诊断的重点就在于课程中各任务的设计及学生的解决过程。第二阶段为课例研究过程,其中有三个环节,一是融入倡导教学理念的备课研究,此阶段中大学学者会引导教师基于研究设计具体的课例实施方案,二是将设计好的课例付诸教学,此时大学学者和授课教师外的教师要进行听评课,记录教师教学与学生学习的过程;三是授课后的反思与分析,大学学者介入与教师一起研讨剖析其中存在的问题。第三阶段则是授课后研究的支持,大学学者帮助支持教师进行研究汇报,由教师在专业小组中分享本次课例的经验与心得[④]。

在上述每个过程中,该项目都设计了明确的协作双方跨界互动的边界物(boundary object),以及双方具体的工作内容,具体请见表 1-2,从而使协作能够顺畅地朝预期目标发展。

表 1-2 教师-学者合作课例研究的过程及活动

阶段	课例研究的过程	合作目标	边界物	教师与学者之间共同合作的活动		教师"跨界行动"示例
				学者的"转译"工作	教师理解"转译"后的工作	
阶段1	开展课例研究前进行研讨	识别在教与学中存在的问题	1. 课堂教学录像 2. 处理学生学习问题的策略	1. 讲解关于"数学思维过程"(mathematical thinking process)的知识 2. 提供针对本次课例研究的学习任务群	理解与解释学生在解决问题时的策略以及所犯错误的来源	1. 分析学生在进行"数学思维过程"中所使用的任务与策略 2. 在以学习任务群为导向的课例中,发现学生在学习中存在的问题

---

① 安桂清.课例研究:信念、行动与保障[J].全球教育展望,2007,36(3):42-46+85.
② 赵文君,张晓霞,宁锐,等.课例研究中理论与实践的冲突与融合:活动理论视角[J].数学教育学报,2021,30(3):32-37.
③ FANG Y P, PAINE L W, CHEN X M. Research-practice partnerships (RPPs) through lesson and learning studies in Asia: Moving beyond steps to support transformation of practices[J]. Asia Pacific Journal of Education, 2022,42(1):1-12.
④ RONDA E, DANIPOG D. Examining teacher-academic collaboration in lesson study for its potential in shaping teacher research identity[J]. Asia Pacific Journal of Education, 2022,42(1):28-41.

续表

阶段	课例研究的过程	合作目标	边界物	教师与学者之间共同合作的活动		教师"跨界行动"示例
				学者的"转译"工作	教师理解"转译"后的工作	
阶段2	（1）教师准备研究课	进行教学设计以达成本次课例所要实现的目标	1. 基于"以问题解决为导向的数学教学"课例设计 2. 学习任务群	介绍如何使得"以问题解决为导向的数学教学"更加有序化（如要依次且有序地提供解决问题的策略）	基于"以问题解决为导向的数学教学"和本次课例研究的目标去准备课例（如反复进行推理、论证与演示）	设计"以问题解决为导向的数学教学"的课例
	（2）教授研究课	共同检视本次课例是否达成本次课例研究的目标	1. 学生在课堂中使用的策略与提出的问题 2. 教师提出的疑惑	记录教学过程，记录学生个人及其在团体合作中的表现，以供在课例研究后的反思与研讨中使用	记录教学过程，记录学生的个人及其在团体合作中的表现，以发现学生有效学习及学习困难的证据	记录本次课例的教学过程，发现学生有效学习及学习困难的证据
	（3）课例后的分析与反思	识别课例中的问题并解决	1. 课堂观察笔记 2. 学生在使用策略以解决问题时的照片 3. 学生在团体合作中的照片	作为一个"知识型他者"（knowledgeable others）与教师一起发现课例教学中的问题	使用所记录的材料来分析本次课例以及学生的学习表现	分析课例、分析学生的学习表现、分析教师与学生提出的问题
阶段3	课例后进一步支持	汇报与展示	1. 教学视频 2. 学生学习的照片 3. 课例的反思笔记	给予汇报的小建议并为之提供反馈	使用相关记录材料（如视频、笔记、照片等）进行汇报	在集体会议上做汇报与展示

来源：RONDA E, DANIPOG D. Examining teacher-academic collaboration in lesson study for its potential in shaping teacher research identity[J]. Asia Pacific Journal of Education，2022,42(1)：28-41.

  中国学者陈向明带领团队与北京一所小学的教师一起进行课例研究，他们以教师开展小组合作学习为边界物，与一线教师进行协作。为改善中小学教师对于小组合作的刻板印象，他们首先设置了"任务设置的互赖性对小组合作学习有什么影响"这一前置性问题，随后进行课例研究。但随着第一次课例的失败，大学研究者在第二次课例研究之前为教师介绍了思维进阶理论，教师们受此启发后重新设计小组合作的模式，借助翻转课堂的形式，再通过设置启发高阶思维的问题，第二次课例成功顺利开展，教师个人也生成了"元认知视角下小组合作互赖性设置"这一实践性知识[①]。顾泠沅在实践中探索出"以课例为载体的教师教育模式"，即由大学研究者在课例研究中发挥更新教师已有理念、改善教学行为的作用，帮助在职教师在实践中学习与成长，并成功建构出"行动教育"的基

---

① 陈向明. 跨界课例研究中的教师学习[J]. 教育学报，2020,16(2)：47-58.

本模式[1](图 1-2);徐晓东探索出"专家引领下现象为本的课例研修模式",即在大学专家的引领下,与一线教师共同关注教学现象,并以课例研究作为基础,共同致力于改进教学实践。通过准实验的方式进行测量后,发现在此种跨界课例研究模式下,教师的专业教学能力、适应性专长等都有所提升[2](图 1-3)。

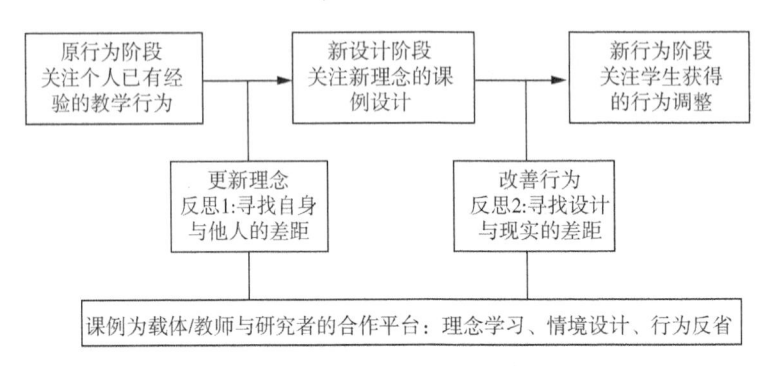

图 1-2 "行动教育"的基本模式

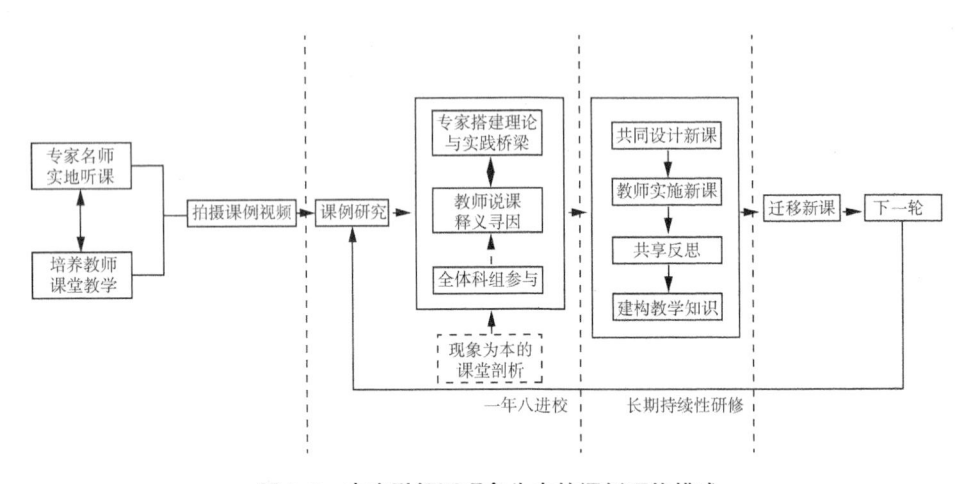

图 1-3 专家引领下现象为本的课例研修模式

在实践探索的基础上,研究者们亦尝试揭示教师在协作中的学习机制,以及促进教师学习的一系列条件。研究者认为,大学与中小学的协作作为一个跨界行为,需要有跨界基础设施的建设,也需要一系列边界物的开发,作为协作抓手的课例研究无疑就是一种跨界基础设施的重要建制,而大学学者围绕特定主题开展的课例研究中,所厘定的研究主题,提供的讲座内容,开发的各种项目任务单、学习单、指导手册等均是促成跨界协

---

① 顾泠沅,王洁. 教师在教育行动中成长——以课例为载体的教师教育模式研究[J]. 全球教育展望,2003,32(1):44-49.

② 徐晓东,李王伟,赵莉. 专家引领下现象为本的课例研修模式及其效果研究[J]. 电化教育研究,2020,41(10):106-113.

作的边界物①。研究者发现在协作中,首先会出现问题空间,之后教师会从理论的介入中获得新的视角,进而重构给学生的学习任务设计,最后教师通过反思概化自己在本轮实践中积累的实践性知识。在这一过程中,教师经历了意义协商、建构与学者的信任关系、视角转化和实践的糅合等四个学习机制。研究者亦发现通过这样的机制,原本自上而下的变革要求带来的大学学者与一线教师之间的垂直权力关系转变为水平的合作与信任关系②。

已有研究还发现,在跨界课例研究中教师的专业自我和同侪关系要想发生改变,需要一系列的条件③:如教师能从被认可中对自己的教学产生自信,有积极的情感,参与协作各方遇到冲突时能够妥善协商并实现促进学校变革的共享目标,学校管理者对学校变革有具体且让人信服的,哪怕是隐性的指导;此外,教学录像能够作为一个实现教师专业身份的强有力工具,承认教师教学中的脆弱性有助于逐渐转变教师面对计划时不够灵活的态度,教师自我及教师共同体的转变能同时带来学生学业成绩的提升。

第四节 已有研究与实践探索对建立大学与中小学伙伴协作关系的启示

一、大学研究者与教师在协作中的身份定位

无论是合作教育研究还是跨界课例研究,都离不开大学研究者与一线教师的共同参与,他们在伙伴协作具体途径中的身份定位影响着合作效果的发挥,也影响着教师学习与学校改进的有效性。因此,需要通过对文献的梳理,来明确大学研究者与教师在伙伴协作中各自的定位与立场。

(一)大学研究者的身份定位

大学研究者要做教师的"点醒者",给予教师一定的专业性挑战。教师在长期的教育教学实践之中,会不断生成属于自己的教育知识、信念与行为模式,这些知识、信念与行为模式也会在教学实践之中不断被强化,从而愈发根深蒂固。然而,这些根深蒂固的教师信念与行为模式可能并不适切,也可能并不符合当前教育改革的理念,需要有外部力

---

① WANG L F, KIMURA Y, YURITA M. One step further: Advancing lesson study practice through collaborative inquiry school-university partnerships[J]. Asia Pacific Journal of Education, 2022, 42(1): 124-137.
② CHEN X M, AN C. How did teachers learn in boundary-crossing lesson study in a Chinese secondary school? [J]. Asia Pacific Journal of Education, 2022, 42(1): 13-27.
③ TSUKUI A, SAITO E. History of subjectivity in dispositif: Changing arrangements of Vietnamese teachers' meeting through lesson study for learning community[J]. Asia Pacific Journal of Education, 2022, 42(1): 109-123.

量的介入去打破已有惯习,才能使新的教育理念与行为方式扎根于个人实践中。教师这一职业自身具有很强的保守性,需要大学研究者作为"点醒者",去帮助教师发现自身教学信念之中被遮蔽的思维顽疾,这就需要大学研究者给予其一定的专业性挑战,例如,在听评课时揭示教师习以为常的教学行为背后的信念与观念问题,促使教师重新自我审视与自我反思,重构自身的角色、观念与行为①。

大学研究者要做教师的"协同创造者",帮助教师重建行动路径。大学研究者在运用专业眼光"点醒"教师后,可能会使教师陷入迷茫,如果教师没有得到指引,而只是接受批判与质疑的话,会造成教师的精神虚妄与价值虚空,或重回自身的老路子,或陷入自我怀疑而找不到方向。此时,大学研究者需要作为"协同创造者",向教师提供具体且具有操作性的行动指导,提供革新所必需的新理论参照系与思维方式②,指出未来的改进方向,才能让教师产生"喔"的惊讶状态③。

大学研究者要做教师的"陪伴者"与"安抚者",给予其安全的试错空间与工作环境。当教师被"点醒",发现自身被遮蔽的思维顽疾后,不断被提出建议而迫使其走向新道路时,大学研究者此时并不能"甩袖离去",而是要作为"陪伴者"在其身旁鼓励与安抚,就像学员在水中游泳时,可能会产生一定的畏惧心理,但是一想到岸边有游泳教练的陪伴,就会感到心安④。重建自身的信念与定位必定会产生一定的压力与挑战,此时的大学研究者还要成为教师的"情绪安抚者",当教师遇到困难时,告诉他们适当的压力和挑战并非坏事,帮助他们把负面情绪转化为积极情绪体验,这样才会使得教师产生更多更好的教学理念,身心自如地应对更多现实中的难题,在积极的情绪体验和教学能力增长之间形成良性的循环⑤。

大学研究者要成为教师的"知识转化者",坚定实践立场的同时要将学术知识"再情景化"。在将学术理论带入教育实践现场时,大学研究者要考虑如何才能以教师听得懂的方式将理论"转译(translate)"出来,毕竟教师更倾向于操作性的实践逻辑,而非大学研究者理论性的学术逻辑,不同的话语方式与思维差异就如两条河流那样并行不汇⑥。要作为"知识转化者",大学研究者首先要具有向实践"妥协"的开放心态,而非站在理论的制高点去指令他人,同时要有坚定的实践立场和态度,"教育研究者需要具有关注实践的研究立场与价值关怀,'应否关注实践'是一个立场选择问题,而'能否指导实践'则是一个效果评价问题。立场问题是在先的,立场决定了研究结果,而不是相反"⑦,只有在心

---

①⑤ 操太圣,卢乃桂.挑战、支持与发展:伙伴协作模式下的教师成长[J].教育研究,2006,27(10):27-31.
② 叶澜.大学专业人员在协作开展学校研究中的作用[J].中国教育学刊,2009(9):1-7.
③ 孙元涛.从"捉虫"效应与"喔"效应说开去——关于大学与中小学合作研究的理论分析[J].上海教育科研,2006(12):8-10+7.
④ 陈向明.教师的顿悟式学习是如何发生的[J].上海教师,2021(1):44-51.
⑥ 苏尚锋.大学与中小学伙伴协作的情境构建与伦理自觉[J].首都师范大学学报(社会科学版),2020(2):144-156.
⑦ 孙元涛.从"捉虫"效应与"喔"效应说开去——关于大学与中小学合作研究的理论分析[J].上海教育科研,2006(12):8-10+7.

态和立场之上,提升自身知识"再情景化(recontextulization)"的能力①,才能真正成为一名"知识转化者"。

(二) 学校教师的身份定位

在大学研究者与学校教师的交往中,教师很可能成为大学研究者的"提线木偶",说什么做什么,或等待大学研究者"喂"给自己具体的建议,最后沦落为"被动的知识消费者"。在大学与中小学的伙伴协作中,不仅需要大学研究者与教师之间的平等主义(egalitarianism),还需要教师自身有赋权感(empowerment),即要在项目中有声音、有责任、有参与,而不是臣服于大学研究者的知识权威下②。这就需要教师从"被动的知识消费者"积极主动地成为"知识创造者"。

为此,教师首先需要成为行动中的研究者,在实践中研究,在研究中实践,不断建构出自己的实践性知识。教师自身所建构出来的实践性知识,是专业发展的知识基础,更有利于自身主体性的浮现③。具体而言,在与大学研究者的伙伴协作中,教师要敢于分享自己缄默的实践性知识,同时也要避免仅依靠大学研究者提供的具体操作化的措施而掉落在技术性的窠臼中,要增加对自身实践性知识的理论分析,才能成为与大学研究者共同协商的"对话者"④。

其次,要成为积极的学校改进的行动者与示范者。在与大学研究者的合作过程中,提升自身领导力,从而引领与示范其他教师,共同致力于学校改进的开展。

二、大学与中小学伙伴协作中的可能"矛盾"与"知识互动"

大学与中小学的伙伴协作能否成功,最终取决于参与协作的大学研究者与学校教师的具体互动。在互动中,可能会由于各自所处的制度及其中孕育的习性不同而产生"矛盾",也会引发双方在知识层面上的互动。在"矛盾"与"知识互动"中,促发教师学习与学校改进。

(一) 大学研究者与教师的"矛盾"

芬兰学者恩格斯托姆继维果茨基、列昂节夫之后,创造了第三代文化-历史活动理论,其中对于不同活动系统之间的"矛盾"有着深刻的论述,在恩格斯托姆看来,矛盾是促进活动系统学习的动力,矛盾的协商与解决会促发学习。矛盾并不等同于冲突(conflict),它是理性张力的积累,具有历史性,是历史积累的结果⑤。

---

① GUILE D. The concept of "recontextualization": Implications for professional, vocational and workplace learning[J]. Learning, Culture and Social Interaction, 2019,23:1-11.
② LEFEVER-DAVIS S, JOHNSON C, PEARMAN C. Two sides of a partnership: Egalitarianism and empowerment in school-university partnerships[J]. The Journal of Educational Research, 2007,100(4):204-210.
③ 魏戈,陈向明. 主体性的浮现:教师实践性知识的教育性意义[J]. 教育学报,2019,15(4):72-79.
④ 李琼,倪玉菁. 从知识观的转型看教师专业发展的角色之嬗变[J]. 华东师范大学学报(教育科学版),2004,22(4):31-37.
⑤ 郑鑫,尹弘飚,王晓芳. 跨越教师学习的边界[J]. 教育发展研究,2015,35(10):59-65.

有研究者通过引入恩格斯托姆的矛盾理论,以"教师学做科研活动"作为具体的活动系统,探究矛盾如何引发教师的专业学习。他发现,大学研究者与学校教师在心智模式(mindset)上的矛盾是引发专业学习最为关键的一步。所谓心智模式指的是个体所秉持的关于自己最基本的品质与能力的信念,它是一种潜在的认知学习方式,并深刻影响着人的发展路径和生活方式,教师专业学习的关键正是在于其心智模式的转变与成长[①]。也有研究者在课例研究中引入活动理论,研究发现,在课例研究伊始,以大学研究者为代表的理论与以学校教师为代表的实践会发生矛盾,但这种矛盾会随着对活动系统中的主体、目标、工具、共同体、规则、分工的调整后渐渐淡化,从而引发教师的专业学习[②]。也有研究者提出,不同活动系统之间的矛盾对于教师合作共同体的构建具有一定的启发意义[③]。

(二) 大学研究者与教师的"知识互动"

有研究者认为,知识互动分为知识迁移、知识转化、知识变革。知识迁移更多的是大学研究者通过讲座、报告等途径单向度地向教师迁移显性的知识,但是对于教师而言,这样脱离具体情境的知识难以直接应用于自己的教学实践,而只有知识转化和知识变革,才是教师真正发生学习的知识互动模式;知识转化是真正由教师自己参与到情境中的学习,如外出到学校学习、聆听专家示范课、参与专题培训、接受课例指导,都是将教师纳入自己原本熟悉的教育教学情境中去,通过知识转化习得操作性的、隐性的知识,对于自身的教育教学实践才会有所助益;知识变革则是教师与大学研究者共同合作探究新知识,比如共同备课、围绕学校特色课堂理念建设的研讨等,使得教师发生真正的学习[④]。

三、小结:伙伴协作如何促进教师学习与学校改进

在已有文献的基础上,我们发现,大学与中小学的伙伴协作从一开始通过比较宏观的模式,逐渐过渡到了一些更为具体的途径或方式上,如跨界课例研究、合作教育研究等,在这其中,需要大学研究者与教师摆正或转变自身的身份定位,才能使得教师学习与学校改进发生。而在更为微观的层面,即在大学研究者与学校教师的微观互动中,具体实践要借助大学研究者与教师之间的"矛盾"与"知识互动"(图 1-4)。

首先,要以具体的途径作为伙伴协作中促进教师学习与学校改进的切入点。大学研究者可以与中小学教师共同研究课例、共同评课与议课;或者一起合作进行研究,要以学校教育实践中发生的具体问题作为合作研究的切入点,双方要共同直面真实的现实难

---

① 魏戈.矛盾驱动的教师专业学习:基于大学与中小学合作研究的案例[J].教育发展研究,2019,38(4):24-34.
② 赵文君,张晓霞,宁锐,等.课例研究中理论与实践的冲突与融合:活动理论视角[J].数学教育学报,2021,30(3):32-37.
③ 屈若男,綦春霞,刘丽哲,等.活动理论视角下大学与高中数学教师合作共同体的构建研究——以高中几何概型的教学为例[J].教育科学研究,2022(5):80-86.
④ 王晓芳.从知识迁移、转化到知识变革:院校协作中一线教师与大学专家跨界知识互动模式[J].当代教育与文化,2022,14(1):76-86.

题,逼迫教师跳脱出自身的固有信念,以理论之眼透视问题的本质。

其次,大学研究者与教师要转变各自的身份定位。大学研究者要以"低姿态"与开放的心态介入实践,不以理论丰厚而高傲自居。同时,在对教育理论进行"转译"之后,要给予教师一定的专业性挑战,刺激教师产生新想法、新观念,接下来要做行动上的指点者与协同者,陪伴教师,安抚其由于挑战带来的不适的心理状态;学校教师也不能完全服从大学研究者的指示,不能总依靠别人"喂"给自己操作性途径,亦步亦趋,亦要发挥出自身主体性与能动性,创生自己的实践性知识,并为其打上理论的底色,才会有同大学研究者协商与沟通的底气。

再者,大学研究者与教师在伙伴协作中出现冲突与矛盾是必然的,也是无法避免的,但是要正视"矛盾",将"矛盾"视为双方跨界学习的契机,同时,注重双方之间的知识转化与知识创造,在知识互动中互相理解、共同成长。

最后,大学研究者与教师的伙伴协作,说到底还是理论与实践在学校场域中的交织与融合乃至冲突的关系样态。佐藤学曾提出,学校要作为一个学习共同体(School as Learning Community),学术研究成果要渗透进教育行动研究中,教师的日常实践要是一种反思性实践,只有这样才能达成理论与实践相互融合、水乳相依的状态(theory in practice)[①]。同样,大学与中小学的伙伴协作只有处理好教育理论与教育实践的关系才能促进教师学习与学校改进更好的发生。

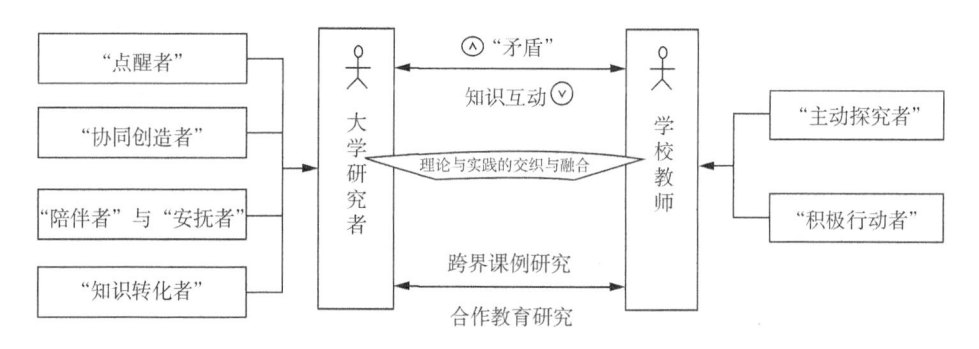

图1-4 伙伴协作如何促进教师学习与学校改进

[①] 来自佐藤学在北京师范大学教师教育研究中心举办的首届"循证教师教育与课例研究国际研讨会"主题报告,题目为"Teacher Education:Re-Innovating Professional Learning Community:Beyond Evidence-Based Education"(教师教育革新专业学习共同体:超越循证教育)。

第二章

组织变革的本质——成功的变革模式

学校变革反映时代和教育领域发展变化的方向,我国当前的教育背景和社会大环境都对学校变革提出了要求。一方面,社会系统要求教育子系统不断变革进步,而学校是教育改革的主战场[1],宏观层面的教育改革在中观层面的关键体现即为学校组织的变革。我国当前正处于全面建设社会主义现代化国家的新阶段,对人才强国的迫切需求反映在教育现代化改革的不断追求中。为了适应国家发展的需要,在信息化和全球化时代进程下,学校组织作为教育生产力的核心阵地,必须突破教育质量与效率的局限,不断发展更新,激发创新活力。另一方面,学校内部具备组织变革的动因。组织的生存与发展取决于组织变革能力的强弱,身处瞬息万变的时代,社会组织之间的竞争也日趋激烈,组织的发展必须要进行不断的调整和改变,才能适应环境的变化,从而实现更好的发展。教育领域作为人才培养的主战场、人类理想的重要承载,被寄托了快速适应社会环境变化的期望。学校需要及时进行自我调整,以在同行竞争中获得优势。

组织变革对学校的发展具有重要的意义。随着学校组织的社会开放度不断增加,学校和其他社会组织一样面临不断满足愈加专业化和个性化教育教学服务的挑战,使得学校对教育管理变革尤其是组织变革的理论需求越来越迫切[2]。成功的学校变革可以为学校带来更高的组织绩效和发展动力,失败的学校变革则可能让学校陷入两难的境地,让教师和学生失去信心。

尽管成功的组织变革对学校具有较强的吸引力,但在现实层面,学校变革依然充满了重重困难与挑战。学校组织是否能够做出良好的适应性变革,取决于学校内部是否具有发现外部环境变化的敏感性、在外部环境变化中寻求机会的自觉性以及为适应外部变化而做出自我更新的勇气[3]。在这种意义上,学校变革的困难分为两大种类。第一类是学校的变革意愿。我国的教师培训模式、教育行政体制和学校组织模式导致大多数学校倾向于维持一种"惯性",一旦学校的组织形式被确定下来,管理者和教师就倾向于"以不

---

[1] 李家成. 透析学校变革的复杂性——当代中国学校变革理论建构的起点之一[J]. 教育理论与实践,2006, 26(6):21-24.

[2] 贺新向. 国外学校组织变革理论发展及启示[J]. 外国中小学教育,2015(6):32-37.

[3] 李春玲. 我国学校组织变革研究的现状及展望[J]. 华东师范大学学报(教育科学版),2006,24(3):31-36.

变应万变",使用传统做法应对组织面临的各种内外部要求,从而无法对外界环境的变化,如教育需求的变化等,做出及时有效的回应。第二类是学校的变革能力。一些学校的管理者具备较高的组织活力,有强烈的变革意愿,但缺乏实施与实现变革的能力。影响学校变革能力的因素有很多,如学校自身的现存制度、学校的资源、变革的时机、教师对变革的态度等,因此要有效提升变革能力,学校需要以系统科学的理论指导实践工作,否则学校变革将流于表面无法得到深入的贯彻实施,或者失去长期持续的可能,导致变革的失败。

由此看来,学校组织变革实践中的困境,要求我们深入了解组织变革的方法,进一步探讨组织变革的本质,借鉴和发展成熟的组织变革模式,为学校的组织变革实践提供学理上的支持。我们迫切希望为学校层面的组织变革指明路径。

本章主要由三部分组成。首先,厘清组织变革的含义和本质,意识到学校组织变革的复杂性。其次,总结和分析不同取向的组织变革模式,寻求组织变革成功的路径。最后,探讨组织实现成功变革的关键要素,为学校组织变革提供一定的实践启示。

第一节　组织变革的含义及本质

变革的核心要义是转变。变革在英文中的表称为"change",本义是组织从一种状态向另一种状态的自然转变。《现代汉语词典》将"变革"解释为"改变事物的本质(多就社会制度而言)"。组织变革一般来说,是指组织根据外部环境变化和内部情况的变化,及时调整和完善自身结构和功能,以提高组织适应环境、求得生存和发展需要的应变能力。学校作为组织的一种形式,其变革具备组织变革的基本特点。孙翠香认为,学校变革不仅仅是一个变革的结果,更主要地体现为变革的动态过程[1],学校变革是变革动力与学校变革阻力两种力量的冲突、矛盾和转化过程[2]。因此,杨小微将学校变革定义为"在受到外力(如社会转型)或内力(如学校员工自主发展的强烈愿望)的推动下发生的组织形态、运行机制上的更新与改造"[3]。

学校变革具有复杂性,是一种动态变化的综合过程。学校是一种独立的、开放的、动态发展的社会组织形态,变革不仅仅指组织结构的变革,还涉及组织的运行机制、组织成员的行为及组织文化等多方面的整体、系统变革。吉纳·E.霍尔在其著作《变革实施:模式、原则与困境》中提到,变革原则之一就是"变革是一个过程(process),而不是一次事件(event)"[4]。学校变革需要综合处理学校内外的各种关系,整体把握学校当前发展中存

---

[1] 孙翠香.变革成本视域下的学校变革[J].河北师范大学学报(教育科学版),2009,11(9):133-138.
[2] 孙翠香,王振刚.学校变革动力:概念、形成基础及系统构建[J].教育科学研究,2012(1):33-37+42.
[3] 杨小微.社会转型时期学校变革的方法论初探[D].上海:华东师范大学,2002.
[4] 霍尔,霍德.实施变革:模式、原则与困境[M].吴晓玲,译.杭州:浙江教育出版社,2004.

在的问题,深度分析学校变革的基础、现状与发展可能性。学校变革中,变革主体和主体间的关系错综复杂,学校变革中的教师群体在学科、性别、学历背景和性格特质等方面存在高度的异质性,变革要想获得多数老师的拥护,需要变革的领导者"做好教师工作"。外部主体,如教育行政部门、教育科研部门、学生家庭和社会大环境等,虽然没有直接参与到学校变革中,但对变革的成败也有至关重要的作用。由于学校内外各种影响因素本身的复杂性和相互关系的丰富性,学校变革过程永远处于变动之中,始终存在着各种可控与不可控的内外部影响因素,这为学校变革过程带来了不确定性。

影响变革的实施与成效的因素众多。迈克尔·富兰把导入变革的影响因素归纳为八种,分别为革新的存在与质量、进入革新、中心行政机构、教师的拥护、外部变革机构、社区压力/支持/冷漠、新政策及资金支持、问题解决取向与官僚取向[1]。这些影响因素在组织变革情境中的具体体现,可能成为组织变革的阻力或助力。进一步的研究显示,影响变革的因素大致可分为个体及组织两类。在个体因素方面,多福特和斯蒂尔斯指出,个体对组织变革的抗拒是导致组织变革失败的主要原因,他们把个体抗拒组织变革的原因总结为下列五项:自我利益受到影响、对不确定因素的抗拒、缺乏了解与信任、感知与目标分歧、对组织崩坏的担心[2]。相似地,格拉斯根据个人对变革方案了解的程度,将个体抗拒变革的主导因素分成六个层次:不关心、意识不到问题所在、找不到解决方案、对解决方法不赞同、能意识到问题和解决方法但没有参与意愿、能意识到问题和解决方法但解决方法对自己不利[3]。另外,个体抗拒还包括个人习惯、安全考虑、经济因素、未知恐惧及选择性地处理信息[4]。至于影响变革的组织因素,罗宾斯发现,结构惯性、范围限制、专业威胁、权力威胁及资源分配威胁等均有可能使组织抗拒变革[5]。同时,有研究者指出阻滞变革的组织因素包括组织结构的惯性、既有权力受威胁、资源分配的影响、组织沟通不良和从众的压力行为等。除此之外,其他的组织因素还有组织的制度环境、文化和传统规范等[6]。因此,组织变革必须降低或消除个体和组织对变革的抗拒,为组织变革提供助力,这类措施包括:加强解释和协商、慎重规划变革方案、降低对员工的影响、谨慎制定新的绩效标准、允许员工参与变革活动、与员工分享变革所获的利润等[7]。

---

[1] 富兰.教育变革新意义(第3版)[M].赵中建,陈霞,李敏,译.北京:教育科学出版社,2005.

[2] DOFT R L, STREES R M. Organizations: A micro/macro approach[M]. Glenview IL: Scott Foresman, 1986.

[3] GLASS N M. Management masterclass: A practical guide to the new realities of business[M]. London: Nicholas Brealey, 1998.

[4][5] ROBBINS S P. Organizational behavior[M]. Englewood Gliffts, NJ: Prentice Hall, 1998.

[6] 刘惠林. 关于教育制度创新与变革问题研究的回顾与展望[C]//中国教育学会教育经济学分会. 2004年中国教育经济学学术年会论文(二),2004:652-665.

[7] MIDDLEMIST R D, HITT M A. Organizational behavior: Applied concepts[M]. Chicago: Science Research Associations, 1981.

第二节 组织变革的理论

由于变革是一个复杂的动态过程,其成功与否牵涉多样的个体和组织因素,所以认识组织变革理论将有助于学校计划和落实成功的学校变革方案。组织变革理论提供了一些系统的分析或行动框架,让学校领导能更容易发现阻碍和促进成功变革的因素,并指导他们如何能有效地排除前者和强化后者,令学校变革得以深入贯彻实践和可持续发展。从变革理论的取向来看,主要以过程取向、策略取向和系统取向为主。

一、过程取向

过程取向,顾名思义,侧重于将变革的过程与阶段作为出发点,以此来解释与分析组织的变革问题。其中以库特·勒温的变革模型为典型代表[1]。

勒温提出了一个包含解冻、变革、再冻结三个步骤的有计划组织变革模型,用以解释和指导如何发动、管理和稳定组织变革过程,这个组织变革模型也叫作"力场"组织变革模型。勒温把组织描述成为一个具有稳定状态或者由相等的反向力量组成的"平衡体"。他认为,组织存在很多"驱动力量",即变革的压力,包括竞争压力、新技术的传播、组织内部的创造性和变革,以及商业运作方面的新立法、环保问题和雇员权利。而均衡这些驱动力量的是许多"抵制力量",包括企业中固化的传统习惯和惯例、贸易联盟的协定、组织文化和思想观念等。由于每一种力量都必须要抵消其他力量,系统因而处于平衡状态。

勒温认为,推动组织实施变革的动因在于"驱动力量"和"抵制力量"之间的互相作用力,这种力量随着环境的变化而此消彼长。而组织就是在这两种作用力之间寻求平衡,每一次从一种平衡达到另一种平衡,组织即发生激烈的变革。

勒温根据自己的模型断言,可以把任何组织的变革过程想象成为推动目前的平衡状态向人们渴望的状态或者说建立新的平衡状态的转变。勒温因而提出了"三阶段组织变革模型"理论。其中主要包括解冻、变革以及再冻结。(1)解冻阶段的主要任务是发现组织变革的阻力,采取措施克服变革阻力的同时具体描绘组织变革的蓝图,明确组织变革的目标和方向,以形成待实施的比较完善的组织变革方案。(2)变革阶段的主要任务就是按照所拟定变革方案的要求开展具体的组织变革运动或行动,以使组织从现有结构模式向目标模式转变。在这一步骤中,应该注意为新的工作态度和行为树立榜样,采用角色模范、导师指导、专家演讲、群体培训等多种途径。勒温认为变革是个认知的过程,它由获得新的概念和信息得以完成,因此特别要注意沟通方式及协作方式。(3)再冻结的

---

[1] 罗宾斯. 组织行为学(第七版)[M]. 孙健敏,李原,等译. 北京:中国人民大学出版社,2002.

原因在于,现实中经常出现目标模式的解冻,组织变革行动发生之后,个人和组织都有一种退回到原有习惯了的行为方式中的倾向。为了避免出现这种情况,变革的管理者就必须采取措施保证新的行为方式和组织形态能够不断地得到强化和巩固。因此在再冻结阶段,必须利用必要的强化手段(如制度、政策及流程的方法)使新的态度与行为固定下来,使组织变革处于稳定状态。如果缺乏这一冻结阶段,变革的成果就有可能退化消失,而且对组织及其成员也将只有短暂的影响。

二、策略取向

策略取向,侧重于关注计划、管理以及控制等方面的策略问题,以策略为切入点对组织变革问题进行思考。其中最具代表性的理论是 Chin 和 Benne[①] 所提出的理论,根据对不同人性的假设,结合变革动力以及所在组织的类型,主要分为三大类型的模式:经验-理性模式、权力-强制模式以及规范-再教育模式。

(一) 经验-理性模式

经验-理性模式强调组织变革的动力根源在于理性知识,并认为理性知识是指导实践的重要依据。此种模式所基于的理论假设是人作为理性人,既具有理性的同时能够被理性知识所说服,并能够通过人类的基于理性的创造性活动弥合理论与实践的差距。在组织变革中,基于策略视角来看这一模式,关注在变革过程中学习、发展并运用理性知识,一般来说这种模式适用于迅速普及新思想、新做法的情况,被认为是一种有计划、有管理的普及策略。基于此,经验-理性模式在组织变革中生发出如"知识-生产-利用"以及"研究-开发-普及"的衍生策略,形成基于理性知识而推进变革实践的一系列策略。

(二) 权力-强制模式

对于权力-强制模式来说,强调变革的动力在于外在权力,旨在通过权力进行组织变革。这一模式的理论假设关注重点在于:由于组织运作的惯性以及组织成员的惰性,可能出现组织及成员抗拒或回避组织变革的情况。在这种消极假设下,权力-强制模式认为应该通过使用权力力量,运用强制的方式来推进组织变革的实现。在这种假设下进行权力-强制模式的应用,可预见的是变革在组织内被快速、有效地推进。这一理论观点也认为,虽然理智、人际关系等都会对组织变革产生一定的影响,但其应用效果都不及强制的权力应用来得有效。同样,这一策略也存在弊端,如组织及成员的抵抗,可能是直接的对抗也可能是消极的抵抗,因而这一模式可能也会存在变革持续性差、实际效果不尽如人意的问题。同时,权力-强制模式在实际应用中可能会产生扩散问题。

(三) 规范-再教育模式

规范-再教育模式也被称为"标准-再教育"模式。在一定程度上,可以将这种模式理

[①] CHIN R, BENNE K D. General strategies for effecting changes in human systems[M]. Boston MA: Human Relations Center, Boston University, 1969.

解为是上述两种模式的综合调整。具体来说,规范-再教育模式认为组织变革的源动力在于组织内各个成员形成的共同遵守的规范。在此基础上,通过运用理性知识以及外在权力,以规范来引导组织变革。其基本假设在于认为组织成员的相互作用能够影响组织层面的规范形成,此处所说的规范并非是指制度性的规定,而是组织的相互作用影响系统下的规范,如在态度、信仰、价值观等层面的规范。而这种规范出于促进组织发展以及成员成长的目的,能够自我更新进而实现组织变革,继而形成再教育的、再学习的、自下而上的良性循环。这种规范-再教育模式在组织变革中主要偏重于组织成员态度、信仰、价值、规范等方面的变革。

综上可知,三种模式的变革策略各有侧重,但在学校变革实际中三种策略的实施界限可能并非格外分明,由于几种不同的策略经常被有效地用在同一时间,所以在有效的管理组织变革中,学校管理人员必须有能力实施适当的组织变革策略[①]。

三、系统取向

系统取向的变革模式主要是将组织看成一个完整的系统,立足于此来研究学校组织变革问题。其中有代表性的理论主要有卡斯特的系统变革模型以及莱维特的社会技术系统变革模型。

(一) 卡斯特的系统变革模型

系统理论学派是在贝塔朗菲的"一般系统理论"上形成的,并尝试将"一般系统理论"运用于组织变革实践,得出了一些有益的理论框架。主要代表人物有卡斯特、罗森茨韦克等。他们在系统理论学派的"开放系统模型"的基础上(融合了"一般系统理论"),加入组织变革因素分析,形成了"系统变革模型"。

所谓"开放系统模型"主要强调组织既是一个人造的开放系统,同时也是由各个子系统有机联系而组成的一个整体。该模型包括输入、变革元素和输出三个部分。

其中,输入部分包括组织的使命、远景和相应的战略规划。组织用使命来表示其存在的理由。远景是描述组织所追求的长远目标。战略规划则是为实现长远目标而指定的有计划变革的行动方案。变革元素包括组织目标、组织成员、社会因素、组织体制、组织技术、组织文化等。这些元素相互制约、相互影响,组织需要根据战略规划组织相应的变革元素,实现变革的目标。输出部分是指组织变革的结果。根据组织的战略规划,从组织、群体、个体等三个层面,增强组织整体效能。

针对这个模型,系统理论学派的代表人物卡斯特提出了实施组织变革的六个步骤,具体如下。

(1) 审视状态:对组织内外环境现状进行回顾、反省、评价、研究,洞察内部环境及外部环境中产生的变化。

---

① 张兆芹.学校变革与发展的理论和策略分析[J].教育发展研究,2004(11):9-13.

(2) 觉察问题：识别组织中存在的问题，确定组织变革需要；并向组织中有关部门提供有关变革的确切信息。

(3) 辨明差距：找出现状与所希望状态之间的差距，分析存在的问题。

(4) 设计方法：提出和评定多种备选方法，经过讨论和绩效测量，做出选择。

(5) 实行变革：根据所选方法及行动方案，实施变革行动；在实际变革中，要尽量减少或控制因变革而产生的负面作用。

(6) 反馈效果：输出变革形成的新产品及新成果等，对其进行评价，实行反馈。经过这样的及时反馈，进一步观察外部环境状态与内部环境的一致程度，对变革的结果给予评定。若有问题，再次循环此过程。

（二）莱维特的社会技术系统变革模型

美国的哈罗德·莱维特提出整个企业（或其他组织）变革的系统模式。他指出，组织变革的内容全面地包括四个方面，即任务、人员、技术和组织结构（图2-1）。

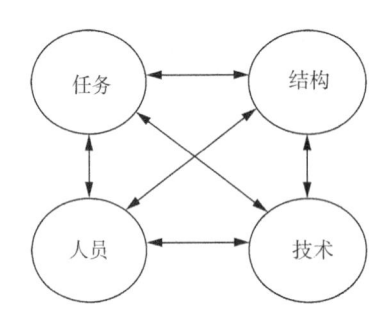

图 2-1 社会技术系统变革模型示意图

具体来说，任务是指组织设立的目标和任务。对企业来讲，就是企业提供给社会的产品或服务。这个任务，具体到企业内部，就分解为各级各方面的具体工作任务。企业产品或服务的变革，如调整产品结构、制造新产品等，也是组织变革的重要内容。人员是指组织领导人员及员工的态度、技能、期望、信念和风格等状况。组织人员结构及素质的变革是组织变革的又一项重要内容。技术，即组织制造产品、维持经营的技术装备和工艺方法。技术改造，新工艺、新材料的采用都是技术变革的主要内容。技术变革当然是组织变革的重要内容。结构，即组织结构，如权责分工、机构设置、集权程度、协调方式等。

莱维特的组织变革系统模式，主要说明这四方面的变革具有很高的相互依赖性。例如，企业调整产品结构，改产某种技术先进的新产品，这就相应地要求变革生产技术，要求相应提高组织全体成员的素质，要求相应地调整组织结构、劳动管理等。他认为，这四方面的变革往往是同时发生的。

四、迈克尔·富兰的理论

在某程度上，以上三类组织变革的理论主要关心的是企业组织，虽然这些理论的解释力具有一定的普适性,即能用以分析和厘清非企业(如学校)的组织变革。但学校组织和企业组织有不少差异之处,如学校是非营利的而企业是营利的、学校的服务对象主要是未成年人而企业的服务对象更多为成年人等,这些差异使学校组织变革模式和企业的有所不同。因此,为了更好地了解学校组织变革,不加思考地套用已有的组织变革理论是不够的,教育管理学的学者提出了学校组织变革的理论,以弥补过往组织变革研究和理论的不足。其中,以富兰的学校变革理论最有代表性。

富兰的学校变革理论多集中体现于《教育变革的新意义》[1]一书中,侧重于关注教育变革中"什么是变革"、"为什么必须变革"以及"如何进行变革"这三大问题。

"意义(meaning)"这一概念是富兰理论中的核心概念,意义强调组织成员对所进行的教育变革的内容及方法有所了解与认同,即意味着这种教育变革对其来说是"有意义的"。与之相反,如参与变革的成员对变革内容及方法不甚了解且并不认同,则意味着"无意义"。而"意义"作为其行动的出发点,如果参与教育变革的成员认为变革是有意义的,那么在行动中会以积极态度参与。在这种理论假设下,研究者认为组织变革的源动力是组织成员的"意义"体验,认为意义是实现组织变革成败的关键性因素。基于此,为了让参与变革的成员获得意义感,那么需要让组织成员增进了解以及强化认同。在增进了解方面,作为组织变革的引领者,需要不断地向成员说明变革的具体细节,包括价值、目标、内容及结果等;而在强化认同上,需要教育变革本身的内容与方法具有价值与品质,符合教育发展需求与师生发展需求,并辅之以可行的、高质量的变革方法,才能从根本上提升组织成员对变革的认同感。

与此同时,富兰在此基础上提出了变革的三个阶段,分为倡导阶段、执行阶段以及持续阶段。因为变革并非是一蹴而就的单一事件,而是一个持续变化的过程,那么在变革的不同阶段面临着不同的影响因素与问题。首先,在倡导阶段,变革的主要影响因素包括变革方案的自身品质、上级机关的倡导、教师的倡导、教改团体的支持、社区的态度、政府的支持辅助以及解决问题的需要。在这一阶段,变革的重点在于提出优质的变革方案。其次,在执行阶段,这一阶段主要的影响因素有三大方面:变革方案自身的特质(需求是否迫切、方案是否明晰、方案是否复杂、方案是否可行)、在地的内部特性(学区、社区、校长、教师等主体的特性)以及外在因素(政府机关及其他机构的态度)。在这一阶段,所面临的影响因素复杂而多样,因而营造良好的执行条件与情境是必不可少的,同样也需要参与变革的主体自身具有优越能力与变革热情。最后的阶段是持续阶段,也可理解为是变革方案制度化的阶段,意味着变革经历了倡导期以及执行期之后,步入了常态化发展的阶段。对于组织变革来说,缺乏持续性的、昙花一现式的变革是不值得提倡但容易在实践中发生的情况。很多时候变革失败的原因一方面来自执行能力,另一方面来源于变革规划者对问题复杂性的错估,决策者无法理解执行者的主观立场与客观情况同样是变革可能失败的原因之一。因此富兰主张,变革的推进需要考虑灵活性、意义性、适

---

[1] 富兰.教育变革的新意义(第四版)[M].武云斐,译.上海:华东师范大学出版社,2010.

当的压力、时间、精心规划、理解复杂性、文化变革等多方面因素。

总的来说,富兰通过对诸多教育变革案例的分析,梳理出教育变革的脉络与情境,并抽象提炼出对于教育变革具有普遍性的影响因素与关键所在,对于教育领域的变革来说,具有重要的参考价值。

五、U-D-S 伙伴协作模式

除了富兰的理论外,近年来影响学校变革实践的还有 U-D-S 伙伴协作模式(University-District-School Partnership,简称 U-D-S 伙伴协作)。U-D-S 伙伴协作模式是从组织变革过程中的主体角度进行探讨,强调大学、地方与学校间以平等的伙伴关系进行协作的综合型教育变革模式,这一模式内隐的价值假设是学校赋权、民主协商、互惠共生等理念[1](图 2-2)。

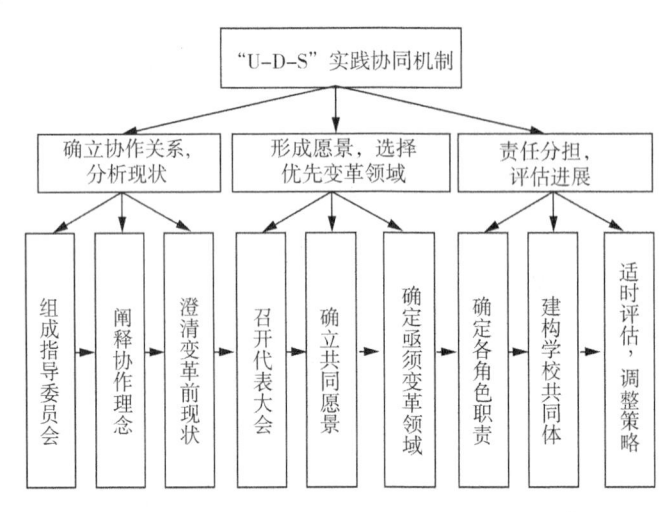

图 2-2 U-D-S 伙伴协作模式运行机制与流程[2]

最初,教育变革往往由政府主导"自上而下"地进行,但因执行者对变革内容及方法的理解存在较大差距,以及此种情境下学校教师缺乏对于变革的内在需求以及认同,往往成为承载外在要求与压力的"被迫承受者",种种原因导致了教育变革在执行过程中遭到异化,教育变革效果往往与预期相差甚远。面对这一问题,20 世纪 80 年代,学者们从大学与学校分离的角度切入进行思考,西方学者将原本是经济领域的"伙伴协作"这一概念引入了教育领域,提出了"大学-学校"伙伴协作(University-School Partnership,简称 U-S 伙伴协作)的改革主张。及至 90 年代,U-S 伙伴协作这一主张逐渐被广泛实践,但同样面临着一些冲突和问题,诸如二者之间存在的文化冲突与隔阂、如何创设良性的支持

---

[1] 李国栋,杨小晶.U-D-S 伙伴协作:理念、经验与启示[J].外国教育研究,2013,40(10):30-37.
[2] 陈娜."U-D-S"伙伴协作:价值、阻力与路径[J].教育理论与实践,2017,37(8):29-31.

环境以及如何对二者间伙伴协作关系进行效果评估等,最终经过反复协商与讨论,双方一致认为,应该将"地方"纳入其中,"地方"主要代指当地相关教育管理机关以及当地教育机构等。纳入第三方力量,一方面可以有效缓解大学与学校之间的文化冲突以及价值隔阂,同时也为教育变革在实际执行中创设了良好的支持环境;另一方面,"地方"作为第三方,能够较为客观、公平、理性地评价教育变革成效,因而 U-D-S 伙伴协作模式日渐得到广泛应用。

U-D-S 伙伴协作模式被认为是"应对社会变革并与社会相互作用的一种自觉表现",在教育领域也被广泛接受与认可。在引入我国的过程中,这一理论模式面临着从外部引进到内部重构的过程,其中有两大关键特征需要特别注意。

其一,学校赋权与平等协作。在 U-D-S 伙伴协作模式中,为达成各方精诚合作及紧密互动的"伙伴式"关系,各方之间权力的平等是必不可少的重要条件。在传统视域中,大学教授往往扮演的是一种具有专业权威的角色,地方教育行政人员往往被视为具有行政权威,前者权威的建立往往通过创造、阐释教育知识而形成,后者权威的建立往往通过行政命令或政策的形式得以确立,但这样就容易造成一种权力的不对等,即学校及教师群体往往被迫承担改革中服从者的角色,这就导致伙伴关系难以在实践场域中被真实建立。因而,学校赋权成为建立 U-D-S 伙伴协作模式的必然选择,主要分为外部的制度赋权和内部的自我赋权两种方式。制度赋权侧重于强调在权利共享理念的引领下,赋予学校参与教育变革方案、决策的权利,既赋予学校平等的权利,且有利于营造主体归属感。而自我赋权有助于学校及教师群体意识到自身的主体性,进行一种自我觉醒,在实践场域中有更为清晰的感受,能够做出自我分析、判断和抉择[1]。归根结底,制度赋权为学校获得平等的伙伴关系提供了制度保障,但实现自我赋权才是能提升学校主体性与权力感的真正所在。

其二,民主协商与互惠共生。民主协商的沟通方式是建立 U-D-S 伙伴协作关系的有效途径。一方面,面对大学、地方教育行政机构和学校三方的不同立场以及价值取向的冲突,民主协商能够有效推动三方的沟通与理解,推进伙伴式协作关系的建立;能够有效减少各方主体在教育变革中自我中心化的文化心态,诸如大学可能更多地倾向于理性主义、理论探索性的文化心态,而学校则更多地倾向于经验主义以及实践应用性的文化心态,而地方教育行政机构往往倾向于在二者间进行折中主义的选择,偏向于对制度规范性的追求。如果三方在推进教育变革的协作中各行其道,教育变革不可避免地会在执行过程中涌现出各种不可调和的矛盾,而以平等的心态进行民主式协商是调和三者矛盾与冲突的关键路径,有利于营造 U-D-S 三方的合作共同体。在这种情境下,要想保持 U-D-S 伙伴协作关系的持续发展,彼此间确立互惠共生的信念是重中之重。互惠共生的理念需要渗透在教育变革过程中的方方面面,要综合考虑各个主体间的利益共生与能力互

---

[1] DUFFY G G. Professional development schools and the disempowerment of teachers and professors[J]. The Phi Delta Kappan, 1994, 75(8): 596-600.

补,从认知、情感以及行为的多种向度建立促进共同生长的支持环境,这种互惠共生信念的建立,是促进 U-D-S 伙伴协作模式持续发展的动力所在。

第三节　成功变革的关键要素

由于不同的理论对于组织变革的假设和侧重点存在差异,所以导致它们为学校领导提供有关成功变革模式的"答案"略有不同。但纵观这些理论和现有的文献,不难发现成功的学校变革需要具备以下要素。

一、塑造良好学校组织文化,营造和谐学校组织氛围

学校组织文化是在学校管理活动中所创造的具有校园特色的精神财富和物质形态,包括价值观念、学校制度、道德规范和行为准则等。学校组织文化是学校组织的灵魂,是推动学校变革和发展的不竭动力,主要由物质文化、制度文化和精神文化构成。物质文化是学校组织文化的外在表现,包括教学楼、图书馆和操场等校园设施。制度文化是对学校和学校组织成员的行为进行约束和规范的行为准则体系,包括领导体制、人际关系和各项规章制度以及纪律等。精神文化是学校组织文化的核心,反映学校的信仰和追求,主要包括价值观念、行为规范、群体意识和优良传统等。从本质上看,学校组织文化是一种以人为本的文化,强调人的理想、道德、价值观和行为规范在学校管理中的核心作用,注重人的全面发展,营造团结友爱和相互信任的和睦气氛。在这种人本位的学校组织文化中,组织成员之间互相关心和支持,逐渐形成强大的凝聚力和向心力,使他们对自己作为学校的一份子感到骄傲和自豪,对学校的成就产生强烈的荣誉感,将学校看成是自身利益的共同体和归属,积极主动地为实现学校发展的任务和目标而努力奋斗。因此,学校文化对于学校的变革发展具有深远意义,能够激发学校组织成员的使命感和归属感,明确成员工作的目标和方向,能够提高学校组织成员的责任感和成就感,增强团队意识和危机意识。同时,在塑造学校组织文化的过程中,要注重将文化建设和学校战略管理相结合,发挥学校领导群体的核心作用,反映全体组织成员的共同愿望。

二、建立共同愿景,明确发展目标

一致的愿景和价值是影响学校改进的重要因素,成功的学校组织变革的首要前提是建立共同愿景,明确变革和发展目标。共同愿景是学校组织中所有成员共同的、发自内心的愿望和理想,既源于成员的个人愿景,又高于个人愿景。共同愿景所表示的是学校组织未来发展成功的目标、任务、事业或使命,它能够创造巨大的凝聚力,淡化人与人之

间的矛盾和冲突,激发所有的组织成员为之奉献和努力,朝着共同的目标前进。首先,任何学校变革发展都需要建立组织成员心目中迫切想要实现的组织愿景和富有人性化和个性化的组织目标,为个人的成长和学校的发展指明方向。高远、清晰、明确的目标可以引导组织成员排除干扰,驱动组织中的全体成员产生追求目标愿景的巨大勇气,并将其转化为自身的行为动力。其次,注重提高组织成员的使命感,增强成员对组织变革发展的认同感。使命代表了学校组织未来将要完成的任务和目标,赋予组织成员个人责任,随着个体使命感和认同感的不断增强,成员逐渐迸发出强大的内在动力,更好地履行责任,完成任务。最后,建立和发展核心价值观,切合和深化组织理念是建立共同愿景的重中之重。价值观是共同愿景的重要组成部分,关系组织未来的变革,对组织的发展具有重要的引导作用。构建共同愿景要从发展组织的核心价值观着手,如果一个组织没有建立核心价值观,那么它就如无根之萍一般,其未来的发展将充满不确定性。

三、提高领导能力,树立多元教育理念

学校组织领导者的领导能力是学校成功变革的关键要素,学校变革中的领导充满简单、复杂的矛盾特质,需要兼具变革和稳定的能力,他们既要开创未来愿景,也要注重现实行动。在规划和推动学校未来发展的过程中,领导者要不断提高自身的领导能力,树立多元价值的教育理念,具有愿景建构、文化形塑、人性关怀、团队建立等意识以及敢于探索和创新的人格特质。一些学者认为,新世纪变革领导者要具备充沛的体力和旺盛的精力、智慧和判断力、肩负责任的意愿、工作能力、理解成员的需求、处理人事的技巧、激发动机的能力、勇气和决心、赢得信任的能力以及信心等十四项技能。还有一些学者指出,变革领导者的核心领导能力包括正直、柔软、洞察能力、知觉、智能、好奇和预测等,以及七大习性和八大特质。成功领导的七大习性分别是积极主动、牢记目标、要事第一、双赢思维、理解他人、统合综效和精益求精;成功领导的八大特质分别是不断学习、服务至上、散发积极能量、信任别人、均衡生活、将生活视为探险、统合综效和自我更新。同时,学校组织的领导者面临不同的挑战,既要扮演好知识领导、价值领导、关系领导等角色,也要在领导方式上由集权式领导向分权式领导转变,从单一的任务型导向向持续性的过程型导向转变。

第四节 结 论

教育现代化需要我们不断探索、不断改革、不断创新,实现由传统教育向现代教育在物质、制度和观念层面上的转变。为了实现组织的目标和愿景,学校不能只被动接受政策调整或遵循传统行事,而更应该自发进行组织变革,以适应快速变化的内外部环境需

求,争取更高的组织效率,提高教育质量。

组织变革是指组织根据内外部环境的变化,及时调整自身结构和功能,以提高组织适应环境、求得生存和发展需要的应变能力。学校组织变革体现为学校变革的内外部动力和阻力的冲突、矛盾和转化过程,利益、权力、环境、认知和文化等方面的因素均可能对学校变革产生影响。学校变革具有复杂性,是动态变化的综合过程。学校变革需要综合处理学校内外的各种关系,整体把握学校当前发展中存在的问题,深度分析学校变革的基础、现状与发展可能性,随时准备好迎接改革的不确定后果,从而确定组织变革的基本目标和发展路径。

目前,比较成熟的组织变革理论包括过程取向、策略取向和系统取向三种。过程取向的经典理论是勒温的"解冻—变革—再冻结"模型,策略取向以钦和贝思的变革模式三分类(经验-理性模式、权力-强制模式以及规范-再教育模式)为代表,系统取向的理论则包括卡斯特的"输入—变革元素—输出"模型和莱维特的社会技术系统变革四要素模型(任务、人员、技术和结构四要素)等。此外,迈克尔·富兰的理论将"意义"确立为学校变革的核心概念,强调参与变革成员的意义感获得,并在此基础上提出变革的三阶段——倡导、执行和持续阶段。U-D-S伙伴协作模式理论则为变革主体合作模式提供了新的可能,强调大学、地方教育行政部门和学校之间的综合协作型变革,具有学校赋权与平等协作和民主协商与互惠共生的关键特征。

通过对理论模型的归纳分析不难得出,要想在学校实现理想的组织变革,良好的组织文化氛围、一致的发展愿景和价值观,以及组织领导者的领导能力和分权式领导是必要的条件。学校文化能够激发学校组织成员的使命感和归属感,在塑造学校组织文化过程中,要注重将文化建设和学校战略管理相结合。拥有共同的愿景可以让组织成员迸发出强大的内在动力,更好地完成任务、实现价值追求。判断力、责任心、勇气等领导特质和分权式领导的领导风格能提升学校变革的抗风险能力,为学校变革提供更加长足的精神保障。

第三章

中层领导：学校发展的中坚力量

在传统的校长个人领导力主导学校发展的情境中，执行能力是评判学校中层干部能力的关键，但随着社会发展愈发充满变化性、不确定性、复杂性和模糊性[1]，教育领域需要适时进行变革创新以满足社会与公众对教育不断产生的新需求，而此时以校长个人为中心的英雄主义领导力很容易会面临挑战和困境[2]，学校的发展与变革仅依赖校长单个人的力量是吃力且被动的，一所学校校长的办学理念与蓝图，只有获得教师们的普遍认同与支持，才能转化应用于实践，在学校教学中落地生根，实现真正的变革发展。尤其是随着学校办学规模逐渐增大，学校内部组织结构愈发复杂，在将以校长为代表的高层领导者的办学理念渗透进广大基层教师们的教育理念和教学实践的过程中，学校的中层领导干部起着至关重要的贯通连接作用，中层干部在学校发展和改革中是不可或缺的中坚力量。学校中层干部的角色职能和素养能力也需随之进行调整，中层干部的领导者角色和卓越领导力逐渐取代执行力，成为中层干部的核心素养。

学校中层干部是学校转型与管理变革中不可缺失的中坚力量，主要由分管教学、德育等工作的教导主任、政教主任、教研室主任、年级组长、教研组长、备课组长等成员组成[3]。在改革发展成为教育新常态的当下，外部社会环境变化迅速，学校发展不断面临着挑战与机遇的交叠冲击，一所学校要想获得长足的生命力与变革力，首先需要一支道德素养高、专业能力强的中层领导队伍[4]的支持、带动和辐射。学校中层领导者是迎接教育新变化和新挑战的核心力量和中坚力量，学校的发展变革离不开中层领导者卓越的领导力。

本章节主要围绕中层领导者作为学校发展的中坚力量展开探讨，在厘清中层领导者的角色职能和中层领导力的概念内涵的基础之上，对学校中层领导的发展现状进行实证

---

[1] 吕鸿江,封燕,付星越.多元领导力模式及其影响领导力效能的权变机制:三层多重 CAS 网络的视角[J].中国人力资源开发,2021,38(6):6-23.
[2] 孙华,丁荣贵,王楠楠.研发团队共享领导力行为的产生和对创新绩效的作用:基于垂直领导力的影响[J].管理科学,2018,31(3):17-28.
[3] 李家成.学校变革视野下的中层管理者成长[J].人民教育,2007(24):22-24.
[4] 郭兆峰.现代学校中层领导力的建构维度[J].江苏教育(教育管理版),2022(2):15-17.

探索,并构建出学校中层领导者的核心素养框架,为学校中层领导者的领导行为提供参考与借鉴,推动学校中坚力量的发展强大。

第一节 中层领导者在学校发展中的角色职能

中层领导者是学校变革发展的中坚力量,在学校变革发展过程中具有重要的意义和价值。一所学校的高质量发展,离不开一支高效能的中层干部队伍,优秀的中层干部团队是实现学校高效运转、优化学校内部管理和推动学校高品质可持续发展的重要保证[1]。在当今学校转型性变革过程中,学校校长和学校中层管理团队这两大主体是学校变革与发展的基本领导力量构成,伴随着转型性变革的纵深,学校中层管理团队的真实发展状态,越来越显著地影响着学校转型性变革的进程,赢在中层,已经逐渐成为进一步推动学校变革和促进学校变革领导力发展的现实路径追求[2]。中层领导者在一定程度上决定着一所学校变革发展的程度。李政涛提出"中层的限度"一词,中层领导者对于学校发展有着愈发明显的制约性,中层的限度逐渐成为学校发展的限度[3]。

国外学者 Mintzberg 认为,中层管理者是处在组织的战略最高点和操作核心层之间的人员[4],对学校整体战略的执行与实施具有举足轻重的意义[5]。胡宏梁等构建出中层管理者在组织变革中的四大角色模型——一是创意者,中层管理者往往更能发现组织和环境中的机会,提出具有价值、创造潜力的变革方案;二是传达者,中层管理者通过日常积累的工作经验,对相关信息进行有效传递,让一线员工有清晰的任务目标;三是安慰者,中层管理者能够理解员工的想法和情感需要,能够把握最初变动的幅度以使大多数员工接受;四是协调者,中层管理者能够合理地协调维持现状与组织变革之间的关系,把握变革的度[6]——为思考学校中层领导者的角色内涵带来重要的启发。吴恒祥提出,学校中层干部的角色定位应遵循五大统一,即"执行者"与"创造者"的统一,"维护者"与"独立者"的统一,"管理者"与"示范者"的统一,"指挥员"与"战斗员"的统一,"竞争者"与"合作者"的统一[7]。学校中层干部在学校场域中的角色具有多元性和复杂交织性,他们是承担教学任务的教师,是执行上级命令的执行者,是上传下达的沟通协调者,是管理学生或教师的管理者,是领导下属的领导者……多种角色职能交织在一起,使中层干部这一角色

---

[1] 叶丽敏.锤炼高效能中层:为学校高质量发展蓄势赋能[J].中小学管理,2022(7):5-9.
[2] 蒋金魁.赢在中层:学校变革领导力的发展研究[D].上海:华东师范大学,2010.
[3] 李政涛.找到让"中层"强健有力的密码[J].中小学管理,2022(7):1.
[4] 韩玉兰.中国情境下的意义建构:中层管理者的管理觉知及其影响[D].北京:北京大学,2010.
[5] 鲍传友.从夹心到核心:学校中层领导力的认识与培养[J].中小学管理,2014(3):4-6.
[6] 胡宏梁,陈旭东,许小东.中层管理者在组织变革中的角色研究[J].管理现代化,2003(1):15-18.
[7] 吴恒祥.学校中层干部角色定位[J].教学与管理,2002(10):13-14.

丰满且有意义。但不可忽视的是,学校中层是领导链上不可或缺的一环[①],受我国中小学校实行校长负责制的行政管理体制的影响,人们往往容易忽视中层管理团队的领导力量,然而学校中层管理团队是学校高效管理与有序运行不可或缺的力量[②],学校中层领导既是学校工作的被领导者和执行者,又是领导者和指挥者[③],中层领导者在学校组织架构中处于承上启下、左右协调的关键位置[④]。

在推动教育高质量发展、全面提升教育治理水平的教育诉求下,学校中层领导干部的角色不能仅是依附于学校的执行者——校长和管理者——监管学生的教师,如何成为学校变革发展的中坚力量是学校中层干部所面临的新的时代命题与责任挑战。对于学校的高质量变革发展,卓越的领导者最为关键,但长期以来校长单枪匹马引领学校变革的吃力现实又反映出培养一个卓越的领导团队的必要性和紧迫性。因此,学校中层干部急需转变自身执行者和被领导者的角色认知,意识到领导者角色的重要性,走在领导学校变革发展的第一线,不断发展与提升自身的领导力,与校长等上级领导者共同凝聚成助力学校发展和教育变革的核心团队,成长为支撑学校变革发展的中坚力量。

在当前学校所处的变革与发展时代背景下,引领广大基层教师同心协力共推学校变革发展,是中层干部的角色之魂,需要中层干部明晰自己作为中层领导者的角色与职能,融会贯通各种角色身份,凝成学校发展的中坚力量(图3-1)。正如有研究者指出,中层领导者是学校的一支中坚力量,在贯彻落实党的教育方针和政策、推动学校改革和发展的过程中具有举足轻重的作用,中层领导者处于学校工作的关键环节上,常常成为学校工作事务的集合点、工作关系的集中点、工作矛盾的聚焦点,他们的成长直接关系学校发展的前途和希望[⑤]。

图3-1 中层领导者角色

[①] 徐冬青.一个提高学校中层领导力的有益探索[J].现代教学,2018(11):1.
[②] 孙祯祥,任玲玲.学校中层管理团队信息化领导力评价体系研究[J].现代远程教育研究,2016(5):61-67.
[③] 胡熙.如何提高中层领导的执行力[J].课程教育研究,2016(28):40-41.
[④] 李玲.千淘万漉虽辛苦 淘尽黄沙始见金——浅谈学校中层领导的自我历练[J].教师,2016(25):102-103.
[⑤] 章立早.完善中小学中层领导干部选拔和培养机制[J].教学月刊(中学版),2012(11):31-33.

第二节 中层领导力的内涵

在一所学校中，校长的领导力决定了学校的"顶"有多高，而中层的领导力则决定了学校的"底"有多厚[1]。在学校发展建设过程中，中层的领导力是将学校高品质发展的蓝图转化为教师专业发展、学生全面而有个性的成长，以及学校生态优化的实践样态和美好图景的有力保障[2]。面对日益复杂的教育改革环境与发展任务，如何有效提升学校中层干部的领导力，激发中层干部的积极性和创造性，不断提升现代学校人力资源管理水平，是当下中小学必须回答的重要命题[3]。

中层领导力作为领导力的类型之一，对其内涵的理解还需从其上位概念领导力着手。伯恩斯把领导力定义为"领袖劝导追随者为某些目标而奋斗，而这些目标体现了领袖及其追随者的共同价值观和动机、愿望和需求、抱负和理想"[4]。巴斯指出，领导力是指领导者通过个人的魅力、权力、说服力等其他行为影响组织个人或团队，最终达到实现一定组织目标的能力[5]。国内研究者孙杰指出，领导力是教师个人或集体在学校建设过程中依托专业权威主动对他人所形成的实在影响，它反映的是教师作为"领导者"而不是"执行者"的外在规范与内在状态[6]。孙锦明将领导力界定为领导者从目的意义和行为方式上影响追随者以促进共同目标实现而产生的实际作用力[7]。陆园园等认为，领导力为领导者吸引和影响被领导者实现群体或组织目标的能力[8]。中国科学院"科技领导力研究"课题组将领导力定义为领导者在特定的情境中吸引和影响被领导者与利益相关者持续实现群体或组织目标的能力，并提出了领导力概念链（图3-2）[9]。

虽然学界对领导力的界定各不相同，但均围绕领导力的两个核心要素展开，即领导者权力和领导者的影响力。领导者的领导力难以脱离领导者的权力和影响力而独立存在，同时领导者的领导素养和能力也是不可或缺的要素。因此，可将中层领导力定义为具有一定领导素养和能力的中层领导者，运用自身所掌握的权力权威和影响力，影响和引领组织成员协力实现组织目标的能力。领导力是决定领导者领导行为的内在力量，是

---

[1] 李建华, 韩董馨. 提升中层领导力: 架起学校管理的"四梁八柱"[J]. 中小学管理, 2021(6): 43-46.
[2] 郭兆峰. 现代学校中层领导力的建构维度[J]. 江苏教育（教育管理版）, 2022(2): 15-17.
[3] 成刚. 构建领导力素质模型: 打造高质量中层团队[J]. 中小学管理, 2022(7): 10-13.
[4] 李艳华. A公司中层管理者领导力提升研究[D]. 厦门: 厦门大学, 2014.
[5] SCHAFER J A. Effective leaders and leadership in policing: Traits, assessment, development, and expansion[J]. Policing: An International Journal of Police Strategies & Management, 2010, 33(4): 644-663.
[6] 孙杰. 教师领导力的三维模型设计: 构念形成、内涵特征与模型构建[J]. 教育学报, 2021, 17(6): 122-133.
[7] 孙锦明. 中学校长领导力研究[D]. 上海: 华东师范大学, 2009.
[8] 陆园园, 吴维库. 领导力核心四要素研究[J]. 新视野, 2013(2): 56-59.
[9] 中国科学院"科技领导力研究"课题组. 领导力五力模型研究[J]. 领导科学, 2006(9): 20-23.

实现群体或组织目标、确保领导过程顺畅运行的动力[1],领导力主要表现在三个方面:做决策、带队伍、树影响[2]。

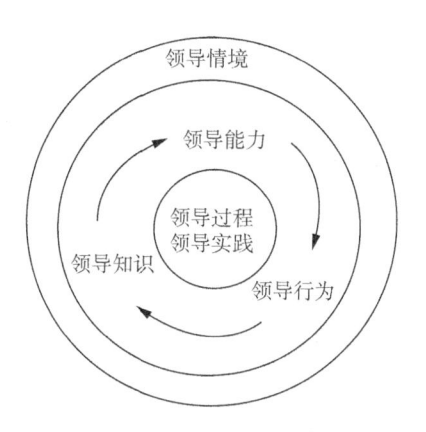

图3-2 领导力概念链[3]

中层领导力在拥有一般领导力基本内涵的同时,也具有区别于一般领导力的特征,厘清中层领导力的内涵需要进一步把握学校场域和中层层级的特殊性。学校中层产生于现代学校教育制度的演进和组织结构的调整过程中,随着学校规模的扩大和组织结构走向复杂化,学校内部的全面有序管理需要学校中层干部的诞生[4]。学校中层领导力的独特性集中体现在中层领导者的素养和能力上。学校组织情境不同于企业组织的单一绩效盈利取向,更具有人文关怀、教育目的和信念,学校中层领导者不仅对校长等上层领导负责,更肩负着普通教师、学生、家长等的信任和期望,学校中层领导者需要面对的是双重的责任和事务,中层领导力的施展更具挑战性;学校的中层干部多是从普通教师一步步晋升上来的,始终铭记其作为教师的本职工作和责任,由此决定了学校中层领导者是理性与感性并存、柔性与刚性并存;中层领导者的提拔和晋升多是以优秀的教学能力为衡量标准,领导能力缺少系统的培训、锻炼和检验,因此中层领导者的领导力具有不确定性和松散性。此外,学校中层的领导力并不是一成不变的,领导力是一个动态的过程,受所处社会背景和教育环境的重要影响。中层领导的执行力曾是中层领导力的关键,但随着教育所处社会环境的急剧变化,中层领导力的关键应由执行力转变为思考力,遇到问题时如何运用合理的思维方式与价值判断去解决问题,正在成为中层领导者所必修的

---

[1] 中国科学院"科技领导力研究"课题组. 领导力五力模型研究[J]. 领导科学,2006(9):20-23.
[2] 李艳华. A公司中层管理者领导力提升研究[D]. 厦门:厦门大学,2014.
[3] 处于核心层(第一圈层)的是领导过程,领导过程是由具体的领导行为构成的,领导过程通常也代表着领导实践;第二圈层的领导行为、领导能力和领导知识都是领导过程的直接或间接产物,其中,领导能力是关键,领导能力决定着领导行为的质量和效果,领导行为是领导知识的主要来源之一,领导知识又是领导能力的元素和基础;第三圈层的领导情境是指确保领导过程正常运行的环境因素的总和,是领导行为、领导能力和领导知识等要素形成和发展的重要基础。
[4] 黄洪霖,陈阳. 学校中层领导力:背景、内涵与培育[J]. 福建教育,2019(41):10-12.

内功[1]。而在推动教育高质量发展和学校变革发展的环境下,学校中层领导力需要在思考力的基础上增加变革的冲力、韧力和引领力。

第三节 学校中层领导的发展现状

"变革领导力提升"项目着力于提升中层领导者的变革领导力,从而辐射带动基层教师共同助力学校的革新发展。在项目推进过程中,对项目成效进行了跟踪式实证探究,在一定程度上能够映射出当前学校中层领导发展的现状。

一、从"中间"到"中坚"的现实困境

当前,学校中层领导及其领导力的发展面临着不同维度和方面的困境,中层干部从"中间"走向"中坚"面临种种困难和挑战[2]。研究发现,学校中层领导的困境主要是领导者自身可控困境(即角色定位偏差、理论吸收与转化能力不足、精力有限等)和外部学校组织困境(即学校领导文化氛围不浓,组织结构混乱,激励、晋升等保障性制度缺乏等)。

(一)角色定位偏差

中层干部的多重身份考验着其对自身角色的认知与定位,容易出现角色偏差、错位现象[3]。长期以来,受传统学校组织文化观念影响,学校中层只是上级命令的执行者,而不是自觉发展的主动者,以绝对服从上级命令为行为准绳的中层管理准则,使中层只能是一种管理者的标准,而与领导力的提升无关[4]。学校内部对中层干部的角色定位仅限于执行者、协调者与管理者,未能实现领导者角色的进阶与升华。当前,中层干部只专注于上传下达的管理职能;没有意识到中层干部既是管理者又是示范者,既是执行者更是创造者和思想者;没有意识到由"一个人"扩大到"一群人",去推动学校的整体改革与发展[5]。这导致中层领导者在实际工作中稍有不慎就会受到来自上层与下层的"夹板气",有人把中层领导戏称为"夹心饼干",形象地表明了中层领导处于重重压力之中[6]。中层领导干部在学校运作中模糊或偏差的角色定位很容易使其陷入不上不下的两难境地,领导力也因此难以施展和提升。

---

[1] 李建华,韩董馨.提升中层领导力:架起学校管理的"四梁八柱"[J].中小学管理,2021(6):43-46.
[2][3] 刘姣.从"中间"到"中坚":学校中层干部的现实困境与破解对策[J].中小学管理,2022(7):32-35.
[4] 徐冬青.一个提高学校中层领导力的有益探索[J].现代教学,2018(11):1.
[5] 徐文美.学校中层管理者的"破茧力"[J].教育家,2022(20):43.
[6] 王雪.中层领导心理素质养成规律与干预策略[J].领导科学,2020(2):58-61.

(二) 理论吸收与转化能力不足

在项目推进过程中,中层领导者虽然能够学习到有关教育教学和变革型领导的理论知识,但难以将其转化为教育教学实践,多数受访者反映所学习到的理论知识或产生的思维灵感一遇到日常烦琐的教育教学工作就被抛到脑后,难以将其真正地消化吸收,并在实践中应用。由此可见,中层领导者的理论接受、吸收能力和理论到实践的转化能力逐渐弱化,虽然中层干部会不断接受多元化的培训学习,但缺少将理论应用于实践的机会与能力。因此有学者指出,中层要谨防掉入"事务堆"中,要能够从烦琐的事务中跳出来,更加理性地认识问题和思考问题,并能够分清轻重缓急,科学决策[1]。

"变革领导力提升"项目为项目组成员带来了有关教育教学、领导力提升、科研能力提升的新知识和新理念,但参与者的学习能力和转化能力较弱,在实际学校场域中的实践较少,如表3-1数据所示。

表3-1 项目参与者一般情况($N=37$)

题项	平均值(M)	标准差(SD)
1. 学校中大多数教师努力接受和发展新的教学理念	4.78	0.821
2. 学校中大多数教师都乐于接受改变和创新	4.62	0.794
3. 学校中大多数教师都在寻找变革和创新的新方法	4.57	0.867
4. 学校中大多数教师在应用新思想方面相互提供支持和帮助	4.62	0.828

(三) 精力有限,教学能力和领导力发展的互阻

中层领导者拥有多重角色身份,难以避免地会产生角色内冲突,教学能力和领导力在发展过程中就较易产生矛盾和冲突。中层领导者在现实的学校情境中主要是以教师的身份存在的,其对教育教学的关注程度要远远高于对领导力和领导职位的关注。在学校里,教学专业能力的高低是全体教师公认的评判一个教师水平高低的标准。学校的中层干部虽然在职位上处于学校管理层和领导层,但其仍然会承担正常的教育教学任务,多年来的工作惯性和职业素养使其仍然对教育教学和教研交流尤其关注和偏重,在提升教学专业能力方面有强烈的欲望,致力于实际教育教学问题的解决,认为领导力是一种虚无缥缈、不切实际的东西,中层领导干部领导力提升的自发性和主动性不足。

此外,中层领导者所接触到的培训和学习机会也限制了其对领导力提升的关注和反思。中层领导者教学教研能力的提升与培训占据了职业继续教育的重要地位,很多学校都只是以行政会议的形式开展中层培训,培训形式单一、针对性差、实效性弱,有关领导力提升的专门化培训的缺失、管理知识的缺乏,阻碍了中层干部专业能力的提升[2]。中层领导者缺乏系统科学的领导力学习与培训机会。

---

[1] 鲍传友.从夹心到核心:学校中层领导力的认识与培养[J].中小学管理,2014(3):4-6.
[2] 刘姣.从"中间"到"中坚":学校中层干部的现实困境与破解对策[J].中小学管理,2022(7):32-35.

(四) 学校领导文化氛围不浓

学校文化是学校内部校长、教师和学生等组织成员所持有的共同愿景和信念。张东娇教授曾谈到学校文化与领导力的关系,文化代表组织性格及其成员的身份认同,领导力则是组织成败的关键变量,著名文化研究学者埃德加·沙因认为,组织文化与领导力就如同一枚硬币的两面,动态的文化创建与管理的过程就是校长领导力的本质[①]。这里存在两个层面的含义,一方面,学校文化的打造也需要学校中层领导者的参与,即校长领导力的发挥需要中层领导干部协助形成核心团队,共同创造和经营学校文化;另一方面,领导力也可作为一种学校文化类型而创造和管理。学校文化既在于一种精神性的引导,也在于一种独具的制度方式的保证[②],领导力文化的形成能够为学校的管理水平和领导力的提升提供充分的精神与制度保障。然而在现实的学校教育情境中,领导力文化的打造极易被忽视,中层干部的领导力既难以在创设学校文化的过程中获得提升与改进,又缺少学校领导力文化的熏陶与洗涤。

本项目后期的调研数据显示(表 3-2),相较于其他测量变量,文化($M=4.032,SD=0.845$)和变革支持行为($M=3.488,SD=1.129$)两个变量在整个教师问卷中的得分最低;此外,在学校文化变量之下又进一步划分了协作领导、教师合作、专业发展、目标的统一四个维度(表 3-3、表 3-4),其中协作领导($M=3.856,SD=0.970$)的得分又相较于其他得分最低,由此可以反映出当前学校在创设充分的领导型文化和变革支持环境方面仍有很大的改善空间,但不可忽视的是学校的合作环境、专业发展支持力度和统一的目标等文化要素也能够为学校中层领导干部领导力的施展与提升提供良好的文化环境,基于此,学校需要扬长补短,营造良好的领导力发展支持文化。

表 3-2 教师样本总体情况($N=144$)

变量	平均值(M)	标准差(SD)
集体自我效能感	4.174	0.758
文化	4.032	0.845
信任	4.154	0.831
组织内部学习	4.154	0.881
工作满足感和专业乐观主义	4.303	0.775
建构主义理念	4.604	0.678
变革支持行为	3.488	1.129
悖论式领导	4.089	0.902
前摄型人格	4.054	0.778

---

① 张东娇.论学校文化与校长领导力[J].教育科学,2015,31(1):22-25.
② 丁钢.学校文化与领导[J].全球教育展望,2004,33(3):7-11.

表 3-3　学校文化情况（$N=144$）

变量	平均值(M)	标准差(SD)
协作领导	3.856	0.970
教师合作	4.099	0.873
专业发展	4.236	0.842
目标的统一	4.174	0.854

表 3-4　教师文化情况（$N=424$）

维度	题项	平均值(M)	标准差(SD)
协作领导	1. 我校领导重视教师的想法	3.90	1.053
	2. 我校领导相信教师的专业判断	4.02	0.942
	3. 我校领导会表扬表现优秀的老师	4.04	1.044
	4. 我校教师参与决策过程	3.63	1.169
	5. 我校领导为教师合作提供便利条件和支持	3.96	1.016
	6. 我校教师能随时了解学校现有问题	3.83	1.058
	7. 我校重视教师对政策或决策制定的参与	3.77	1.089
	8. 我校教师会因尝试新的想法和技术而受到奖励	3.70	1.177
	9. 我校领导对教学创新可能带来的失败和风险持宽容的态度	3.84	1.069
教师合作	10. 我校教师有机会进行跨年级和学科的交流和对话	4.06	0.970
	11. 我校教师会利用大量时间集体备课	4.12	0.942
	12. 我校教师共同完成学校的各类项目	4.12	0.935
专业发展	13. 我校教师能利用专业网络获取课堂教学的信息和资源	4.27	0.902
	14. 我校教师能从研讨会、同事、会议中寻求想法	4.19	0.923
	15. 我校教职工重视专业发展	4.20	0.913
	16. 我校教师在学习的过程中保持知识的与时俱进	4.28	0.842
目标的统一	17. 我校教师支持学校的办学目标	4.31	0.796
	18. 学校的办学目标为教师提供了明确的方向	4.10	0.934
	19. 我校教师能理解学校的办学目标	4.17	0.885
	20. 学校办学目标反映了学校共同体的价值观	4.12	0.938

"我也想让我们的老师参与进来，给他们提供一个平台，让他们去发展，但从学校内部来讲，这需要一个环境，需要一个时机，我也一直在寻找……"当前，许多中层领导者面临的一个困境是学校并不具备变革领导的环境和氛围，学校成员缺乏对变革领导力的深刻了解和清晰认识，这对中层干部领导力的发挥造成了很大的阻力与障碍，即使学校中层领导者具有领导意识和领导能力，但现实的工作环境和氛围却束缚了中层领导力的施展与发挥，中层领导者不知道如何发力，导致其只能囿于执行与管理。因此，一个注重领导力培养和发挥的学校文化与组织氛围对于中层领导力的实现与提升至关重要，同样也

会关系到中层领导者信心的养成、工作态度的形成和个人职业生涯的发展。

(五) 组织结构混乱

学校组织结构的混乱也会阻碍中层干部领导力的发展与发挥。研究者用"铜头铁脚豆腐腰"形象地比喻当前很多学校所面临的突出矛盾,即学校在队伍建设中存在结构性失调问题,中层的领导力成为制约学校发展的软肋[1]。一些学校的组织架构较为混乱,职责划分不清且相互交叉,一方面导致中层领导者劳心费力地参与多项工作,对自身的角色职能认识模糊;另一方面中层领导者的参与程度不高,流于表面,逐渐消磨掉了中层领导者的热情与积极性。

一些学校组织内部权责不明晰,由此产生的任务分配不均、职责交叉、信息传递不畅等问题往往造成中层工作内容重叠,使中层干部陷入精力不足、效能低下的高度焦虑中[2]。"我负责课程教学和质量监测,从内容来讲涵盖得非常多,实际上我的工作按现在的这种架构来讲,属于是什么都参与,但是呢,什么都参与不深……"(H中学S主任)

学校可以尝试将权力和责任从校领导一级下沉至中层,解放中层干部的手脚,"让听到炮声的人指挥打仗";与此同时,学校通过部门功能整合,将中层干部从琐碎繁杂的常规管理事务中"松绑",让他们以更多的精力投入领导力水平的提升[3]。

(六) 保障性制度缺乏

中层干部往往承担着学校诸多琐碎繁杂的事务,上至校长办学理念的转化与落实,下至作为普通教师的研讨教学,还需负责家校关系的处理、师生管理工作、安全保障工作等。中层干部的职责付出与薪酬待遇却常常处于不对等的状态,缺乏有力的激励保障制度,久而久之,中层干部的工作积极性便会降低,工作动力不足,陷入对工作价值的怀疑之中。此外,中层领导干部的晋升机制不透明,导致在位的中层领导干部自我提升的积极性不高、工作责任感不强,中层干部以下的教师缺少努力的方向和晋升的欲望。致使整个中层领导队伍呈疲软状态,仅顾自己的"一亩三分地",以维持现状为工作追求,缺乏动力和冲劲,中坚力量的发挥与发展受到很严重的限制。

二、中坚力量的积淀与萌发

在学校发展过程中,学校中层领导者能作为中坚力量表现在其具备领导力意识和对领导力提升的诉求,并能够发挥中层领导者的引领与辐射作用。实证研究发现,当前学校的中层领导者具备一定的领导力意识,并能够带动和辐射更多的教师群体参与其中以形成合力。

(一) 领导力提升意识

通过对项目校中层领导者进行访谈发现,多数中层领导者具有领导力提升的意识和

---

[1] 鲍传友.从夹心到核心:学校中层领导力的认识与培养[J].中小学管理,2014(3):4-6.
[2][3] 刘姣.从"中间"到"中坚":学校中层干部的现实困境与破解对策[J].中小学管理,2022(7):32-35.

诉求。"我对于这个项目的预期就是希望能够真正地有一些学习成果,能让自己的行为,尤其是领导力有一些改变,目前来看,我觉得目标应该算基本达成。"(L中学Z主任)甚至,有一些项目参与者在项目推进过程中不断进行反思,逐渐形成了对领导力的独特理解和感悟。"从我所教的物理学科上来讲,我认为领导力是一种引领和相互作用的融合。领导者需要去引领一个群体,在这个群体当中,我们应该相互作用,比如我们这个团队,从基础教育到教科院再到高校团队都在相互作用。"(H中学S主任)

中层领导者对自身领导力提升的关注与这项为期两年的"变革领导力提升"项目有很大关系,该项目在提升领导力方面为中层领导者提供了重要的反思与学习锻炼的机会和平台。

S主任在接受访谈时说:"目前来说,从我们学校中层领导者和作为项目核心成员的角度来看,我们的意识都获得了提升,从关注具体烦琐的工作到关注怎么提升我们的领导力,我觉得这是一个非常重大的思想认识上的突破和提升。"(H中学S主任)

Z主任也意识到了自己由被动到主导的角色转变。"一开始我觉得我做这个工作是'要我做',就是别人需要我做什么,我上传下达,然后就按照这个工作思路去做;慢慢地变成了'我要做',因为我要做这项工作,然后就有了一些自己的规划,有了一些自己工作的主动性;现在或者是以后,我希望自己能向'我能做'这个方向去发展。"(L中学Z主任)

(二)领导者的引领和辐射作用

引领和辐射是中层领导者的核心职能,中层领导者的引领与辐射能够吸引、带动更多的教师参与并于其中受益。"通过我们领导者的引领,带动更多的老师,以更宽阔的视角、更具有创新性的思考方式扎实地推进教师层面专业能力的提升,最终反映到课堂上,指向学生的发展。"(H中学S主任)

中层领导者个人的力量是有限的,领导力的发挥主要表现在领导者要学会挖掘团队中每个人身上的宝藏。"我觉得要最大限度地发掘一个团队中每一个人自身的特点,或者是把他的优势发挥到最大化,才会让一个项目的效果更好,而不是只依赖某一个人高举大旗,去带领这个团队,这样很难调动团队其他成员的积极性。只有所有人都参与进来,所有人都有一种被认可、被发现、被肯定的感觉,让自己的优势不断展现,才能让我们的学校发展得更好,让我们的项目做得更好。"(L中学Z主任)

中层领导者的引领带动是一个多方面的持续过程,在教育教学、教研科研、学校建设、校风学风、工作态度、组织认同、合作交流等多个方面,中层领导者都需要起到引领带动的作用,走在改革发展的前列,严于律己,形成表率和示范,才能真正地辐射影响下属,发挥中层领导力。

第四节 中层领导力的提升与建构

哈里斯指出,在一个瞬息万变的时代,要提升和改进学校,显然不能再仅仅把领导力和管理问题看作高层管理者的专门领域,需要呼吁进行"领导力的范式转换"[1]。学校中层领导力的建构是新时代学校转型与发展亟须关注的命题[2],提升学校中层领导力是学校管理工作的关键。因此,中层领导力的提升与培育具有现实必要性,中层领导力培育是当代学校管理迭代升级的必然要求,当代学校发展面临外部环境和内部特征的变化,校长在无边界的教育责任面前无法孤身前行,学校教育领导力逐渐走向共享和多元,中层领导力在学校发展中的关键性日益彰显[3]。

一、中层领导力提升的多元路径

学者们提出了不同的中层领导力提升路径。有研究者对中层领导的心理素质养成进行了探究,发现中层领导心理素质的养成是内外部影响的共同产物,其自我意识、外界的环境与人际关系均会作用于心理素质,并指出应优化环境,完善内外部养成空间;增进关系,促进上下级和谐互动;强化培训,增强中层领导心理素质[4]。中层领导力的培养,要高度关注中层的敬业精神,着力提高中层的专业素养,积极向中层赋权,并以实践为导向,让其在实践中成长[5]。现代学校中层管理队伍领导力的建构,需要关注愿景与规划的想象力、目标与标准的执行力、团队与自我的领导力、专业与研究的穿透力,以回应新时代对学校中层管理队伍能力建设的需要[6]。有研究者以发展中层领导者的自觉为核心,凝练出中层领导力提升的六大实践路径,中层干部首先要清晰自身的领导角色定位,学校要制定适合于学校中层的岗位制度,创建全方位的对话机制、充分进行沟通对话,建立强有力的支持系统,强化中层干部的责任意识,营造团队合作分享的文化,通过理论学习提升中层领导者的综合领导能力[7]。李家成总结"新基础教育"实验学校的实践经验得出,在当前中小学学校管理改革中可以设置"降低管理重心"的新目标,在学校转型与管理变革过程中培养中层管理干部,以学校制度变革促进中层管理干部发展,在具体的工作实践中培养中层管理干部、在群体的交流中培养中层管理干部[8]。有研究者指出,需要

---

[1] 孙杰.教师领导力的三维模型设计:构念形成、内涵特征与模型构建[J].教育学报,2021,17(6):122-133.
[2][6] 郭兆峰.现代学校中层领导力的建构维度[J].江苏教育(教育管理版),2022(2):15-17.
[3] 黄洪霖,陈阳.学校中层领导力:背景、内涵与培育[J].福建教育,2019(41):10-12.
[4] 王雪.中层领导心理素质养成规律与干预策略[J].领导科学,2020(2):58-61.
[5] 鲍传友.从夹心到核心:学校中层领导力的认识与培养[J].中小学管理,2014(3):4-6.
[7] 何学锋.发展自觉:学校中层领导力的提升之道[J].现代教学,2018(11):4-5.
[8] 李家成.学校变革视野下的中层管理者成长[J].人民教育,2007(24):22-24.

对当前学校中层组织结构进行机制优化,学校中层的组织结构存在诸多问题,可以从创新搭建学校中层结构、借助整合中层组织、创建四大管理部门等策略入手,推进中层组织改革[1]。刘姣指出,应当立足教育变革及未来学校发展的需要,系统思考中层干部的价值定位,有效提升中层干部的能力素养,共铸成就中坚力量的支持体系:强化价值引领,明确中层角色的责任担当;善用授权赋能,激发中层干部的管理活力;完善制度规范,引导中层队伍的有序发展[2]。

二、中层领导力提升的多元主体融合

学校中层领导力的提升是一个"向下扎根,向上生长"的过程,需要充分调动多方资源力量的参与。学校大环境和校长的引领、中层领导者的自发自觉、区域教育资源的支持均是提升中层领导力的有效路径。

(一)学校层面的推动

学校是中层领导者工作开展的主阵地,学校的文化氛围和环境对于中层领导力的提升与发展至关重要。校长作为学校的领航者,是一个学校的发展之魂,中层领导力的提升离不开校长的认同和支持。校长首先要能够意识到学校中层领导者角色的关键性,激活中层领导者领导力提升的密码,帮助中层干部走出"教师立场",转向"中层立场",使中层干部重构自身的角色职能;其次,校长要引领、帮助中层领导者打开格局、放大视野、抬升高度、熬炼能力[3]。校长还需要做好高层次的价值、愿景引领工作,用校长的领导力感染中层领导者,获得其认可、赞同,以实现学校共同的愿景目标。学校内部良性的组织框架、管理机制是中层领导力提升的厚实土壤,这同样也离不开校长的思维转换与实际赋权[4]。一人专断会严重限制学校的变革发展,校长要懂得给中层领导干部增权赋能,在学校具体事务中授权、在活动组织中赋能、在项目推动中激活,提升中层干部的领导力[5]。

此外,学校层面要为中层领导者争取与创造领导力提升的机会,通过多元形式的培训、学习共同体的构建,不断提升和更新中层领导者的领导力;还要建立分明的奖罚机制、透明的晋升机制,给中层领导者营造一定的晋升压力和责任问责压力,从而激励中层领导者责任感的养成、领导力提升内驱力的形成。

(二)中层领导者的自觉

学校环境和校长引导对于中层领导者来说始终只是外力,中层领导者的成长最终还需要依赖于内驱力,需要中层领导干部自身的生命自觉[6],需要中层干部具有自我发展意

---

[1] 程岭,宋梦园. 学校中层的结构创建与机制优化[J]. 江苏教育,2022(10):12-14.
[2] 刘姣. 从"中间"到"中坚":学校中层干部的现实困境与破解对策[J]. 中小学管理,2022(7):32-35.
[3] 李政涛. 找到让"中层"强健有力的密码[J]. 中小学管理,2022(7):1.
[4] 曹昕红. 向下扎根,向上生长:中层领导力的提升之道[J]. 福建教育,2019(41):8-9.
[5] 叶丽敏. 锤炼高效能中层:为学校高质量发展蓄势赋能[J]. 中小学管理,2022(7):5-9.
[6] 李政涛. 找到让"中层"强健有力的密码[J]. 中小学管理,2022(7):1.

识和自我锤炼行动[1],中层领导者的自觉性和内在能动性是领导力提升的关键。中层领导者要认识到不断学习和专业能力提升的重要性,积极通过学习不断提升自身的领导素养和领导水平,在关注教学能力发展的同时,形成并保持对领导力提升的学习热情和兴趣,积极寻求多元学习机会和平台,认真参加领导力培训,加强与同事之间的沟通交流,并在学习过程中加入实践的反思,加深对领导力的理解与感悟,更新领导技能和领导素养。

(三) 区域教育资源的支持

中层领导力的培育和提升不能仅仅依赖于学校内部有限的资源和中层干部自身狭窄的视野,要勇于打破路径依赖,从外部寻求支持。区域教育资源在提升中层干部领导力方面的关键性作用不容忽视。中层干部的领导力是否能够满足学校发展的需要,是否与社会对办学质量的期盼相匹配,不仅需要学校的高度重视,更应该得到区域教育资源的支持,通过区域教育主管单位的统筹,能够搭建起学校中层干部领导力提升的支持性平台,如学习平台、交流平台、智库资源平台[2],为中层干部领导力提升提供多方位的资源支持。此外,区域教育行政部门可统筹完善市、区、校三级联动机制,整体构建面向学校中层干部群体的培训体系[3],调动区域资源为中层领导力的提升提供有力的支持和保障。

三、中层领导力提升的交流合作机制

中层领导力的提升需要一个深度融合的交流合作机制。多元主体共同助力中层领导力的提升需要以互相尊重、彼此平等的合作交流机制为平台,转变传统的由上而下、单向度的培训形式,通过扁平化、多向度的交流研讨活动,如主题沙龙、研讨会、互助小组等,进行思想的交流碰撞,使交流合作产生真正的意义和价值,不断调动中层领导者参与的兴趣和热情。在这种合作机制下,中层领导者的角色也会发生改变,由被动学习者转变为主动学习者,由聆听者变为参与者,尊重每一位中层领导者,聆听每一位中层领导者的经验和困境,使中层领导者在彰显个人价值与意义的过程中获得领导力的提升。

第五节 学校中层领导者的核心素养

领导者的领导素养和管理技能是领导力的核心内涵,也是中层领导者的关键领导资源。著名管理学大师彼得·德鲁克指出,领导力是怎样做人的艺术,而不是怎样做事的艺术,最后决定领导者能力的是个人的品质和个性[4]。学校中层领导者领导力的提升需

---

[1] 曹昕红.向下扎根,向上生长:中层领导力的提升之道[J].福建教育,2019(41):8-9.
[2] 郑泽亚.集区域教育资源促学校中层干部领导力提升[J].中国教育学刊,2021(4):106.
[3] 刘姣.从"中间"到"中坚":学校中层干部的现实困境与破解对策[J].中小学管理,2022(7):32-35.
[4] 李艳华. A公司中层管理者领导力提升研究[D].厦门:厦门大学,2014.

要在厘清领导者基本素养能力的基础和前提下展开,构建起学校中层领导者的核心素养框架至关重要,是帮助中层领导者成为学校发展的中坚力量的关键。学校中层领导者核心素养框架的建构要立足于学校中层领导者的角色职能,结合学校的变革发展与中层干部自身的专业成长两个方面,放眼于领导力的可持续发展。

一、核心素养模型建构的理论基础:领导特质和行为理论

什么样的人是拥有卓越领导力的领导者?这一问题一直吸引着学者们展开不断地研究和探讨,学界普遍认为领导力具有一定规律性的领导特质和领导行为。在领导学领域,领导特质理论和领导行为理论都涉及对领导者核心素养能力的讨论和指向。虽然两个理论都存在一定的理论局限,但对于构建中层领导者的核心素养仍具有很大的启发性。

领导特质理论认为,领导者的领导能力是与生俱来的,蕴含在性格、秉性等先天因素中,对拥有高领导力的领导者进行研究,可以挖掘出具有普遍适用性的领导者的领导力特质,从而能够高效地挑选出优秀的领导者。美国领导学学者斯托格迪尔通过两次对领导力特质的研究,得出领导者必须具备十个方面的能力或素质,即成就、韧性、洞察力、主动性、自信心、责任感、协调能力、宽容、影响力和社交能力[1]。郭兆峰认为,学校中层领导力的基本特质包括高度忠诚的品格、过硬的专业本领、非常强的组织和沟通能力、善于合作、较强的应变与创新能力、良好的自我调整能力[2]。罗凤英指出,领导者需从长远角度来制定愿景和战略,因此领导者一般都具备一系列认知能力,包括推理技能、解决问题技能、发散思维技能、元认知思维技能、认知复杂性和认知灵活性[3]。此外,还可以通过五大人格特质检验领导者的领导力,研究表明,五大人格特质都与领导力有一定的相关性[4](表 3-5),五大人格因素能够很好地预测领导力的出现($r=0.53$)[5]。

表 3-5 领导力的五大人格特质

人格特质	与领导出现的相关	与领导效能的相关	特质表现	重要性
外向性 (Extraversion)	$r=0.33$	$r=0.24$	外向者善于交际、自信、有支配力、精力充沛;体验并表达积极情绪,能够清晰地表达愿景,被视为领导者;更可能在领导岗位上取得成功	理论上,外向性是领导力最重要的预测因素

---

[1] 中国科学院"科技领导力研究"课题组. 领导力五力模型研究[J]. 领导科学,2006(9):20-23.
[2] 郭兆峰. 现代学校中层领导力的建构维度[J]. 江苏教育(教育管理版),2022(2):15-17.
[3] 罗凤英. 领导力测评:内涵、方法及趋势[J]. 上海行政学院学报,2021,22(6):100-109.
[4] JUDGE T A, BONO J E, ILIES R, et al. Personality and leadership: Aqualitative and quantitative review[J]. Journal of Applied Psychology, 2002,87(4):765-780.
[5] 罗凤英. 领导力测评:内涵、方法及趋势[J]. 上海行政学院学报,2021,22(6):100-109.

续表

人格特质	与领导出现的相关	与领导效能的相关	特质表现	重要性
尽责性 (Conscientiousness)	$r=0.33$	$r=0.16$	自信、有序、可靠、目标导向、自律和深思熟虑;对未来有明确的计划,并坚持执行	尽责性与领导能力的产生呈显著正相关
经验开放性 (Openness to Experience)	$r=0.24$	$r=0.24$	想象力、审美性、情感开放性、好奇心和非传统性;有创造力和想象力;擅长分析和解决问题、应对变化	开放性是领导出现和效能的重要预测因素
神经质 (Neuroticism)	$r=-0.24$	$r=-0.22$	焦虑、愤怒、抑郁、自我意识和脆弱性;消极情绪和情绪不稳定	神经质与领导效能呈负相关
宜人性 (Agreeableness)	$r=0.05$	$r=0.21$	信任他人、坦率、心软、顺从、谦虚和富有同情心;可能很难在问题上表明立场或面对他人	宜人性既不与领导出现相关,也不与效能相关

领导行为理论转向了对领导者实际工作行为和领导行为的研究,旨在挖掘不同的领导风格。中层领导力也可以通过领导者的外显行为来评判。有研究指出,领导力表现在以身作则、共启愿景、挑战现状、使众人行、激励人心五个行为方面。有研究者将学校中层领导干部的领导能力细化为六个指标:政策执行力、统筹协调力、队伍管理能力、责任意识、创新能力和领导艺术[1]。

二、中层领导者核心素养建构的相关研究

近十几年来,学者们不断围绕学校中层领导者的素养能力展开深入的探讨研究,现已形成较为丰富的研究成果。国内最为著名的领导者素养研究成果是中国科学院课题组提出的领导力"五力"模型,即领导者要具备前瞻力、感召力、影响力、决断力和控制力五大素养[2]。章立早认为,中层干部要具备持续学习和创新的热情、高度的执行力和资源整合能力、有效的授权能力以及较强的人际关系处理能力[3]。鲍传友指出,学校中层领导者应该具有高度忠诚的品格、过硬的专业本领、非常强的组织和沟通能力、善于合作、较强的应变与创新能力、良好的自我调整能力等专业素质[4]。郭益盈等认为,中层领导者要形成积极的心态,提高情绪识别与管理能力,充分发挥影响力,建立上下级之间的信任关系,以身作则、发挥表率作用;内化并辐射组织的价值观,作为中层,其组织领导力的核心就是在组织价值观的框架下沟通与协调部门及下属[5]。徐文美认为,中层领导者要具备自主的学习、引领的谋略、高位的实践(更高更广的领导格局)、优质的设计、常态的创新

---

[1] 吴童,谢俊慧.高校中层领导干部胜任力评价指标体系研究[J].天津中德应用技术大学学报,2021(1):6-10.
[2] 中国科学院"科技领导力研究"课题组.领导力五力模型研究[J].领导科学,2006(9):20-23.
[3] 章立早.完善中小学中层领导干部选拔和培养机制[J].教学月刊(中学版),2012(11):31-33.
[4] 鲍传友.从夹心到核心:学校中层领导力的认识与培养[J].中小学管理,2014(3):4-6.
[5] 郭益盈,吴维库.中层领导:如何提升领导力[J].紫光阁,2013(9):68-69.

等优良的素质,从而能够更好地应对变革与挑战,破茧成蝶[1]。刘玮认为,中层管理者领导力主要表现为语言表达能力、人际交往能力、岗位适应能力、岗位责任感、组织和策划能力、管理能力、学习能力、总结反思能力[2]。有研究者借鉴领导学研究成果,将学校优异中层所应具备的素养内涵划分为五种意识:忧患意识、合作意识、奉献意识、创新意识以及大局意识,这些构成外围;四个方面:高的情商、厚的知识、深的谋虑以及广的胸怀,这些构成内围[3],如图 3-3 所示。

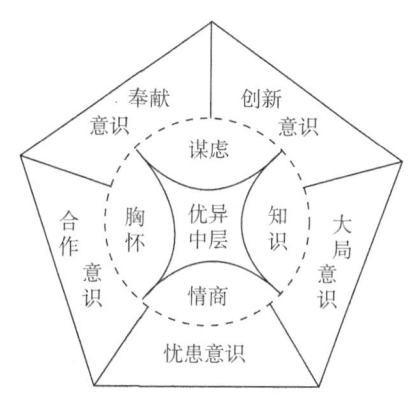

图 3-3 优异中层的素养

三、学校中层领导者的核心素养建构

承上启下的多重角色使得中层干部需要具备多元素质和能力[4],综合学校中层领导者的角色职能和领导力内涵,本研究认为,卓越学校中层领导者的核心素养能力主要包含前瞻视野力(高位的格局、引领的谋略)、感召影响力(权威权力、道德表率)、人际交往能力(合作、语言表达、沟通协调)、学习与创新力(教学能力、领导能力、信息获取、高接受力、高变通能力)、执行力(思考力、创新力)、组织协调能力(决断、策划、控制、协调)等核心要素。学校中层干部的中坚力量还彰显在多维全方位领导能力上,即兼顾向上领导、横向领导和向下领导[5],善用道德领导、价值领导、文化领导、愿景领导、专业领导等多元领导工具(图 3-4)。

(一) 前瞻视野力

一位卓越优秀的中层领导者不会仅仅将视野囿于琐碎的日常工作事务上,而是具备一定的前瞻视野,能够嗅到改革发展的新趋势、新方向,敢于批判性接受新事物。在学校变革发展过程中,拥有前瞻的视野是中层领导者区别于管理者的主要特征。中层领导者

---

[1] 徐文美. 学校中层管理者的"破茧力"[J]. 教育家,2022(20):43.
[2] 刘玮. 企业中层管理者领导力提升策略研究[J]. 现代营销(经营版),2021(7):144-145.
[3] 顾志红. 优异中层与领导素养——学校组织管理中的要件与要素[J]. 上海教育科研,2008(12):39-40.
[4] 成刚. 构建领导力素质模型:打造高质量中层团队[J]. 中小学管理,2022(7):10-13.
[5] 刘姣. 从"中间"到"中坚":学校中层干部的现实困境与破解对策[J]. 中小学管理,2022(7):32-35.

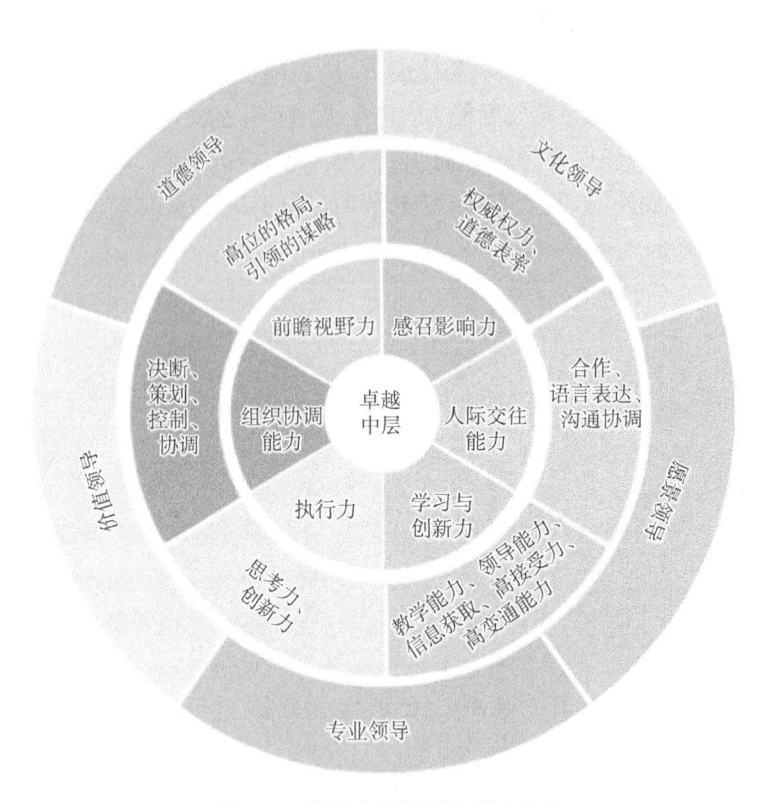

图 3-4 学校中层领导者核心素养

前瞻视野素养包含高位的格局和引领的谋略两个次素养,高位的格局意识能帮助中层领导者打开视野,引领的谋略能力会不断固化和反作用于中层领导者的前瞻视野。中层领导者不仅需要具备高位的格局以接受、认可来自外界和校长的新教育理念、新实验改革,还需要具备引领的谋略,以拓展广大教师群体的视野范围,从而实现共聚合力。这是学校改革发展新政策得以推广的关键一步。

(二) 感召影响力

感召影响力是检验中层领导者领导力高低的关键,中层领导力主要表现在中层领导者通过硬策略和软策略以引领、带动教师群体合力助推实现共同的组织目标。其中,硬策略是指中层领导者使用掌握的权力硬性要求、规范下属的行为,软策略是指中层领导者通过以身作则树立权威、形成示范,以辐射、影响教师群体自发性地参与。感召影响力主要来源于学校中层领导者坚定的信念、崇高的使命感、令人肃然起敬的道德修养、充沛的激情、宽厚的知识面、超人的能力和充满魅力的个人形象[1]。此外,学校的共享价值愿景和学校组织文化是中层领导者感召影响力提升的有力工具,中层领导者要善于借助学校价值愿景和文化风气的渲染与引领作用,发挥愿景领导力和文化领导力,增强自身的感召影响力。

---

[1] 中国科学院"科技领导力研究"课题组. 领导力五力模型研究[J]. 领导科学,2006(9):20-23.

（三）人际交往能力

良好的处理人际关系的能力是学校中层领导者需要掌握的核心素养之一。学校中层领导者处于学校组织结构的中间位置，将"中间力量"演化为"中坚力量"需要中层干部兼顾纵向和横向的人际关系处理。中层领导者不仅需要向上处理好高层领导者和普通教师等角色的垂直型上下属关系，执行校长等高层领导者的决策与任务；还要向下充分调动性格各异、思想观念多元的教师群体发挥向心力的作用[1]，以及需要与同为中层干部的其他领导者建立起良性的合作互助关系。

人际交往能力的提升离不开丰富的社交技巧，这是中层领导者需要掌握的。合作交流技能，中层领导者在学校组织结构中所处的中间位置决定了他们需要和不同的主体展开交流合作，较强的合作能力是中层领导者必备的基础性能力；沟通安抚技巧，学校变革发展会触动教师们的切身利益，需要中层领导者做好解释说明与协调安抚工作，从而保证学校变革的平稳实现；语言表达技巧，学校中层领导者需要适时对自身工作进行总结反思和对下属的工作进行赞赏和纠正，只有掌握语言的艺术，才能准确地总结表达出自身工作中的经验、困境和反思，才能适时适宜地对下属的工作予以赞赏和纠偏，增强团队的凝聚力和向心力；协调分配技巧，恰当地进行工作职责划分，善于识人、用人是中层领导者必须掌握的技巧，中层领导者通常带领着一定规模的团队，只有做好合理的工作协调和安排，才能在团队中树立威信，让下属由衷佩服，从而保证工作的顺利推展。

（四）学习与创新力

具有不断的学习与创新能力是中层领导者成为学校发展中坚力量的前提和必备素养。在一个知识经济化、经济全球化、信息网络化、竞争激烈化的大变革、大发展时代，最核心、最关键的领导素养应是学习力与创新力，是这两方面的能力相互作用在领导活动中产生的能量之和，学习力是领导力的源泉，创新力是领导力的灵魂[2]。学习能力集中表现为快速获取关键信息和知识的能力、适时更新观念的能力和对新知识、对新事物保持高接受度的能力；创新力表现为能够根据领导情境的改变而调整领导风格和领导策略，对领导技能进行改变和创新以提高领导效率等。

（五）执行力

学校管理"赢在中层执行力"获普遍认同[3]。执行力历来是检验中层干部能力高低的一个指标，与此同时，中层领导力的本质就是执行力的错误观念也普遍流行。然而，随着学校内部组织结构的复杂化和学校变革发展的需求增强，学校中层领导者的执行力不能仍是简单的、原封不动的传达与束手束脚的完成。执行力是一种包含思考力和创新力在内的中层领导者的关键素养，在执行的过程中要求中层领导者自觉地将其辩证内化，变通转化，带有自己的诠释和思考，而非一味地复制、搬移领导的指令。中层干部真正的执行力不是"校长怎么说，我就怎样做"，而是一种创造性地将领导的观点、团队的思想转化

---

[1] 李玲.千淘万漉虽辛苦 淘尽黄沙始见金——浅谈学校中层领导的自我历练[J].教师，2016(25)：102-103.
[2] 陈先春.关于提升领导者学习力与创新力的思考[J].理论前沿，2004(7)：35-36.
[3] 朱彦体.提升中层执行力的组织结构改进及决策授权[J].教学与管理(中学版)，2012(8)：18-20.

为具体做法的能力[①]。

(六) 组织协调能力

组织协调能力是中层领导者执行力的延伸和保障。当校长等上级领导者传达任务后,组织协调下属顺利完成任务、达到目标是中层领导者组织协调能力的体现,是中层领导力的基本素养之一。中层领导者在他所领导的团队内担任首要领导者,需要其做好决断、策划、控制、协调等工作,及时识别特殊情况的出现,把握任务完成的最佳时机。

[①] 张菊荣."思考力":决定中层执行力的中枢性能力[J]. 中小学管理,2014(3):7-8.

第四章

变革与变革模型

世界正在经历颠覆性转变，教育的"重构"也在逐渐发生。《一起重新构想我们的未来：为教育打造新的社会契约》报告表示，未来教育要为即将到来的环境、技术和社会变革做好准备。面对变动的外部环境以及艰巨的使命，学校必须开展变革。变革成功既需要良好的情境因素，也需要组织成员对情境的正向情感反应。本章将重点阐述变革及变革模型，通过对变革领导力与教育变革的文献梳理，进一步分析从工商业领域的变革到教育领域与大学、区域、学校的合作中变革的路径与模型。

第一节　变革与变革领导力

我们都能清楚地认识到，只要产生变化就意味着在一定程度上改变原有的组织文化与工作模式，这使得组织成员常常出现防御的姿态[1]，不可避免地产生伤痛[2]。教师既可能不满于现行的变革措施，也可能不认同变革行动的目标。类似的抵触将引发消极情绪、抵制的行为以及承诺度低[3]等问题，这往往成为学校变革失败的关键因素[4]。然而，变革在引发抵触的同时，也可能激发出动力。正如场动力理论所说，学校文化中既有变革

---

[1] GUO X, SUN Y, WANG N, et al. The dark side of elderly acceptance of preventive mobile health services in China[J]. Electronic Markets, 2013, 23(1): 49-61.
[2] 科特. 变革[M]. 罗立彬, 译. 北京: 机械工业出版社, 2005.
[3] FUGATE M, KINICKI A J, PRUSSIA G E. Employee coping with organizational change: An examination of alternative theoretical perspectives and models[J]. Personnel Psychology, 2008, 61(1): 1-36.
[4] MASRY-HERZALAH A, DOR-HAIM P. Teachers' technological competence and success in online teaching during the COVID-19 crisis: The moderating role of resistance to change[J]. International Journal of Educational Management, 2022, 36(1): 1-13.

的阻碍,也有变革的动力[1]。紧急状态可以引起教师克服障碍的强烈情绪与坚定决心[2],强化教师之间的有效合作[3]。如何将变革行动引发的危机转化为机会并加以利用,需要领导者识别潜在的阻碍与动力因素,设法催生组织成员的变革承诺[4],坚定成员的变革心理[5],为推进变革提供支持[6]。研究表明,领导者可以通过领导实践影响组织成员的情绪与承诺意愿,引导成员接受变化,推动成员主动加入变革的浪潮,从而降低变革失败的风险,将危机转变为机会。因此,领导者掌控变革的能力就显得尤为重要[7]。

一、领导力与变革领导力

领导者是组织变革成功的关键因素。组织变革是一项具有挑战性的任务,可以是相对简单的、集中领导的短期阶段,也可以是高度复杂的、涉及多群体的长期变革。无论何种变革,领导者都扮演着重要角色[8]。首先,领导者是变革的发起者,以更高以及更整合的视角,先天地具有对变革进行充分准备的责任与优势[9]。其次,领导者是变革的保障者,他们既可以在技术层面制订变革计划并监督其落实[10];也可以通过个人特质改变组织文化,通过魅力人格管理组织成员[11],在文化层面创造愿景来引领组织前行[12],扫清变革的障碍,为组织成员融入变革提供便利条件。最后,领导者还是变革的行动者,可以通过沟通改

---

[1] LEWIN K. Frontiers in group dynamics: Concept, method and reality in social sciences: social equilibria and social change[J]. Human Relations, 1947, 1(1): 5-41.

[2] ERMENC K S, KALIN J, MAŽGON J. How to run an empty school: The experience of Slovenian school heads during the COVID-19 pandemic[J]. Sage Open, 2021,11(3): 1-12.

[3] CZERNIEWICZ L. What we learnt from "going online" during university shutdowns in South Africa[EB/OL]. (2020-03-15)[2022-09-01]. https://philhillaa.com/onedtech/what-we-learnt-from-going-online-during-university-shutdowns-in-south-africa/.

[4] ASHKENAS R, SIEGAL W, SPIEGEL M. Mastering organizational complexity: A core competency for 21st century leaders[J]. Research in Organizational Change and Development,2014, 21: 29-58.

[5] AGOTE L, ARAMBURU N, LINES R. Authentic leadership perception, trust in the leader, and followers' emotions in organizational change processes[J]. The Journal of Applied Behavioral Science,2016, 52(1): 35-63.

[6] ONYENEKE G B, ABE T. The effect of change leadership on employee attitudinal support for planned organizational change[J]. Journal of Organizational Change Management, 2021, 34(2): 403-415.

[7] MIRVIS P H. Negotiations after the sale: The roots and ramifications of conflict in an acquisition[J]. Journal of Occupational Behaviour,1985,6(1):65-84.

[8] KOTTER J P. Leading change: Why transformation efforts fail[J]. Harvard Business Review,2007, 85(26):96-103.

[9] SHEA C M, JACOBS S R, ESSERMAN D A, et al. Organizational readiness for implementing change: A psychometric assessment of a new measure[J]. Implementation Science,2014, 9(1): 1-15.

[10] BURKE W W. Organization change: Theory and practice[M]. 3rd ed. Thousand Oaks, California: SAGE Publications, 2011.

[11] BURNES B, BY R T. Leadership and change: The case for greater ethical clarity[J]. Journal of Business Ethics, 2012, 108(2): 239-252.

[12] GILL R. Change management—or change leadership? [J]. Journal of Change Management, 2002, 3(4): 307-318.

变组织成员对变革的态度,给予成员适当的关注和关心[1],促使组织成员为了实现变革与发展而共同努力[2]。可见,领导者在变革过程中承担着复杂的角色,需要综合时机、组织现状、成员特质等因素做出恰当的判断与行动。

正是因为领导力对于变革成功具有重要作用,领导者的变革能力通常是组织变革文献关注的核心。变革领导力综合领导力和变革管理,关注领导者如何开展变革和使组织其他个体接受变革。一部分研究者关注变革领导特质的描述。Gill 建构了一个包括愿景、价值观、战略、授权、激励和灵感的变革领导综合模型,反映了认知、精神、情感、行为维度的要求[3]。Fernandez 和 Rainey 概述了变革领导行为的特征,如确保变革的必要性,提供愿景和计划,为变革建立支持和承诺,以及监测变革实施过程[4]。Higgs 和 Rowland 提出了有效变革领导者的五个能力:创造变革需求,让他人认识到需求;创建结构化变更;让他人参与整个变革过程并做出承诺;通过良好的计划、监控和审查来实施和维持变革;促进发展能力,从而鼓励人们找到自己的问题答案和解决方案[5]。Ford 等人总结出,变革领导力在功能上涉及实现愿景、建构、社会整合和监控四个通用功能,通过任务导向、关系导向、变革导向三个行为的元类别展现出来[6]。可见,变革领导力的重要特质,一是创建以及维护愿景的能力,目的在于激发组织成员的变革动力;二是扫清变革障碍并提供变革支持的能力,让组织成员有便利的变革条件;三是变革进程管理的能力,侧重于监测、评估与调整。这也体现出,在变革中发挥领导力不仅需要领导者个人特质的提升,更需要考虑如何将这些特质付诸其他成员,转化为成员的动力与行动。因此,在变革领导力特质的基础上,一部分研究者关注领导者与其他组织成员的关系,将视野延伸至领导者个体之外。Goodman 等人认为,变革领导者需要对变化有清晰的认知,与内外相关成员建立密切关系,评价成员及团队的状态,洞察变革的阻碍因素或推动因素并解决或利用,明确步骤的计划以及个人的能量与动力[7]。Burnes 等人认为,领导者可以激励成员、塑造变革状态与愿景、形成变革文化、提高变革效能,以及在需要的时候提供指导[8]。Ling 等人则特别强

---

[1] AL-ALI A A, SINGH S K, AL-NAHYAN M, et al. Change management through leadership: The mediating role of organizational culture[J]. International Journal of Organizational Analysis, 2017, 25(4): 723-739.

[2] HIGGS M, ROWLAND D. Building change leadership capability: The quest for change competence[J]. Journal of Change Management, 2000, 1(2): 116-130.

[3] GILL R. Change management—or change leadership?[J]. Journal of Change Management, 2002, 3(4): 307-318.

[4] FERNANDEZ S, RAINEY H G. Managing successful organizational change in the public sector[J]. Public Administration Review, 2006, 66(2): 168-176.

[5] HIGGS M, ROWLAND D. What does it take to implement change successfully? A study of the behaviors of successful change leaders[J]. Journal of Applied Behavioral Science, 2011, 47(3): 309-335.

[6] FORD J, FORD L, POLIN B. Leadership in the implementation of change: Functions, sources, and requisite variety[J]. Journal of Change Management, 2021, 21(1): 87-119.

[7] GOODMAN E, LOH L. Organizational change: A critical challenge for team effectiveness[J]. Business Information Review, 2011, 28(4): 242-249.

[8] BURNES B, HUGHES M, BY R T. Reimagining organizational change leadership[J]. Leadership, 2018, 14(2): 141-158.

调变革领导对于改变组织成员对变革的感知有重要作用[1]。有研究者进一步发现,变革领导力并不直接影响组织成员的变革承诺,而是通过变革准备的中介作用发挥力量[2]。研究者们对变革领导特质以及行为模型的建构多种多样,面对纷繁复杂的变革领导力研究,有研究者主张重建变革领导力[3]。近年来,Ford等人建构了一个有关多元领导力来源、领导力功能以及变革有效性的框架(图4-1)[4]。

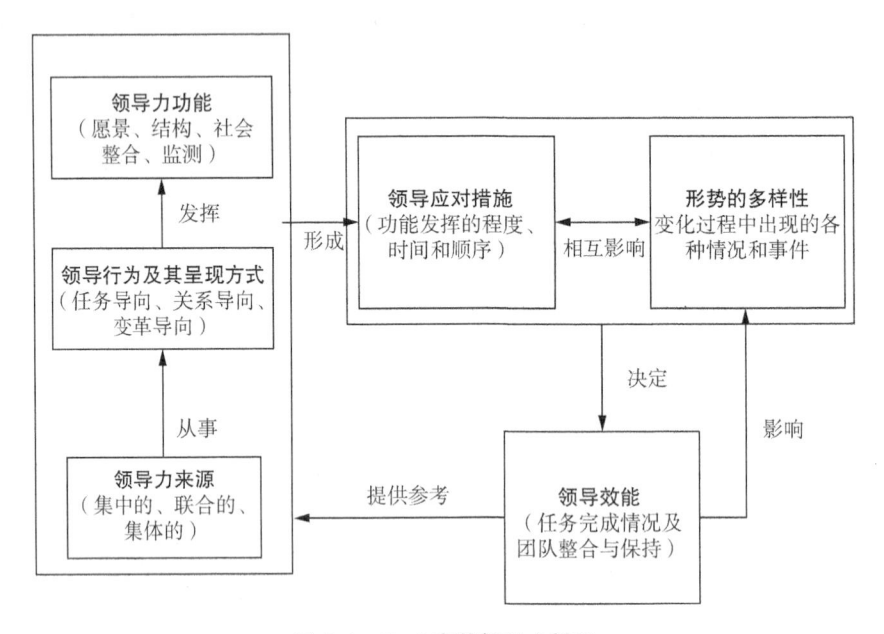

图 4-1 Ford 变革领导力模型

总的来说,在大规模复杂的变化中,变革成果很难是领导者一个人的成就,变革成功的关键在于组织成员切实受到领导者的影响,并愿意与领导者合作推动变革的发生。因此,变革领导力具有领导力的共性,需要具有创造与维持愿景、制订工作计划、激励组织成员、评价组织成员、监控工作进度等组成部分;与此同时,变革领导力作为推进变革的一种能力,更需要具有创造变革需求、保证成员变革承诺、识别与管控风险等能力。尽管有很多研究从不同的角度证明了领导对于变革的重要性,但其对领导力的衡量标准存在很大的差别,这使得几乎不可能以科学有效的方式比较和整合调查结果,或是得出有关

---

[1] LING B, GUO Y, CHEN D. Change leadership and employees' commitment to change[J]. Journal of Personnel Psychology, 2018, 17(2): 83-93.

[2] SANTHIDRAN S, CHANDRAN V G R, BORROMEO J. Enabling organizational change-leadership, commitment to change and the mediating role of change readiness[J]. Journal of Business Economics and Management, 2013, 14(2): 348-363.

[3] BURNES B, HUGHES M, BY R T. Reimagining organizational change leadership[J]. Leadership, 2018, 14(2): 141-158.

[4] FORD J, FORD L, POLIN B. Leadership in the implementation of change: Functions, sources, and requisite variety[J]. Journal of Change Management, 2021, 21(1): 87-119.

变革领导力的明确结论①。

二、教育中的变革领导

教育领域的变革领导力与工商业领域的存在一定的差别,目前尚未出现成熟的变革领导力模型,更缺少针对中层变革领导力的探讨。教育教学是一项情绪卷入的工作,变革带来的焦虑与抵触进一步向领导者与组织成员提出挑战,领导者与组织的支持就显得尤为重要。正如 Brooks 和 Sutherland 关于教育领导力的研究所揭示的那样,校长通过建立有意义的关系、获取资源和为教师提供专业发展机会来实施变革,从而有效地促进变革②。与此同时,教师通常认为校长等学校领导者是他们在变革中做出适当行为的指南和榜样③。然而,如何实施成功的变革并没有准确简单的"处方"。领导者必须接受在变革中可能产生的混乱,从中发现变革的秩序与模式。因此,领导者应该从自己开始,寻找关键人物,找到变革的推动者,提供所需要的资源,推动变革的开展,使其以可操作性的、非线性的、原型设计的方式进行试验并最终实现有效的变革④。

变革领导力成为组织在日新月异的世界中增强竞争优势的重要能力。然而,仅有变革领导力是不足够的,成功稳定的组织变革需要成系统的要素模型或过程模型,确保步骤落实到位。

第二节　变革模型

一、基本的工业与商业变革模型

科学管理之父泰勒于 1911 年率先提出了工业管理领域变革的规划—生产—检查三个步骤,随后的 Six Sigma 理论受 Deming 的 PDSA 循环启发形成定义—测量—分析—

---

① FORD J D, FORD L W. The leadership of organizational change: A view from recent empirical evidence [M]//SHANI A B, PASMORE W A, WOODMAN R W. Research in organizational change and development. Bingley: Emerald Group Publishing Limited, 2012.

② BROOKS J S, SUTHERLAND I E. Educational leadership in the Philippines: Principals' perspectives on problems and possibilities for change[J]. Planning and Changing, 2014, 45(3): 339-355.

③ GUERRERO J M, TENG-CALLEJA M, HECHANOVA M R M. Implicit change leadership schemas, perceived effective change management, and teachers' commitment to change in secondary schools in the Philippines[J]. Asia Pacific Education Review, 2018, 19(3): 375-387.

④ DUMAS C, BEINECKE R H. Change leadership in the 21st century[J]. Journal of Organizational Change Management, 2018, 31(4): 867-876.

改进—控制(DMAIC)循环[1]。面对瞬息万变的外部环境,变革现象不再局限于工业生产领域,商业领域的变革问题逐渐凸显。Lewin是最早描述如何领导变革的人之一,他提出的解冻—变革—再冻结三步骤成为后续许多变革模型的基础[2]。Kolb和Frohman进一步细化步骤,总结为探索组织情况、判断组织情况、规划变革行动、实施变革、稳定和评估变革[3]。Bullock和Batten整合了先前的变革模型,提出探索—规划—行动—整合四个步骤[4]。这些变革模型自上而下驱动,由领导层决定变革的目标与具体步骤,随后出现的许多模型则以"共同"为关键词,关注组织成员的参与。Beer等人提出了六步法变革模型,即共同诊断变革、发展共同愿景、培养变革的共识、向所有部门传播新生事物、通过政策使机构新生与监控并调节策略[5]。这一模型由小部门开始,明确本部门的任务并启动改革,随后向其他部门传播,自下而上逐渐影响公司的整体绩效。Chen等人提出的ERA方法加入了客户的维度,包括分析组织现状、价值和系统、识别顾客需求、重新分析组织现状、价值和系统以及实施变革行动(制定变革策略和全面的行动计划)几个步骤[6]。这些模型总结出变革的一般性质,并按照逻辑顺序形成变革流程的操作系统,表现出明显的技术取向。然而,诸如成员变革需求、变革承诺等文化取向的要素并没有出现。

二、工商业领域技术取向与文化取向及其耦合

Kotter在Lewin的基础上形成了变革的八步法模型:创造变革的紧迫感、组建强有力的变革领导团队、创建变革愿景、传递变革愿景、移除变革中的阻碍、创造短期成效、巩固成果并进一步推进变革、将新方法融入企业文化[7]。相比之下,Kotter更关注组织成员的作用,强调变革愿景的形成与共享。Appelbaum同样注重人力资源管理[8],他认为这是变革成功的关键,为此需要帮助员工顺利适应组织变革,考虑他们对变革的准备程度和他们的文化维度指标。Smith指出,变革的需要与紧迫感、变革信息的传递与成员的参

---

[1] LINDERMAN K, SCHROEDER R G, CHOO A S. Six sigma: The role of goals in improvement teams[J]. Journal of Operations Management, 2006, 24(6): 779-790.

[2] LEWIN K. Field theory in social science[M]. New York: Harper & Brothers, 1951.

[3] KOLB D A, FROHMAN A L. An organization development approach to consulting[J]. Sloan Management Review, 1970, 12(1): 51-65.

[4] BULLOCK R J, BATTEN D. It's just a phase we're going through: A review and synthesis of OD phase analysis[J]. Group & Organization Management, 1985, 10(4): 383-412.

[5] BEER M, EISENSTAT R A, SPECTOR B. Why change programs don't produce change[J]. Harvard Business Review, 1990, 68(6): 158-166.

[6] CHEN C K, YU C H, CHANG H C. ERA model: A customer-orientated organizational change model for the public service[J]. Total Quality Management & Business Excellence, 2006, 17(10): 1301-1322.

[7] 科特. 变革[M]. 罗立彬, 译. 北京: 机械工业出版社, 2005.

[8] APPELBAUM S H, PROFKA E, DEPTA A M, et al. Impact of business model change on organizational success[J]. Industrial and Commercial Training, 2018, 50(2): 41-54.

与,以及实现变革的锚点和基础都是至关重要的[①]。Sikdar 和 Payyazhi 进一步总结出,变革过程中存在一个很明显的鸿沟,即技术方面与人力资源和策略方面,因此组织变革实施中的大多数失败都是硬因素和软因素之间没有联系的结果[②]。

  上述这些模型将变革的操作系统与组织成员的感受融合到一起,正如 Church 所认识到的,变革过程应该同时关注两个领域,其一为变革的基本流程,其二为变化过程中的人[③],也就是个人对变化的反应和针对参与变革者的管理。Woodman 认为,变革的艺术和科学对于组织变革和发展领域的持续健康至关重要[④]。科学与艺术的共存体现在理论创造与运用、组织变革评价、组织诊断行为、组织创造力等方面。也就是说,变革管理既需要有严谨科学的流程与监控,也需要有柔和的、带有艺术气息的领导风格。Mantere 同样认为根本性变革应从两个方面展开[⑤],一是解释性变化(打破意义、赋予意义/意义发展和接受新的解释方案),二是结构和系统性变化。Magsaysay 等人在商业领域发展出了内隐变革领导理论,认为不同的组织背景将对领导力提出不同的要求,因此变革领导力的特征与常规领导力不同,主要包括策略和技术、执行力、社会性、品质和韧性[⑥]。Hartkamp 等人在学校变革领域使用这一框架,发现教师最重视领导的执行力、品质[⑦]。Bennett 等人进一步发展了这一框架,并绘制出了如图 4-2 所示的结构[⑧],意义性与结构性的两条轨道并不是孤立存在的,而是不断的交互作用,更改结构系统将影响意义破坏和意义建构的过程,反之亦然。

  总的来说,首先,变革领导力是复杂的,会随着变革的情境与推进而持续变化,逐渐从一个人的集中领导演变为不同合作程度的共同领导和分布式领导[⑨]。变革领导的有效性是各种领导来源之间相互作用的结果[⑩]。这就需要领导者不仅要致力于建构有利于变

---

  ① SMITH I. Achieving readiness for organisational change[J]. Library Management, 2005, 26(6/7): 408-412.

  ② SIKDAR A, PAYYAZHI J. A process model of managing organizational change during business process redesign[J]. Business Process Management Journal, 2014, 20(6): 971-998.

  ③ CHURCH A H, SIEGAL W, JAVITCH M, et al. Managing organizational change: What you don't know might hurt you[J]. Career Development International, 1996, 1(2): 25-30.

  ④ WOODMAN R W. The science of organizational change and the art of changing organizations[J]. The Journal of Applied Behavioral Science, 2014, 50(4): 463-477.

  ⑤ MANTERE S, SCHILDT H A, SILLINCE J A A. Reversal of strategic change[J]. Academy of Management Journal, 2012, 55(1): 172-196.

  ⑥ MAGSAYSAY J, HECHANOVA R. Building an implicit change leadership theory[J]. Leadership and Organizational Development Journal, 2017, 38(6): 834-848.

  ⑦ HARTKAMP M, TER HOEVEN C, PIETERSON W. Resolving resistance: The role of commitment to change in public organizations[C]// Annual Meeting of the International Communication Association, TBA, Montreal, Quebec, Canada. 2008, 21:1-25.

  ⑧ BENNETT H, MCCRACKEN M, O'KANE P. 'Engage for change': The development of a Radical Change Engagement model[J]. Journal of General Management, 2018, 43(3): 115-125.

  ⑨ JOFFE M, GLYNN S. Facilitating change and empowering employees[J]. Journal of Change Management, 2002, 2(4): 369-379.

  ⑩ DENIS J L, LANGLEY A, CAZALE L. Leadership and strategic change under ambiguity[J]. Organization Studies, 1996, 17(4): 673-699.

革实施的组织结构,更需要关注组织成员的感受,在复杂的影响因素中抽丝剥茧,通过改善组织文化,为变革提供有利的氛围条件。

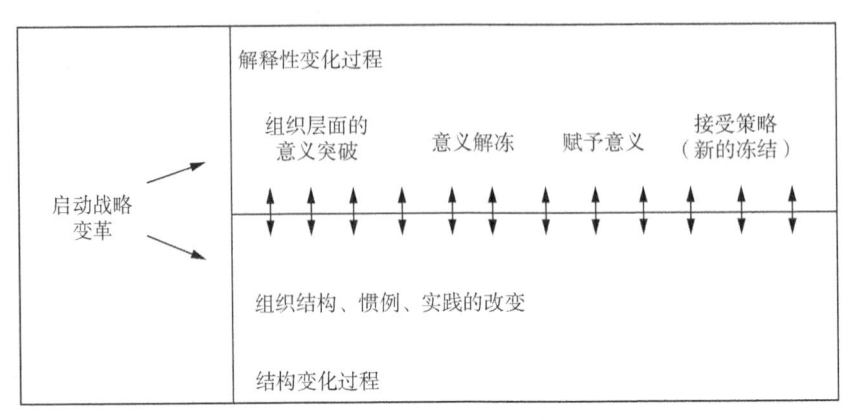

图 4-2 组织变化过程[①]

三、教育变革与大学-区域-学校合作

同样,教育界的变革与商业管理类似,是一个极其复杂的过程,会产生不确定性、焦虑和不稳定[②],必须制订明确的变革实施计划,按照步骤落实,以尽量减少"人"的负面情绪。因此,变革模型基本遵循着计划—执行—研究—行动的技术取向逻辑。Causton-Theoharis 的项目遵循介绍合作项目、明确合作关系、创建项目团队、确定基本目标、分析判定组织现状、确定最终目标与项目实施的流程推进[③]。Kang 等人同样认为,最好在合作的起步阶段就共同研讨项目的目标、价值以及实践中的问题[④]。Young 通过对变革的相关文献进行元分析,总结出教育变革的八个步骤:考察变革前范式,刺激意识到变革需求,确定变革需求,基本设计,行动承诺,行动、检查、行动循环,总结结果以及新常态(变革前范式)[⑤]。Causton-Theoharis 的模型严格规定了变革实施的先后步骤,注重目标的确定与修正、团队组建等内容[⑥]。Young 的模型则在基本流程的基础上加入了文化构建的目标,特别强调诸如"行动承诺"一类的文化要素。文化在教育变革中是不可缺失的要

[①] BENNETT H, MCCRACKEN M, O'KANE P. 'Engage for change': The development of a Radical Change Engagement model[J]. Journal of General Management, 2018, 43(3): 115-125.

[②] APPELBAUM S H, PROFKA E, DEPTA A M, et al. Impact of business model change on organizational success[J]. Industrial and Commercial Training, 2018, 50(2): 41-54.

[③⑥] CAUSTON-THEOHARIS J, THEOHARIS G, BULL T, et al. Schools of promise: A school district-university partnership centered on inclusive school reform[J]. Remedial and Special Education, 2011, 32(3): 192-205.

[④] KANG H, GONZáLEZ HOWARD M. Beginning school-university partnerships for transformative social change in science education: Narratives from the field[J]. Science Education, 2022, 106(5): 1178-1197.

[⑤] YOUNG M. A meta model of change[J]. Journal of Organizational Change Management, 2009, 22(5): 494-510.

素。教师本就需要不断学习,促进专业成长和反思自身的工作与专业知识[1],变革的大背景更加强化了这些要求。教师专业发展需要在充满信任与支持的积极的学校文化氛围中实现,强有力的专业共同体的支持可以帮助教师更新理念,促进教师专业发展以及学校改进的成功[2]。

大学-区域-学校合作的变革项目通常依托于团队进行,在通过变革流程设计挑战的同时,利用文化要素为变革推进保驾护航,但其中也存在抵触变革、信任不足、合作畸形等需要克服的问题。Trubowitz 认为,学校-大学合伙关系的发展可分为八个阶段:敌意与怀疑、缺乏信任、休战阶段、混合接受、接受、收缩、重生、持续进展[3]。宋萑主持的一项邢台市区域推动学校特色建设项目印证了这一模型,项目在初始阶段遭遇学校的消极应对,而在推进过程中,学校逐渐了解了项目目的,大学从"问答咨询者"成为"合作伙伴",三方建立起信任,共享愿景与价值观[4]。总结来看,大学、学校在相遇之初,存在对变革的抵触情绪、信任关系不足等问题,这使得合作的开端通常会遭遇一系列阻碍,但敌对怀疑的态度是可以通过仪式或互动交流改善的。Causton 的合作项目通过公开宣讲吸引有潜在需求的校长,在明确教师也有参与意愿的前提下形成扁平化团队,由团队共同确定项目的具体目标[5]。这一步特别关注变革的准备工作,认为在变革实施之前,首先要刺激组织成员意识到变革的需要,激发成员的变革能动性,初步扫除变革的情绪障碍。在共同协商确定需求后,多方参与形成变革设计,由此达成行动的承诺,使得成员在变革之初便自然地具有协助领导者共同推进变革的愿望,与此同时塑造推进变革的共同体。

此外,伙伴关系是另一个需要解决的问题,不同的伙伴关系将产生不同的变革结果。U-S 合作中最常见的权力模式便是学者和校长是权威的代表和决策者,其他教师是计划的执行者[6],大学是理论指导的提供者,满足学校的个性化需求[7]。Bartholomew 则认为,教师的定位在大学和学校的认知中也有分歧,大学通常认为教师是学习者,而学校通常认为教师是执行者[8]。Trent 和 Lim 通过同一所大学与两所中学的合作项目,阐释了不同伙伴关系对项目效果的影响[9]。第一所合作校的成员将大学视为资源的供给者和建议

---

[1] ZHU X, ZEICHNER K. Preparing teachers for the 21st century[M]. Berlin: Springer, 2013.

[2] 张佳,彭新强. 中国大陆教师专业学习社群的内涵与发展——基于对上海市中小学的调查研究[J]. 教师教育研究,2014,26(3):61-68.

[3] TRUBOWITZ S. Stages in the development of school-college collaboration[J]. Educational Leadership, 1986, 43(5): 18-21.

[4] 宋萑,王敬英,王晨霞. 地方政府推动下的"U-S"伙伴协作关系的发展过程与角色建构——以邢台市桥西区区域推动特色学校建设为例[J]. 教育发展研究,2014,33(20):11-17.

[5] CAUSTON-THEOHARIS J, THEOHARIS G, BULL T, et al. Schools of promise: A school district-university partnership centered on inclusive school reform[J]. Remedial and Special Education, 2011, 32(3): 192-205.

[6] 刘长海,王一帆. 论 U-S 合作中的权威分享与三方对话关系构建[J]. 教育科学研究,2021(12):41-46.

[7] 林青松. UDS合作教师发展共同体的数字化学习研究[J]. 中国电化教育,2014(1):125-128.

[8] BARTHOLOMEW S S, SANDHOLTZ J H. Competing views of teaching in a school-university partnership[J]. Teaching and Teacher Education, 2009, 25(1): 155-165.

[9] TRENT J, LIM J. Teacher identity construction in school-university partnerships: Discourse and practice[J]. Teaching and Teacher Education, 2010, 26(8): 1609-1618.

者,学校根据自己的具体情况做出调整,双方保持稳定平衡的合作关系。第二所合作校的成员认为大学和学校之间有不平等的权力关系,只能顺从大学的意见,因此不愿与大学合作。因此,大学-学校合作项目要引导团队成员超越惯性的合作模式,竭力扭转不平等的权力关系与话语体系,建构健康平衡的合作关系。Trent 等人鼓励教师加入行动研究,收集项目相关的数据(会议记录、反思日志等),让他们感受到话语的多样性,感受不同的立场[1],这进一步消解了大学团队的权威形象。Moss 实施了一项引领教师专业学习的合作项目,学者被称为"诤友",不是只观察局内人的旁观者,而是一个同时在反思自我的局内人[2]。Sahlin 的项目同样遵循这一原则,以顾问的形式指导三所学校的教师提升领导能力,并为每所学校定制具体的操作系统[3]。Jones 等人认为,教学指导原则、成长的 U-S 关系、对合作关系的陈述、成长模型是成功的 U-S 合作的基本要素[4]。Hartman 实施了一项高中与大学数学课程体系与课程内容改革的项目,旨在帮助高中毕业生数学水平成功过渡到大学水平[5]。该项目的关键在于清晰透明的沟通以及合作研究关系框架的顶层设计,前者促成了信任的合作关系与变革承诺,后者通过协商确定互利的研究主题、签订协议书、制订项目计划,保证项目能够按部就班地完成。汤博闻等通过一项"培养学者型教师"U-S 合作项目,建构出学校教师自我革命的微观互动模型,并最终导向学校的变革[6]。这一模型具有供需匹配的合作开端,以遴选的方式确定参与者,采用行动研究的研讨方式,激发参与者自我革命的意识,使参与者能将自我革命的行动渗透到工作的方方面面,并进一步辐射到更多的教师。该模型实现了大学学者的权威形象祛魅,建立起共同学习的机制。

变革既需要技术取向的流程保障、文化取向的精神引领,同时也需要政治手段以明确权力和责任。鲍传友通过分析北京市顺义区教育综合改革项目的实施,认为为建立大学-区域-学校的有效合作机制,应该在项目开始之初便以三方协议的形式,界定各方的权力和责任,成立三方共同参与的管理机构,形成有效的问责机制,保证项目实施[7]。陈娜 U-D-S 合作模型进一步突出了政治的力量,主张成立来自三方的 U-D-S 指导委员会,由委员会得出变革前的现状评估,再通过代表大会的形式确定愿景与重点领域,之后进

---

[1] TRENT J, LIM J. Teacher identity construction in school-university partnerships: Discourse and practice [J]. Teaching and Teacher Education, 2010, 26(8): 1609-1618.

[2] MOSS J. Leading professional learning in an Australian secondary school through school-university partnerships[J]. Asia-Pacific Journal of Teacher Education, 2008, 36(4): 345-357.

[3] SAHLIN S. Making sense of external partnerships: Principals' experiences of school-university collaborations[J]. Journal of Professional Capital and Community, 2019, 5(1): 51-71.

[4] JONES M, HOBBS L, KENNY J, et al. Successful university-school partnerships: An interpretive framework to inform partnership practice[J]. Teaching and Teacher Education, 2016, 60: 108-120.

[5] HARTMAN J J. Urban school district-university research collaboration: Challenges and strategies for success[J]. Education and Urban Society, 2018, 50(7): 617-640.

[6] 汤博闻,郝少毅,朱志勇. 跨越"边界":U-S 合作中的教师互动模式[J]. 教育学术月刊,2022(2):9-18.

[7] 鲍传友. 新型 UDS 合作:推进区域教育综合改革的探索——以北京市顺义区城乡联动教育综合改革项目为例[J]. 中小学管理,2015(9):39-42.

行分工协作,推进变革落实[①]。这些政治层面的举措为 U-D-S 合作提供了基本的合法性保障与监督。

通过上述大学-区域-学校合作项目的经验可知,政治保障、技术支持以及文化环境是促进合作成功的重要因素。三方需要通过系列的仪式与活动建立起信任关系,形成合作伙伴的工作模式,共同实现学校改进行动。

第三节　项目模型

一、项目概念模型

学校变革是在关键人物的领导与管理下,由学校团队成员合作完成的工作。"变革领导力提升"项目助力西城区学校发展、提升学生成就,以期为实现区域内教育质量的整体提升服务。为此,需要实现教师专业发展,这是实现教育高质量、均衡及可持续发展目标的基础。教师的专业发展既需要自身的内驱力,也需要志同道合的专业学习共同体[②]。与此同时,高校团队与学校开展长期合作对教师专业发展具有重要作用[③]。然而,不仅教师的专业性会影响学生成就,成功的校长或中层领导也在其中起着至关重要的作用,仅次于教师在课堂上对于学生的影响[④]。通过高校与学校合作,以团队的形式促进中层领导力的发展,进而提升教师专业性与学生成就是可行的路径。

基于上述目标,大学-区域-学校的"变革领导力提升"项目一方面致力于学校中层领导的"变革领导力"提升,帮助学校构建中层领导者的领导力——诊断并解决实践问题的能力;助力高素质专业化创新型的管理者和教师队伍建设,创新引领卓越领导者与教师队伍建设的体制与机制,培养有思想兼具国际视野的名师与未来教育家。另一方面,探索和开拓大学-区域-学校合作的有效模式,通过整合高校、区域教学科研人员和一线教师的资源,使三方形成合力,从理论的高度和实践的深度共同探讨学校领导者的"变革领导力"培养。

基于对中层领导者的领导实践干预,项目从两个层面采取行动。首先,基于校本探究,提升学校中层领导者自身的学习领导力;其次,支持学校中层带领其他教师一起实施

---

① 陈娜. "U-D-S"伙伴协作:价值、阻力与路径[J]. 教育理论与实践,2017,37(8):29-31.
② LITTLE J. Locating learning in teachers' communities of practice: Opening up problems of analysis in records of everyday work [J]. Teaching and Teacher Education,2002,18(8):917-946.
③ 张晓莉. 美国 U-S 合作长效机制探索——以马里兰州 PDS 模式为例[J]. 外国教育研究,2019,46(12):98-112.
④ BRYANT D A, WALKER A. Principal-designed structures that enhance middle leaders' professional learning[J]. Educational Management,Administration & Leadership,2022:1-20.

学校改进行动。具体而言,项目的核心目标是促使学校具备自我改进与提升的能力,从而实现可持续发展。因此,通过对本项目的全流程、理念与目标的凝练,形成"变革领导力提升"项目概念模型(图4-3)。

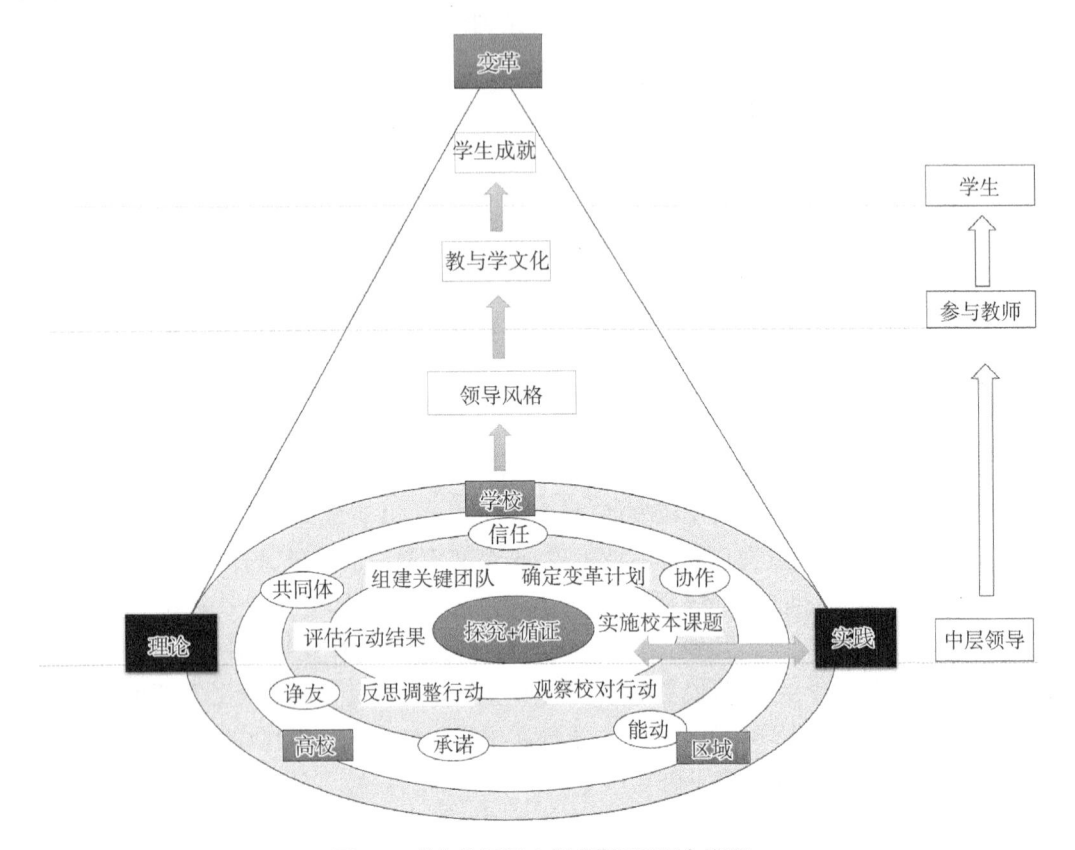

图4-3 "变革领导力提升"项目概念模型

本模型(图4-3)以过程和要素为维度,着力点在中层领导者,落脚点在学校学生成就,通过"圆锥"底座的核心要素,赋能中层领导,遵循"探究+循证"的原则,通过行动研究的路径,重点关注"U-D-S"各方的关系和能力构建,从而实现终极目标:实践与理论之间的不断迭代与互动创生。

本模型的横向维度(即"圆锥"底座)分为五个圈层。由内向外第一圈层即核心圈层为本项目遵循的探究与循证原则。第二圈层为技术取向的过程模型,注重控制、效率和预设性。过程模型始于组建主持变革的关键团队,由中层领导构建核心团队;随之通过叙事路径分析学校文化和亟待解决的问题,提出校本课题,确定变革计划;在课题启动后,开展观察校对行动,确保课题按照计划逐步推进,进一步通过反思调整行动修正可能存在的偏差,最后对行动结果进行评估,形成变革的新常态,成为下一次变革的新起点。在这一层模型中,对计划方案的科学论证、实施过程中的忠实程度以及实施后的反馈与修正共同决定了变革的成败。然而,单一的技术取向具有明显的机械性、功利性缺陷,过分强调采取一系列线性步骤,将使得变革的成功依赖于领导的沟通协商和组织独特的文化背景[1]，难以激发中层领导的主体性，不利于 U-D-S 共同体关系的建立，因此需要超越工具理性的复合取向的保障。

第三圈层为文化取向的要素模型，注重支配行为选择的价值、理念与态度。信任关系一方面是项目校内部推进变革的基础，另一方面也是 U-D-S 三方进行资源共享的基础。协作是学校变革开展的基本形式，除 U-D-S 三方的协作之外，还存在中层领导团队内部的分工协作、中层领导与参与教师的协作、项目校之间的沟通交流等。能动是流淌在项目中的能量，项目校中的教师并非变革的抵抗者，而是行动者，通过激发中层领导内在的变革动力，进而影响其他教师共同着手于学校变革，最终使学校具备变革创新的活力。项目成员对变革的承诺是持续变革的心理动机，是成功实施变革的重要条件[2]，与此同时，成员之间的协作关系与沟通交流会进一步影响变革承诺[3]。诤友是高校与项目校关系的表征，高校不是只观察局内人的旁观者，而是一个同时在反思自我的局内人[4]，是学校变革进程的陪伴者。构建动态共同体高度概括了项目的合作样态，成员通过共同体内部的连接，成为借助自身的创造性推动变革实施的行动者[5]，每个人都是变革的动力，形成跨越学校内部层级结构和同一层次内部的能力结构和合作文化，为推进变革提供技术帮助、同辈群体支持和适宜的文化氛围。文化取向的六个要素充盈在变革全过程中，填补了技术取向的精神空白。

第四圈层的政治取向则进一步为构建良好的合作伙伴关系提供合法性与激励性的保障。政府所代表的公共利益、公共目标、公共服务等[6]，为项目挖掘出公共诉求，激活成员的公共理性[7]。区域政府的教育发展规划以及学校质量提升计划为学校变革提供了自上而下的外驱力，项目响应《西城区教育现代化 2035》《加快推进西城区教育现代化实施方案（2018—2022 年）》等政策，满足地区发展的需求。政府牵头组织的 U-D-S 合作项目则从顶层设计的层次为项目的合法性保驾护航，奠定了最基本的信任关系，避免高校与项目校合作的制度性障碍，为项目注入浓厚的规范意义，提供了基本的资金、政策支持。最外层为项目的终极目标，即理论与实践的互动创生。在这一圈层中，高校为项目校提供研究的范式、研究的思维等知识层面的支持与研究过程中技术方面的指导，引导中层

---

[1] HUGHES M. Leading changes: Why transformation explanations fail[J]. Leadership, 2016, 12(4): 449-469.

[2] HERSCOVITCH L, MEYER J P. Commitment to organizational change: Extension of a three-component model[J]. Journal of Applied Psychology, 2002, 87(3): 474-487.

[3] VAN DER VOET J, KUIPERS B, GROENEVELD S. Held back and pushed forward: Leading change in a complex public sector environment[J]. Journal of Organizational Change Management, 2015, 28(2): 290-300.

[4] MOSS J. Leading professional learning in an Australian secondary school through school-university partnerships[J]. Asia-Pacific Journal of Teacher Education, 2008, 36(4): 345-357.

[5] LEROY H, ANSEEL F, GARDNER W L, et al. Authentic leadership, authentic followership, basic need satisfaction, and work role performance[J]. Journal of Management, 2015, 41(6), 1677-1697.

[6] 芮国强. 政府发展的价值意蕴与制度逻辑[M]. 北京：经济管理出版社，2007.

[7] 林琦. U-S 何以转向 U-G-S：论政府在教师教育共同体中的价值和参与[J]. 教育理论与实践，2019，39(8)：27-30.

领导将循证与探究的研究性思维融入管理实践中,在实践中不断改进研究,最终指向持续性深入变革。

总的来说,核心圈层探究、循证原则以及外围圈层的理论、实践交互贯穿项目全过程。技术取向的操作化模型为变革提供了基本的思路与规范,使得项目按照基本的规范循序渐进。文化取向的要素模型提供了精神价值驱动力,牵引项目成员为了变革目标而革新。政治取向的 U-D-S 合作模式提供合法性保障与准入门槛,高校团队的学术性以及地方政府的权力意志为技术取向的变革路径提供硬件的支撑。

本模型的纵向维度,即将"圆锥"的高度分为中层领导、参与教师、学生三个层级。变革从提出到一线组织成员实施是一个漫长的传导过程,这是一种同时发生在多个层面的现象[1],模型最底层以中层领导者的变革行动为基础,最高层指向学生的全面发展。中层领导是学校内部社会关系网络的"桥梁"[2],占据了学校改进与有效性关键"链条(link)"的位置[3]。项目依托于校本课题,将中层领导者变革领导力发展融入学校变革实践中。通过改进中层领导的领导风格,进一步影响教师对变革的接受程度和落实情况[4],引导教师遵照探究与循证的原则开展教学与科研工作,提升学生知识建构[5]与解决问题的能力[6],最终为学生成长赋能。

二、项目变革模型

(一) 行动路径

项目校校本课题的行动路径始于对现状情境的识别与诊断,由高校开发涵盖教师、学生与家长的西城区变革领导力调查问卷,评估区域变革领导力的整体情况,与此同时,项目校基于调研提交自评报告;随后,项目校通过叙事路径,基于自身发展需求与特质提出可供探究的课题,在高校专家团队访校调研时,共同诊断学校情境,确定校本课题。在确定变革计划阶段,高校组织工作坊,帮助参与者获得有关领导力、循证研究等方面的知识,开展团队内部角色建设活动,并拟定出基本的课题实施方案,依托课题提升参与者的

---

[1] KUIPERS B, HIGGS M J, KICKERT W, et al. Managing change in public organizations: A review of the literature between 2000—2010[J]. Public Administration, 2014, 92: 1-20.

[2] 杨传利,毛亚庆,曹慧,等.学校内部教师社会网络现状及对学校管理改进的启示——一项基于社会网络分析的研究[J].基础教育,2017,14(3):68-77+113.

[3] HARRIS A. Department improvement and school improvement: A missing link? [J]. British Educational Research Journal, 2001, 27(4): 477-486.

[4] LOH J, HU G. Understanding middle leaders' concerns in curriculum change: A missing perspective[J]. Asia Pacific Journal of Education, 2021, 41(4): 711-726.

[5] ABD-EL-KHALICK F, BOUJAOUDE S, DUSCHL R, et al. Inquiry in science education: International perspectives[J]. Science Education, 2004, 88: 397-419.

[6] GEIER R, BLUMENFELD P C, MARX R W, et al. Standardized test outcomes for students engaged in inquiry-based science curricula in the context of urban reform[J]. Journal of Research in Science Teaching, 2008, 45(8): 922-939.

变革领导力。在实施校本课题阶段,各项目校以项目参与者为核心实施校本课题,一方面,参与者将前期积累的知识以及新的思维模式应用到领导实践中,改进自身工作模式;另一方面,吸收更多教师参与学校改进工作,提升教师队伍专业性。在观察校对阶段,高校专家团队一方面以"诤友"的角色,与项目校共同评估校本课题开展情况;另一方面,对标项目目标,监测"变革领导力提升"项目整体效果。在反思调整阶段,高校与项目校基于前期的调研评估结果,反思前续行动过程与结果,调整变革计划,使之更明确地导向校本课题以及"变革领导力提升"项目的目标。在评估行动结果阶段,高校与项目校进行阶段性地评估,总结经验,成为下一轮变革的新起点(图4-4)。因此,项目的行动路径是螺旋上升的过程,每一个阶段性变革的终点都是下一次变革的情境性因素,将引发新一轮的学校改进与领导力提升实践。

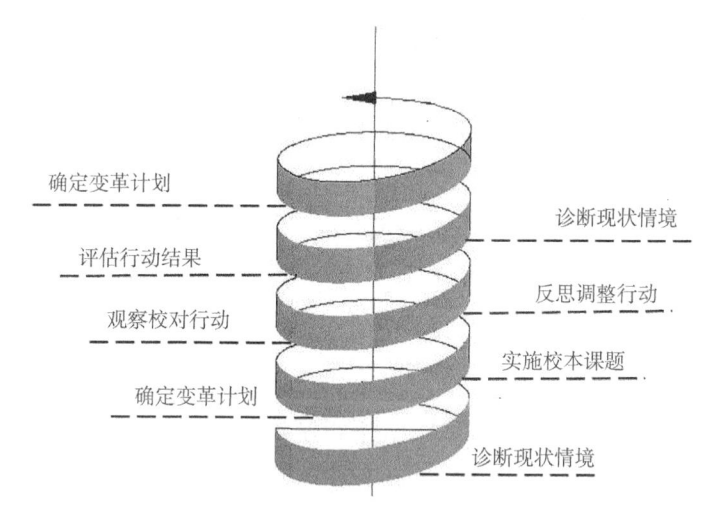

图 4-4 项目行动路径

(二) 变革路径

项目校变革主要涉及中层领导者、教师、学生三个主体(图4-5)。变革的起点是中层领导者参与项目,接受知识培训与技能训练,改变自身思维方式;随后,中层领导者通过领导实践影响一线教师的认知与思维,与此同时,一线教师在参与项目的过程中习得新的知识与技能,进一步更新自身的教育教学模式;紧接着,教师的工作模式通过课堂教学以及日常交流影响学生的学习动机与兴趣;最终,达到提升学生学习结果的目标。具体来说,在中层领导者的层面,高校设计一系列培训课程与研究工具,以此干预中层领导力提升;中层领导作为"变革领导力提升"项目的直接参与者,在高校组织的工作坊中习得开展循证研究的意识与技能,更新自身关于领导与合作的知识,进而影响其思维模式,并在中层管理者的领导实践中体现出来。在教师的层面,教师作为以中层领导者为核心的部门或团队中的成员,直接接受中层领导实践的影响;同时,这些教师通过参与校本课题,将间接受到高校项目培训以及"诤友"建议的影响,从而改变自身的知识技能、思维模式。教师内在素养的改变通过教育教学实践体现出来,循证和探究的思维将渗透进课堂

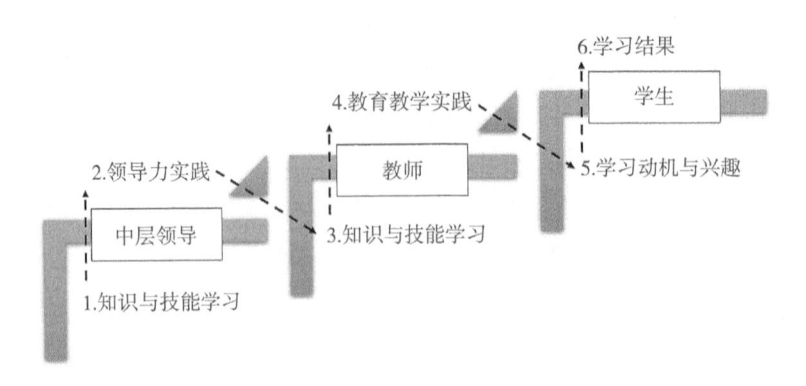

图 4-5　项目变革路径

教学以及日常师生交流中,改变教师整体的工作模式。因此,依托于校本课题的中层变革领导力提升将渗透到学生层面,通过学校文化、课堂教学等调整学生的学习动机,提升其学习兴趣,并最终达到提升学生学习效果的目标。

结语

变革行动中,危机与机遇并存,领导者可以主动作为以促进二者的转化。成功变革首先需要领导者的战略安排,从组织文化、组织制度、技术支持等多个方面综合发力,实现整合解释性以及结构性的整全变化。成功的变革还需要组织成员的持续参与,教师本就需要不断提升专业能力水平,依托于专业学习共同体,教师可以借助更广泛的资源实现发展。大学-区域-学校合作项目提供了理论与实践对话的平台,组建了更广泛的学习共同体以支持学校改进行动。"变革领导力提升"项目助力项目校提升学生成就,以实现区域内教育质量整体提升这一最终目标。既往研究以校长为主要研究对象,然而中层领导对于教师发展和学生成长同样具有重要作用,却没有得到应有的重视。因此,本项目基于对中层领导者的领导实践干预、基于校本探究,提升学校中层领导者自身的学习领导力,与此同时,支持学校中层带领其他教师一起实施学校改进行动。教育是一项复杂的事业,教育变革中不存在明确而简单的"处方",必须由领导者带领组织"摸着石头过河"。各学校遵循诊断现状情境、确定变革计划、实施校本课题、观察校对行动、反思调整行动、评估行动结果的探究路径,通过改善中层领导的实践方式,影响教师的课堂教学,并最终提升学生的成就。在这一过程中,高校以"诤友"的角色引领并陪伴学校前进。

第二部分 实践篇

第五章

"双减"背景下的学校课后服务课程开发与体系构建路径探索

第一节 选题缘起

一、项目背景

近年来,学生放学时间与家长下班时间的不匹配导致了很多问题的产生,学生无人接送所带来的人身安全问题成为社会的一大隐患。另外,学生正值智力高速发育阶段,需要知识与技能的有益补充。由于无法在校内实现这种需求,大量学生转而求助于校外培训机构,但因各类机构办学水平良莠不齐,学生与家长的权益得不到保障的情况时有发生。此外,校外培训更直接造成了"校内减负、校外增负"的结果,给学生增添了不必要的学习负担,也给家长带来很大的经济压力。因此,广大家长对于学校提供安全、高质量、个性化的课后服务有着越来越强烈的期待。

（一）国际背景

早在我国聚焦课后服务问题之前,美国、英国、日本等国家就出台了相关政策,明确了课后服务开展的大体思路和基本举措,不仅在保障服务方面做足了准备,还在一些细节上提出了要求,如课程内容、资金来源、师资力量、监管体系等。1998年,美国政府推行"21世纪社区学习中心计划(21st CCLC)"并将其列入教育法,这是美国全面推进课后服务的法律基础,对开展课后服务的实践起到了重要的指导作用。英国政府在2004年提出了"儿童保育十年战略",这也成为指导课后看护体系改革发展的基本政策,它强调和维护每一个儿童的中心地位,将课后看护体系逐渐发展成为服务供给多样化、资金来源多元化、教育功能与社会服务功能一体化的特色模式。2007年,日本有关部门制定了"放学后儿童计划";2014年,有关部门再次发布《放学后对策的综合推进》等文件,以"教育福祉"的理念推进课后服务的实施。通过立法及政策的保障,实施全程对部门职责、财政经费、实施场所、师资力量等因素做出了具体细致的规范与约束。

在课程建设方面,文献研究从内容上主要分为两大类。一类是"借鉴型"[1][2],启示我国借鉴英、美等中小学校本课程开发的经验,注重各项制度保障,提高课程开发的能力与意识,寻求外界支持,加强协调配合,努力做到课程管理多极化、课程设置地方化、课程实施个性化、课程标准多样化,从方方面面着手加强课程建设。另一类是"反思型"[3],指出我国与其他国家课程建设中共通的阻碍因素:学校领导层的决心与能力,大量人力、物力、理论及技能的需求,教师对课程开发的责任感等。各级部门应优化政策,完善制度,加强扶持,鼓励更多的教师踊跃参与。

通过总结上述研究,我们发现,发达国家开设课后服务的经验如下:一是规范化的政策法律保障课后服务工作的顺利进行;二是严格的师资配置保障了服务质量;三是丰富的内容设置满足了孩子多样化的需求;四是建立了严格的监管和质量评价体系。这些经验大多从国家政策层面出发,阐述课后服务实施的总体思路和大致方案,鲜少将某一个学校的经验展开讨论,详述开展过程中的具体困难、解决困难的方式、前后的变化等,因而对国内各校切实开展课后服务的借鉴意义较为有限。在课程建设方面,虽然国情、学情不尽相同,但是我国与其他国家在课后服务课程建设中遇到的困惑和阻碍是相似的,在借鉴他人经验的同时,还需根据学校自身情况做出调整。

(二)国内背景

"课后服务"这一概念在我国的普及,要回溯到教育部"双减"政策的提出,2017年2月,教育部办公厅印发了《关于做好中小学生课后服务工作的指导意见》,从多方面对开展中小学生课后服务工作提出了纲领性的要求。2021年7月,中共中央办公厅、国务院办公厅印发了《关于进一步减轻义务教育阶段学生作业负担和校外培训负担的意见》,进一步指出要充分发挥学校主阵地作用,坚持应教尽教,着力提高教学质量、作业管理水平和课后服务水平,让学生学习更好地回归校园,在校内"吃饱""吃好",减少参加校外培训的需求。2021年8月,中共北京市委办公厅、北京市人民政府办公厅印发的《北京市关于进一步减轻义务教育阶段学生作业负担和校外培训负担的措施》中明确指出,"双减"的工作原则是坚持育人为本、回应关切。遵循教育规律,从有利于学生身心健康成长出发,整体提升学校教育教学质量和服务水平,积极回应社会关切与期盼,减轻学生和家长负担。

课后服务政策颁布后,国内关于此领域的研究就成了学术界关注的热点。通过梳理相关文献,我们发现,文献资料涉及的研究领域大致可分为四类——对课后服务相关政

---

[1] 柴改改.英国中小学校本课程开发的经验及对我国的启示[J].当代教育与文化,2013,5(2):61-65.
[2] 张传燧,王双兰.国外地方课程开发透视[J].当代教育论坛,2003(1):81-83.
[3] 王斌华.英国校本课程开发[J].教育科学研究,2003(7):88-91.

策的研究[1][2]、对课后服务价值的研究[3][4]、对课后服务的问题和对策的研究[5][6]、对国外课后服务政策的研究[7][8]。然而,这些研究多以宏观的角度对课后服务进行剖析,提出的建议稍显形式化,课后服务相关的实证研究较为缺乏,还需要更多实践探索的印证和补充。

与此同时,作为课后服务实施中的重要一环,如何高效开展课程建设也引发了热议。刘登珲和卞冰冰[9]认为,要推进课后服务"课程化",需要让课程做到立足服务需求、与"常规课程"整合、突出干预引导、聚焦品质提升、纳入常规教研。罗生全[10]表示,构建课程体系,需要以素养为导向的目标、多元融通的课程内容、动态开放的实施途径和全面长效的评价体系。欧阳修俊和梁宇健[11]指出,课后服务课程建设要做到课程目标着眼于多主体需求、课程内容生成于系统化编排、课程实施实现于全方位探索、课程评价立足于多维度测评。王迪和陈磊[12]认为,课程建设要指向人的发展,要将其纳入学校整体课程体系,开展"菜单式"的素质拓展类课程,加强课程视域下的作业研究,构建发展性课程评价体系,及时反馈,减负提质。

由此可见,在"以人为本"的共同前提下,构建课程体系的重点不仅在于"课程",还在于"体系",课程建设常常不能作为单独的一环而存在,还需要基础理念、实施途径、系统教研、综合测评等要素的辅助和加持,才能够形成闭环,循环发展。在项目实际开展的过程中,学校还要注重与自身办学特点、综合条件、学生学情等相结合,做到理论与实际相结合,及时反馈,随时调整,逐步完善。

总的来说,课程是为学生的成长和发展服务的,即以各式方法使学生获得知识,充实自己,为学生的长足生存和全面发展做好铺垫。正因如此,课后服务课程建设的意义和作用才显得更加突出。然而,要解决如何开发适合课后服务的课程并形成体系的问题,仅依托理论和经验还远远不够,还要与自身实际情况相结合,在行动中摸索前进。因此,要构建完整的课后服务课程体系,仍需要学校不断地实践探索,多尝试、多总结,以螺旋上升的方式实现长足发展。

---

[1] 郑真江,陈光华.课后托管服务:政策亟须完善[J].社会治理,2017(5):26-29.
[2] 屈璐.我国基础教育课后服务政策嬗变及展望[J].现代远距离教育,2019(4):14-19.
[3] 顾艳丽,罗生全.中小学课后服务政策的价值分析[J].教育科学研究,2018(9):34-38.
[4] 张良禹.属性与定位:义务教育课后服务政策的再思考[J].上海教育科研,2022(3):24-29+37.
[5] 龚俊红.小学课后延时服务存在的问题分析及优化策略[J].齐齐哈尔师范高等专科学校学报,2021(2):3-5.
[6] 杨清溪,邬志辉.义务教育学校课后服务落地难的堵点及其疏通对策[J].教育发展研究,2021,41(15):42-49.
[7] 杨瑛.中小学课后服务的比较研究[D].南京:南京师范大学,2019.
[8] 贾利帅,刘童.北欧四国中小学课后服务的实践、特征及启示[J].基础教育,2021(4):103-112.
[9] 刘登珲,卞冰冰.中小学课后服务的"课程化"进路[J].中国教育学刊,2021(12):11-15.
[10] 罗生全,卞含嫣.高质量课后服务课程的体系建构与实施路径[J].北京教育(普教版),2022(2):14-19.
[11] 欧阳修俊,梁宇健."双减"背景下课后服务课程建设的理念、价值与逻辑[J].教育科学研究,2022(7):26-32.
[12] 王迪,陈磊,籍莹莹."双减"背景下学校课程建设的逻辑与策略[J].宜宾学院学报,2022,22(11):61-68.

二、项目简介

在"双减"政策的号召下,西城区以"立德树人 五育并举 优质供给"为基本价值追求,构建了"1+3+N"的课后服务课程建设体系。其中,"1"指学业巩固课程,旨在立足学生课内学习情况,基于学情分析,在研究分析课程标准与教材的基础上,开展与学生学情相匹配的课业答疑辅导及学习指导。"3"指学科拓展、体育、劳动教育类课程,旨在补齐课内课程供给,为学有余力的学生拓展学习空间,培育学科思想、学科思维与学习方法,同时为所有学生强化体育锻炼、补齐劳动教育提供平台。"N"指美育、科技教育、传统文化教育等课程,旨在培养学生的兴趣爱好,满足学生个性化成长需求。根据国际、国内和区域的整体背景,北京市宣武外国语实验学校在2020年初通过西城教科院搭建的平台,作为北京师范大学教师教育发展研究中心"变革领导力提升"项目的项目校开始了三年的校本探索之路。

项目开展初期,学校初步组建了以教学校长、各科室主任为核心的校内团队,在分析学校需求的基础上,计划将一直以来学校开展的各种形式的德育活动和综合实践活动等各类课后服务作为切入点,系统构建学校课程体系并将此作为校本研究课题。直至2021年"双减"政策的出台,学校的校本课题逐步聚焦,7月项目中期阶段,学校确定了校本研究课题,主题为"'双减'背景下的学校课后服务课程开发与体系构建路径探索",精心设计课后服务工作方案,对课后服务的课程体系进行整体规划,统筹设计。第一,成立了由教学校长负责的课后服务工作领导小组,全面部署工作,指导工作落实,评估工作开展效果并及时优化调整。第二,课后服务工作的开展面向初中所有学生,做到服务对象全覆盖。学生在自愿的前提下选择并参与课后服务活动,在动员工作中,学校应坚持以人为本,从学生实际需求出发,提供"菜单式"课后服务项目和内容,切实增强课后服务的吸引力与实效性。第三,在开设时间上,学校预设全时段开展课后服务工作,具体时间为每周一至周五放学后。对有特殊需要的学生,学校提供延时托管服务。不仅在工作开展前进行了充分探讨,规定了课后服务的工作原则,为后续实施阶段提供了有力依据,还在组织架构上进行了详尽的部署,全面统筹、系统设计课后服务工作。第四,在课程设置内容上,学校预计周一开展校本选修活动课程,周二至周四开展学科答疑辅导活动,周五进行体能训练和德育主题教育。学生不仅可以在周一选择自身感兴趣的活动类课程,还能根据自身学习情况,在周二到周四选择参加学科答疑辅导,周五参与有针对性的专题活动,做到切合自身条件和意愿,灵活自主地进行学习。

就项目实施和开展的情况来看,学校广泛征求学生、家长、教师等多方的意见和建议,以座谈、问卷的形式开展诊断和需求分析。首先,学校于2021年暑期下发详细文件并全面动员教师集思广益、踊跃参与,提前规划课程开展的大致思路与方法。2021年9月开学,教师鼓励学生积极响应,结合所需,加入此次面向人人的课后服务活动。在号召学生的过程中,校内校外"双管齐下",校内主要通过班主任老师为学生介绍详情,指导选课。校外主要通过下发家长信,详述活动情况,提高家长认识,促进工作落实。其次,在课程设计层面,学校全面征求教师的想法和意见,通过上交报名表的方式准确了解教师课程开设的意愿,掌握具体的设计方案,提前准备后续所需的工具和材料等。最后,学校还充分了解学生的兴趣和建议,通过问卷调查的方式明确学生的想法,包括课后服务的内容、频次、时长、组织形式、教学方法、评价方式等,为课后服务工作的实施和优化提供有力的依据。

该项目到目前为止,大致经历了初步开展期、探寻期、转变期、初步成熟期四个阶段,详细分析将在本章的第三节展开讨论。学校在各个时期及时监督、反馈、收集并解决出现的问题,通过听课、探讨、建议和问卷等方式了解教师、学生、家长等各方的想法,不断改进优化,不断提质增效。

学校希望,通过项目的初步实施,学生能够从课外培训机构的补习中回归校园,享受到学校专业且优质的教育,全面健康地发展。通过构建完整的课程体系,拓宽多元化课程选择的机会,使每个学生的差异和特点得以被关注和尊重,促进学生的个性化发展。同时,课后服务的开展也为教师带来了新的实践机会和施展才能的平台,因此,学校还希望项目能为教师专业成长提供肥沃的土壤,从而带动学校更稳更快地发展。

三、项目意义

(一) 理论意义

在我国,学术界对课后服务的研究近几年才开始兴起,虽然对于课后服务的概念和方法等理论研究也初显成效,但由于缺乏足够的实际经验和参考模式,要解决课后服务在实施过程中的各式瓶颈确也难以一蹴而就。例如,如何恰当地将自身情况与普遍建议相结合、将理论概念应用于日常实践是目前仅通过研究难以解决的问题。

学校希望结合自身实际情况,充分发挥自身优势,通过实践型的路径探索,采用访谈法、问卷调查法等科学的研究方法,建构适合学校的课后服务课程体系,在课后服务工作"如何做"的方面给出更加具体、更加全面的建议和借鉴。同时,也希望在此过程中暴露出的问题和困难、遇到困难后的思考和方法、解决困难后的转变和收获等都能够在一定程度上为相关领域的研究和实践提供依据和参考,形成良性闭环,以实践促进理论发展,让理论更好地指导实践。

(二) 现实意义和价值

本研究立足于课后服务课程体系的建构研究,旨在提高学校课后服务水平,在不增加学生学业负担的前提下,以激发学生学习兴趣、巩固基础和提高能力为目的,探讨有效补充课堂教学、满足学生不同需求、促进学生学科核心素养发展的课程内容。

希望通过校本实践研究,学校能够更好地回应"双减"政策,使自身课程建设更加完善,突破团队积极性不高、学生内驱力不足、对学生发展诉求回应不够等困境,走出走好特色发展之路,提升管理团队领导力,提高教师课程开发力,尽量满足学生发展需求,为学校的可持续发展积累经验和素材，同时也能为有类似发展需求的其他学校提供可借鉴的方法或者策略。

第二节 厘清学校现状与改进需求

一、学校历史与发展目标

（一）校史沿革与学校现状

北京市宣武外国语实验学校是一所以外语为特色的完全中学，位于北京市中心城区。现开设教学班28个，其中初中18个、高中10个。共有教职工135人。学校前身是北京市南菜园中学，1984年发展成为一所"职普混合校"，2000年随着"职普分离"，职教部分并入北京财会学校，148中学初中部分并入我校，成为一所初中学校。2002年，更名为"北京市宣武区外国语实验学校"，2005年成为一所完全中学，2011年更名为"北京市宣武外国语实验学校"。

2002学校完成了转型，更名为外语学校，在实践中摸索出了一条以外语特色课程为主的办学之路，并取得了一定成就，在艺术、体育、科技等各方面都有了长足进步。高水平外语特色课程和丰富的小语种课程是学校十分重要的办学特色。但随着教育改革的不断推进，两区合并、校址迁入广外地区、初中小语种停止招生、区域内部分高中校撤并等因素，学习需求难以统一，外语特色很难彰显。在这种形势下，学校承受的压力非常大。如何转变教育观念，提升学校的文化内涵，彰显特色是急需解决的首要问题。

（二）发展目标与改进需求

面对现状，学校经过深刻反思，广泛征求意见，综合多方面因素考虑，于2016年提出了"悦纳"教育的办学理念，即"教育是直面人的生命、通过人的生命、为了人的生命质量的提高而进行的社会实践活动，是以人为本的社会中最体现生命关怀的一种事业"。这一理念主张，在学校教育过程中，教师之间、学生之间、师生之间、教师与家长之间、家长与学生之间以及教师与社区之间都应该建立一种合作的关系，共同创建一种"悦纳"的氛围，坚持教育以师生自然生命状态向良性方向发展为本。

更具体而言，学校意识到，不仅需要新的发展理念与发展契机来激发团队活力，促进教师、学校的进一步发展；还需要积极响应学生的多样诉求，促进学生综合、全面的发展。尤其在学生发展中，应尊重每一位学生的个性差异，根据学生的个性差异因材施教，让每一位学生都有适合的学习方法，都能不断进步。因此，学校以"解决中学生内驱力不足的问题"为入手点，致力于探究更加优化的课程体系建设，从而促进学生全面而有个性的发展。

此前，北京市宣武外国语实验学校在"悦纳"课程体系建设的实践探索中已经积累了一些经验，希望对中高考改革背景下的教学模式有深入思考，基于课程改革创造性地开展教学管理工作，从而带动学校整体发展。从学校加入"变革领导力提升"项目以来，有由北京师范大学组成的高校专家团队助力，也使学校在理论研究与实践探索方面获得了更加专业的支持；明晰了"悦纳"课程体系建构的总体思路，提出特色的课程品牌建设构想。

二、"双减"契机与"课后服务"项目聚焦

（一）"双减"带来的机遇与挑战

在学校发展建设逐步明晰之时，本次教育改革的"双减"政策更提供了良好的发展契机，同时将改变现有的教育秩序，它是推动学校教育主导权"回归"的机遇。学校领导高度重视这次政策变化，积极响应，在课堂增效、课后服务、作业减负等方面着手进行改进，将其视为推动学校发展建设的难得机遇，希望以此为契机推进课程水平提升、教学质量优化。

"双减"政策落实前，校内外对此讨论不断，家长、学生、教师最为关注的话题之一便是相关"课后服务"的内容。问题出现最多的部分，恰恰是需要解决的重点。学校结合新的"双减"政策背景发挥本校已有的"课程建设"项目优势，明晰了"课后服务课程体系建设"的聚焦点，为学校日后发展提供了方向与探索动力。随即，将"课后服务课程体系建设"列为响应"双减"政策的重点任务之一。学校着手制定新方案，致力于不断完善学校课程体系建设，提升课后服务水平，从而满足不同学生的学习需求，获得家长的信任和支持。

新变化往往伴随着挑战，在项目筹备期间，学校也面临着诸多具体问题。从家长与学生的角度而言，大部分问题集中在对于放学延迟、课外课程取消的焦虑。在部分学生眼中，这是简单推后了放学时间，在学校上自习课写作业；另一部分学生担心加课、加作业增加学习的负担。担心课外课程取消后孩子成绩下滑是家长关注的问题。此前，校外培训机构把本该为学生提供个性化选择的补课班、兴趣班发展为"全民培训"，而"双减"政策是要减轻学生、家长校外培训的负担。但面对这一政策，一些家长担心学生"补课"的需求得不到满足，甚至认为延长在校时间不仅挤占了学生的自由时间，而且对于课外补课还需要提高成本另找"家教"。因此，有效缓解学生和家长担心"双减""不减反加"的焦虑情绪，做好校内"课后服务"课程体系建设，填补校外培训撤出后的需求真空，成为当务之急。

从学校和教师的实际角度看，"双减"政策延伸出的课后服务需要学校额外投入大量配套的师资力量和硬件资源，同时对于如何制定优质的课后活动方案也缺少符合实际的案例和经验作为借鉴。同时，教师们对于课后服务的新要求不甚清晰，一方面要面对家长焦虑地问询甚至是质疑，另一方面要平衡和协调自身工作和生活的时间，因此教师们

也迫切希望了解学校如何安排工作时间、课程形式等。

为了更好地掌握情况,在筹备具体工作的过程中,学校项目组进行了大量的前期准备。首先,有计划、有针对性地对学校远景目标及实际情况、学生现状与意愿、师资力量及课程构想等进行了具体评估。在短时间内完成了大量问卷调研、数据统计、统筹规划工作,在评估学校情况和学生情况、预估困难与问题的基础上,提出实践方案。

(二)"课后服务课程体系建设"筹备

1. 调研学生情况

本着"以学生为中心"的原则,符合学生需求是课程开展的根本,学校通过问卷调查的形式对学情进行了整体评估,充分了解了学生对课程内容的诉求、对课程形式的建议。调查显示,在课程内容上,有大约三分之二的学生希望课后服务开展一些能够巩固学科基础、夯实学科知识技能、完成学科作业、提高自主学习效率、满足个人兴趣、发展个人兴趣爱好的活动,可见大部分同学以对学科知识的需求为基础核心需要。有大约二分之一的学生希望课后服务开展的是解答学科同步问题、强化学科能力、提升学科核心素养的活动,希望能够更进一步地发展个人的学科核心素养,以便于更好地学习、掌握学科知识。

在课后服务的频次和时间上,选择1~2次、2~3次、3~5次的人数占比均约占总人数的三分之一。有80%的同学倾向于选择40分钟至1小时的课后服务时间,基本与正式课堂的时间相近。

在课程的具体实施层面,有37.75%的学生倾向于选择以自己的兴趣为基准灵活开展课后服务的组织形式,有24.94%的学生倾向于以班级为单位开展课后服务的组织形式,有23.62%的学生更倾向于以年级为单位选课走班的组织形式,也有13.25%的学生选择以成绩为标准开展分层活动。

在课程评价方面,约六成学生选择不排名,四成学生选择按照等级或名次排名;约八成学生支持不开展评价或开展过程性评价,两成学生选择终结性评价。

在具体教学层面,有43.71%的学生选择以班级授课为主,小组合作辅导为辅;有37.53%的学生选择以小组合作探究为主,老师给予适当的帮助。这说明接近八成的学生是希望自己在课后服务的过程中能够有集体归属感,能够适当地得到老师的鼓励与支持,仅有两成的学生希望进行完全独立自主的小组合作学习或独自开展个人学习。有52.32%的学生更期待由班主任或本年级课任教师组织开展课后服务,有24.72%的学生更期待由校外专家或学者组织开展课后服务,此外,还有15.23%的学生更期待由校外大学生社团组织开展课后服务,6.62%的学生更期待由其他年级教师组织开展课后服务。

2. 教师筹备情况

学校教师的大力支持加速推进了"课后服务课程体系建设"项目的发展进程。在2021年暑期,学校紧锣密鼓地面向全体教师开展了项目征集工作,下发了《北京市宣武外国语实验学校特色活动类校本课程申报通知》。通知中,学校就课程类别、申报方式、实施办法以及保障措施等内容进行了详细说明。通过下发具体明确的教学安排表格,学校能够提前了解教师将要开展的18次课程大纲,不仅能够大致知晓课程的教学内容,适当对内容提出建议,还能提早规划,合理安排课程的时间、场地、规模等,促进课程的快速落实与顺利开展。通知一经下发便引起了教师团队的积极响应与踊跃思考,在整个暑假的动员过程中,教师们或以个人形式,或以教研组形式,纷纷对特色校本课程的实施展开讨论,建言献策。经了解,在课程的准备阶段,教师们多以团队协作为主要形式开展确定选题、制定方案、搜集素材、整合资源等工作,做到了井然有序、有条不紊。最终,学校总计申报特色活动类校本课程15门,涉及40名教师,其中包含区级学科带头人2名、区级骨干教师6名。课程类别丰富多样,包含文学、数学、外语、科技、劳技、美术、体育等,全面贴合"五育并举"的教育理念,力图推进学生综合素质的培养。

通过系统的调查,学校初步确定了课后服务项目开展的总体思路及原则,经过多次调整优化,形成了适合学校发展的课程体系。下面将详细介绍项目开展的情况。

第三节　校本项目开展情况

学校课后服务课程体系由刚开始的1.0版,逐渐发展为2.0版、3.0版、4.0版,一年时间共经历了三次优化,到著述本书时为止,达到了较为理想的状态。

一、初步开展期

在需求分析与诊断阶段,通过收集学生的调研访谈和教师的积极回应,学校基本确定了课后服务课程体系建设1.0版。该版本主要参考了专家的指导意见及教师课程申报的情况,从提升学生综合素质的角度出发,有凸显个性化、注重多元化的特点。除学科类课程外,课程安排还包括体能训练系列课程和德育主题教育课程等。周一主要是校本活动课,如"阅读经典名著　领悟作品韵味""英文电影文化之旅及趣配音""生活中的地理""历史微阅读"等(表5-1),学生通过平台进行选课,结合个人需求走班上课;周二、周三、周四主要是以行政班为单位组织学生进行答疑辅导,聚焦学科本质,引导学生学会学习,培养学生自主学习的能力;周五学生整体进行体能训练和德育教育(表5-2)。课后服务课程体系建设1.0版的开展取得了初步的成功,做到了课程有序开展、学生积极参与、总体反馈良好,基本符合学生和家长的预期。

表 5-1 课后服务课程体系建设 1.0 版：周一课后服务课程安排

教室门牌号	课程名称	教师	当前教室名称	上课容纳学生数
203	阅读经典名著 领悟作品韵味	王建军、宋亚琴、胡玉涛	初一2班	31
205	硬笔书法	袁峰	初一3班	31
207	英文电影文化之旅及趣配音	阮俊霞、刘艳霞	初一4班	31
301	英文电影文化之旅及趣配音	刘雨桐、张凯雯	初一5班	31
303	生活中的地理	时泉森	初一6班	31
	中国民间剪纸艺术	魏红	美术活动室	31
	合唱团	王灏、贾晓婉	大会议室	31
108	历史微阅读	李晓梅、兰萍、刘淑枫、周宁、王雅菲、王维娜	初二1班	36
106	漫步古诗苑 品经典之美	王俊丽、关宏	初二2班	36
104	漫步古诗苑 品经典之美	唐丽、刘爽	初二3班	36
112	尺规作图	徐菱、张春花、刘震	初二4班	36
224	身边的物理	张雪粉	物理实验室	36
	中国民间剪纸艺术	郭莉	美术教室	36

表 5-2 课后服务课程体系建设 1.0 版：周二、三、四、五课后服务课程安排

	周二 16:30—17:30	周三 16:30—17:30	周四 16:30—17:30	周五 15:40—16:30　16:40—17:30
初一年级	答疑辅导	答疑辅导	答疑辅导	体能训练　德育教育
初二年级	答疑辅导	答疑辅导	答疑辅导	德育教育　体能训练

二、探寻期

课后服务课程体系建设1.0版实施一个月后，便进入了探寻期。学校通过听课、走访发现，部分学生参与课后服务的效率不高，尤其是周二到周四的答疑辅导课程，有些学生并没有充分利用时间认真复习或自觉学习，浪费了宝贵的课后时间，于自身来讲几乎毫无所获。这样一来，课后服务的开展与实施就失去了它原本的意义和目的。基于此类情况，学校认真进行了思考与总结，同时展开了学生问卷调研。从对课后服务期待、愿景的调查结果来看：在课程内容上，有大约三分之二的学生希望学校的课后服务开展一些能够巩固学科基础、夯实学科知识技能、完成学科作业、提高自主学习效率、满足个人兴

趣、发展个人兴趣爱好的活动,可见大部分学生以对学科知识的需求为基础核心需要。另外,还有部分学生反映,想要在课后服务课程的选择上拥有更多的自主权,即根据自身不同的需求进行灵活选择。因此,在问卷分析的基础上,学校积极做出调整,并将调整重心放在问题最突出的自主学习课上,将课后服务课程体系建设升级到2.0版,组织学生进行了第二次选课。调整后,在课程设置上,原周一的校本活动课不变(表5-1),原周二、周三、周四的课后服务由原来的行政班答疑辅导,变更为三种课型,分别是分层辅导类课型(包括基础巩固和素养提升)、学科答疑类课型、自主学习类课型(表5-3)。这样一来,在周二到周四的课程上,学生可以选择分层辅导和学科答疑,在老师的带领下更好地巩固知识,消化所学;也可以选择自主学习,合理利用时间,自行分配精力。在此类课程的选择上,结合学生的建议,学校初次尝试给学生更多的选择权,即学生可以结合个人实际需求选择不同学科的不同课型来参加课后辅导,这一版课后服务内容进一步满足了学生对于答疑辅导的个性化需求,使课后服务的对象及内容更加机动,课后服务的针对性更强。学生普遍反映,课后服务课程体系建设2.0版实施后,通过参与更有针对性的学科类辅导课程,自身学业取得了一定进步。同时,他们也体会到了教师不同的教学风格和分享了更多的学习资源,丰富了校园生活。

表5-3 课后服务课程体系建设2.0版:周二、三、四课后服务课程安排

课程名称	指导教师	上课时间	上课地点
基础巩固(数学)	傅鼎璠	星期二第九节	初一1班
基础巩固(语文)	宋雅芹	星期三第九节	初一1班
素养提升(数学)	曲宁	星期二第九节	初一3班
素养提升(语文)	胡玉涛	星期三第九节	初一2班
学科答疑(历史)	王雅菲	星期二第九节	初一5班
学科答疑(生物)	黄九州	星期三第九节	初一3班
自主学习	杨永明	星期四第九节	初一6班

三、转变期

为继续跟进课后服务课程体系建设2.0版本的实施效果,学校时常跟进课堂效果与学生意见的反馈情况,项目逐步进入了转变期。通过听课和与年级组、班主任教师及任课教师等进行面对面沟通,学校发现部分学生对于自身学习的情况了解不透彻、定位不准确,所选课程与自身实际情况并不匹配,课程的针对性没有达到预期成效,一定程度上降低了学习效果。另外,经调查,部分学生反馈系统选课不确定性较大,不能确保一定能选到最心仪的课程,即目前已选课程并非自己的"第一志愿",因此积极性不高。基于此,

学校继续调整,在原有校本活动课不变的基础上(表 5-1、表 5-3),对比课后服务课程体系建设 2.0 版选课流程(图 5-1)的科学性和针对性,推出了课后服务课程体系建设 3.0 版(图 5-2),进一步优化了选课流程,即在学生开启选课之前,教师会根据学生该学科的学习情况提前给出选课建议,使学生能够在教师的辅助下正视自身学科的学习水平,正确做出选课判断,真正在课后服务过程中受益。为确保给出建议的合理性和可行性,学校组织年级组长、备课组长、班主任一起开会,各个班级的任课教师与备课组长、班主任进行沟通,针对学生的学情给出适合不同类型课程的学生名单。最终名单上交课程中心和班主任,班主任再根据名单点对点给学生提出选课建议,并通过下发家长信的方式供家长参考,合理进行选课。虽然最终的选择权仍然在学生和家长手里,但是学校相信专业的建议以及教师对学情的准确把握能够对学生有益,最终也确实做到了帮助学生在选课过程中不茫然、不盲目、不扎堆,在使更多学生选到心仪课程的同时帮助他们朝着更适合自己的道路发展。因此,第三轮的选课从结果上看,由于加入了教师更细致专业的建议,学生的实际情况与相应课型的匹配度更高、针对性更强,对学生更有益处。

图 5-1 课后服务课程体系建设 2.0 版选课流程

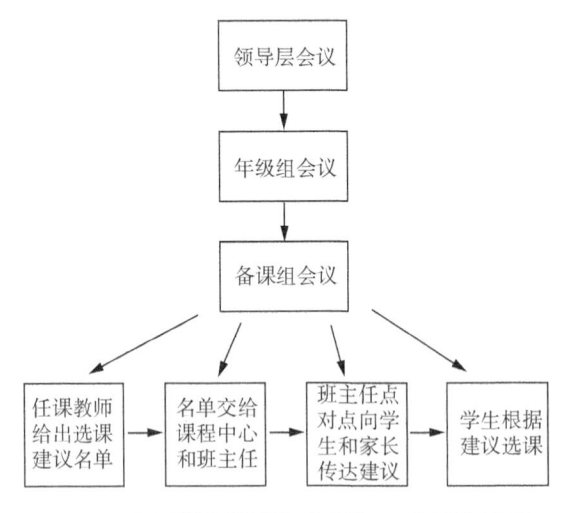

图 5-2 课后服务课程体系建设 3.0 版选课流程

四、初步成熟期

从实施结果来看,课后服务课程体系建设 3.0 版虽较以前版本更稳定、更健全,但学校并不满足于当下的成果,力图继续推进课后服务调整与改革,将此项工作做到更好,不断向成熟期迈进。因此,课后服务课程体系建设 3.0 版实施一段时间后,为深入优化现有体系,学校召开了专题会议,以访谈的形式进一步征求学生对课后服务的看法,挖掘学生更加具体的需求。为更切实地掌握课后服务课程体系建设开展以来学生的感受、收获,方便参考借鉴、总结提升,学校在采访过程中对学生提出了以下问题:在课后服务活动的开展过程中,你所接触到的教师们都提供了哪些较传统课程而言你没有接触到的新资源?课后服务活动较传统课程而言带给了你哪些不一样的感受与体验?根据问卷调查结果,大部分学生希望课后服务活动的开展能够夯实学科基础,提高学科素养。你认为学校开展的课后服务是否达成了这一目标?为什么?学校在之前开展的学生调查工作中收集到了你们对于课后服务开展的建议,那在之后课后服务的落实中有部分采纳你们的建议吗?可以展开说说吗?通过总结,学校了解到,学生对课后服务的看法是:有选择、有兴趣、有提升、有拓展。总的来说,通过课后服务课程的持续开展和不断改革,百分之九十以上的学生能够实现"有自由、有兴趣、有所学、有所获"。另外,学校还了解到,学生对于课后服务的实施还有更明确的需求。在课程形式上,他们希望自身参与性更强,能够自主组织一些课程。在课程内容上,他们希望兼顾兴趣和实用基础,课程更加多样、更贴近生活。由此,学校意识到,在学科类知识需求得以满足的情况下,学生更渴望参与内容更丰富的、形式更多样的"沉浸式"课外活动,更期待与生活息息相关、利于多栖发展的课程与活动。因此,学校汇总了学生的意见与建议,进一步改良了课后服务,在原有周一至周四校本活动课不变的基础上(表5-1、表5-3),进阶到了课后服务课程体系建设4.0版(表5-4),即改变了周五的课后服务形式,将周五所有的课后服务课程调整为体育类、科技类、外语类活动课程,课程时间为每周五15点40分至17点,以期在保持现有学科类活动的优势上,根据学生的兴趣和爱好,开设更多更有意思、更"接地气"的课程。在此过程中,学校也克服了许多困难,解决了许多问题。例如,多元化的活动类课程对于教师自身的综合素质及教学水平要求更高,学校需要充分动员教师思考自身教学领域之外的特长和技能,才能满足此类课程在种类、形式上的多元化要求。通过学校的鼓励、支持,许多教师踊跃报名,尝试将自身技能应用于课堂,传授给学生不一样的知识,积极为实现活动类课堂的多元化贡献力量,如信息技术的教师来教钩针,实验课程的教师来教种植,劳动技术的教师来教书法,等等。除了师资上的困难,学校还面临上课场地、道具配备等问题。面对这种种问题,学校积极协调,尽量满足,即使在不能够完全满足的情况下,仍尽力帮助教师思考变通的方法,为最大限度保证课程的顺利开展做出了努力。学校以学生的体能增长、健康快乐作为课后服务体育领域课程设置的核心目标,通过划分场地、分时轮换、明确内容、有序活动,开发了武术、乒乓球、跳绳、啦啦操和体能训练等丰富多彩的体育类活动课程。为了拓展学习空间,培育学科思想、学科思维与学习方法,学校开设了"手机摄影剪辑入门""电子制作""3D one 三维设计"等多门科技类学科拓展活动课程。为了培养学生的兴趣爱好,满足学生个性化成长需求,学校还开设了英文电影鉴赏的外语类活动课程。以上这些课程涵盖了生活中方方面面的知识与技能,使学生能够将在学科类课堂上学到的理论知识运用到实践中去,尝试将理论与实践相结合,不仅满足了他们对于知识的好奇与渴望,也能帮助他们在"学"与"玩"相结合的过程中锻炼不同维度的能力,做到全面、综合发展。

表 5-4 课后服务课程体系建设 4.0 版:周五课后服务课程安排

课程名称	指导教师	上课时间	上课地点
武 术	张 琳	星期五第八、九节	操场
乒乓球	崔常丰	星期五第八、九节	操场
跳 绳	芦 超	星期五第八、九节	操场
体能训练	尚 楠	星期五第八、九节	操场
3D one 三维设计	陈云鹏	星期五第八、九节	机房
手机摄影剪辑入门	王 昕	星期五第八、九节	科技园地
电子制作	袁 峰	星期五第八、九节	通用教室
啦啦操	平 凡	星期五第八、九节	形体教室
英文电影鉴赏	刘雨桐	星期五第八、九节	110

对于学校而言,在基于现状的充分评估与实践中,也提出了"1+3+N"课后服务课程体系建设的学校校本表达(图 5-3)。"1"指基础课程,学生可以在校内获得与自己学情相符的学科帮助。其中,基础课程又根据学生的实际情况分为学科基础巩固课程、学科答疑辅导课程和完成学科作业的指导(自主学习课程)。"3"指拓展课程,学校课后服务课程安排为每周一为校本特色活动课程,每周二到周四为学科分层辅导课程,每周五为社团活动课程。一周中,学生可以在校内选择三次不同课型的、与自己学情相符的学科拓展提升课程。"N"指素养课程,也称学生需求课程。"N"代表"need",需求。学校每周一和周五下午的课后服务课程均为学生活动课程,以学生的需求为主,既满足学生全面发展需求,又兼顾学生个性发展需求,即课程体系建设面向学生需求,立足学生需求,满足学生需求。

图 5-3 学校校本"1+3+N"课后服务课程体系建设

同时,学校还将更加注重课程建设的水平层级,为学生提供在某一领域内不断发展所需的课程,统筹设计课程的实施形式,倡导学生的深度参与、实践体验。努力实现课后服务课程体系纵向上有梯度,横向上有广度,体系相对完善,学生学有所长,凸显学校特色的目标。

自学校课后服务课程体系建设从1.0版到4.0版的调整与实施以来,学生和家长的需求得到了越来越多的满足,教师开展课后服务的针对性和实效性在逐渐增强,学生通过课后服务也在实现进步和成长。在此过程中,学校领导层的"软实力"也得到了提升,在工作方法上,更加注重以理论为基础,通过问卷、访谈等研究方式收集数据,提高研究的科学性。在实施途径上,更加看重团队发挥的作用,通过合理分工、明确任务使每位成员发挥自身优势,凝聚力量,达成目标。在工作态度上,更加强调相互分享、勤于交流,做到团队内部、团队之间信息畅通,工作效率不断提升。日后,学校将持续优化课后服务的方方面面,更优落实"双减"工作,更快建设优质课程,更好地服务于学生和家长,实现学校、教师、学生、家长之间的多方共赢。

第四节　高校导师角色与互动

在学校开展校本"课后服务课程体系建设"的过程中,不断改进,取得了"从无到有"的成果,这为学校的未来发展提供了重要契机和撬动变革的支点。在这一过程中,高校导师团队的参与十分关键。

高校团队以不同形式对项目进行了全程追踪,与学校的领导、教师,甚至是学生亲切互动,称得上"亦师亦友"。同时,随着项目建设的逐渐完善以及学校自主性的提升,高教团队的角色也有所转变。从最初的引领者、驱动者,到后期更多意义上以分享者、陪伴者的身份继续进行项目的推进和收尾。而在此期间,"变革领导力提升"项目切实帮助学校打破了发展瓶颈,在突破现状的基础上更进一步,以"课后服务课程体系建设"为抓手,提升综合实力,落实学校长远发展规划。

一、引领者

高校导师团队的最初角色以理论"引领者"为主,开展了多次工作坊和主题沙龙活动,利用理论前沿帮助学校进行项目建设和学习。2020年底,以北京师范大学、北京大学教授、博士组成的高校专家团队,西城区教育科学研究院和六所项目校展开了项目启动仪式。此后,诺丁汉大学教育学院教授戴杰思(Christopher Day)、北京师范大学副教授叶菊艳博士、香港教育大学钱海燕博士、北京师范大学廖伟博士等高校导师在首期工作坊中对项目前期相关"领导力提升"的理论依据和模式做出了说明。

在理论学习的同时,高校团队也入校为学校带来了专业的方法论和指导经验,明确了本项目的目标即"在变革领导力的视域下,通过校本课题引领学校教育教学质量的提升,最终带动学生综合发展"。在充分调研学校情况的基础上,高校团队针对学校"课后服务课程体系建设"的实际需求,结合先进前沿的理论成果,设计指导方案。"引领者"的理论并非是空洞、不切实际的,高校团队与学校紧密联系,在传输理论的过程中,也解决了教师们的疑虑与困惑。2021年9月起,北京师范大学"变革领导力提升"项目专家组代表谢萍博士携其团队前往学校开展了访校研讨活动,了解了学校课后服务课程展开的情况,并针对培养目标、课程设计、课堂氛围等提出了相应建议。在项目开展过程中,谢博士还面向学校全体教师开展线上讲座,介绍了课程体系建设与课程领导力的理念与相关内容,并与学校教师们开展了关于此话题的讨论互动。

除前期与学校的紧密联系之外,在项目的每一阶段,高校的工作室团队都会定期开展阶段性小结活动。工作坊活动继续推进项目校与高校团队之间的联系,同时项目校负责人也在沙龙活动中回顾已有成果、介绍量化方法、分享各校的具体案例等。在归纳上一阶段成果的同时,更重要的是对出现的问题进行反思,并调整下一阶段的规划。"引领者"保证了整个项目过程方向正确、进展顺利。同时,谢萍博士还曾在座谈中提到"诤友(critical friends)"这一概念,认为这种"能够一针见血击中问题,并坦率直言"的朋友,是高校团队希望在项目中扮演的角色,即在"领导力"理论的支持下结合学校实际、毫无保留地提出改善现状的建议。

当高校访谈者问,如何看待高校团队与学校的协作关系,以及对课程体系建设的设想是什么时,被访谈的教学校长总结如下:

我们原来认为,各种体系的建设主要是构架的研究,包括整体维度的划分、立体构架的搭建,等等。但在具体研究过程中,我们遇到了很多挑战,在项目组的大力支持和高校团队的理论指导之下,才更加结合实际需求,逐步将研究主题聚焦为"课后服务课程体系建设"研究。希望通过研究能够实现课内课外课程的一体化构建。感谢项目组帮助我们进一步明晰了研究重点,聚焦了研究方向。

(X中学S校长)

本项目主要负责人、教学校长在访谈中的评价,可以说明高校团队在"课后服务课程体系建设"项目聚焦与学校发展目标的结合中起到了重要作用。

二、驱动者

"驱动者"这一角色的形成,在实质上体现着项目进程的推进与项目理解的深化。高校导师团队作为理论工作的钻研者,在理念层面上成为中等教育的"引领者"。但同时,高校导师团队也真正走进了学校,通过前期的访校、座谈等调研工作,对学校师生以及课程体系建设情况都有了较为全面的了解。于是,在"读懂学校"的基础上,将项目的理想目标调整为实践导向,让理论真正在实践中发挥作用,为实践的改进做出努力,成为学校

"课后服务课程体系建设"实践的"驱动者"。

在实际工作过程中,学校校内项目成员在推进项目之外也肩负着教学、行政等众多任务。因此,在项目建设开始时,需要校内成员协调本职工作与项目推进工作。高校团队采用了各种方法,将自身作为"源动力",驱动项目顺利开展。其中,项目组织的工作坊里,香港教育大学的钱海燕副教授介绍的"推、拉、拱"团队经营模式就颇具成效。"推、拉、拱",即在团队发展中,针对不同成员的情况,采取不同方法来刺激其个体主观能动性。用"推""拉"的技巧带动自我发展需求较高、能动性较强的成员,用"拱"的方式克服行动中的惰性。在行动过程中,可以发现,一旦整体中的一环开始行动,会连锁性地带动整个团队提升效能、相互促进,形成良性循环。

"驱动者"的作用不仅仅表现在项目进程的推进中,同时还体现在思维深度的挖掘上。借用教学领域"深度学习"的概念,高校团队对于"深度思考"的强调也给学校"课后服务课程体系建设"项目提供了很多思路。在多次研讨会中或讲座之后的讨论中,谢萍博士都采用过"追问"的方式引导项目组发掘更多表面现象后的本质问题和深层逻辑,并将其运用到课程体系建设的优化中。

这种思维的驱动力,对项目组的成员们影响颇深,在一次访谈中几位项目负责人谈到了这一点。当访谈人询问,高校团队开展的一些活动,如工作坊、访谈等,对工作是否有帮助,以及频繁的互动带来了哪些变化时,主管课程的副主任认为:

团队引导我们用数据、用科学的数据说话,因为数据相对来说比较客观。……我还体会到高校团队一直在推动的是尽可能地发掘一个团队中每个人自身的特点,将其优势发挥到最大化。只有所有的人都参与进来,所有的人都被认可、被发现、被肯定,才能让他们自己的优势不断地展现。

(X 中学 Z 主任)

而同样负责本项目的另一位教学主任则认为,在自身的工作模式和安排中产生了变化。

我以前习惯先"干",过程中出现了问题再想办法解决。这个项目给我印象最深的就是,要先做一个顶层设计,把理论想清楚了,然后再往下推。……除此以外,和兄弟学校进行了很多交流。以往,我们的工作相对比较封闭,自己干自己的,而这个项目很强调组织之间的沟通,这种工作模式给我的触动很大。

(X 中学 H 主任)

三、分享者

高校团队作为"分享者"这一角色贯穿整个项目的始终。而随着学校项目组自身的不断成熟,"分享者"的内涵也变得愈发丰富充实。从项目伊始的单向分享,到后期双方的交流讨论,这背后体现的是高校团队对于学校探究主动性的激发,也正是"领导力变革"的关键因素之一。

最初,高校导师团队的分享主要是在理论指导上的单向分享。根据学校具体的情况,对"课后服务课程体系建设"提供建设思路与实践建议。分享更多的是以书籍、论坛、文章推荐以及专题讲座转录的形式呈现;另一些则是导师团队将已有经验中成功的案例进行分享。高校团队成员毫无保留地将优质资源汇总、共享到学校项目组中,逐步建立了项目的资源资料库。

前期的分享与积累过程的推进缓慢而辛苦,但这些资源的储备加工是十分必要的,只有通过相应的理论积累和案例的分析与思考,才能更加深刻地了解学校面临的项目建设内容是什么,步骤有哪些,会出现何种问题。量变的积累必定引发质变,各位项目组成员参加了一次次会议、讲座,接受学习新理念,参考分析其他学校的案例,这都为后期项目的顺利推进做了铺垫。谢博士也时常提醒项目组的各位老师,虽然有成功案例存在,但切忌照搬,而应是理解其过程之后获得方法上的启发,再转化应用到学校自身的实践中。

正如俗语所说:每人一个苹果,相互交换,那么依旧是每人一个;但每人一个灵感,相互分享便是灵感的汇集,能碰撞出新的火花。后期,学校在开展"课后服务课程体系建设"的实践过程中,高校团队依旧是"分享者"。但结合学校项目组思路的打开和建设的不断成熟,两者的互动逐步成为理想状态下的"双向分享",这就有了"讨论""分享""碰撞"的意味。这也是高校导师团队通过前期准备将校内的"领导力"充分激发的一个关键点。在高校团队的助力之下,学校开始有了自主研究、建设"课程体系"的思路、方法和动力。

当访谈者提到与高校的互动沟通话题,询问高校团队有哪些单独的沟通,以及有哪些印象深刻的内容时,学校德育主任的回答如下:

其实我比较喜欢高校进学校,这样的研究更有底气、更接地气,数据来源更真实。后来谢老师来到学校,说想通过高校的介入,促使学校领导的变革力提升,之后带动整个学校教育教学质量的提升。我记得特别清楚,谢教授特别赞同"悦纳"教育体系。当时我们觉得我们的工作没有白做,高校是同意我们基层这么去做的。

(X中学S主任)

同时,S主任还谈到了要将教育理念体现在课后服务课程体系建设里,阐释了教育理念的内涵:

什么样的孩子应该有什么样的教育,这个课程的特点就是因地制宜。我曾经在做学生生涯规划工作的时候,利用学校心理学的一系列内容,来给学生做评估,高中的学生做完之后,没有发现那种研究型的孩子,基本是服务类型的。这样的孩子较难把他培养成高端的创新型人才,但如果发挥他的特长,他可能会做得更出彩。

(X中学S主任)

在与高校团队共同完成项目的过程中,学校的反馈、分享高校也都有所回应,这样的良性讨论使学校对孩子的每一点付出,都被容纳与优化了,德育主任对此深有感触。

四、陪伴者

在本项目中,高校团队自始至终是学校最忠实的伙伴和项目组最信赖的"陪伴者",高校团队对学校项目成长的重要影响体现在各个方面。

"陪伴"的内涵并非事无巨细、亲力亲为,而是以更合适的距离、更加高屋建瓴的视角去阶段性地关注整个项目的发展。高校的导师并不是每日都在学校,但高校团队却时刻牵挂着项目的进展与调整。访校、日常沟通、线上沙龙、工作坊研讨会等,每一个关键节点无不体现了高校团队与项目校之间真诚、真实的协作。

同时,在以上活动的过程中,双方团队也都积极参与、相互支持、克服困难,可谓"同甘共苦"。2022年,因疫情原因许多活动只能在线上展开,这为项目组工作的开展增加了难度。但是通过线上问卷、视频讨论等形式,活动的质量并未并受到太多影响。相反,可以利用云平台等设备将项目进程的记录保留得更加清晰。

最重要的是,高校团队的方法论和项目长期的影响力,不仅是当下值得学习借鉴的宝贵财富,也潜移默化地影响了学校未来的发展。俗话说,"授之以鱼,不如授之以渔"。高校团队不仅发挥了自身的资源优势,还将理论方法、实践思路的范式分享给学校,帮助学校建设"领导力提升"的校内团队,提升了自主发展的能力。用"课后服务课程体系建设"的方式既"授之以鱼"又"授之以渔"。不仅充分提高了学校在课程体系建设这一重点领域中的水平,更为学校日后的发展奠定了良好基础。

在访谈中,教务主任谈到了对高校团队与学校发展的关系的理解,以及对项目的建议和期待:

这个合作项目主要是针对领导力提升的。我的期望值是,能否进行一些延期的回访。目前工作坊的培训达到了比较好的培训效果,而远期学校发展的教育愿景,希望高校可以追踪。……希望能够有系统的学习机会,获得更广阔的视野,我们可以借鉴课程体系建设方面做的比较好的省份的学校的做法,甚至参考一些国外的教育模式。

(X中学L主任)

高校的陪伴给了学校很多发展和成长的机遇,项目参与各方也十分希望这一项目在后续会有更深远的回响。

高校团队在这一项目中扮演了引领者、推动者、分享者、陪伴者的多重角色。其间,这些身份定位的转变,恰恰证明了项目在每一阶段的稳步进展,学校"变革领导力——课后服务课程体系建设"项目中,高校团队发挥了重要作用,引导学校不断成长。最初,在"领导力变革"理论方面有高校团队在引领学校,我们是前沿理论的学习者。而后,在"课程体系建设"实践过程中,高校团队驱动学校项目组落实甚至拓展实践行动,用不同方式激发学校研发自主性。同时,高校团队共享给学校丰富的学术资源,在遇到阶段性问题时成为灵感的分享者,促进学校迎难而上解决问题。最后,在学校长远发展的路途上,高校团队将始终是项目校一路同行的陪伴者,学校将最大限度地利用好本项目带来的推理和变革,更科学合理地规划长期发展。

第五节　关键事件变化

高校导师团队对学校有着多方面的影响,在团队建设上、教师发展中起到了至关重要的引导作用,无形中为学校带来了许多变化。

一、"团队越来越和谐　目标越来越一致"

在团队建设上,该项目的学校领导成员通过此项目更加明确了今后的工作思路和行事方法,更注重目的性、规划性、全面性、深刻性,更理解团队分工、合作交流的重要性。

每个人都有优势和短板,让团队中的某一个人高举大旗、发号施令不仅不利于调动成员的积极性,还容易导致工作盲目、效率低下等问题。因此,建设更好的团队需要的是挖掘每个人身上的"宝藏",让适合的人做适合的事。在此项目中,无论是哪个阶段,都需要通过不断的思考与探讨制定较为细致的步骤,这对领导层的决策能力、团队成员的协作能力提出了更高的要求。领导层需要具有大局观,注重整体规划和全面部署,团队成员需要有足够的热情、充分的细心,以及高效的执行力等。项目实施过程中,通过领导者们合理的规划、细致的观察和冷静的分析,所有成员都参与了进来,都收获了一种被认可、被发现、被肯定的感觉,都能够不断展现自身优势,为团队工作更快、更好地献出自己的力量。此次团队合作最大限度地挖掘了每个人的特点、实现了每个人优势的最大化,顺利且高效地完成了工作。在访谈中,当被询当问在项目进行的过程中,有没有察觉到自己的成长或者是其他几位老师的成长时,教学校长说:

参加完这个项目之后,现在做事会有意识地去思考做这件事的目的,我要如何做一个完整的规划,想清楚了再去做。还会去思考这件事可能产生的对其他老师、学生或家长的影响,提前设计后期预案和干预措施。思考问题的全面性、深刻性与以前相比都增强了。另外,成员之间在阐述自己想法的时候,感觉更放得开了,都有自己的一些思考和见解,团队越来越和谐,目标越来越一致。

(X中学S校长)

课程副主任也阐述了在解决问题时自身的出发点以及思路的转变,此外,她还从分工合作、提高效率的方面谈了团队建设的具体收获。

我的成长,简单来说,就是由一开始的上传下达到后来的自主规划。我在学习的过程中不断思考,发现了自己的一些短板和问题,我在以往的工作中相对比较被动,大多数时候充满了热情,但是睿智不够,还需要更多的规划和思考。

此外,我还会考虑什么事情是比较适合我去做的,一个团队做事情是要有分工的,而不是说某一个同事、某一位领导很能干，工作就都由他来做，每个人都要充分发挥自己的优势。

（X中学Z主任）

这种转变不仅在项目内的团队分工中有所体现，在项目外的团队分工中，一位老师曾说："感觉这几次分工合作任务的目的性更明确了，思路更开阔了，做起工作来游刃有余，多了很多灵活变通的方法。通过不断地开会讨论，每个人在每个阶段都有自己确定的任务，任务之间既独立又有联系，执行的过程中，能随时提出思考或想法，与队内成员磨合商讨，切实体会到这是团队合作，需要每个人的努力共同铸就，并非仅凭一己之力就能完成的。"此项目的开展与实施不仅帮助领导层提升了自身的"软实力"，能够在活动领导与开展中做到全面考量、整体规划，也使教师团队的合作能力得到了训练，执行能力得到了提升，在日常的教育教学活动中，更能够潜心钻研、通力合作、精益求精，达到更理想的工作状态，实现更崇高的自我价值。

二、"我们改进了评教评学的方式"

在工作方法上，此项目凸显了科学数据在工作开展中的客观性和重要性。以往学校的工作开展不常结合学生的访谈或问卷，学生的参与度不高，工作的客观性不足。通过此次项目，学校更多地采用了问卷调查、面对面访谈等形式开展工作，问卷调查可收集较为客观的数据，面对面访谈可了解更为感性的观点。这样一来，不仅能够在宏观上做到有据可依，还能够在微观上做到细致入微，全面提升工作的质量和效率。在日常工作中，基于数据、科学研究的思路也被更加广泛地应用于各类行政管理活动中。例如，在访谈中，一位教学主任提到，例行开展的评教评学活动一改往日常规的纸质问卷形式，采用了线上问卷和线下访谈相结合的方式，增加了参与度，提高了科学性：

前几天学生助理来帮我们做课后服务的调研，我们借助这个调研结果改进了评教评学的方式。每学期期中考试以后，学生要向教师提一些自己的看法。以前我们是给学生发一张表，找个时间让学生填。助理来了以后，我们换了一个角度，以访谈的形式了解学生的想法，之后又改成了发问卷的形式，前几天刚好收集完数据。

（X中学H主任）

参与调查的同学们表示，他们很乐意参与学校的访谈和问卷，这让他们有一种"被重视、被尊重"的感觉，也让他们有了抒发、表达的渠道，因而能更充分地向学校反馈真实想法。访谈、问卷等研究方法为学校工作的开展提供了更严谨、更科学的思路，不仅使领导层和教师团队收获了更丰富的工作方法，也在一定程度上优化了工作流程，提高了工作效率，为日后的工作提供了借鉴。

三、"在探索的过程当中一定是有收获的"

在探索路径上，不要在任务实施前先思考何为正确、如何解决，也不要苛求一开始就按照既定的、正确的路线进行，而应该先思考任务背后的原因是什么、指导思想是什么，然后在边做边探索的过程中不断调整，逐步完善，在实施中保持开放与灵活的态度，给予自身试错和调试的机会。例如，在课后服务项目开展初期，学校并不知道什么是最好的版本，也不确定学生的具体诉求，更不清楚过程中可能会遇到的种种困难。但是，摸着石头过河，学校还是顺利地将项目开展了起来，推出了课后服务课程体系建设1.0版本。通过后期不断地调查、研讨、磨合，2.0版本、3.0版本甚至4.0版本的推出都见证了学校一轮又一轮的尝试，一次又一次的探索。在访谈中，当被问到在这个项目中所体会到的一些感受，或者是所学习到的一些东西，有没有影响到周围的同事时，主管课程的副主任就工作中进行尝试与探索的重要性展开了分享。

> 对于周围人的影响是，我在跟同事沟通的时候，鼓励他们对于这件事情先想它背后的原因是什么；如果是要解决问题的话，先不要想这件事情怎么解决，什么是对的，一定要按照对的方法去做，其实在这个过程当中，第一次采用的方法可能不对，但如果指导思想是对的，那么我们在探索的过程当中一定会有收获。
>
> （X中学Z主任）

"我要好好安排一下我的课后服务课程""终于有我最爱的社团课程了""感觉这门课程挺有意思的"……在课后服务不断升级的过程中，学生们的这些"肺腑之言"时常能够在学校走廊里被听到，这说明，虽然探索的道路复杂且漫长，但最终，学校不仅收获了更为完善的课后服务课程体系，还收获了学生对于课后服务工作的肯定，真正达到了"以人为本"的目的。通过此项目，学校对日后的工作开展将抱着更开放的态度和更无畏的精神，勇敢的尝试和持续的探索才能够不断创造惊喜，将工作成果推向一个又一个顶峰。

四、"我们之间是一个合作交流的伙伴关系"

在工作态度上，资源共享是提高工作效率、加速共同成长的重要渠道之一。学习一样东西的时候，不要独自低头去学，一定要时不时抬起头来，把自己学习的成果与大家分享、交流。每个人感悟的层次是不一样的，理解的广度也是不一样的，偶尔聊一聊、谈一谈，交流一下遇到的困惑，不仅能够清楚地知道自己是否真正学明白了，还能够聆听他人不同的想法，碰撞出意外的思维火花。此项目开展前，关于理论的部分大家都不太熟悉，但是通过不断的自我学习和互助学习，每个人都能在讨论与分享中提出不同的见解，表达新颖的看法，这样每当遇到棘手的问题时，一种观点就能演变成几个甚至十几个观点，在观点与观点的碰撞中，总能锁定恰当的思路，找到解决问题的办法。

为助力课后服务项目的开展与实施，项目合作的高校团队提供了相应的专家讲座，内容包括概念解析、理论指导、论文架构指导等。这种与学术界系统地、全面地沟通是必不可少的，也是颇为重要的。以往与高校团队的交流不多，相互之间不够了解，多为高校的教师到校进行一次性的指导与点拨，频度不高，时间不长。这些指导不一定有效，即使有效，由于缺乏后续跟进和反馈，学校的后期工作难以得到系统、全面、持续、有效的建议与指导。而此项目从开展前到结束后，全程都有固定的高校教师给予引导和反馈、评价和建议，能够从始至终跟进团队新鲜的想法、开展的阶段、面临的困难、实施的情况等，在各个时期提供帮助和指引，使得工作很快找到了大方向，更快更好地进行。关于此项目中高校团队提供的交流机会和经验指导，教务主任曾在访谈中说：

我觉得印象比较深的和对我来说辅助和帮助比较大的是我们去年9月份的时候在研修学院的分享交流。在西城研修学院召开的为期三天的会议效果还是非常好的，有六个工作组，六个学校，包括咱们高校、研修相关部门参加。我们确实从理论上得到了一些提升，然后在实践中互相交流和沟通，再进行落实，我们确实也能有抓手。

(X 中学 L 主任)

当访谈中问到，如何看待项目校和学生助理的关系时，德育主任则对双方之间紧密合作、随时分享的关系表示赞许，她说：

我觉得很好，我们之间是一个合作交流的伙伴关系。我们需要一些更专业的指导，他们可以提供；他们需要一些基层的材料，我们也可以提供。其实就是通过合作交流，达到这个项目的目的以及我们所要的变化。

(X 中学 S 主任)

不仅是项目团队，"合作交流"的氛围也影响了学校整个教师队伍。一位教师说："以前总觉得工作分配给我了，就不好意思麻烦别人，自己闷头干完。现在觉得如果不和别人讨论讨论，就感觉少了点什么，思路不够开阔。"此项目中与高校的沟通交流不仅给学校的工作带来了支撑，指明了方向，也让学校教师明确了日后与学术界交流时应保有的态度、应秉持的精神和应怀揣的期待，这样才能更高效地完成工作，更快速地提升自我。

总的来说，此项目无论是从思路上、结构上，还是从内容上、方法上，都给学校带来了极大的收获与启发，为日后的学术活动提供了很好的方向与借鉴。此外，项目成员在精神与态度上的历练与提升也尤为明显。分享与交流的意义和作用在整个项目过程中持续凸显，不仅团队工作受益于此，团队成员也在这个过程中丰富了头脑、开阔了思路，为日后的工作积攒了力量，静待厚积薄发。关于团队协作，每个人都在不断地协商与调整中发挥自身优势，在为团队服务与奉献的同时充实了自我，实现了成长。

第六节 变革的可持续性

"变革领导力提升"项目通过校本探究"课后服务课程体系建设"的具体实践,对学校管理团队的领导力提升、教师团队的课程建设、激发学生全面发展等多方面都产生了重要影响。学校积极总结课程体系建设的经验,在"课后服务课程体系建设"项目中提取普适性、代表性的可持续变革要素以应对日后的挑战,同时为其他有需求的学校提供参考。

一、经验主义转向循证探究(Evidence-Based Inquiry)[1]

教育工作者在一线工作之后的积累往往是由经验指导的,而高校专家的参与增加了科学理论知识的支撑。同时,学校领导团队通过本次"变革领导力提升"项目的磨合与建设,完善了行政流程与模式,将自上而下的经验主义转变为循证探究模式。教育实践应基于现有的最佳的科学证据,而不是传统、经验主义或其他的影响,这是对学校发展有深远持久影响的部分。

(一)"双减"带来的机遇与挑战

学校领导团队积极转变原有的形式流程,采用探究的方式摸索更适合学校的"课后服务课程体系建设"模式。原先学校在统筹布置工作任务时,常常因为原有的行事规程、任务紧急性等因素的限制,在决策时往往采用领导层内部讨论的方式。但这样一来就打击了教师的积极性,并且对于学生的需求针对性也相对较小。在高校团队的指导下,学校改进了方式,用更多的实践和调研,更充分地发挥好、挖掘好学校已有的资源潜力。在本次课后服务课程体系建设之中,领导层积极参与了各方的调研沟通,并具体分析了教师、学生、家长的想法和诉求。于是,在课程内容拓展与后期调整中获得了十分喜人的变化,教师们的课程建设热情提升,学生的满意度提升。这些都与前期的课程体系建设架构和具体实施过程中的行事方法改进息息相关。

在激励、发挥学校成员重要潜能的过程中,更多教师参与到对"课程体系建设"的讨论中。学校新增加了外语特色课程、学科知识拓展课程以及更多小语种课程,教师们在学校总体规划的范围中,集思广益、发挥潜能与自身专业优势,甚至是个人特长,将潜能激发服务于课程建设、回归学校发展。这就实现了学校利益与教师个人优势的协调统一。帮助每一位教师都找到自身定位,更好地发挥教育热情与专业价值。

高校团队指导学校抛开固有的经验主义,用循证探究的方式摸索更加符合实际并且与时俱进的理论。以"课后服务课程体系建设"为例,不论是在前期对学生需求和教师效

---

[1] 麦克米伦,舒马赫.教育研究——基于实证的探究(第7版)[M].曾天山,译.北京:教育科学出版社,2013.

能的调研中,或是在后续对课程进行反思改进的过程中,高校团队都十分重视对数据的采集、分析,同时结合国内外对课后服务的相关研究,进行课程设计指导。用循证探究的科学证据来开展课程建设,以更加上位的理论总结来指导课程体系建设实践,才能在未来发展中设计出前沿的、适合学生需求与学校实际情况的课程。

(二) 教师探究课程新思路

教师工作是实践性较强的工作,以往学校在教师团队建设、自身发展的过程中更重视经验的传授。比如,为新教师安排专任的"师父",引导青年教师快速成长。经验的重要性不容小视,重视经验也无可厚非,这是最为高效的发展途径之一。教学经验的介绍、教师间相互研讨听课、班主任教育工作的分享等,都是经验的交流,这些也早已成为学校教师的日常。学校教师们对于教育教学理论也有所学习,但受工作强度和工作时间的限制,基本上是通过阅读已有的经典书籍,学习新课改、新课标之下的理论。浅层的理论学习主要目的是为了服务和指导实践,解决实践中遇到的问题,而较少有机会去创新和挖掘新的课程开展模式。

而课后服务课程在很多方面都有别于教师们所熟悉的传统课堂。在传统课堂中,有课程标准、教材、教学参考书等一系列的教学参考依据,每一课的教学目标、课程内容、重难点都十分清晰,教师也能娴熟掌握教学方法。但在"课后服务课程"中,既定的要求较为抽象,坚持立德树人,主要以培养学生综合能力和素质为目标,这给了教师们自由设计的空间,但也增加了难度。因此,这就需要承担"课后服务课程"的教师们不仅仅是课程的"讲授者",更充当了教学目标制定者、课程内容设计者与教材内容编写者等多重角色。这一定程度上增加了教师们的工作难度,但正与学校参与的"变革领导力提升"项目的目标不谋而合,借"建设课后服务课程体系"的契机深化了教师对课程的理解,将自身角色从"教师"向"教育者"转变,通过现实需求、科学的数据设计更加高质量的课后服务课程。

虽然"课后服务"的概念较为陌生,但面对这一挑战学校也积极发挥自身的优势。学校拥有良好的教研氛围与合作环境,正如在课程的申报中超半数的课程都为"集体申报",各备课组中有经验丰富的老教师,也有思维活跃、充满创新意识的年轻教师。在校领导的重视下,学科教研组、备课组的合作交流过程中,课后服务课程体系建设不断得到完善。加之与年级组和班主任老师们的沟通,老师们对学生基础与需求的掌握也越来越明确。这真正发挥了学校作为一个通力合作的团队的整体力量,激发了学校的办学活力,也是"变革领导力提升"项目所追求的目标。

二、注重学生的实际需求和教师的潜能激发

在学校的"变革领导力——课后服务课程体系建设"项目中,学生主体地位的凸显也是关键变革之一,是课程建设的重要抓手。"课后服务课程体系建设"更针对学生需求,体现学生本位。课程主要根据学生需求、教师专长、家长诉求等进行设计,在学校领导团队的策划后,与学校现有客观能力相结合进行提升、解决、磨合,将结果最优化。

具体而言，每项"课后服务"课程设计的过程中，基本上都需要明确课程目标并遵循一些体现课程特色的原则。首先，比起内容更重要的是确立课程目标。教师要明确课程开展的目的，即"期望把学生带到哪里？"并站在学生的角度陈述学习后的变化，努力使这种变化可检测、可观察。其次，结合学生的期待与"课后服务"培养特点，制定设计原则。遵循"因材施教"原则，为每位学生提供最适合的课后服务活动，针对不同性别、年级的学生的期待，采取一定范围内的"走班"制度。遵循"减负增效"原则，注意课后服务活动的活动性、开放性，注重培养能力与核心素养，尽量在运用的过程中去激发学习兴趣，而非像传统课堂那样进行讲授并布置额外练习作业；准确地找到学生的兴趣点，并让学生有所收获。将"学科主线，培养能力"作为重点，要避免出现流于形式化、轻视基础知识学习的现象，课后服务总体的育人目标应与学校的培养目标、学校课程目标是一致的。

在"课后服务课程"预设的问题中，最初担心的学生有抵触情绪这一情况并不严重，在年级组和班主任老师的动员下，学生根据兴趣选择了相应的课程，也得到了家长的配合。在进行课后服务首次课的课程介绍时，学生们了解了新课程的内容并对活动课表现出了兴趣。初始阶段，在任课教师精心准备的课程活动中，大部分学生较好地适应了课后服务时间、课堂形式的变化。即使是在上了一整天的课之后，只要有兴趣，一小时的课程也能让学生提起精神。

同时，课题组的老师们会在每次课后服务课后，将教案、课程反思与组内老师讨论改进，并且分析学生反馈（如课堂表现、活动完成情况、学案使用等），将每节活动课中的各部分节奏安排得更加合理有序，有思维活跃期也有思维缓冲期。甚至针对学生个体也有一些个性化的评价和激励方式，如鼓励积极踊跃的学生，交给他们更有挑战性的任务，以调动其他积极性较低的学生的情绪。

各个课后服务课程设计小组的老师们分工合作，在满足学生需求的基础上进行优化调整。如"英文电影文化之旅及趣配音"课程备课组，精心挑选了多个电影素材，在一次次的讨论会中做出取舍，让学生有所收获，在专业知识与对学科的兴趣上都有所提高，更是加强了学生的自主学习能力以及传统课堂容易忽视的口语表达能力。"历史微阅读"课程更体现了培养学生阅读能力和历史学科核心素养培养的目标，历史组教师们共同备课，共享教学资源与素材，利用《历史阅读报纸》中选取的材料以及高中对应知识的拓展，通过地图、时间轴、数据、古文等不同形式的史料，提升学生提取历史信息、全面得出历史解释的能力。数学课后服务小组的"尺规作图"课也将数学课中学生们最感兴趣的、最有互动性的部分提炼出来，在体现动手性和趣味性的同时帮助学生复习巩固所学。以兴趣为最好的老师，将数学变得更加有趣。

"学校领导团队战略与统筹"的方式让项目得以顺利开展。最初的课程体系建设由学校推动，但在形式方法上要注重结合学生需求和教师潜力的实际出发。教师团队在激发个人能力和主观能动性之后，结合学生需求与学校安排进行课程的开发与创新建设，满足自身发展和学校发展的共同需求。学生在多样的适合自身的课程中找到兴趣激发更进一步的需求，反推课程建设成为最终的可持续动力，形成良性循环。这样一来就不会陷入"自我设限"的所谓"高效"与"统筹"安排的陷阱之中,真正将学校发展与教师潜能激发联系起来。最重要的是,这些变化的最终受益者是参与学校课程的学生;同时,学生也是变革可持续性的重要保障和反作用影响力,学生的兴趣提升和自身发展需求始终是推动学校继续发展的重要源动力。因此,项目的成果不是结束,而是可持续发展的开始。

本项目解决了学校提升学校教育教学质量、打造学校特色品牌的发展需求,建设了较为丰富的"课后服务课程体系",其中的经验值得推广到更丰富的"课程体系"建设中去。不仅对本次学校在"变革领导力提升"项目中的成果进行了聚焦,"课程体系"这一模式在学校的实践中不断完善,成为推动学校其他课程建设的重要范式。而且形成了较为成熟的模式,适应学校的情况、学生的情况等,将在日后的校本课程建设、常规课程建设中都发挥出重要作用。

"变革领导力提升"项目实践已经给学校带来了"课后服务课程体系建设"的优质成果,并形成了关键步骤的范式。模式提炼的背后更加重要的是需要领导团队从经验主义向循证探究工作方式的转变,教师潜力的激发与其专业素养和能力的提升、支持。同时,坚持将国家教育改革理念、学校长远育人目标与学生的实际需求相结合,也是课程建设和学校发展的重中之重。因此,本项目带给学校的不论是工作模式的变革,或是在团队中激发潜能、提质增效、有机协调各主体等方面都有深远影响。对于学校的未来发展而言,"变革领导力提升"项目是一粒种子,它在学校已经生根发芽,日后学校会更加精心浇灌,以此助力学校的进一步成长,悄然有效的持续"变革"。

第六章

依托项目研究 拓宽特色发展路径

第一节　新时期民族学校特色发展之路的探寻

一、民族学校特色发展的新时代背景

（一）推进基础教育改革发展的新时代遵循

党的十八大以来，我们国家进入中国特色社会主义新时代，以习近平同志为核心的党中央高度重视教育事业在坚持和发展中国特色社会主义战略全局中的地位和作用，高度重视培养社会主义建设者和接班人工作。2014 年 4 月，教育部颁发了《关于全面深化课程改革　落实立德树人根本任务的意见》，指出要充分认识全面深化课程改革、落实立德树人根本任务的重要性和紧迫性，准确把握全面深化课程改革的总体要求，着力推进关键领域和主要环节改革，充分发挥课程在人才培养中的核心作用，进一步提升综合育人水平，更好地促进学校学生全面发展、健康成长。从 2017 年开始，北京正式进入新一轮的教育综合改革，以课程改革为核心的基础教育综合改革拉开帷幕，本次改革是国家新时期全面深化改革的重要组成，是时代发展对教育提出的最强音，是立德树人根本任务的具体要求。2018 年 9 月，党中央召开新时代第一次全国教育大会，习近平总书记强调了关于教育事业发展的"九个坚持"。习近平总书记关于教育的重要论述立足于世界发展大势和国家发展全局，着眼于中华民族伟大复兴的中国梦，聚焦于培养什么人、怎样培养人、为谁培养人的根本问题，为中国特色社会主义教育事业指明了前进方向，为新时代教育改革的发展提供了根本遵循。

（二）深化民族团结进步教育的新时代要求

我国是一个统一的多民族国家，"祖国统一是各族人民的最高利益，民族团结是祖国统一的重要保证"。党的十九大报告明确指出："全面贯彻党的民族政策，深化民族团结

进步教育,铸牢中华民族共同体意识,加强各民族交往交流交融,促进各民族像石榴籽一样紧紧抱在一起,共同团结奋斗、共同繁荣发展。"2019 年,中共中央办公厅、国务院办公厅印发了《关于全面深入持久开展民族团结进步创建工作铸牢中华民族共同体意识的意见》,指出民族团结进步创建要做到"五个坚持"。2020 年 1 月 19 日,习近平总书记在云南腾冲考察时,站在党和国家事业发展全局的高度,着眼国家和民族地区的长治久安,战略性地提出了青少年要成为"党和国家事业的接班人、民族团结进步事业的接班人"的重要思想。

习近平总书记关于民族工作的重要论述以及系列国家民族教育政策、文件为新时代做好民族团结进步教育工作指明了方向目标,提出了理论和实践的新要求,开辟了民族团结进步教育的新时代格局。在具有基础地位的中小学教育中,创设"深化民族团结进步教育,铸牢中华民族共同体意识"的学校教育场域,培养和造就合格的"两个接班人",助力实现中华民族伟大复兴,理应成为新时代基础教育的实践选择。

(三)创建高质量特色发展良好教育生态的新时代追寻

"问渠那得清如许?为有源头活水来。"学校不仅是客观的物质存在,更是一种精神和文化存在,学校文化是彰显学校特色、推动学校持续发展、体现文化育人自觉的不竭源泉。

北京市回民学校是一所具有悠久的历史传统和丰厚文化积淀的民族特色学校,在近百年的传承、创新、发展中形成了独有的办学品质。学校始终牢记党和人民赋予的育人使命,全面深入贯彻党的教育方针,在对民族团结进步教育的实践探索中,形成了多元一体文化视域下的"融·和"特色文化理念。

新时代教育综合改革的深化与民族团结进步教育格局的提升为学校尤其是民族学校发展带来机遇和挑战,在"融·和"文化引领下,学校开启了整体性变革转型的新篇章。把握正确的政治方向、探索科学的育人规律,办高质量的民族团结进步教育成为学校新时期发展的主旋律。

在这个变革转型进程中,学校坚持"以文立校、以文育人"的教育信念,演绎文化之韵,铸就品牌之魂。在"融·和"文化理念不断丰富发展的过程中,积极培育包括精神文化、组织文化、课程文化、行为文化、统筹文化在内的特色文化体系,"融·和"理念成为打造学校文化体系的核心引擎(图 6-1)。

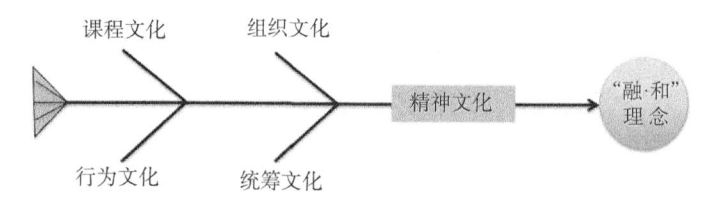

图 6-1 "融·和"特色文化理念

二、"融·和"文化理念的缘起、深化和自我审视

(一) "融·和"文化理念的缘起

中华民族"多元一体"中的"一体"与"多元"既是历史关系也是辩证关系，不可割裂"多元"与"一体"的内在关联性。"多元"是中华民族共同体的特色和优势，"一体"是中华民族共同体的历史和本质。"你中有我、我中有你"，多民族的文化特质共同构成了"各美其美，美人之美，美美与共，天下大同"的格局。正确认识中华民族"多元一体"的文化格局与特色，是深化民族团结进步教育，铸牢中华民族共同体意识，探索民族学校特色发展路径的关键。学校"融·和"文化理念就是在多元一体文化视域下，基于自身特色发展的内在生长，是在民族团结进步教育的探索中逐步形成的。"融·和"文化理念是以社会主义核心价值观教育为根基，以倡导多元一体、平等尊重、兼容并蓄为特色，谋求"共存·共赢·共发展"的学校特色文化理念。

(二) "融·和"文化理念的深化

学校以新时代的教育综合改革为契机，从学校民族团结进步教育的已有基础再出发，借鉴学术领域关于民族团结进步教育的理论成果，进一步勾画出新时代"融·和"式民族团结进步教育模式的基本特征。具体表现为凝聚"闻融儒雅，和衷共济"的学校精神；建构"融释贯通，和而不同"的课程体系；追求"情理共融，和悦入心"的教育风尚；变革"虚实交融，治成相和"的治理模式；形成"多元聚融，和谐共赢"的资源统筹。这五个维度的基本特征，将新时代民族团结进步教育全方位植入学校发展，以期在多元文化的交融中，促进学生全面、主动、和谐发展，奠定学校的可持续发展蓝图。

(三) "融·和"文化理念的自我审视

从"融·和"文化理念的缘起分析，其是深化学校民族团结进步教育的表征载体。倡导"多元"与"一体"的当代价值追求，传达着以爱国主义教育为根基的多元聚融、和谐共赢的办学方向。在长期的办学实践中，"融·和"文化理念已经受到学校师生和社会的广泛认可，对学校的发展起到了重要的推动作用。

从"融·和"文化理念的深化分析，其是学校追求高质量特色发展的内在诉求，标志着学校教育从传统走向现代的变革转型。在"融·和"文化理念的统领下，围绕核心素养导向的课程改革，通过多维度的优化创新，探索"立德与树人"有机统一的育人路径，不断提高学校主动适应变革的能力，实现高质量与特色的并行发展。

由此可以看出，"融·和"文化理念把学校新时代课程改革、民族团结进步教育、学生核心素养发展、教师专业成长紧密环绕在一起，既是交汇之处和动力枢纽，也是旗帜引领和文化灵魂。在"融·和"文化理念统领下的变革实践中，"融·和"文化理念的渗透行动伴随着学校变革的进程。在此过程中，也是对学校文化理念的不断应用与反思，审视学校"融·和"文化理念，作为发挥引领作用的教育哲学，发现其内涵表述还有不足，功能定位还不够清晰，学校宏观愿景与微观实践缺乏内在一致性，应当寻找借鉴相关学术理论

支撑,在实践探索中不断与时俱进、丰富发展。

三、基于课堂教学探寻学校特色发展的行动研究

课堂教学是学校育人的主阵地,也是学校文化建设的关键所在。在教学改革的进程中,如何在课堂教学中科学、有效地渗透学校文化理念成为推进学校教学改革的一大难点。"白日不到处,青春恰自来",当我们在思考如何解决面临的困难之时,恰与西城区教育科学研究院和北京师范大学"变革领导力提升"项目专家团队邂逅并得到专家团队的专业支持。学校成立了包括校长、副校长、教学主任、年级主任在内的学校领导力变革团队,开启了基于问题解决提升教学领导力的智慧之旅。在专家团队的鼓励、支持、启发之下,学校团队成员共同深度研判学校发展现状,一起寻找共同的契合点,不断研究提升领导力的实践载体,最终确定了"'融·和'文化理念渗透进初中课堂教学的行动研究"项目研究主题。

本项目聚焦初中课堂教学,以如何解决"融·和"文化理念的科学渗透为问题导向,从"融·和"文化理念理论论证、"融·和"文化理念的渗透要素内容、"融·和"课堂教学的策略、"融·和"课堂教学的育人方式、"融·和"课堂教学的目标评价等重点维度深入展开行动研究。

第二节 民族特色学校发展的实然发展与应然追求

北京市回民学校位于西城区少数民族聚集的牛街地区,优美的校园环境生动展示着浓郁的文化氛围与民族风格,优良的教学设施彰显着学校悠久的历史积淀和蓬勃的发展生机。学校秉承丰厚的历史文化传统,在传承中发展,在发展中创新,在创新中持续激发办学活力,力求在新时期党的民族团结进步教育事业中充分发挥应有的作用。

一、新时期学校发展中遇到的挑战

2022年3月,教育部印发了《义务教育课程方案(2022年版)》,其中明确指出:"义务教育要在坚定理想信念、厚植爱国主义情怀、加强品德修养、增长知识见识、培养奋斗精神、增强综合素质上下功夫,使学生有理想、有本领、有担当,培养德智体美劳全面发展的社会主义建设者和接班人。"在"双减"背景下,持续深化课程改革的全面推进,必然引发教育生态的重塑,教育发展理念的回归、教育机制的创新,必将促进基础教育领域的深刻变革。根据前期调研发现,新课程改革为学校发展带来机遇的同时面临三大问题挑战。

（一）育人路径面临深度变革

课程是教育思想、教育目标和教育内容的主要载体，集中体现国家意志和社会主义核心价值观，是学校教育教学活动的基本依据，直接影响人才培养质量。为适应新课程改革要求和学校特色发展的需求，学校以核心素养发展为目标导向，对现有课程体系进行不断优化，致力于打造全面育人特色课程体系（图6-2）。

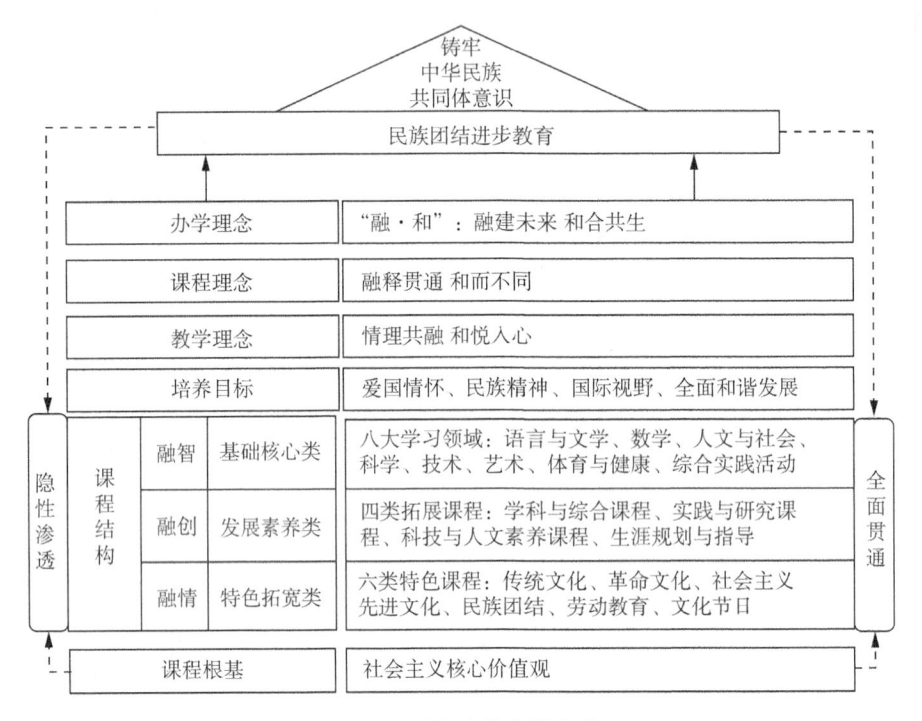

图6-2 全面育人特色课程体系

该课程结构从大课程观的视角，在"融·和"文化理念引领下，使显性课程与隐性课程、学生核心素养发展与民族团结进步教育有机结合，课程设置集融通性、综合性、选择性于一体，解决了实施空间相对狭窄、目标内容割裂、学校特色发展不能凸显等问题，更加重视引领学校课程的育人导向，反映了学校落实"立德树人"根本任务的特色路径。

立足于学校课程建设的现状，实现学科教学向学科育人的转变是落实"立德树人"任务的关键。由理论与实践分析，民族团结进步教育具有隐性教育的基本特征和要求。如何将隐性教育的内在规律抽象化、理论化并由此形成隐性教育课程？如何将"融·和"文化理念倡导的价值观念以潜在的、内隐的、非公开的方式赋予到学校教育活动、实践活动、教育者、学校规章制度以及学校生活等各个方面，使学生不知不觉地在头脑中形成、建构、维持、巩固民族团结的态度、观念以及行为方式？如何重建民族学校特色育人方式，把隐性教育内容有机融入课堂，满足学生核心素养发展？这些问题成为新时期学校发展中面临的首要挑战。

(二)教学领导力亟待提升

课堂教学是师生以课堂为主要活动空间,以教学内容为载体,共同达成教学目标的一种人际活动。课程改革是一项系统的育人工程,其中核心关键是要通过课堂教学有效落实,否则学校课程改革终将难以真正落地。课程改革背景下,学校干部、教师更专注于对核心素养、单元教学设计、学科实践等诸多专业领域的探索,但在教学管理或教学实施过程中,如何施加对人这个要素的影响以促进教学有效、高效的实施往往受到忽视,使推进改革任务受到束缚,实施效果大打折扣。可见,提升干部、教师的教学领导力,对最终达成育人目标有重要影响,教学领导力也应成为专业发展的重要组成。搭建有效的平台,研究并提升不同教育主体的教学领导力,是新时期学校发展面临的又一挑战。

(三)教师专业发展遇到瓶颈

发展至今,学校现有初、高中62个教学班,2 300余名学生(其中住宿学生700余名);教职工241人;专任教师212人,其中高级教师84人,中级教师71人,二级教师57人。学校有区学科带头人、区骨干教师59人,市、区骨干班主任4人,23个民族成分的少数民族师生占师生总数的35.8%。从初中学生的特点来看,初中学段学生处于人生成长的关键阶段,视野开阔,思维活跃,兴趣广泛,活动能力较强,学习基础、学习能力、文化背景、民族传统差异很大,受到多元价值观的影响。从学校初中教师队伍的组成来看,初中阶段教师年龄结构较为合理,教师敬业精神较强,中青年教师发展潜力大,对新课程理念适应性较强,但市、区骨干教师占比相对较少,缺少学科课程建设的领军人物。从新课程教学的实施来看,步入核心素养时代,教师开始了核心素养导向的课堂教学研究,更多的还是习惯于把课程等同于知识、学科、教材,缺乏一种以人的整体素质形象及其生成过程来理解的课程育人观念。教师在单元整体教学设计、课堂教学方式、引领学科实践等专业实施能力方面存在困难。新课程实施的主体是学校教师,立足学校特色发展之根,引领学校教师以学生素养发展为本,建立新课程研究共同体,促进教师专业发展突破瓶颈,真正实现学科教学向学科育人的立场与综合方式的转变,是学校面临的又一大挑战。

二、问题与目标导向的项目行动改进需求

基于以上问题与挑战,在项目初期,学校和高校团队共同确定了学校改进需求。

(一)在问题解决中变革学校教学领导力

有学者将领导力界定为:"领导者在具体情境下吸引和影响跟随者及利益相关者并持续实现群体或组织目标的能力。"在其共性基础之上,教学领导力更有其独特与非凡之处,表现为"教育者借助其行政职位赋予的权力、个人专业能力等,聚焦学校教学活动,引领教师、学生创建共同的价值观念,促进教学活动高效实施的一种影响力"。教学领导力包括干部、教师两个层面,干部教学领导力重在对教师施加影响,教师教学领导力重在对学生施加影响。本项目以学校特色文化理念在课堂教学中的渗透为问题导向,成立了以团队成员为核心、以教师为基础的教学研究共同体,通过转变管理思维、组织方式进一步

改进领导行为、提升领导效能,提升干部、教师的教学领导力。

(二)畅通"融·和"文化理念科学渗透的路径

在新时期学校课程的优化与调整中,学校有目的、有计划地将"融·和"文化理念有机地融入学校育人课程体系的网络中。将三级课程进行有机整合,恰当安排多种多样的课程类型,以社会主义核心价值观教育为根基,以核心素养的培养为重点,探索将"融·和"文化理念所倡导的理想信念、国家认同、责任担当、民族精神、传统文化等融入课程的目标、内容、实施和评价之中,进而增强课程对各个层次教育的适切性,让教育、让学习回归生活,在点点滴滴中培养学生(图6-3)。

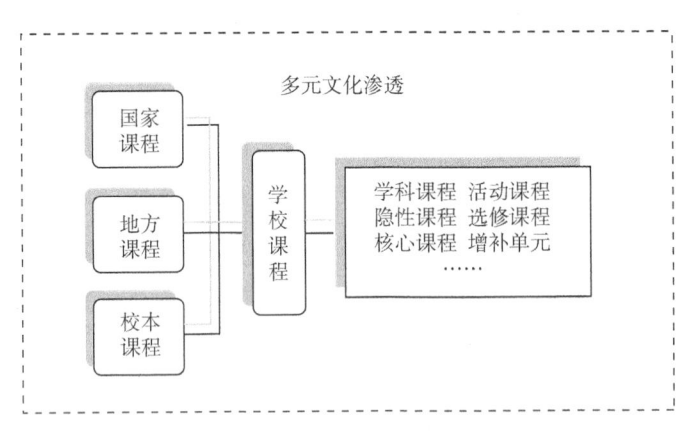

图6-3 "融·和"文化理念渗透路径

"随风潜入夜,润物细无声",文化渗透是润物无声和潜移默化的,也应是与时俱进的、无处不在的、畅通无阻的。在特色育人课程体系建设过程中,"融·和"文化理念引领下的学生核心素养发展、民族团结进步教育彼此交融、彼此辉映。本项目研究基于学校整体课程建设的基础,形成包含学校理念、要素内容、策略方法、教学结构等在内的科学渗透机制模型,在课堂教学中充分挖掘学校隐性课程文化价值,让"融·和"文化理念犹如水利万物一样,时时刻刻渗透进学生的心灵,源源不断地滋润生命健康成长。

(三)在行动研究中持续深化课程教学改革

将"融·和"文化理念所倡导的价值观与中国学生发展核心素养进行了比较研究,学校"融·和"文化理念、学校的特色培养目标与学生发展核心素养具有内在一致性,"融·和"文化理念使核心素养倡导的育人目标更加突出,更加重视必备品格和正确价值观的培养,并赋予"立德树人"的特色内涵,所以说,项目研究本身就是深化课程改革的一种校本表达。

(四)在创新实践中促进师生的共同成长

深化课程改革的关键在教师,在发挥干部影响力的过程中带动更多的教师参与到教学实践中,让教师发展与学校发展、学生成长成为不可分割的整体,增强为党育人、为国育才的自觉性和使命感。进一步提升教师的教学领导力与教育科研能力,帮助教师更好地理解新课程,挖掘学科课程的育人价值,改进课堂教学策略,促进教师专业成长。

第三节　学校变革领导力提升项目开展情况回溯

一、预备期——组建团队,建立共同研究之舟

应当说,培养一支强有力的领导队伍,促进学校的可持续发展,是所有学校一直都在努力但又缺乏有效策略的工作。初闻项目之时,可以说期待与困惑共存。在第一次的工作坊中进一步了解到,本项目的主旨是搭建大学-区域-学校三位一体的项目式合作研究平台,通过变革学校中层干部的领导力,创新性地解决学校发展过程中面临的实际问题。项目初衷深深吸引了学校管理团队的目光,触发了长期以来学校领导队伍建设的难点,如何借助这种深度合作模式提升领导力、充分发挥领导作用成为项目之初的殷切期待。

根据学校组织变革的现状,学校初期组建了包括校长、教学副校长、课程教学中心主任、年级主任在内的学校项目研究团队,项目研究团队成员均深度参与学校初中教学领导与管理工作。由北京师范大学专家团队、西城区教育科学院协同创新中心、学校"变革领导力提升"项目团队组成的项目研究共同体正式开启了智慧合作之旅。

二、初期——系统思考,扬学校改进之帆

项目研究之初,学校项目团队就遇到了研究什么的困难,甚至无从下手。一次工作坊中,叶菊艳老师作了《学校变革的起点:将工作问题转变为改进抓手》的讲座,并设计了两个活动:理解学校文化的叙事活动以及确立作为学校改进抓手的探究问题的活动。这次工作坊内容给予了团队成员深度的启示,让学校团队成员开始聚焦学校工作中的问题,寻找研究载体和问题。

后来,三方团队进行了系统性思考和多轮讨论,围绕"十四五"时期学校高质量特色发展的愿景,深度研判学校发展中遇到的挑战,共同寻找项目研究的切入主题,初步进行研究的背景分析,确定研究的主要内容,制定了项目管理机制,商讨项目阶段性推进目标,从而形成了初期的项目研究指南。至此,不断凝聚团队共识,彼此信任,运行有效的三位一体合作机制初步形成(图6-4)。

三、探寻——团队合作,锚定航向规划路径

本项目研究立足于初中课堂教学,着力于探索高质量特色发展的新路径,有效落实

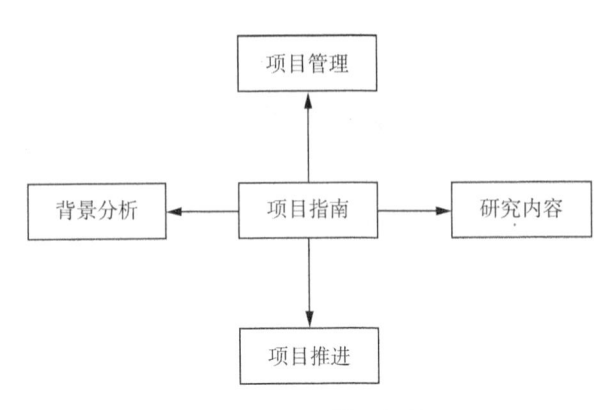

图 6-4　项目管理机制

立德树人的根本任务,项目研究与新时期学校办学愿景、学校特色文化建设、学生核心素养发展、教师专业成长紧密关联,力求牢牢把握正确的政治方向,提供让人民满意的教育服务,深入探索课程育人的规律,反映了学校"为谁办学、办什么样的学、如何办学"的特色发展追求。

从研究主题出发,在专家指导下,学校项目团队开始规划项目研究的路线。首先,确定行动研究实践模型(图 6-5)。项目组确定了"融·和"文化理念的再研究、课堂教学隐性渗透研究、成果提炼推广三个研究重点。借鉴勒温提出的行动研究螺旋循环操作模式,分阶段聚焦研究重点内容,形成了学校项目行动研究实践模型,引导项目研究进行校本研究实践。

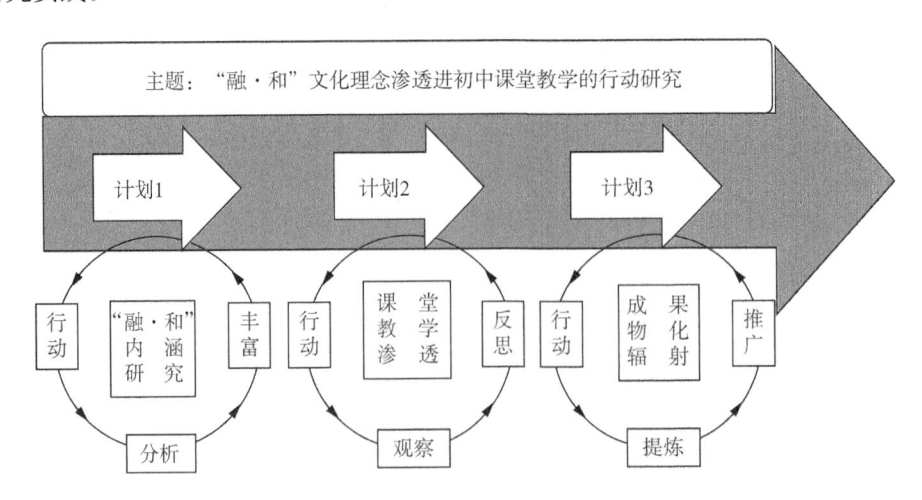

图 6-5　学校项目行动研究实践模型

其次,确定研究目标和内容。围绕项目研究的重点内容,确定了项目研究内容的核心问题,以问题为抓手确定研究目标,进一步分解了具体研究内容,从而形成 3 个重点内容、4 个问题、4 个达成目标、12 个任务驱动的研究思路(图 6-6)。

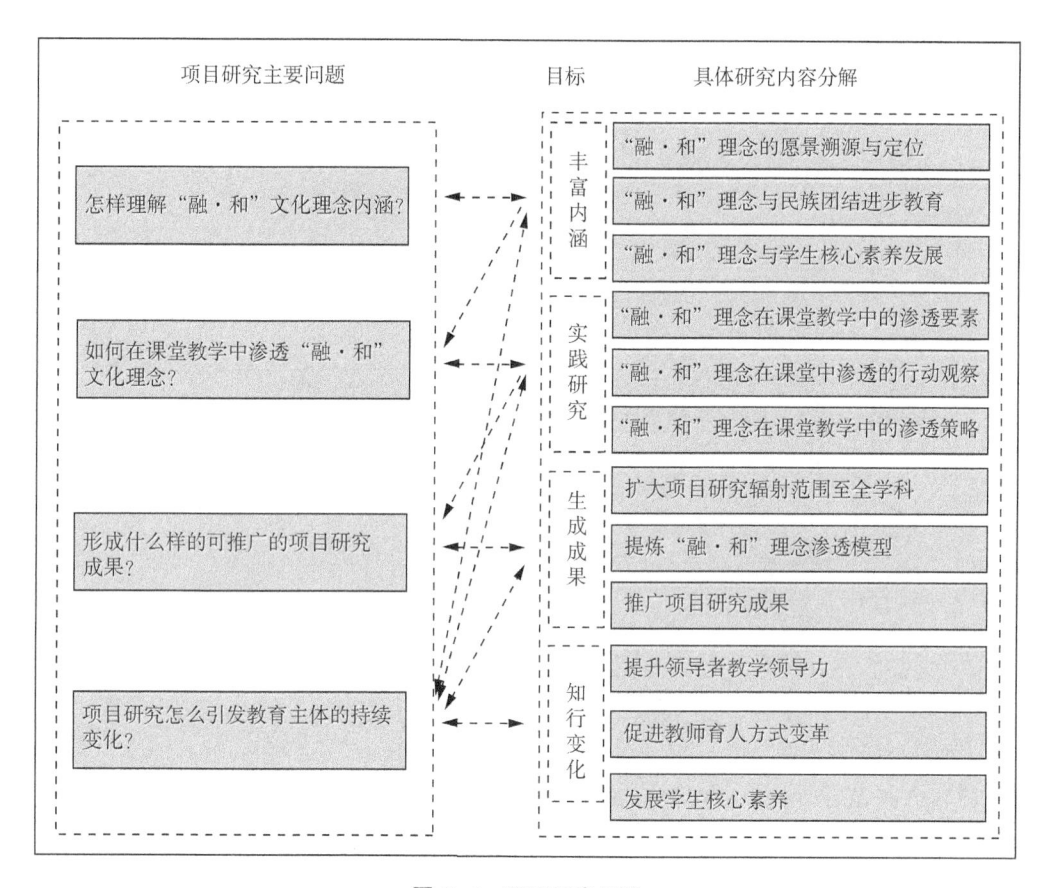

```
项目研究主要问题              目标          具体研究内容分解

┌─────────────────────┐    ┌──┐    ┌──────────────────────────┐
│ 怎样理解"融·和"文化理念内涵? │◄──►│丰│    │"融·和"理念的愿景溯源与定位   │
│                     │    │富│    │"融·和"理念与民族团结进步教育 │
│                     │    │内│    │"融·和"理念与学生核心素养发展 │
│                     │    │涵│    │                          │
│ 如何在课堂教学中渗透"融·和" │◄──►├──┤    │"融·和"理念在课堂教学中的渗透要素│
│ 文化理念?            │    │实│    │"融·和"理念在课堂中渗透的行动观察│
│                     │    │践│    │"融·和"理念在课堂教学中的渗透策略│
│                     │    │研│    │                          │
│                     │    │究│    │                          │
│ 形成什么样的可推广的项目研究 │◄──►├──┤    │扩大项目研究辐射范围至全学科 │
│ 成果?                │    │生│    │提炼"融·和"理念渗透模型     │
│                     │    │成│    │推广项目研究成果           │
│                     │    │成│    │                          │
│                     │    │果│    │                          │
│ 项目研究怎么引发教育主体的持续│◄──►├──┤    │提升领导者教学领导力       │
│ 变化?                │    │知│    │促进教师育人方式变革       │
│                     │    │行│    │发展学生核心素养           │
│                     │    │变│    │                          │
│                     │    │化│    │                          │
└─────────────────────┘    └──┘    └──────────────────────────┘
```

图 6-6 项目研究思路

最后,确定研究过程和方法。项目研究内容有机融入启动阶段、实施阶段和总结阶段,在研究过程中分别适时采用文献研究、问卷调查、访谈法、课堂观察等定量与定性分析方法(图 6-7)。

正如前面行动研究实践模型所表达的,行动研究采用螺旋循环操作模式,比如,虽然项目过程有明确的时间阶段划分,但是随着研究的推进与反思,在实施阶段的实践研究也同样会进一步丰富"融·和"文化理念的内涵,成果的总结提炼将进一步指导实践的科学渗透。再比如,在了解教师专业、需求、现状的基础上,进行了思政课程的先行课例研究,然后开始了全学科课例研究,进一步从课例研究扩展至通过微研究、论文等提炼成果。

四、嬗变——生成智慧,聚焦问题反思改进

项目研究过程本身也是一个不断攻坚克难、生成智慧、逐步形成项目团队合力的过程,在项目研究过程中,从专家团队到区域科研部门再到校内成员,每一个成员承担不同的角色,各尽其能,但都是为了学校改进这同一个目标奋力前行,形成了良好的内部与外

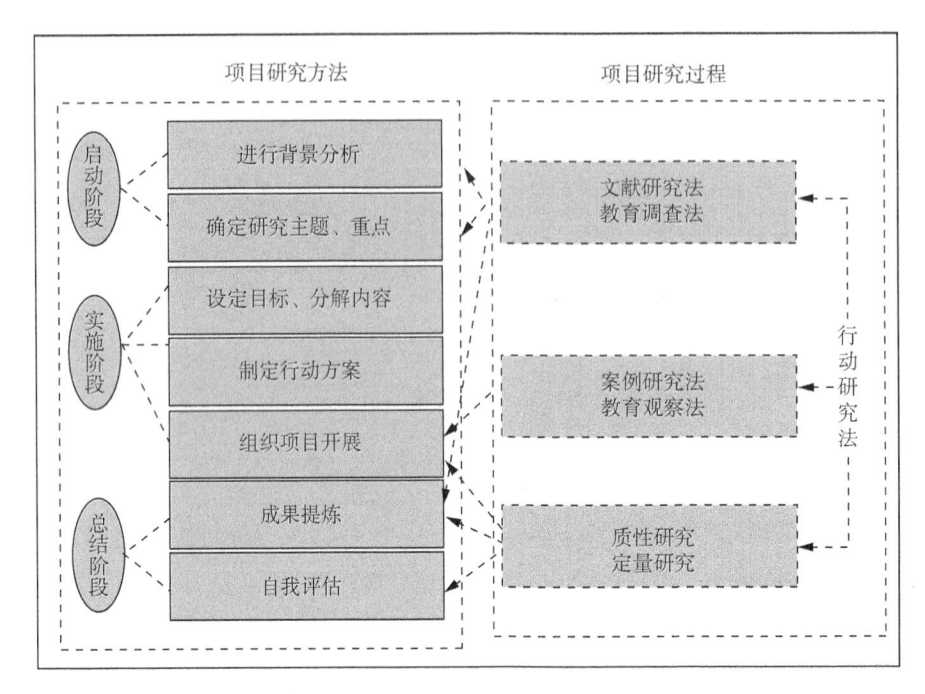

图 6-7 研究过程和研究方法

部支撑系统以及有效的研讨机制。每一个团队成员都在有意识地融入项目研究并提升自我,每一个团队成员在问题研究、项目运行、项目参与过程中表现出的热情、认知、行为等也在悄然发生着深刻的变化。

首先,北师大专家团队及时跟踪各校研究进展,及时调研了解学校在研究进程中遇到的困难,开展丰富的大团队交流活动。比如,定期开展工作坊活动,专家进行学术引领,促进各成员校之间的交流。又如,定期开展学校沙龙活动,由各成员校汇报阶段性研究成果,专家跟踪指导,各成员校之间互相弥补不足,共同携手推进项目研究。

其次,北师大专家根据学校需求,定期进行访校活动,指导项目开展,解决学校实际困难,深入课堂教学,指导教师实践,参加内部研讨。学校项目成员从最开始的核心组成员,逐步扩展至全学科教师,研讨范围从核心成员的顶层设计逐步发展到先行课例研究,直至到全体教师的群体研讨,项目研究的影响力不断辐射扩大。项目研究过程带动了全学科教师的热情参与,逐步形成了有效的内部交流反思机制,为深度开展行动研究奠定了坚实的基础。

五、成熟——总结提炼,收获内生动力

本项目研究致力于解决新时代民族学校教育发展的瓶颈,着力于探索高质量特色发展的新路径,项目研究与新时期学校办学愿景、学校特色文化建设、学生核心素养发展、教师专业成长紧密关联。项目研究搭建了以实践中的问题解决为导向的研究平台,探索

出了学校干部、教师共同发展的新型工作机制，创新了学科育人的诸多实践成果，实现了学校高质量与特色发展的双向深化，为学校内涵发展提供了源源不断的内生动力。

第四节　项目研究中高校导师的角色与互动

项目研究过程可以说是一次独特的教育旅行。之所以这样说，首先是因为项目团队由高校导师、区域研究部门、学校成员携手结伴而行，共同制定目的地、共同设计路径、共同克服困难、共同欣赏教育的美好，高校导师时而在前引领、时而居中参与、时而在后守望。其次是因为这不是普通的经验分享，而是一次基于学校真实教育情境，深度融入学校教育发展，研究与实践紧密结合，不断实现超越的非凡历程。

时光不语，却见证了所有教育者的初心和真心，在这场独特的教育旅行中，留下了高校导师一串串深深的足迹。项目研究过程中，项目组多次举办工作坊、沙龙、访校等活动，学习、分享、交流的内容与形式丰富多样，拓宽了学校团队成员的教育视野。在这个过程中，高校专家团队叶老师、毕老师全程跟进学校项目研究，一直坚持每月一次的访校活动、每周一次的线上沟通交流，根据学校的需求不定期开展培训活动，或与学校干部交流项目开展情况，或深入课堂听学校教师的常态课，或参加教研组的教研展示和备课活动，或参加学校科研活动……为学校发展出谋划策，为项目开展指点迷津，为教师发展传道解惑，两位导师的教育情怀、专业素养、敬业精神深深鼓舞并影响着学校干部、教师，她们俨然成为学校不可或缺的重要成员。

如果用几个关键词来表达高校导师的角色与作用的话，大概可以用"指导者""守望者""参与者"这几个词。

"指导者"在这里更多的是体现两位导师的专家角色，更确切地说，应为教师的教师。从事基础教育工作越久，当我们回头审视的时候，总发现对教育的理解远未达成，尤其是在新课程改革的背景之下，教育环境的改变既是教师发展的动力，也可能是横亘在教师面前的一道天堑，教师的幸福感更多来源于对自身专业发展的现实超越，基于经验而又超越经验可能与教育科研能力的提升密切相关，唯有如此才能再次真正树立起教育专业发展的信心。对于一线基础教育工作者而言，做一次真正的教育科学研究，可能是心怀期待但又有畏难情绪的。对于学校教育来讲，推动学校教育科研工作同样会感到心有余而力不足，两位导师的加入激发了学校干部、教师从事教育科研活动的热情，使学校教育科研工作步入佳境。

2021年9月，初中学段12位教师参加了西城区"十四五"教育规划课题的申报，涉及8个学科的教师，内容包含深度学习、课后服务、作业设计、课程建设等领域，从课题申报、开题论证直到研究跟踪，两位导师的专业指导帮助教师开启了研究之路，为学校教育科研工作提供了肥沃的土壤。在课题申报过程中，叶老师和毕老师查阅了大量文献资料，以不同的方式开展申报指导工作。有一次,叶老师参加项目学校的沙龙活动,在紧张的工作之余专门来校,为各位申报课题的教师就研究设计进行了耐心细致的指导,教师们在听了叶老师的指导之后,感觉茅塞顿开,兴奋之情溢于言表。"十一"国庆假期期间,毕老师牺牲了宝贵的休息时间,再次深入研究了各位教师调整后的研究方案,为每位教师撰写了个性化的参考建议,每位教师的建议多达500字,对教师们而言意义重大。2022年1月,课题研究进入开题论证阶段,在两位导师的策划下,开题论证成为一次群体科研能力提升的云端培训活动,课题组负责人、课题组成员、学校领导干部、"变革领导力提升"项目组成员、骨干教师共计50余人参加了开题论证活动。两位专家就前期所做的基础性工作、研究目标内容与概念界定、价值与意义、过程与方法、理论建构与创新实践等方面进行了高位、专业、具体的指导,通过活动充分发挥了项目研究的辐射作用,让更多教师近距离感受到教育科研的魅力,让课题组对开展研究工作充满了信心。在开展研究的过程中,两位导师依旧经常跟进指导,了解研究的现状与遇到的困难。两位导师对学校干部教师的指导还体现在科研、教研、教学、项目研究等多个方面,在这里聚焦的是典型的学校科研活动的指导,工作领域上,这是一项推入极致的学校科研活动;时间跨度上,是一个长期持续的过程;内容范畴上,更是跨越了教育领域的多个维度。两位导师付出了极大的精力,为我们树立了"学高为师、身正为范"的榜样。

"守望者"在这里体现的是朋友的角色,也是对学校教育发展的守望。叶老师曾说:"回民学校有悠久的历史传承,有丰厚的文化积淀,有优秀的师资团队,我们应树立新时代发展的信心。"这句话我们经常用来互相鼓励,内心深切感受到导师对学校发展的守望与期待。与两位导师,每周总有一次线上相约,围绕项目开展讨论关于学校教育与个人专业发展的若干话题,两位导师总能及时发现我们遇到的困难,与我们一起商量、研讨解决问题的方法,帮助我们树立信心。有一次,和毕老师谈及一项关于学校质量治理的成果表达,毕老师敏感地发现了问题,深入研究了我们所撰写的文章,进行了详细地批改与注释,使文章的立意、高度与表达全面提升。此种守望相助,不胜枚举,即使从教多年,当获得导师的肯定、帮助、鼓舞、激励的时候,我们还是总能感觉到温暖。可见,两位导师的守望相助,守望的是学校教师的成长、学校教育的发展,更是一种对教育事业的忠诚与热爱。

"参与者"表达的是同伴的角色,是一种彼此信任的伙伴关系,是一种志同道合的教育研究共同体,两位导师的参与也是一种陪伴和引领。因"变革领导力提升"项目结缘,我们有幸与两位导师共同开展实践研究,可以说两位导师是项目研究最为关键的引领性参与者,也是学校教育发展的深度参与者,高校教育领域的专家导师长期全程参与学校建设,这对学校而言绝对是大有助益。一次交流中,毕老师问及:"如何理解领导力?如何发挥领导力?"一次学校培训活动之后,叶老师说:"这实际上就是很好的领导力发挥。"这些启发我们不自觉地对领导力本身进行思考。置身于其中,得以近距离观察导师的领导行为,这个过程,使我们对项目式研究也有了自己的多视角理解。项目研究应该有三层要素,首先是其本质是一种研究,具有研究的专业性,研究的过程与结果导向促进学校的实际发展；其次是人的要素，当我们制定了目标、规划了路径、规范了方法之后，团队协作关系的建立以及内外协调对团队运行显得尤为重要；最后是影响要素，如果一个平台搭建起来，能够吸引更多的教师参与其中，共同成长，领导力就已经通过影响作用开始发挥，影响力越强，领导作用越明显。作为学校的管理者，我们经常是埋首于工作，而忽视了领导力的提升，这些思考对实际有效开展管理工作有深刻的启发。

两位导师对教育的理解广博、专业、深厚，从教育理论到教育实践，从宏观治理到微观教学，从教师发展到学生成长，总是能以最朴实、通俗、贴切的语言表达深刻的道理，给予学校干部、教师独到而科学的启示。用"指导者""守望者""参与者"几个词来表达导师的角色与作用，总觉得不够全面。一位教师曾说："导师的指导，让我感觉课题研究不再是遥不可及的，而是有温度的、能创新的、可落地的。"也有老师说："从导师的言谈中，感到有一种亲切感，使我敢于说出难于表达的想法。"还有教师说："当课题立项的时候，让我感受到了收获的快乐，同时，第一个想到的是导师的辛苦付出。"正如一千个读者心中有一千个哈姆雷特一样，每一位亲身经历或参与或接受过指导的教师内心都有自己的表达。

第五节　项目研究中关键变化事件

回顾项目实施的过程，这是一次镶嵌在学校变革情境中的探究历程，应该说探究过程是局部的循环和整体的推进交互作用的，但每一次往复却不是简单的重复，而是再次整装出发的动力，从起点到终点呈现的是一个螺旋式的进程。无论是整个大情境还是某个具体问题，始终围绕"我们在哪儿？""我们要去哪儿？""我们怎么去那儿？""我们到那儿了吗？"等问题反复思考与论证，同时也出现了许多关键性的转变。

一、博观约取——确定研究思路

对学校项目组而言，项目研究是有一定挑战性的，首先就是从学校实际问题出发，寻找项目研究的抓手。发现真问题从而转化成研究主题，这是项目研究的第一次往复，其中体现的是思维和行动的双重转变。起初，主题的确定更多基于个人的主观意识，总是感觉研究主题与实际工作有分离的可能，其价值与意义不能够最终凸显出来。在项目组第二次工作坊中，项目组安排了三天研讨活动，包括学校变革的起点、中层领导的角色和影响及如何进行项目评估三个主题。工作坊的第一天，安排了学校文化叙事活动，专家导师与学校团队围绕学校文化，通过提炼关键词交流分享育人故事并分析积极与消极的影响因素。这次讨论的时间很长，氛围很热烈，在专家、导师恰到好处的启发和引导下，每个人都能从自身工作中发现生动事例，讨论话题的背后蕴含着对学校工作、学校现状、学校发展的思考，创设了一个多视角看待、分析学校发展的契机，从学校文化理念出发，立足于课堂教学,创设学校特色育人路径,成为学校团队的共识。在此基础上,在工作坊安排的三天活动中,进一步进行了自我影响力基础的分析,确定了校本研究方案设计框架(1.0)版本。在这次工作坊活动中,通过学术讲座和团队互动,学校成员对自身工作、项目价值和学校发展有了更全面、更深入的认识,为后续顺利开展项目奠定了坚实的基础。这次博观约取的共同行动,使团队合作、共生智慧成为项目开展的有效机制。

二、携手共进——影响日益增强

学校的发展要依靠教师,学生的成长要依靠教师,教师的发展应把自身发展与学校发展、学生成长结合起来,那么,教师工作的价值感、幸福感就能更好地体现出来。如何更好地促进教师成长,一直是学校关注的重点,却还未能形成有效的教师培养机制。

项目研究使学校文化理念和课堂教学实践紧密联系在一起,如果课堂教学渗透文化理念,就会出现一系列关联问题:渗透的价值在哪儿?渗透哪些要素?如何进行渗透?等等,因此对"融·和"文化理念的再研究是避不开的。有一段时间,项目研究滞留于自上而下的建构中,不敢贸然进行课堂教学的实践。这应当是项目研究进程中的又一次往复。讨论时,专家说:"要相信教师,教师的先期实践会产生很多教育智慧,会为我们的顶层建构提供更好的支撑,自上而下、自下而上或平行推进结合更有助于项目研究。"这些建议让项目组的思路一下子豁然开朗。于是,学校聚焦对"融·和"文化理念的理解与课堂教学渗透设计的若干问题开展了第一次群体调研访谈。访谈发现学校教师非常关心学校的发展,对"融·和"文化理念有自己独到的理解,能够就"本学科提出哪些主题""可以进行哪些渗透"展开讨论,对自身专业发展都充满期待。由此,学校再一次组建了项目课堂教学实践研究的核心团队,从先行思政课例开始扩展至全学科实践研究。随着项目的持续开展,在学校核心团队和专家的影响下,学校"变革领导力提升"项目已经带动所有教研组参与进来,影响力也日益增强。

拓展实施思路,扩大团队成员,携手共同成长,这又是一次影响项目研究的关键性事件。这次事件让项目研究一跃成为教师发展的重要平台,以实践为基础、以科研为引领,使教研、科研、培训有机整合在一起,也成为学校教师培养机制的再一次突破。

三、扎根课堂——从先行个案到群体研究

在一次与高校导师的项目研讨中,两位导师指出,"项目最终目标是教师能够设计并上出一节好课",这引发了团队成员的一系列思考。教师每天都在上课,那么我们所追求的一节好课是什么样的呢?如何引导更多教师上出更多的好课呢?从课堂出发,最终落脚于课堂,从个案实践到群体研究,始终扎根于课堂教学进行实践研究,成为项目组开展研究的重要方法。

项目组成员首先进行了初三道德与法治课"创新强国"课例研究,这节课围绕创新型

国家建设和创新人才的培养两部分设计实施,以神舟十二号载人飞行任务圆满成功的真实情境为切入点,结合四份阅读材料创设自主合作探究的平台,通过生生讨论、师生对话表达观点和思考,落脚于中华民族伟大复兴的时代责任与担当。这节课挖掘了许多渗透价值观教育的元素,爱国情怀、理想信念、责任担当、民族精神等,应该说是一节很典型的以学科核心素养为导向的,进行"融·和"文化理念渗透的课堂教学。其中一个细节让人印象深刻,在交流科技创新人才培养故事案例时,一组同学谈到了学校派出两支队伍参加2021年4月的DI全国展示活动,均获得挑战D即兴类项目的一等奖(文艺复兴奖),获得晋级全球赛的资格;另一组同学谈到《驭风少年》中,十四岁的少年坎宽巴决定自己打造一架发电的风车的故事,其中"我尝试过,我做到了!"的精神情感为同学们所了解。这个课堂上的生成性细节,引发了师生强烈的情感体验和共鸣。课后,围绕教学目标、学习内容、资源支持、实施方法、师生角色等,项目组教师团队展开讨论。这次讨论激发了教学智慧,提炼了诸多渗透的要素,形成了若干具有学校本土特色的课堂教学基本原则,更重要的是这次先行课例研究,让教师团队看到了学校文化理念渗透的可行性、巨大价值与意义,树立了教师在新课程改革背景下进行特色课堂建构的信心,从此开启了全学科课堂教学的案例实践研究。从先行个案到群体研究,项目研究深深扎根于课堂教学实践,引领教师把自身的教育事业根植于学生、学校、国家的发展之中,激发了教师落实立德树人根本任务的使命感和自觉性,这应该说是项目研究过程中非常重要的关键性事件。

第六节 项目研究的自我评估分析

本项目研究是立足新发展阶段、贯彻新发展理念、构建学校新发展格局、回应新时代之问的校本行动,具有鲜明的时代特征、理论价值和实践意义,项目研究带来了教育主体思想观念、专业素养、行为方式等的变化。

一、扎根本土,贯通育人路径

在项目研究初期,正值学校课程改革的推进时期,学校聚焦学校文化理念在课堂教学中渗透的可行性进行了调研,在谈及对学校文化理念的理解时,所有教师都能不假思索地说出学校的核心文化理念是什么,对其促进民族团结进步教育的功能有广泛的价值认同,但对其具体内涵的理解以及与新课程改革的关联等还存在模糊和困惑,只有部分教师能对其作用进行碎片化的叙述。在谈及课程教学时,哪些方面体现了学校文化理念,教师更多的是说出一些学校特色课程,但对于如何在课堂教学中体现还处于盲区。这说明,对于教师而言,学校文化理念与教师课堂教学还存在较大的落差,从理论到实践还未形成逻辑上的统一,教师的知行存在分离的现象。无论是在学校新时期的变革愿景中还是在项目研究中,学校文化理念均是一个关键性问题,进一步丰富"融·和"文化理念的内涵,使学校文化理念能够承上启下,使教师真正融入这场变革实践中,显得尤为重要。

回顾项目研究历程,项目团队聚焦"融·和"文化理念进行了横纵两个方向的再研究。纵向进行了"融·和"文化理念的溯源工作,向上提升民族团结进步教育至铸牢中华民族共同体意识格局,向下延伸民族团结进步教育至教师成长和学生发展。横向进行了"融·和"文化理念探寻工作,向左探寻"融·和"文化理念深化民族团结进步教育的理论支撑,向右探寻文化理念与学生核心素养的关系。如果把学校教育比喻为一棵成长之树的话,那学校"融·和"文化理念应为其主干,本项目研究从横纵两个方向贯通了学校的育人路径。

随着项目推进,"融·和"文化理念内涵逐步丰富,已成为承载学校办学愿景的一面旗帜,对学校办学定位与方向的支撑作用日益牢固,对学校课程教学实践的指导作用日益明晰,实现了办学定位、办学理念、育人目标、课程建设、教学实践的协调统一。这一突破,打破、贯通了学校育人路径的关键节点,树立了对学校发展道路与文化的自信,推动着干部、教师对学校文化理念的认知潜移默化地发生着变化,从知道了解转变成了理性践行(图6-8)。

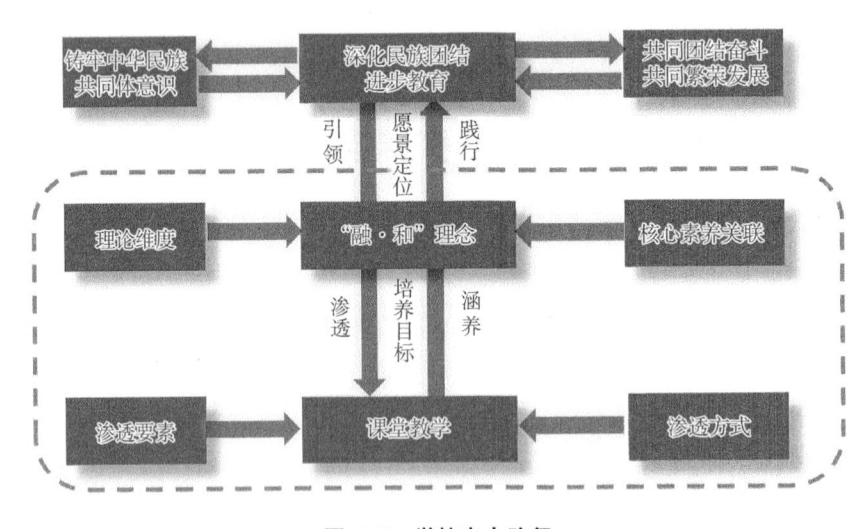

图6-8 学校育人路径

二、立足课堂,实现科学渗透

课堂教学是教育教学的主阵地,是学校课程文化建设的关键所在。文化渗透体现为隐性、特色、综合等特点,项目研究核心是立足于课堂教学,持续研究并解决渗透什么、如何渗透的问题,向实现科学渗透迈出重要的一步。将其中要点总结如下。

学术借鉴:中华民族共同体意识是一个内涵高度浓缩、极具抽象性的意识集合体,核心在于对共同体的认同,这一认同需要遵循人的思想活动规律,在真实情境与实践活动中循序渐进地生成并巩固。有学者依据心理学原理的"认知、情感、意动"三个阶段,构建学校铸牢中华民族共同体意识的逻辑层次,即象征教育、情感教育、价值观教育,明确铸牢中华民族共同体意识的心理活动过程以及将心理活动外化为具体实践的过程。这个逻辑层次对学校铸牢中华民族共同体意识的具体路径具有重要的借鉴意义(图6-9)。

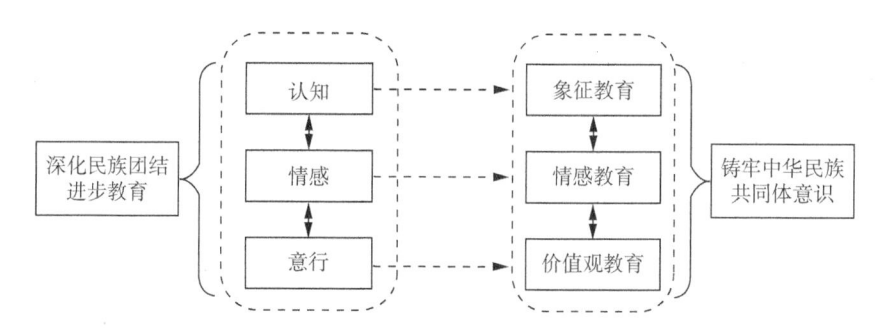

图6-9 铸牢中华民族共同体意识的具体路径

凝练原则:通过课堂教学的实践研究,凝练了进行课堂教学渗透的若干原则,其中学校文化理念所倡导的"情理共融,和悦入心"的育人哲学成为具有指导性的基本原则。其指向通过学校干预、生成、巩固,打造各民族师生交往、交流、交融的互嵌式学校教育场域,使受教育者内心产生和畅、愉悦的真实体验,以情理共融引发的心理活动,成就和悦入心的价值认同,践行知行合一的立德树人路径。"情理共融,和悦入心"理念下的课堂教学倡导建立和谐的师生关系,创设真实的教学情境,创新共情、共振的教学方式,践行知、情、意、行合一的立德树人风尚,体现了学校以人为本,共创和谐育人氛围的教育思想。

要素内容:有学者指出,新时代民族团结进步教育工作的核心要牢固树立"一条道路""两个共同""三个离不开""四个自信""五个认同""五个维护"的思想,牢固树立正确的历史观、民族观、国家观、文化观。这些对学生而言,抽象性是显而易见的,针对初中学生的特点,要遵循知行并重、活动诱导、理想激励的规律,挖掘以社会主义核心价值观为根基的教育内容及课程资源,分三个层面、十二个要素内容进行价值观隐性渗透(图6-10)。

教学方式:鼓励教师根据课程特点,创设真实情境,采取探究式、启发式等多样化的教学方式,将课堂教学从传统"单极统领"转向"多元对话",以整合、平行、拓展三条路径,形成平等、民主、尊重、情理共融、和悦入心的教育风尚(图6-11)。

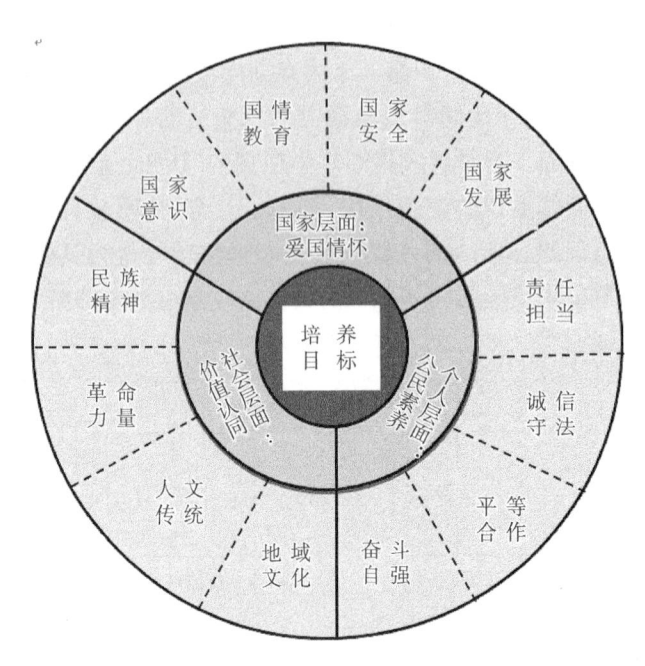

图 6-10　要素内容

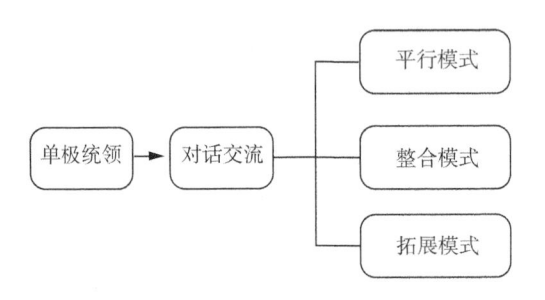

图 6-11　教学方式

整合路径偏重于主体，即将丰富多元的文化渗透于当今主流文化课程体系中；平行路径侧重于广度，即在主流文化课程教学中，注意突出少数民族文化；拓展路径着重于深度，即对已有教学内容进行更深入的分析、实践拓展。

以上简述并不是成果本身的完整表达，但从中可以看出项目团队对价值观渗透的审慎态度，这个过程伴随着学术借鉴、理论建构、论证反思、创新实践的交织研究。置身于学校发展的实践探索，超越了已有工作经验，促使教师队伍向研究型团队转型，引领教师从已习惯的知识性课堂教学转向育人为本的课堂教学，实现了教师的知行合一，提升了教师的价值感、幸福感。

三、项目引领，助力队伍建设

基于问题导向的项目研究过程是一个团队成员重新规划"心象地图"变革领导力的过程，是一个引领初中教师共生教育智慧的过程，是促进学生核心素养发展提升育人品质的过程。对于领导力的认知，无论干部，还是教师，一开始的认识是非常感性的，还谈不上自觉运用。以往，干部工作更关注的是执行力，管理过程经常体现出一定的强制性，这种管理是无法解决课程改革中的难点问题的。通过项目研究，学校团队成员对提升领导力的理解和实践逐步加深，越来越关注如何聚焦学校实际问题，创设共同互动探讨的情景，结合个人工作特点、专业基础等凝聚向心力和影响力，这种认知和行为的转变促进了学校干部从管理向领导的变革。课堂教学的育人实践是具有综合性的，教师的组织教学从单向的传递，转向引领全体学生，通过活动、对话等转向学科观念、关键能力和价值观渗透的发展与变革，教师越来越重视自身对学生影响力的发挥，教师的教学领导力明显提升。项目研究搭建了一个连接所有教育主体的实践平台，使干部、教师队伍受到技术与理论的双重滋养，创新了教师专业发展的机制与路径。

总之，三方团队合作的项目研究运行机制、项目成果带来的实践创新、项目研究建立的队伍建设路径，为学校内涵发展提供了重要支撑。学校将以项目为依托，坚持"立德树人"的根本任务，持续深化学校教育综合改革，构建新时代民族教育工作格局，实现百年民族学校的新时代教育梦想。

第七章

基于数据素养改进学校教育教学与管理的实践研究

第一节 追溯缘起

一、研究背景

大数据在教育领域的应用越来越广泛,如学习分析、网络教育平台、教育信息化管理平台、教育APP、智慧校园等。在这样的背景下,利用日趋成熟的数据信息收集和分析处理等技术,对于提升学校教育教学工作精准化以及提升学校治理现代化水平等都具有重要意义。

2019年,国务院办公厅印发的《关于新时代推进普通高中育人方式改革的指导意见》特别强调:减少高中统考统测和日常考试,加强考试数据分析,认真做好反馈,引导改进教学。在减少日常考试和统测的大环境下,如何利用大数据,有效进行数据分析,指导教师有效改进教学是当下中学教学管理中的重要工作之一。中共中央办公厅、国务院办公厅印发的《加快推进教育现代化实施方案(2018—2022年)》中指出:创新信息时代教育治理新模式,开展大数据支撑下的教育治理能力优化行动,推动以互联网等信息化手段服务教育教学全过程。大数据的使用将有利于优化教育教学管理,并能够服务整个教学管理过程。可见,数据可以用于学校教育教学全过程,对于工作的有效推进和持续改进起着重要作用。

在学校治理现代化的背景下,数据素养已经成为教师和学校管理者必不可少的素质。以数据素养、学校改进为关键词在知网进行检索发现,与数据素养和学校改进关联较大的研究主题和关键词包括数据素养、数据驱动、教育大数据、教育信息化、教师专业发展等。在教育信息化和教育大数据应用倡导的背景下,学校需要用数据来驱动和改善管理和教学等活动;而教育管理者和教师作为学校核心的教育教学技能拥有者,需要提升其数据素养,从而支持学校的改进。与此同时,教师数据素养的提升也进入了教师专业发展的视域中,教师通过提升数据素养,能更好地开展教育教学工作交流等活动,进而提升教师专业发展水平。已有的案例研究主要分析了国内外中小学将教育大数据应用于管理和教学实践的实际案例,从中体现了教师数据素养发挥作用的方式和对学校的改进意义[①]。由此,本研究认为,作为学校治理的主体,学校管理者和中层干部的数据素养很大程度上影响着一所学校的治理能力。提升学校管理者和中层干部以及教师的数据素养,进而改进学校的决策机制,是新时代背景下刻不容缓的课题。

那么,什么是教师数据素养呢?不同学者对教师数据素养的定义各不相同,有的学者强调数据的不同使用场景下教师需要具备的技能与素质,而有的学者强调数据意识、数据能力与数据伦理规范等方面的综合应用。Mandinach认为,教师的数据素养是能有意识地将数据知识和专业教学知识结合起来,用数据进行教学的技能与素质[②]。阮士桂和郑燕林认为,教师数据素养主要包括两方面的能力,一方面是数据处理的基本能力(包括获取、分析、解读和交流数据的能力);另一方面是数据的教学应用能力(包括发现教学问题、进行教学决策和监控教学发展的能力)[③]。结合已有的概念界定,本研究认为,教师数据素养是教师在遵守伦理规范的前提下采集、分析、解读、应用和交流教育数据的意识、思维与能力,基于问题与需要开展工作,更精准地开展教育教学和管理工作。教师数据素养的提升有助于更科学地实施教学决策和学校工作改进。

二、项目简介

大数据的研究和运用在国内逐渐受到重视和关注,在教育领域的应用也越来越多,其作用越来越受到认可。此类研究逐渐增多,主要集中在以下几个领域:一是关于大数据的技术处理研究,如一些平台的设计、数据挖掘技术研究等[④];二是高校利用大数据进行相关教育教学工作的研究[⑤];三是一些具体学科,如语文、数学等在大数据背景下进行教学设计和课堂教学改进的研究[⑥]。有研究表示,大数据对教育的影响主要包括:促进教学方式多元化、助力教学过程转变、重塑师生角色、推动教学评价方式改革、服务个性化教学实现[⑦][⑧]。这意味着提升教师数据素养能够帮助教师更好地开展教育教学,实现教学方式的改变和在教学过程中更好地关注到每个学生的差异性。但是如何在中学里,充分

---

① 杨现民,骆娇娇,刘雅馨,等.数据驱动教学:大数据时代教学范式的新走向[J].电化教育研究,2017,38(12):13-20+26.
② MANDINACH E B. A perfect time for data use: Using data-driven decision making to inform practice[J]. Educational Psychologist, 2012, 47(2): 71-85.
③ 阮士桂,郑燕林.教师数据素养的构成、功用与发展策略[J].现代远距离教育,2016(1):60-65.
④ 许哲军,付尧.大数据环境下的高校科研管理信息化探索[J].技术与创新管理,2014,35(2):112-115.
⑤ 孙其伟,陆春.大数据在高校中的应用研究[J].中国教育网络,2014(1):63-65.
⑥ 王晴.智慧校园环境下中职英语创新教学实践研究[J].浙江工商职业技术学院学报,2017,16(1):80-84.
⑦ 沈学珺.大数据对教育意味着什么[J].上海教育科研,2013(9):9-13.
⑧ 周若松,王志娟.浅谈大数据对教育的影响[J].高教学刊,2015(13):5-6.

运用数据进行分析并指导教育工作还缺乏深入的研究。

北京市第一五九中学在推进学校改革的过程中对基于数据素养的学校改进做了一些尝试,既积累了经验,又面临着一些问题。做出的尝试包括:在进行教学质量分析时,深入挖掘和分析考试数据,意图通过大数据找到教学中的精准化问题,从而更有效地开展教学活动;学校在开展学生生涯教育过程中,建立学生认识自我的数据库,通过心理量表的测量,获得学生相关状况的数据,为后续开展生涯教育提供数据支撑。但是在这个过程中,有如下问题和困难:教师不能熟练地进行数据分析,对于数据的挖掘和分析都不够,导致对于教育教学质量改进的支撑作用发挥不足。由此,我们开展此项研究,以期通过提升教师数据素养提高学校教育教学质量,改进学校教学与管理,最终助力学生的全面发展。

除此之外,我校在中层干部队伍建设中,希望依托"变革领导力提升"项目组建一个更有科学素养、管理才能、创新精神的领导团队,"数据素养"成为我校提升学校治理能力的一个突破点和创新点。在深化教育改革的路上,从经验思维转变为数据驱动思维,是时代赋予年轻人的任务。我校青年干部在负责具体工作的过程中,或多或少都会涉及教育数据的处理。例如,我校近年来在参与西城区双新项目的工作中,涉及大量的数据收集、分析和运用,提升数据素养,成为我校改进自己工作的一个基础环节。进而,依据教育研究所做出的学校决策,又会推动学校治理现代化。综上,根据已有经验基础、面临问题和发展中的需求,我校将最终的研究主题确定为:基于数据素养改进学校教育教学与管理的实践研究。

在确定了项目工作主题之后,我校与北师大专家团队一同设计了一系列基于学校实际的、问题导向的工作内容。包括:利用高校资源,指导开展文献研究工作;通过协作组的形式,共同研制调研工具;及时梳理项目开展过程中的阶段性成果,并开展阶段性成果研讨;开展实际教学问题导向的青年教师工作坊,通过情境探讨提高处理教育问题的能力;举办青年教师生涯发展沙龙,从教师自身的愿景和能力出发,通过同辈之间的交流与相互支持,提升教师的工作活力,激发教师的职业创造力。项目组旨在通过上述内容,引导学校领导干部和教师发现工作中无处不在的可利用数据,及时收集和分析,总结和找到工作中的痛点、突破点、创新点,从而更有效、科学、精准地开展工作。2019—2021年间,在具体工作的推进中,我校根据此次参加"变革领导力提升"项目的中层干部和教师所负责的工作,按照以下内容设置了一系列的项目,进而开展实践。

(1)基于考试数据分析精准化教学指导。

(2)基于试题分析引导学生调整学习策略。

(3)基于学生测评数据开展心理健康教育。

(4)基于数据收集的学校科研工作内容与改进。

(5)基于数据收集分析工具研发的劳动教育实践。

(6)基于数据收集与分析的课后服务效果评估。

(7)基于数据的教师发展需求分析。

以上实践的落脚点在于,通过收集、分析和利用数据,提升工作的科学性和有效性,并依据数据改进工作,最终促进学生发展。

三、项目的创新之处和意义

在项目的设计与实施中,学校取得了较好的成果,并切实推动了实践工作的科学、有效开展。具体包括两点创新之处:

一是以提升数据素养作为中层干部和教师创造性开展工作的切入点。通常在中学促进干部和教师创造性工作,主要采用各种培训学习的形式,内容以理论和策略为主。项目通过提升数据素养,提升的是干部教师在数据收集和分析中发现问题与需求的能力,从而建立问题清单,探讨解决问题的方式方法。提升数据素养是一种途径和抓手,在提升数据素养的同时,也提升了干部教师发现问题、解决问题的能力,进而促进开展工作的科学性和有效性。

二是以项目组的方式扩大中层干部和骨干教师的影响力,从而使得该项目在学校发挥更大作用。以"变革领导力提升"项目组为依托培养学校青年中层干部和青年骨干教师,结合各部门工作设置若干工作项目,每位干部带领部门团队完成项目工作内容,进而提升干部教师承担项目工作的能力。如此,学校各方面工作都在此过程中得以提升,同时涌现出一些创造性策略,学校发展和学生成长均有所受益。

第二节　厘清现状

一、学校简介与发展现状

北京市第一五九中学是一所有近百年历史的名校,前身为1920年在香山静宜园创建的香山慈幼院女校,创始人是熊希龄、陶行知和张雪门等民国时期著名的教育家和社会活动家。1931年,学校从香山搬迁到历代帝王庙,后更名为北京女三中,女三中在帝王庙校址的办学历史中有着光辉的一页,1972年统编为北京市第一五九中学。2003年,为保护文物,又与北京三十八中合并搬迁到金融街新址。悠久的历史、厚重的文化底蕴、持续的继承创新让这所百年老校不仅蕴含着静水流深般的沉雅气象,而且呈现出与时俱进、力求卓越的勃勃生机!根据办学地址的变迁,学校历史可以凝练为"源于香山之麓,长于帝王之庙,兴于王府之仓"。

学校占地面积2.1万平方米、建筑面积2.9万平方米,是一所完全中学。现有37个教学班,初中22个班,高中15个班。学校坚决贯彻党的教育方针,坚持"五育并举",贯彻落实立德树人的根本任务,在学校创始人陶行知先生"生活即教育,社会即学校,教学做合一"的理论指导下,形成了"引领自主,共同发展"的办学理念,提出了"继承创新,学以致用"的工作思路,设定了"基础扎实、习惯良好、人格健全、和谐发展"的学生培养目标。

学校全面落实立德树人根本任务,将社会主义核心价值观教育融入教育教学全过程。我校办学理念力求继承历史、符合实际、面向未来,发展中逐渐构建"开放、自主、互动的活力教育"。"开放"就是"开放包容、兼收并蓄、求同存异";"自主"源自陶行知先生的教育理念,即"激发内在需求,实现自主发展";"互动"即"相互作用、相互影响,师生互动、干群互动、家校互动";"活力"彰显综合素质教育的特点,"培养自信心,激发内驱力",涵养有创造力、有活力的学校教育。努力追求每一个生命体的自主发展,并在互相作用中寻找更适合自己的发展方式。

学校拥有一支"有情怀、有干劲、有智慧"的教师队伍,他们以"培养德智体美劳全面发展的社会主义建设者和接班人""担当民族复兴大任的时代新人"为己任,建立丰富的课程体系,深化课堂教学改革,以"改变教师的教学方式和学生的学习方式"为突破口,落实"教学做合一",以学生为主体,教师为主导,以学定教,开展有效教学的实践研究。学校构建了"五人"管理模式,即构建共同的愿景——激励人,学习先进的理念——引领人,构建和谐的校园——凝聚人,坚持教书育人的原则——造就人,狠抓质量的提升——发展人。这一模式为一五九中学的腾飞描绘了新的蓝图。教师们尊重学生的差异性发展,根据学生层次,制定适切的教学目标,使更多的学生能更好地完善自己。学校以"教学做合一"为工作的准则,自觉地将科研与学校发展相结合,自觉地将科研与本职工作相结合,将教学方式的变化研究落在实处,努力做好教书育人工作。前期一项关于我校教师文化情况的调查如表7-1所示。

表7-1 教师文化情况($N=93$)

变量	平均值(M)	标准差(SD)
教师文化	4.793 9	0.636 03
协作/合作领导(1~11)	4.687 2	0.765 48
教师合作(12~17)	4.774 2	0.698 79
专业发展(18~22)	4.976 3	0.647 30
目标统一(23~27)	4.873 1	0.693 31
同伴支持(28~31)	4.849 5	0.734 57
学习伙伴关系(32~35)	4.733 9	0.673 45

教师文化方面得分中等偏上,协作/合作领导最低,专业发展最高,整体上各个细分维度差距不大。可见,学校在加强文化建设、构建教职员工"追求卓越,共同发展"的共同愿景、总结整理和挖掘学校文化、凝聚学校文化力量、引导教师将自己的奋斗目标与学校

的共同愿景相结合的工作中,成效较好。处室、教研组、年级组将团队的愿景与学校组织的共同愿景相结合,以各组织内的深度会谈活动为主要措施,倡导"培养自信心,激发内驱力""己欲立而立人,己欲达而达人""教好每个学生,成就每位教职工"的理念。坚持做到"人人参与、全员展示",为每一位学生提供学习和展示的舞台,使他们不断发现自身的闪光点,增强成就感。创设丰富多彩的学科活动、社团活动、对外交流,以及艺术节、体育节、科技节等各种教育教学活动,帮助学生拓宽视野,增长见识,强化素质。办"人民满意的学校"是学校不懈的追求。近年来,学校办学成效不断提升,为推动区域教育改革发展做出突出贡献,得到社会的广泛认可。

二、发展中面对的挑战与需求

近年来,我校努力建立健全立德树人落实机制,做了大量实践工作,如在"双减"的新形势和新要求下,努力探索家校新合作模式;推动德智体美劳"五育"融合发展,特别是大力探究劳动教育在学校落地和有效实施;深化课程改革,进一步进行学校新课程规划,搭建高中学生全面发展的育人平台;深化课堂教学改革,着力创新人才培养方式,以作业改革为切入点,加强学校教学组织管理改革,以生涯教育实践研究为重要内容,推进学生的指导和管理。此外,学校在教育教学改革研究方面也有一些探索经验,如以备研组、教研组为单位进行学科教学成果汇集和推广;教学方式上,调动师生主观能动性,进行先学后教的自主学习与指导学习相结合;教师结合学情对学困生给予分层指导,精准辅导;学生自主选课及教师对学生学习进行阶段性评价和终结性评价的结合。基于上述实践工作,学校期望对其中的经验进行总结提炼,逐步形成系列的办学成果,进而推动学校治理的科学化与现代化进程。但是随着工作的开展,挑战与需求也逐渐浮出水面。一五九中学在新百年的发展中,机遇前所未有,更具战略性、变革性;挑战前所未有,更具紧迫性、艰巨性。在发展的同时也暴露出不足,如学校教育改革步伐还跟不上新形势的要求,改革的深度和广度不够;队伍建设不足以适应教育改革需求;科技赋能在学校发展中体现不足;数字化服务匹配度不够等,这些都是学校将面临的新发展任务。因此,学校要在满足群众更高质量的教育需求上下功夫,加速推进教育理念、内容、技术、方式上的创新,准确识变、科学应变、主动求变,在变局中开新局。具体而言,有以下几个方面:

一是干部教师队伍年龄梯队并未形成。面临的现状是一部分干部教师到了即将退休的年龄,在教育观念、方式方法上相对成熟和固化,缺乏创造性和突破性;年轻的干部和教师队伍尚未成熟,亟须培养。

二是教育教学与管理中的针对性和客观性不足。长久以来,在教育教学和管理工作中,更多的是凭工作经验开展下一步工作,缺乏科学数据的支撑,更缺乏对过去数据地整理、分析。如此一来,学校各项决策的精准性、针对性均不足,甚至导致工作决策的客观性不够,影响了学校的可持续发展。

那么,如何改进成熟干部和教师队伍的现状,同时能在培养年轻干部和教师工作上取得成效呢？结合我校发展中科技赋能体现不足的问题，提升干部教师数据素养进入我们的视线，本研究期待能在数据素养提升中，形成更多创造性的策略，并体现在教育教学和管理中，促进学校更好的发展。而数据素养的提升正好引导干部教师注重数据、学会分析数据，并能够在工作中恰当地运用数据，帮助教育教学和管理工作更有效地开展。

第三节　梳理历程

一、预备期：寻找方向

在参加项目之前，我们是无比期待和兴奋的，期待自己在项目工作中获得成长，对于自己所承担的工作领域能有较大促进；兴奋的是我们将与高校团队有深入的合作，不知道会有哪些思想火花碰撞出来。同时，我们也很迷茫，不知道项目工作从哪里开始，不知道自己在项目工作中扮演怎样的角色。带着这样的心情，项目工作拉开了帷幕。

在项目组第一次沙龙活动中，我们在高校教师的带领下建立了团队，并针对学校团队发展问题进行了探讨。其中一个问题是：我们致力于解决学校教育教学或学校管理中的什么问题、因为什么、希望实现怎样的效果。项目组成员针对这个问题展开了讨论。

成员1：我们致力于解决学校教师创新意识不足的问题。因为要促进教师更有效地开展教育教学工作，促进其自身专业成长，帮助学生更好的学习，我们希望实现学校教师队伍的提升，学校整体工作向更好的方向推进。

成员2：我们致力于解决教师创新能力有待进一步提高的问题。因为在实际工作中教师存在着因循守旧、职业倦怠、惯性工作等问题，我们希望老师们能够多反思自身教育教学工作，因时、因势、因人制宜，创造性地开展工作，以此达到更好的教育教学效果。

成员3：我们致力于解决学校教育教学中的教师创新意识与能力有待进一步提高的问题。因为部分教师缺乏学习动力，我们希望实现教师队伍水平的提升。

基于上面的讨论，最终确定了问题——我们致力于解决在学校教育教学过程中教师创新意识与能力不足的问题。

应该说，这是我们项目组几位成员最初的想法，就是通过我们的努力，带动更多的教师从事创造性工作，改变目前教师队伍工作的现状。无论将来确定什么内容的工作项目，这都将是我们首先考虑的方向与目标。

二、初步开展期：聚焦项目

在项目开展初期，我们每个人都很纠结，确定了项目工作方向后，到底需要确定一个什么样的项目内容呢？此时，我们的主要任务就是确定项目主题，使项目能够更加深入的展开。

在参加第一次工作坊后，大家认为当务之急是在提升自己学习能力的同时，赓续百年校史中的优秀因素，树立一个可持续发展的目标，能够凝聚并带领广大教师深入研究。否则研究不落地，流于形式，达不到"校本革新"的目的。那么，项目主题到底确定为什么呢？

我们回顾了近三年来学校的工作成绩，可以说，毕业学生成绩较好，学校的社会声誉在不断提高。原因是学校在日常教学管理工作中，注重引导教师分析阶段性考试的各层次数据，根据研究结果不断改进教学策略；重视对学生学情的诊断，针对不同学生找到他们各自的提升点并给予个性化辅导；还在区级层面立项"大数据背景下利用考试数据分析推进中学教学质量管理的实践研究"。利用数据反馈进行学校、年级组、教研组、备研组及教师、学生的分析，这已经被教师接受并持续贯彻在教育教学行动中。经探讨，我们认为可以依托该课题研究开展项目工作。在大数据背景下教师进行数据分析，提高教学针对性，进而提高教育教学效果。但是，随着项目确立，我们在文献研究中发现：大数据的概念范围很广，在各个领域都有其应用意义。教育大数据就是指教育领域的大数据，特征表现为实时性、真实性、复杂性和预测性。事实上，我们所掌握的数据不足以称为大数据。但是数据分析本身对于我们教育教学效果的提升确实是有帮助的，怎么来取舍和平衡呢？项目组陷入了迷茫和纠结中。

三、探寻期：高校助力

在初步确定项目主题后，就如何将项目与我们每个成员所负责的工作最大限度地连接起来，成为一个重要议题。我们纠结着、争论着，也在试图找到更好的解决办法。

2021年初，为了突破瓶颈，我们请高校团队入校指导，高校专家和中学领导团队一起举办工作坊，对项目进行重新定位。谢萍博士启发我们：既然学校教师认可通过数据反馈分析问题、改进工作思路，那么现有的"大数据"思路还可以继续，但是需要重新定义数据，不要只局限在考试的数据上。如对师生就教育教学及后勤方方面面的工作进行调研、座谈之后的反馈材料也是数据；课堂上师生教与学的图像、声音也是数据；教育教学管理之中教师的教案、总结也是数据；学校运作发展中接触到的信息同样是数据……数据是事实或观察的结果，是对客观事物的逻辑归纳，是用于表示客观事物的未经加工的原始素材。这些数据反馈的就是教育教学这一核心工作当前在学校的推进情况，为学校下一步决策和实践提供依据。要实现校本变革，"变革领导力提升"项目具体在我们学校可以定为"基于数据素养改进学校教育教学与管理的实践研究"。我们所期待改进的涉及学校教育、教学、管理，范畴较大，针对性不足。经过研讨，我们认为，成员在学校负责的工作涉及面较广，单纯规定某一个点，会让我们缺乏研讨的共同基础，因此，可以结合各自的工作内容来确定每个成员负责的小项目内容。

经此提点,大家豁然开朗,感到后续的研究工作可以围绕这个主题进行,而且还可以把学校相关工作纳入其中,前景清晰了许多。

四、转变期:任务驱动

这个时期是一个由确定想法到落实行动的过程。此时,我们开始坚定不移地在行动中渗透项目组的工作理念,将自己的所学、所思、所感落实于实践工作中。如果说前面我们还有不确定、困惑,那么在这个时期我们获得了前所未有的归属感,因为在这个时期,我们真正地将项目工作与自己的学校工作融合在一起,尝试着取得更好的工作效果。

在持续研究的过程中,结合项目组成员负责的具体工作,设置了几个小项目研究:基于考试数据分析精准化教学指导;基于试题分析引导学生调整学习策略;基于学生测评数据开展心理健康教育;基于数据收集的学校科研工作内容与改进;基于数据收集分析工具研发的劳动教育实践;基于数据收集与分析的课后服务效果评估;基于数据的教师发展需求分析。

推进中,学校科研室也基于数据收集和分析的思想,调查了五个项目的需求,发现集中在三个方面:一是需要进一步明确本项目研究的相关理论概念,以便于更全面地安排项目推进任务;二是项目下一步推进工作是进行前期调研,需要研讨明确调研思路、工具等;三是期望能够提升项目过程性成果的逻辑性。基于上述项目组提出的需求,2021年5月,学校邀请了北师大教管院副教授曾国权博士(也是"变革领导力提升"项目组直接联系我校的负责人)及其带领的研究生团队来校指导。经过高校团队与我校各项目核心成员的个性化沟通交流,达成了以下几个方面的合作:第一,利用高校资源,指导开展文献研究工作,特别是如何进行文献分析;第二,可通过协作组的形式,共同研制调研工具,调研工具的确定以本校实际状况为基础,是项目组成员与专家共同研讨的成果;第三,及时梳理项目开展过程中的阶段性成果,并开展阶段性成果研讨,以确保过程性成果及时积累,同时在专家指导下有计划地提升成果的逻辑性。

各项目组在与专家进行交流后,进一步修改了各自的研究计划,有调研需求的小组将召集本组核心成员针对调研方案进行集中研讨,初步确定本组前期调研内容、调研工作和调研对象;需要进一步明确相关理论和概念的小组,将进一步开展文献研究工作,结合项目在学校中的实践,进一步规范梳理过程性成果。此次基于各项目组的具体需求,通过与专家进行面对面、有针对性的交流,为各项目组踏实有效地开展研究工作奠定了坚实的基础。同时也说明了基于需求的专家指导对于项目研究工作是有效的抓手之一。此次交流也成为项目推进中的一次有效沟通,帮助项目组推进工作的同时,高校团队与我们的良好互动正式开始。

在转变期,项目组成员积极开展工作,那么有了怎样的收获呢?项目组成员认为,对我们学校的科研,还有年轻教师的培养都有一定的促进作用。比如说研究工具的选择以及数据处理,给我们带来新的思考角度与方法。高校团队将最新的科研成果带给学校,对老师的教学理念、教学方法,包括在行动中研究教学规律,都是有帮助的。对于参加工作坊的同事也产生了影响,拓展他们处理问题的思路,对其自身职业生涯也会有更多的思考。还有成员认为,收获在于对工作的梳理。比如,有关学校文化主题的工作坊,其实学校文化一直都有,只不过我们之前没有将它明确,没有思考得那么清晰。通过项目工作我们发现,对于工作的反思不能仅凭经验,可以吸纳更多的数据资料进来,让反思更有力量。

总之,虽然我们的项目工作目前还没有达到成熟和稳定的阶段,但是在过去踏实努力的工作中,我们经历着迷茫困惑和兴奋期待,也经历着坚定不移和逐步转变,并在此过程中通过自我成长引领更多同伴成长,为学校长远发展贡献力量。

第四节　互动点滴

一、高校参与:带来新的思考点与成长点

项目组为我校配备的高校导师,虽然前期经历了一次调整,但是在项目工作中,高校导师由参加我校项目核心工作逐渐扩展至更多的相关工作,无论从参与的深度和广度都在逐渐增加。参与方式包括线上研讨和线下到访,其中线上研讨最高频率达到每周 5 人次,一年下来,线上研讨总次数 60 次以上。而线下到访既包括与各位核心项目成员组的沟通,还包括与每位成员的深入研讨,每个学期到访 4~6 次。在高校导师的引领和帮助下,学校项目工作成效显著。

高校导师带着项目组核心成员更深入地分析了我校"基于数据素养改进学校决策与实践的研究"项目的必要性,及其所涉及的关键性概念,特别是对于数据的理解,引领项目组成员提升数据素养。如与项目组成员共同探讨:数据的范畴是什么?通常我们在教育教学工作中可能会遇到什么样的数据?当我们遇见非数字型的数据应如何收集和整理?收集到的数据应如何服务于我们的日常工作?等等。特别是针对项目组核心成员每人负责的教科研工作,高校导师进行了一对一的指导和帮助,包括科学使用研究方法以及如何更好地梳理成果。

随着我校"变革领导力提升"项目工作的逐步推进,高校导师的指导工作对象不仅限于项目组核心成员,开始逐步深入到更多教师群体中,如青年骨干后备班、各课题研究小组等。一个学期中,高校导师为青年骨干后备班组织了三次工作坊。高校导师与青年骨干后备班的负责人共同完成了这一阶段的数据收集、梳理和撰写论文的工作。如一位老师在参加培训后,在进行学情分析的时候,不仅有学生分数、知识点所占百分比的分析,还收集了学生的课堂表现。由此,老师们意识到数据不仅仅是数字,课堂上的表现等也

是重要的数据,甚至比数字本身还有效,如何能够更有效地收集和使用数据成为老师们新的思考点和成长点。

二、互动:从互相试探到合作共赢

回顾学校参加"变革领导力提升"项目的历程,可以将我们与高校导师的互动分为三个阶段:公式化互动、基于沟通问题的互动和融入式互动。

第一个阶段:公式化互动。还记得高校导师初次来校的情景:高校导师带着学生助理坐在会议室的一侧,我们项目核心成员统一坐在会议室的另一侧,更像是一个谈判现场。高校导师带着预设好的问题来与我们进行交流,整个过程,我们更像是在回答问题,因此可以命名为公式化互动。这个阶段的我们处于迷茫状态,并不知道要与高校导师沟通些什么,于是扮演了"默默等待"的角色,完全处于被动。我们渴望得到帮助,但是在不知道可以讨论什么内容的情况下,很难踏出第一步,就这样,我们双方都在互相试探着。

第二阶段:基于满足需求的互动。在经历了公式化的互动阶段,我们中学团队觉得,不能再这样等待下去了,这样的过程是我们所不能把握的,似乎也推进不下去了,可是作为项目的重要一方,我们需要并且愿意参与,那么我们可以做些什么?带着这样的问题,我们在校内召开了项目组的会议,核心组成员就这一阶段的感受和下一阶段的想法纷纷发表了自己的看法。有人认为,我们应该再去询问高校团队,到底要我们做什么?很快有人提出质疑,既然是一个合作项目,为什么一定是高校团队要我们做什么,而不是我们主动提出要什么。后者的观点很快得到团队更多人的支持。

2021年6月18日下午,曾博士带着三位项目助理同学来到我们学校,我们的老师带着期待而忐忑的心情将他们迎进会议室。会议开始,曾博士问我们需要什么帮助,带着之前的会议决定,我们每个项目都开始发问。第一个项目组想做一些关于作业现状的调查,包括作业布置的需求、形式等;影响作业布置的因素有哪些;是否有模式化或规律性的方法等。曾博士回应说,需要老师先明确自己布置作业的策略和原因,每个学科进行研讨,进而设计问卷。顺利展开了项目组团队成员基于个人所承担的科研课题,大家纷纷提出了自己在研究中的困惑和需求,以此作为这一阶段我们与高校团队交流的内容。这个阶段的互动是基于每个人的工作需求进行的,高校团队都一一给予指导和帮助。由于是基于个人负责工作的需求,所以整个互动过程显得凌乱,大多数时候我们的互动呈现了一对一的态势,这样我们很难有共同研讨一个主题的机会。面对这样的问题,我们与高校教师进行了沟通,尝试新的互动内容。

第三阶段:融入式互动。如前所述,基于需求本身不是问题,问题在于我们是否可以围绕一个共同的问题提出需求。与高校团队接下来的讨论主题是:我们所做的事情有没有共同点?经过反复的研讨发现:无论是我们的课题,抑或是我们所负责的工作,一个共同点在于都是在通过数据发现问题,然后解决问题,以促进我们完成工作或者改进工作。又经过打磨,我们成功地确定了项目主题:基于数据素养改进学校决策与实践的研究。

每个人所负责的工作都是收集各自领域所产生的数据，进而分析数据，发现问题，大家最终的目标都是为了解决问题，促进各项工作有效完成。在接下来的工作过程中，高校老师顺利地融入我们的工作日常，当然角色不同了，中学老师带着数据意识开展工作，高校教师不断给我们提供收集和处理数据的方式方法，并与我们一起分析工作中的问题，共同总结梳理，形成研究成果。在这样的互动中，我们彼此都发现了自己工作的价值，并更好地实现了优势最大化，至今我们依然有着良好的合作与沟通。

第五节 聚焦变化

一、重要变化：项目带给我们哪些改变

项目开始之初，西城区教科院团队面向项目组成员进行了初步调查，主要是了解大家对这个项目的期待。

成员1：使用新媒体技术提升工作效率，带动青年教师探索新领域。对整体工作有系统的、前瞻性的计划，以及创建便捷、高效的办公模式是目前迫切想解决的问题。希望能通过项目对领导力有深刻的理解，并且能有一套行之有效的实施办法。

成员2：如何将各类教学软件和硬件等新技术手段恰当地用在物理教学和测量评价中。

成员3：如何从不同角度进行科学的教学质量分析，全面提高教学质量。遇到的困难是如何更好地营造思想文化氛围，建构统一的思维背景以及如何在工作中有效地行动。在"变革领导力提升"项目中，扩宽自己的视野，进一步形成思想的开放体系，促进个人的成长与发展。通过提升自身的影响力，给学校团队注入新鲜的生命活力，并给学校的发展打开一个全新的可能性。

成员4：通过接受专家的指导、学习他人的经验，使自己工作中的领导力发生变革，提高效率。研究出一套既适合本校发展又能具备相对普遍指导意义的变革领导力提升方式、路径。

成员5：如何平衡好课程教学、班级管理和教育科研之间的关系，使工作水平的提升迈上更高的台阶。

成员6：在开展科研工作中，如何有效激发教师参与的自主性和积极性，如何能更好地梳理学校实践工作，形成体系，如课程梳理和建设等。我期望能通过参与此次项目的研究学习，有效提升自己的工作效果，并能够建立自主研究的核心组织。

成员7：能在项目中，学习到新的思维模式和管理理念，对如何克服组织阻力、推进变革可以带来实质性的帮助。同时开拓视野，提高自身领导能力，为学生的成长和学校的

发展提供更好的帮助。

总的来说,各位参与项目组的成员的期待包括:运用新的技术、方法、途径,提升工作效果、提高工作效率;营造文化氛围、提高积极性,带好队伍;变革理念,科学地工作,提升工作质量;为学校新时期的发展贡献力量。

两年多的项目工作中,项目组成员带着最初的期待,带动和影响着自己的团队,在学校工作中,呈现出不同以往的工作方式。比如,在制定教学工作目标时,方法意识增强,注重规范性,避免随意性工作。在明确学校教学工作任务和工作目标的过程中,注重数据收集,了解问题和需求。数据收集工作更加注重科学性,适当运用测量工具进行调研,充分开展访谈、调研,全面、科学的收集数据。又如,在监控学生学习进展方面,更加关注学生过程性的学习进展。这里面包括阶段性学习反馈后,详细的、有针对性的教学质量分析,着重分析学生阶段性学习的收获和不足。还有就是注重学生课堂表现的数据收集,据此分析学生阶段性成长的原因和改进相关策略。再如,在促进教师专业发展方面,注重理论学习,避免想当然的培训。在科学理论指导下,对教师专业发展进行引领。同时,告别培训"一刀切",基于教师的不同层次、不同需求,对其进行有效的指导。综上,我们总结归纳了以下重要变化:

一是对于数据本身认识的改变。以往我们提到数据,更多的是关注"数",如某个调查中的百分比数值,考试数据中学生的优秀率、及格率等,我们在某个群体中表现出的平均数值是怎么样的,或者说教师一年来公开课以及获奖文章数量是怎么样的,等等,总之,我们首先想到的是这些数字型的数据。经过两年来的项目工作,项目组成员对此有了深入的认识,那就是数据本身是丰富的,我们认识到:数据是关于某些方面的一组数字、资料、信息,不仅包括有根据的数字,还包括文本、图片、音频及视频等,通常涉及人口统计类数据、调查采集类数据、学习测评类数据、行为表现数据等。这个变化在教师中的一个重大表现就是,教师开始收集和关注学生的思考与行为,以此作为促进自身工作效果提升的数据。表7-2是教师收集的学生阶段性反馈数据。

表7-2 学生阶段性反馈数据资料

学号	教师好的做法	给教师的建议	自己好的做法	自己的不足
205	对公式结论、实验原理着重讲解而非死记硬背,对于我这种不擅长背记的人帮助很大	多接触新题型,不拘泥于原题	多见题,多刷期末、高考、模拟真题,使自己能应对新题	对旧题和实验题关注不足
104	整理的公式、实验对我帮助很大,对试题范围的分析很准确、很有用	对大题、难题的讲解细致一些、慢一点	多读、多背基础知识,有了基础才能更好地理解更深奥的知识	例题复习得不够
210	给予充分的自我思考时间和答疑,给我提供了全面的复习资料	更严厉地督促我	将题归类后,分析再分类,弄懂	作业敷衍,埋下隐患;自控力差,考前突击

续表

学号	教师好的做法	给教师的建议	自己好的做法	自己的不足
112	每章进行测试,可以及时地查漏补缺,巩固知识。重做套卷,可以加强记忆,深化理解	每次留完作业,第二天及时收,避免课上出现补作业的现象	把做过的试卷整理到一个大文件夹里,想看哪套,快速就能找到。用抽杆夹收纳所有公式资料,有仪式感,能提升学习兴趣	刷题不到位,有疑问不能当天全部解决,很拖延
220	是我见过的最有效、负责、管理全面的老师。我高二的电学学得不太好,老师分章教学、画题、测验的方式很好,以前不会的我现在有了思路	多做小练习:4道选择题+1道大题,效率更快,也可以随做随讲	把单元测试上的错题找出来做	不擅长考前复习,感觉东西太多,情绪不好

通过反馈数据资料,教师发现了学生对自己的肯定以及建议,学生自己也能根据其中的资料总结该学习阶段的优势与不足,并在对比中发现自己需要改进的地方,效果很好。很多青年教师纷纷效仿,并结合本班情况进行了深入运用。更重要的是,项目组成员在此过程中更清晰地看到非数字性的数据资料是什么、有什么用处以及如何使用。

二是更加关注数据收集工具的研制。问卷调查法和访谈法是一线工作中常用的研究方法,但是以往我们更关注的是运用调查工具收集来的数据本身,并没有想过调查工具是不是科学,特别是自编的调查工具本身是否能够收集到有效数据。随着高校导师带着学生助理加入项目工作中,带给我们很多新角度的思考。劳动素养调查量表开发的工作正是在这个时候开始的。我们本着科学设计调查量表的目的,与高校团队合作开展了反复的开发工作,先后进行了几次项目统计分析、效度分析、信度分析。通过这一工作,我们更加重视手机数据的调查工具及其开发过程,进一步认识到科学的调查工具对于一项调查是否有效是有着重要影响。后来,一位项目组成员在指导自己学生进行职业访谈的时候,也提出了对于访谈提纲设计的严格要求,比如他带着学生设计了职业生涯人物访谈提纲,提纲包括三个维度,分别是对职业的了解、职业所需专业背景、职业面临的挑战,在这三个维度下,不同访谈小组分别设计了不同的访谈题目。这一事例让我们看到,关注调研工具的开发,提高数据收集的有效性,是项目工作带来的、大多数老师所认可的变化之一。

三是对数据分析和使用的转变。以考试数据分析为例,以往我们看到的只是整体上学生的学习情况,然后利用整体情况给学生做反馈,进而提出若干教学和学习策略。近两年来,随着项目工作深入开展,大家对于数据有了不同的认识,进而对如何分析和使用数据也有了不一样的了解。如有的同伴会有这样的分析:有两个部分比较薄弱,第一个是完形填空,第二个是阅读理解部分中获取文章具体信息并简单推断的能力,以及理解作者意图和态度的能力(以阅读C、D篇为主)。鉴于这种情况,我们调整了教学策略:把更多的时间投入到对每段文字、每句话的分析上,带着学生逐句地读、分析、翻译或是讨论,帮助他们扫清障碍,更好地理解文章。专门为学生设计了长难句分析学案,并要求他们每过一段时间按时上交一次,通过这种方式督促学生关注课堂、培养他们善于梳理和总结的习惯。针对如何利用思维导图分析文章结构进行了具体的讲解,并鼓励学生坚持运用。每次看到比较好的思维导图分析,也会及时共享给所有学生学习。经过半学期的教学实践后,再一次用同样的数据分析方式来检测教学效果。

在这个转变中,我们发现:教师在数据的分析和使用中较之以往更加精细和有效。以这次的考试数据分析为例,同伴们采用了这样的方式来分析和使用数据,即数据操作层面上,重新审视数据的分析维度,然后按照不同维度进行深入分析;数据使用层面上,基于某一维度分析,调整教学和学习策略,并坚持阶段性实践;数据反馈层面上,收集实践后数据做对比,验证有效性。通过科学运用考试数据进行分析,一方面使得教学方法和策略更精准,有针对性;另一方面,不用对学生进行说教,学生看到数据,对于学习效果更加一目了然,愿意与老师一起努力,进行有效学习。通过这样一个工作过程,干部教师开展类似工作效率更高,效果更好。运用数据带来的收获使得更多教师和干部愿意与我们一起来开展这个项目工作。至此,数据的使用不仅仅在于"数",更在于"据",这成为项目组成员一致的认识。

二、关键事件:变化是如何发生的

当我们谈到变化,或者意识到自己的变化的时候,这可能是一个长期的过程,会经历诸多工作。这里分享几个项目推进中的关键性故事,带着我们一起思考变化是怎么发生的。

故事1:认识不同数据的背后……

现在回想起来,项目组成员对于数据认识上的变化并不是一朝一夕产生的,这种变化的背后是一次次质疑,一次次讨论,一次次学习验证。

在项目的最初阶段,我们想将项目的主题确定为"大数据背景下利用考试数据分析推进中学教学质量管理的实践研究",但是在一次交流中,高校导师对项目中涉及的关键词提出了质疑,如大数据是否适合中学一线?学校教育教学的最终目标仅仅是考试?这些质疑,引发了项目组成员的思考,让我们意识到"大数据"这一主题太大了,而仅仅是考试数据分析对于一个学校而言过于狭隘了,况且,我们每个项目组成员在学校的工作都远不止于考试数据分析。

针对这些疑问和困惑,高校团队给出了很多建议,有的导师说:"大数据本身较大,但是学校的确有很多数据是可以收集成为证据的,这些数据可能是一堂课,可能是学生的课堂反馈,可能是课前测试,也可能是学生的一些话语反馈,总之,抛开大数据不谈,学校其实有很多种类的数据可以作为资料进行收集和分析。"有的导师说:"收集数据本身对于教师而言是一项很重要的能力,学校的项目发现了这一点,从这个角度上来看,这次的选题是非常有意义和价值的。"还有的导师说:"据我了解,咱们学校很多老师都能熟练使用数据分析软件,这样来看,项目具有实施的基础。"当然最重要的是,高校团队对于学校前期的自评工作给予了高度肯定。在这次自评中,学校在短时间内收集了大量证据,分门别类地呈现了学校的发展状况,包括文件、访谈、观察、测验及其他(表7-3),而这些证据不正是数据吗?不同形式的数据而已。

表7-3 一五九中学校办学自评表(局部)

范畴	表现指标	要点问题	优异	良好	一般	不佳	学校自陈 (学校填写)
学校管理 (证据资料编号:SM001-100)	1.1 办学理念	学校办学理念是否清晰,能否形塑具有正确教育理念且适合学校需要与特色的学校发展愿景					1. 2011年12月制定了《2012—2014年学校发展规划》(以下简称《规划》),并经过教代会通过执行。《规划》立足本校实际,提出"培养自信心 激发内驱力"的总办学方略。其中,学校的办学理念是追求"开放、自主、互动"的活力教育,工作原则和路径是"一个核心、两个坚持、三个有利于",即"以提升质量为核心";"坚持走群众路线:从群众中来,到群众中去;坚持实践第一的观点:从实践中来,到实践中去";考虑问题原则是"有利于学生发展、有利于教职工发展、有利于学校发展"。总体发展思路是"内涵式发展,精细化管理,办人民满意的学校"。加强干部、教师队伍建设"提升教书育人的思想境界、提升专业化发展的水平、提升教职工生活质量"。培养"基础扎实、习惯良好、人格健全、和谐发展"的人才,努力办成西城区优质教育名校。2019年,明确学校办学理念:开放、自主、互动,打造适合的教育 开放:开放包容、兼收并蓄、求同存异 自主:激发内在需求,实现自主发展 互动:互相作用、互相影响,师生互动、干群互动、家校互动 打造适合的教育:要以学生为本,根据学生的特点和需求,通过调动多方力量,引导学生适应社会需要,面向世界、面向现代化、面向未来,努力做最好的自己 2. 学校每学期的计划都与新的教育政策、教育形势紧密结合,并结合学校办学理念和办学需求,以及尊重学生发展需求,制订学校工作计划 3. 全体会上通报学校阶段性重点工作,校长通过全体会向教职工通报前一阶段重点工作的完成情况和下一阶段重点工作的内容

如表7-3所示的项目前期开展的自评工作,给了项目组一个重大启发:数据本身的范畴很大,在一线学校里面,数据可能存在于很多方面,问题在于如何收集数据、分析数据、使用数据,以此推动我们创造性的工作。那么,项目主题如何修改呢?

高校团队的学生助理为我们提供了大量的相关文献,如表7-4所示。

表7-4 部分文献目录

文献	作者
高等职业教育质量改进及评价研究——以山西高等职业技术学院为例	郑艳霞
基于大数据的精准教学模式探索	伍信平
基于核心知识运动的美国基础教育质量研究	邓珊
基于数据支撑的高中班级学生评价策略研究——以湖北宜昌市S高中为例	秦照华

续表

文献	作者
教育大数据支撑下"以学定教"教学模式建构与应用	藏方青
美国学校改进中的数据使用研究	杭禹
普通高中学校教育质量评价调查研究——以山东省费县DY中学为例	宁中国
数据支持下的学校改进案例研究	贺利林
校外教育质量评估指标研究	李凯
学生学习表现数据的采集与利用研究	刘桐
学校校本改进的现实困境及其出路	赵新萌
用数据说话:提高学校诊断的科学性与有用性	赵德成 柳斯邈

项目组成员接下来进行了大量的文献阅读,阅读后还展开了讨论,一次次的学习和碰撞让我们逐渐统一了认识,最终确定了项目主题:基于数据素养改进学校教育教学与管理的实践研究。这样的历程让我们对于数据,特别是学校一线工作中的数据,有了更宽广、更深入的认识,同时在质疑、讨论和学习中,不断成长,这样的工作方式在项目后期也逐渐延续到学校的工作中,带领我们自己的团队在不断地质疑、讨论、学习中成长。

故事2:收集数据从来都不是一项简单的工作

大多数时候,我们总觉得收集数据很简单,有个问卷就好了,开个座谈会就好了……直到2021年4月,领导力项目组在我校召开了一次沙龙活动,这次沙龙活动的主题讲座就是关于教育中的量化研究。内容包括很多,其中有一项是:量化研究的研究素材是客观化、可测量的数据,所以调查问卷理所当然应该收集的是客观化、可测量的数据。问题是怎么保证问卷的科学性和有效性呢?以往我们似乎忽略了这个问题。

于是在2021年6月,曾博士带着3位项目助理来我校交流指导时,我便跟他谈了关于开发劳动素养调查工具的想法。曾博士建议说,不要设立太多维度,有4~5个就可以。在文献基础上,了解关于劳动素养的核心观点,从中提炼维度,建议每个维度设置5个题目左右,然后通过专家评价问卷的结构、效度等,进行小范围测查和信度、效度检验,之后就可以初步发放收集数据了。在曾博士的启发指导下,我根据查阅的文献,对劳动素养进行界定设计的问卷包括了3个维度,设计了30道题目。

接下来,高校学生助理与我就这项工作进行了合作。我们通过微信进行多次沟通和讨论,初步确定劳动素养调查问卷由3个维度调整为2个维度,经过两次问卷信度检验和效度校验,对问卷题目进行了删减和修正,最终形成了信效度较高的劳动素养调查工具。在曾博士的反复指导下,我们还共同撰写了关于劳动素养调查工具开发的论文。

之所以觉得这个事件值得分享,是因为我们中学项目组是作为主体切实参与其中的,而不仅仅是听一个讲座。总结下来,我觉得这个过程是这样的:中学项目组提出问题与需求,高校导师提出建议,高校学生助理加入并与中学项目组合作开展具体工作,高校导师指导中学项目组和学生助理形成成果。这里面体现最多的一定是切实的参与,包括反复磋商、互相鼓励、发挥彼此的优势。到这里故事结束,但是我的思考还在路上……

故事3:在方法与问题之间,永远是问题为王

这个故事的题目来自一次沙龙活动上毕妍老师的分享,与此不谋而合的是,我们学校一位老师在谈到数据时说:"我们应该关注的不仅仅是'数',更应该是'据'。"综合上述看法,我们认为,对于数据的探究不能仅仅局限于数据收集和分析,更重要的应是数据的使用,对于一线学校就更是如此了。

于是,我们与曾博士探讨:如何在收集到数据后更好的用在工作中呢?曾博士建议,可以某一项工作的开展为抓手,我们合作完成,体会一下数据如何使用。经过反复斟酌,决定合作开展青年教师工作坊。工作坊分为两次,以下是我们运用数据办好工作坊的简要过程。

第一次工作坊开始前:收集举办工作的需求,分析这些需求,也就是数据资料,确定工作坊的目标:通过本次工作坊,教师将反思从教的初心,思考他们对教育工作中的抱负、信念,了解教学工作的意义,重新认识他们与教学工作的关系,并探讨影响或妨碍其保持初心、抱负、信念的因素,思考工作中的困难及克服困难的方法。

第一次工作坊中:收集工作坊中教师的语言分享与行为表现,这也是数据资料的一部分。从中分析教师对于工作坊内容的反馈。

第二次工作坊前:收集教师对于此次工作坊内容的需求。确定第二次目标:通过本次工作坊,教师将思考总结从教以来的教学经验,认识到自己所处的生涯阶段的特点及当中需要面对的困难和机遇,思考如何能够克服困难,成为理想中的教师。同时,对于之前设计的工作内容进行调整。

第二次工作坊中:与第一次工作坊中相同。

两次工作坊后:收集教师总结,从中整理此次开展工作坊的经验与不足,以及评估教师在工作坊中的收获和后期工作的起点。

依托这项工作,我们总结发现:数据可以应用于工作前、工作中、工作后,不同阶段可以收集不同类型的数据,不同的数据对于工作有着不同的建议。一旦数据应用于工作中,那么收集者和被收集者都是受益的。基于这两点发现,坚定了我们收集数据是为了使用数据,以更好地改进工作这一原则性目的。

第六节　关注持续变革

一、总结变化与改进

两年多来,参与项目工作的干部教师得到了很多帮助,也有很多工作理念、方式方法的改变。每个项目组成员在自己所负责的工作领域都有不同于以往的表现。

举例来说,学校科研工作计划中有这样一条:基于问题和需求导向,开展教师科研培训。开学初,科研处面向全体教师开展了科研培训需求调研。调研结果显示,在科研培训内容方面排在前四位的分别为如何将教育教学中的问题转化成为课题进行阶段性研究、定期或者不定期对教育教学热点问题进行通报和培训、如何整理并形成教育教学成果、如何将日常教育教学实践活动主题探究课程化。可见,问题意识、数据意识、成果意识都成功体现在了学校工作中,这一变化将推进学校工作高效完成。又如,在学校推进新时代教育评价改革工作中,提出了以下工作要点:推进工作标准的建立,增强标准意识和标准观念,形成按标准办事的习惯,提升运用标准的能力和水平,形成可观察、可量化、可比较、可评估的工作机制。这些规范性的、量化的工作思路都得益于参与这一项目。

总之,一方面核心组成员的规划、领导和创新变革意识与能力得到提升;另一方面由项目组成员负责的工作体现了基于问题、基于数据、科学设计、量化标准等特点,对于学校各方面工作产生了深远影响。

二、未来持续变革

由于项目组成员中学校中层干部居多,在学校后期制定新三年规划的工作中,将确定实施分工方案,强化年度工作计划和规划有效衔接。建立实施台账,细化时间表、路线图、定期跟踪调度。我们认为,这是项目成员所习得的方式方法的沿袭。另外,在我校"十四五"规划中,有几处内容都展现了要把项目所带来的发展与变化持续下去的意向。

如引领教师运用大数据进行分析,从年级组、备研组的分析中找到有效指导教学质量提升的切入点。备研组结合阶段考试,对每个学生进行各学科诊断分析,"一段一措施""一生一方案",进行精准帮扶。教师积极改变自己的教法,帮助学生制定提高计划和措施,确保每个学生能有提高。

又如,科研处参加毕业年级质量分析会、教研组研讨会、备研组研讨会、年级组研讨会等,改进参与会议方式,设定参会任务目标,并在会后完成纪要反思,并将其提供给相应参会人员,为参会人员后续工作提供启发性资料。以此作为后续工作开展的数据支撑。

再如,在数据素养提升的前提下,发挥教师整理教学资源的优势。"双减"背景下,要求教师摒弃打时间仗、拼命刷题、一味应试的观念,要加强备研、共同研讨,精选材料内容,丰富形式。既要面向全体,又要因材施教,精准解决教学中的重难点,运用多种教学方式来帮助学生掌握每一节课的重点难点知识,提高课堂效率。

此外,在参与此次中学和大学合作开展的项目中,从队伍建设、教师专业能力、中层领导力等多方面我们都受益匪浅。因此,我们期待也建议有机会开展一个更长周期的共同工作,使本阶段所得经验能够更好地发挥实际作用。

第八章

聚焦双减政策导向 共谋长效变革发展

第一节 项目研究主题与重点

一、研究背景

（一）落实"立德树人"教育根本任务的需要

健全立德树人的落实机制，构建德智体美劳全面培养的教育体系，是习近平总书记在全国教育大会上着重阐述的重要要求，指出了人才培养体系的核心所在、关键所在。立德树人是教育的根本任务，为落实这一根本任务，必须着力构建起德智体美劳全面培养的教育体系。德智体美劳五个方面各有其本质特征和内在要求，但在实践层面，德智体美劳五个方面是一个相辅相成、相互渗透、不可或缺的有机整体。构建德智体美劳全面培养的教育体系，必须把德智体美劳作为一个相互联系的内容体系予以整体考虑，把握好"五育"之间的内在联系与相互融合、相互促进的发展规律，努力探索"五育并举"的育人模式，将"五育"以"一分为五，合五为一"的方式方法融入一切教育教学活动之中。

（二）新时代教改背景下教师发展的需求

面对新时代教育改革的深入推进，本研究通过实施"五育并举"的行动研究，特别是"五育并举"下课堂教学策略的研究与实践，引领教师改变教育观念，以"五育并举"教育作为击破应试教育壁垒的着力点，将全面发展作为发展学生核心素养、增强创新创造能力、提高学业能力的重要推动力，促进学生综合素质的提升，真正实现学生德智体美劳的全面发展。同时，不同学科教师对"五育并举"的课堂探索，将在自身学科基础上加强对德智体美劳教育的渗透与引领，丰富原本单一的学科教学内容，开启多样化课堂模式的新局面。

（三）实施义务教育课程方案的需要

《义务教育课程方案（2022年版）》"指导思想"中指出："以习近平新时代中国特色社会主义思想为指导，全面贯彻党的教育方针，遵循教育教学规律，落实立德树人根本任务，发展素质教育。以人民为中心，扎根中国大地办教育。坚持德育为先，提升智育水平，加强体育美育，落实劳动教育。反映时代特征，努力构建具有中国特色、世界水准的义务教育课程体系。聚焦中国学生发展核心素养，培养学生适应未来发展的正确价值观、必备品格和关键能力，引导学生明确人生发展方向，成长为德智体美劳全面发展的社会主义建设者和接班人。"

二、研究内容与设计

（一）研究内容

宏观上讲，"五育并举"是德智体美劳全面发展，而在一节课中，"五育"是相互关联、相互促进的。以体育与健康课为例，一堂课不仅可以提升学生的运动技能和体质，也可以使学生得到遵守规则、磨炼意志、整理器材养成劳动习惯等素养提升的机会，上述教学内容均指向学生基础素养和核心素养，体现"五育并举"。

现已有较多研究关注在文化课课堂开展德育、智育，基于此，本研究进一步思考：如何在文化课课堂主渠道常态化加强美育、体育、劳动教育？可否进一步以"五育并举"为目标，从学科核心素养与学生发展核心素养相结合相促进的角度出发，整体评估、设计、实施、评价学生学习内容，以促进学生全面发展，提高综合素质？本研究将重点探究"五育并举"的课堂教学策略，并探索年级综合性实践活动中实施"五育并举"的策略。

（二）研究设计

研究过程大致分为四个部分：(1)梳理已有相关研究与概念阐释，完成文献综述；(2)分析初中学生学习习惯及学习能力、学习成效现状的数据；(3)开展课堂教学的实践探索，探索课堂教学实施"五育并举"的策略；(4)撰写研究成果，包括《北京三中初中实施"五育并举"的课堂教学设计》《关于习近平金句在初中道德与法治课堂教学中应用的几点思考》《初中近代史教学中依托历史人物渗透家国情怀教育的几点思考》《初中音乐"草原牧歌"单元教学中渗透"五育"的思考》《初中物理教学模式建构的课堂研究》《"心理健康教育课程"渗透"五育"的行动研究——以普通中学起始年级为例》等论文。

本研究将采用行动研究法、案例分析法。研究前期，通过分析问卷，呈现学生学习习惯与特点。研究过程中，利用问卷调查收集教师反馈、学生感受等数据、资料，为教学方案的调整与改进提供依据。组织师生访谈，了解研究成效或存在的问题，进一步改进与完善研究内容。开展课堂观察，将基于学科教学实际的"五育并举"课堂策略系统化、明晰化、条理化，逐步形成符合学校实际并具有一定推广价值的课堂观察量表，使"五育并举"课堂策略可操作、可评价。以教师实施课堂教学策略的案例及反思、学生学业成绩、学习行为前后对照资料进行分析。

(三) 核心概念

1. 五育并举

党的教育方针明确指出，要培养德智体美劳全面发展的社会主义建设者和接班人，"五育并举"，全面育人，关乎国家的教育战略，也关乎人的生命与灵魂。德育教人为善，智育教人求真，体育教人健体，美育教人臻美，劳动教育教人在劳力上劳心。"五育"各有其独特的任务和价值，但在教育实践中，教育本身是整体发生的，人也是作为一个整体而存在，所以在理解"五育并举"的时候，需要将"五育"作为一个整体来看待。具体来说，德育贯穿于各育之中，是其他各育的灵魂；智育为实施其他各育进行知识和智力的储备；体育为其他各育提供体质的准备和生理的基础；美育以精神的力量助推其他各育的发展；劳育是对其他各育的综合实践运用与成果的检验。"五育并举"是"五育"融合的基础，"五育"融合又是"五育并举"的目标指向。"五育并举"不是"五育"简单相加，教育实践活动可以"一育"为主，渗透各育；在"一育"中发现"五育"、渗透"五育"、落实"五育"。"五育"紧密联系、相互贯通、相互作用，构成一个完整的育人体系。

2. 课堂教学策略

课堂教学策略是为了达成教学目的，完成教学任务，在对教学活动清晰认识的基础上，对教学活动进行调节和控制的一系列执行过程。教学策略的产生，是为了解决现实的教学问题，掌握特定的教学内容，达到预定的教学目标，收到预期的教学效果，因而指向性明确。任何教学策略都是针对教学目标的每一具体要求而制定的，具有与之相对应的方法技术和实施程序，以便于转化为教师与学生的具体行动。教学策略包括教学活动的元认知过程、教学活动的调控过程和教学方法的执行过程。

第二节　学校现状与改进需求

一、学校发展目标

学校教育将逐步实现高水平教育现代化建设。到 2025 年初步建成理念先进、体系完备、内涵创新、质量优良、环境优越、保障有力的格局，提升学校教育的现代化水平，提升人民群众对学校教育的满意度、获得感。

完善立德树人德育体系。继续发展"积极德育"体系，让社会主义核心价值观融入学生学习生活，构建德智体美劳全面培养的教育机制和高品质人才培养机制，培养担当民族复兴大任的时代新人。

建立"五育并举"的人才培养体系，树立科学成才观念。坚持以德为先、能力为重、全面发展，坚持面向人人、因材施教、知行合一，校本化完善综合素质评价体系，切实引导学生坚定理想信念、厚植爱国主义情怀、加强品德修养、增长知识见识、培养奋斗精神、增强综合素质。

建设学校科学绿色的综合评价体系。改革评价手段和方式,发挥评价的诊断、改进和激励功能,不断激发师生积极性。建立学生培养目标体系,明确不同年级学生培养目标,注重成长和过程,促进素质教育和学生成长成才。

二、学校现状

（一）学校文化理念

北京三中前身为1724年（雍正二年）建立的清室右翼宗学,1912年更名为京师公立第三中学校,1950年10月定名为北京市第三中学。北京三中是北京市首批"百年学校",是西城区历史最悠久的中学。学校在发展过程中,形成了"敬业乐群、严肃严谨、求真务实、艰苦奋斗、师生感情深厚"等优良传统,学校在此基础上总结出反映三中特质的五个"实"——"历史厚实、校风朴实、管理落实、业务扎实、人生充实",并将这些优良传统和作风融入各项工作,推进理念文化、制度文化、行为文化和物质文化建设。文化育人在学校各方面工作中的影响力显著。从表8-1可见,教师在访谈中所归纳出的学校文化清晰地印证了学校的文化理念对教师的积极影响,充分体现出教师对学校的深厚情感及改进教育教学的希望。

表 8-1　教师眼中的学校文化

五个学校文化词	历史悠久、多元、发展、务实、创新
学校愿景陈述	希望学校的教学质量不断提升,创新发展,在未来的区域教育格局中占有一席之地。师生有归属感,对学校认同,幸福指数高。教师内强个人教育教学素质,外塑优雅从容的形象。学生自强不息,全面特色发展
五个积极因素	1. 校领导对学校的发展有规划、有要求,能够积极鼓励大家 2. 教师对自己有要求,有责任心,业务较为扎实。肯于钻研,不断进取 3. 学校有一定的文化积淀,在社会上得到一定程度的认可,为学校的发展奠定了良好的基础 4. 社区对学校评价较高 5. 部门之间、教师之间能团结协助,师生之间有良好的关系
五个消极因素	1. 教师教学过程中有一定的焦虑情绪,容易急躁 2. 教师队伍结构亟待调整,以形成"老中青"的合理配置 3. 教学/评价机制尚不能满足学校创新推进发展的需求 4. 教学理念、教育观念还需要不断更新,与时俱进 5. 先进技术方法在学校中的运用远远不够,不能够满足学生、家长、教师及学校日益发展的需要

（二）学生发展的层次和状态

由表8-2可以看出,学生学习习惯、学生信任、数学学习经历、语文学习经历以及学校归属感处于较高水平,而动机与自信心、自我导向式学习则相对较低,处于中等水平。中学生经过六年义务教育阶段的学习,已具备基本的学习素养和学习习惯。学习的自觉性、主动性有所增强,学生课堂活动参与热情较高,喜欢表现自己。同时多数同学在学习中呈现出强烈的成就动机,渴望同伴和师长的肯定。在交流与访谈中,教师也指出学生的一些表现:作业迟交或者不交,完成学习任务时"偷工减料",学习的动力不足、意愿不强;怕苦、畏难、缺乏自信心、较易受外界环境影响,对自身的积极要求不稳定,不时松懈甚至放弃,等等。这些现象表明,学校教育需要提升学生学习中的自尊与自信,指导学生积极适应初中学习方式与学校环境;要加强培养学生良好的行为与学习习惯;要正确引导和塑造学生三观,引导学生正确认识、认同、执行学校规则。

表 8-2 学生发展相关变量

变量	平均值(M)	标准差(SD)
学习习惯	4.94	0.93
动机与自信心	4.83	0.73
自我导向式学习	4.53	0.72
学生信任	5.29	0.86
数学学习经历	5.35	0.82
语文学习经历	5.32	0.86
学校归属感	5.28	0.87

(三) 教师发展的层次和状态

从表 8-3 中可以看出,教师在自己的教学中有一定的经验和能力,有着较强的职业责任心和荣誉感。挖掘教师自身的潜力,不断帮助教师总结经验,是协助教师提升的重要途径。学校要进一步关心教师的学习、生活,为教师学习提供、搭建更多的平台,但是部分教师的教学方式,对学生学习方式的指导应加以改进,同时部分教师需进一步改进学生观、家长观,以适应不断发展的教育教学要求。

表 8-3 教师发展相关变量

变量	平均值(M)	标准差(SD)
教师集体自我效能感	4.72	0.58
教师学业强调	4.73	0.62
教师信任	4.89	0.60
教师集体效能感	5.13	0.53
教师承诺	4.97	0.67
教师文化	4.92	0.70
教师韧性	4.88	0.70
教师建构主义理念	5.38	0.57
教师教学策略	5.10	0.59

（四）初中课堂教学的现状

从 2019 年开始，学校改进课堂教学，构建促进学生思维能力提升的课堂已成为教师的共识。两年来，课堂教学有一定的改进，但还需要进一步关注学生学习过程、改进学生不良行为习惯，进一步培养学生思维能力。"五育并举"下的课堂教学将推动教师进一步关注学生学习过程、学习习惯、心理特征，提高学习效率。学校在课程实施过程中鼓励老师们开展"五育并举"下的实践探索，积极开展丰富多彩的活动，这些都为教师进行"五育并举"下课堂实践研究积累了一定的经验。

另外，初中不同学科面临着进一步发展的需求。如初二年级道德与法治课程增加了《习近平新时代中国特色社会主义思想学生读本》，如何借助读本上好新时代思政课是学科教师需要思考和研究的问题。艺术、体育与健康是初中课程中相对薄弱的学科。学生在体育锻炼方面存在着肥胖、懒惰、怕吃苦、不重视体育锻炼等现象。从艺术学科来说，学生存在着不重视艺术课程的现象，艺术课程核心素养还有待提高。"五育并举"融入体育、艺术课程将促进学科教师加强课堂教学研究，致力于提高学生身体素质，加强意志品质，提高学生核心素养，使学生得到全面发展，并积极推动学校课程建设。

三、学校发展进程中面临的挑战

（一）"双减"政策的实施

2021 年 9 月，中共中央办公厅、国务院办公厅印发《关于进一步减轻义务教育阶段学生作业负担和校外培训负担的意见》（以下称"双减"政策），政策要求"提升课堂教学质量。教育部门要指导学校健全教学管理规程，优化教学方式，强化教学管理，提升学生在校学习效率。学校要开齐开足开好国家规定课程"。"双减"政策下，学校需积极改进课堂教学，构建促进学生学科思维能力提升的课堂，减负提质增效，同时需通过教育教学活动全面提升学生素质，落实"双减"政策的迫切要求。

鉴于上述情况，学校需要开展实施"五育并举"的行动研究，特别是需要深入探究课堂教学中教师在"五育并举"思想指导下如何施教的问题，从而提高课堂教学质量，实现减负增效，促进学生全面发展。

（二）学校的进一步发展需要深挖内部潜力

学校发展需要发挥干部教师的主观能动性，形成积极工作、主动工作、有效工作的氛围，提高团队凝聚力，增强工作实效性。

（1）学校中层干部是管理层的重要组成部分，为学校的良好管理发挥着至关重要的作用，是校长开展各项工作的有力辅助，也是校长与教职工人员之间的重要纽带，在推动学校的发展中具有重要的意义。因此，学校应加强对中层干部管理的重视，充分发挥出中层干部的辅助作用，提高中层干部的工作能力，为学校各项任务的实施提供良好的保障。

学校发展需要提升学校各层级管理者角色定位意识。周廷勇认为，学校管理者的角色也就是指管理者在学校的管理活动中所处的人际关系的位置和所承担的职责以及所具有的特质。充分认识到学校管理者所处的场域——"学校"这个组织的特点,是学校管理者角色定位的前提;谨慎处理经济逻辑和教育逻辑在学校管理中的地位,是学校管理者角色定位时需要关注的焦点;在不同角色之间的成功转换,是衡量合格的、成功的学校管理者的关键。

学校管理者需有发展引领的角色站位,将自己定位为学校教育政策变革的设计者、推动者、积极参与者,合理进行研究队伍的层级设计与安排,积极发挥每个人的最大效用。同时中层领导者要想推进工作,不但要善于发现问题,更重要的是提高解决问题的能力。课题工作是一个很好的工作推进方式。管理者通过课题研究,精准发现问题,以科学的方式推进问题的解决,提高工作效率与质量。例如,中层领导者通过行动研究和活动开展,加强教师与学生之间的对话和思考,充分了解师生在学习成长中存在的问题,及时引领、指导,积极调动研究者和学生的积极性。以行动研究、问卷调查、师生访谈等多元形式,了解现阶段共同目标下各自的困难与需求,在充分调研的基础上确定各组研究主题与探究的途径,确保研究与教育教学工作高度融合,以研究促进发展,以发展推动研究。又如,中层领导者助力研究过程中团队的内在成长,以坚定、积极、乐观的态度持续引领团队的内在成长,为研究队伍提供更丰富多元的资源,包括课程资源、学习资源、人才资源及其他的帮助。团队各个层级持续关注、助力与指导研究团队的共同成长,通过组织研讨、读书交流、听评课、教学研讨等多元形式,自上而下激活团队管理机制,增强教育教学干部、年级组、教研组、备课组、学科骨干教师和普通教师各个层级的研究活力。

(2) 加强骨干教师队伍的建设。王静涛提出中青年骨干教师队伍建设对学校发展的重要性:一方面,稳定的骨干教师队伍可以提升教师整体对于学校的归属感和组织认同感,避免骨干教师的流失、更替对教师群体的不良影响,也可以节约重复性的教师培训、培养成本;另一方面,优秀的骨干教师队伍通过教学直接影响到毕业学生的综合水平与能力,也密切关系到学校的学科建设和专业发展,乃至影响学校的长期竞争力。莫初发等人则提出根据科学发展观理论,要从科学人才战略观高度去建设教师队伍,坚持从人才战略观来培养学校骨干教师以保证学校教育工作的可持续发展。学校培养骨干教师,教师实现了人生价值,教师队伍得到稳定,学校储备雄厚的教师资源,持续发展有了保障。

培养一批懂科研、专业水平高的教师队伍,推进教师的专业化成长,为学校可持续发展奠定坚实的基础。

(3) 增强师生归属感,提升工作学习幸福指数。幸福心理学大师塞利格曼曾言:真正的幸福等于快乐加意义。我们期待通过层级管理和协同育人的全面推动,通过教育教学的改革与推进,降低教师与学生的焦虑水平,增强师生为共同目标努力前行的驱动力和自主性,使"教师以敬业为乐 学生以成才为志"的办学目标深入课堂、深入教育、深入人心,让每一个三中人,都为百年老校焕发新的色彩矢志不渝、砥砺前行。同时,在工作学习中实现自我的积极发展,在寻求意义中提升幸福感与成就感,不断提升我们的办学品位和师生的人文素养。

第三节 项目开展情况

一、启动期

项目伊始，依托"变革领导力提升与学校革新项目——高校支持中学发展"，学校形成了以初中主管领导、初中教学处、德育处主任共四人的核心团队。

2021年1月，教师参加西城区教育科学研究院举办的工作坊，围绕"学校变革的起点""中层领导的角色和影响""项目评估"主题进行了学习和校本研讨。老师们受益匪浅，认为此次学习引导他们重新认真地梳理并认识学校的文化、现状及问题，同时对自身的工作进行了审视，是对自我一个重新认识的过程，为今后的工作开辟了新的视角。比如，H老师在总结中说："在这个培训中，我多次从不同的角度认识自己，剖析自己的优势与不足。比如'人力资本''社会资本''文化资本'的排序，既是对自己进行全面的了解，也是对今后的工作增强认识。"

通过这次工作坊项目学习，项目组增加了三位年级组长为核心成员，共同完成了对学校现状的分析、学校愿景及项目分工等工作（表8-4）。

表8-4 项目组成员信息

成员姓名	角色/任务	我们的领导作用、分工
C教学副校长	主导者	全面指导研究，把握方向 全面协调沟通 负责论文的最后整理、撰写、审稿、把关
D老师	驱动者、协调者 （学校层面）	团队之间、团队与专家之间的具体沟通协调 积极主动了解研究过程中的困难，协调解决办法 参与部分课题的研究 在校长、专家的指导下，同伴的协助下进行成果的整理、撰写
L老师	驱动者、协调者、 组织者 （学校层面）	初中德育处副主任、心理教师 对学校德育工作全面把握。有实践经验，也有丰富的理论知识 在校长、专家的指导下，同伴的协助下进行成果的整理、撰写
H老师	驱动者、协调者 （学校层面）	参与部分课题的研究 在校长、专家的指导下，同伴的协助下进行成果的整理
C老师	驱动者、协调者 （学校层面）	初中德育处主任 指导初一年级组工作，把握研究的方向
L老师	驱动者、协调者 （年级层面）， 执行者 （任课教师层面）	初二年级组长 充分了解年级学生思想动态 经验丰富，能够指导帮助青年教师进行课堂实践 善于总结反思，教学中有创新意识 作为青年教师的领导者，能在工作中、思想上及时给予研究者帮助，共同探讨学习

续表

成员姓名	角色/任务	我们的领导作用、分工
D老师	驱动者、协调者（年级层面），执行者（任课教师层面）	初三年级组长 教学经验丰富，能够指导帮助青年教师进行课题实践 善于总结反思，教学中有创新意识 作为青年教师的师傅，能在工作中、思想上及时给予研究者帮助，共同探讨学习 充分了解年级学生的思想动态
H老师	驱动者、协调者、组织者（年级层面）	初一年级组长 对年级组长工作有自己的认识，愿意尝试改变工作方式 有学习的意愿与行动，不断追求进步

二、探寻转变期

2021年9月，随着"双减"工作的开展，课堂教学提质增效更加紧迫；学校需要进一步探索"立德树人""五育并举"的实施途径；学科教学面临着新老交替，突破学科发展瓶颈等问题。项目组进一步思考如何更好地利用课题推进学校工作的开展。

（1）在分布式领导的理论指引下，项目组进一步扩大了团队成员，使课题工作深入学校各个层面。

（2）确定课题，以论文写作为切入口，指导教师整理已有经验，发现问题。

2021年9月，北师大工作坊进行了高质量论文写作、课题研究的指导工作。学习之后，项目组成员深刻地感觉到科研从教学中来。学校课题组大多为40~50岁左右的教师，有比较丰富的教学经验，对某一教学内容有比较深入的理解和研究，各核心负责人已积累了一定的材料，如教学设计、研究课的反思总结等。但这些经验、思考还比较零散，不成系统。可以借此契机，积极引导教师针对自己要研究解决的问题，确定课题、整理思路、撰写论文，这是发现问题、研究问题、解决问题的有效途径，亦是教师们最需要的科研。因此，课题组各骨干成员结合各自学科的工作制定了研究方向。

9月23日，项目组邀请叶菊艳教授来校，与教师们一起明确课题及论文题目，确定研究方向，探讨研究方法与论文写作（表8-5）。

表8-5 子课题名称

学科	原课题名称	确定后的课题名称
道德与法治	习近平金句在初中道德与法治课堂教学中的应用策略研究	习近平金句在初中道德与法治课堂教学中的应用策略——以"促进民族团结"一课为例
历史	依托近代历史人物在初中历史课堂渗透家国情怀教育	初中近代史教学中依托历史人物渗透家国情怀教育的策略
物理	初中物理教学中学生思维习惯的培养和形成	初中物理教学模式建构的课堂研究
心理健康教育	"五育并举"视角下的心理课堂教学策略研究——以普通中学初一年级为例	"心理健康教育课程"渗透"五育"的行动研究

续表

学科	原课题名称	确定后的课题名称
音乐	依托蒙古族歌舞传承民族文化的实践研究	"五育并举"视角下的初中音乐"草原牧歌"单元教学的行动研究
体育与健康	通过跟随跑提高耐久跑教学实效性的实验研究	训练方式在耐久跑中的应用研究
年级工作	"五育并举"背景下的初中学生活动的设计和实践研究——以露营远足活动为例	"五育并举"视角下的年级综合实践活动设计与实施的行动研究——以三中初一年级为例

(3) 此阶段我们有如下收获:

① 进一步确定研究方向,聚焦研究主题。

在叶教授的指导下,各组的研究课题逐渐聚焦,与课堂教学实践结合更紧密,寻找适切的"切口"。在确定题目的过程中,大家也对工作坊中学习到的有关课题、论文撰写等理论知识有了进一步的理解。

立足单元教学进行研究。如音乐课题的变化,"'五育并举'视角下"是这个研究的独特之处,对"草原牧歌"这一单元进行大单元设计,通过四课时的教学,紧扣蒙古族民歌,从文化、艺术、劳动、歌唱等方面引导、学会、理解、学习蒙古族民歌,实现"五育并举"。

立足学科教学的发展。《习近平新时代中国特色社会主义思想学生读本》是道德与法治学科本学期新增添的学习内容之一,道德与法治组希望能够将读本有效地运用起来,丰富课堂的教学内容,使读本与教材内容相呼应,真正为思想政治课程提供时代背景,激发学生的爱国情怀与自豪感,增强学生的政治认同感,以及立志报效祖国的责任感与使命感。基于此,道德与法治学科选择了"习近平金句在初中道德与法治课堂教学中的应用策略——以'促进民族团结'一课为例"作为课题进行研究。

立足教师当下的工作需要。课题组 H 老师是一名语文老师,项目组本想让 H 老师承担语文课堂教学的研究。但是 H 老师认为,目前他更需要解决年级组学生的管理问题。学生管理关系到年级教育教学整体工作,期望借此机会促进年级学生整体素质的提升,为教师教育教学创造良好环境,进而促进学生学习提升。因此,H 老师选择了和年级组有关的课题。

② 推动教师专业的学习发展。

案例 1:X 老师的反思

历史组的研究过程是理论与实践并进的过程。课题负责人布置给课题组老师读人物传记的任务,因为大家深刻地认识到,教师的认识水平、理论水平、理解水平直接影响到该课题的实施。这个任务直接带动了教师的专业学习交流,提升了教师的专业水平。

案例 2:H 老师总结了年级综合实践活动课程设计的策略

a. 深入思考挖掘学校常规活动的意义,积极探索、创新活动形式,让年级学生活动在促进学生德智体美劳全面发展方面发挥更大的作用。

b. 充分发挥年级教师在教育中的主体地位。年级在组织跳绳比赛和篮球比赛的时候,允许学生邀请老师参与。学生们主动邀请老师共同训练,共同比赛。在共同训练过程中,教师积极投入,既给学生们做出了认真做事的榜样,又激发了学生参与的热情,将德育教育融入活动之中。有的学生表示,跟老师一起打比赛"好玩儿",新鲜又刺激,训练的兴趣都提高了;还有的学生认为,跟体育老师一起打球也能学到不少"战术"。可见,老师和学生一起参与体育运动,提高了学生的热情,在一定程度上提升了学生对体育运动的认识和技术水平,同时又渗透了德育教育。

c. 在学生喜闻乐见的活动中巧妙设计细节,渗透"五育"教育。如年级举办的"午间音乐会"活动。在音乐会开始之前,先播放介绍观看音乐会注意事项的短片,其中不少内容涉及规则和礼仪;演奏正式开始之前,演奏者先介绍其演奏曲目所表现的主题和艺术特色,并介绍了自己的练习过程。这些环节让同学们懂得如何欣赏音乐,并感到成功来自艰辛的练习。活动细节的设计润物细无声地渗透了"五育"。该活动受到了学生的欢迎。

d. 将"项目式学习"尝试用于学生活动中,为学生提供多样选择,促进学生的参与度。如在"'五育并举'视角下的年级综合实践活动设计与实施的行动研究——以三中初一年级为例"活动中,充分渗透"五育"教育,如表8-6所示。

表8-6 "'五育并举'视角下的年级综合实践活动设计与实施的行动研究——以三中初一年级为例"活动内容

环节	具体内容	"五育"体现
行前教育	1. 安全教育 2. 活动介绍	团队合作教育、规则教育
活动实施	1. 团队建立(热身破冰) (1) 准备活动 (2) 团队旗帜和口号设计 每个小队(班级)成员,一起设计队伍旗帜和口号,要体现团队名称和目标,起到鼓舞士气的作用。设计完成,各班派代表进行展示,解说设计理念	锻炼学生语言表达能力 提高学生团结凝聚力 提高学生审美能力
	2. 帐篷搭建和露营 (1) 搭建技术讲解(设备使用、地点选择、搭建方法和技巧) (2) 学生小组合作,搭建帐篷	学习劳动技能,体验劳动艰辛,珍惜劳动成果 提高团队合作意识
	3. 远足 (1) 以班级为单位,由教练和老师带领集体行进。行进过程中,队伍排头举起团队旗帜,利用队伍口号鼓舞士气 (2) 行进过程中,鼓励学生们互相照应(如协调行进速度,体力好的同学照顾其他同学,步子小的同学紧跟班级队伍……) (3) 行进过程中拍照,主要记录美景或者同学们团结一致、互相帮助的场面(每个团队设置专门负责人)	锻炼体魄,磨炼学生意志力,促进学生团结互助 体会自然美,热爱自然
	4. 野炊 (1) 生火、炊具使用、烹饪的讲解 (2) 团队分工(生火、备料、烹饪等) (3) 野炊 (4) 进餐 (5) 垃圾清理	学习生活技能、体验劳动艰辛 体会合作的魅力、分享的乐趣,培养环保理念

续表

环节	具体内容	"五育"体现
活动总结	1. 摄影展示(美景) 学生提交摄影作品(附作品名称、摄影者姓名、简单的感受),年级组制作电子展示短片 2. 活动汇报 各班派代表展示,全体学生参加,汇报团队收获(更关注思想认识方面,如团队凝聚力、互帮互助、劳动认识、环保观念等)。形式可以丰富多样,如短片、短剧、演讲等 3. 海报设计和展示 各班设计活动总结海报,展现团队活动风采,体现活动收获	提高审美情趣:自然美、艺术美(摄影) 加强集体凝聚力 总结、提升思想认识

H老师在反思中说,以往年级很多活动都是被动接受学校的安排,缺乏思考,流于形式,只求完成任务,没有起到太多的教育作用。梳理和挖掘常规活动的"五育"意义之后,举办活动的教育目的性更强,"五育"作用发挥得更加充分;年级通过自主设计活动,能更好地针对年级的实际情况,落实"五育"教育,使学生们学有所悟,学有所获。

H老师活动设计的策略及其思考体现了该老师对年级工作的认识由局部到整体、由个体到团队、由班主任工作到年级教师团队的理解,对"五育"的理解由浅显到深入。这种认识的改变是其对自己工作性质认识的提高,也是工作方式的改进。

③ 学校各层级负责人对项目的认识逐步加深,提高了组织协调能力。

虽然子课题处在不断调整与改进的状态中,但是项目组从中看到了教师对自己工作的深入思考。同时项目组也充分尊重课题组成员的选择,努力搭建平台,协助课题组成员解决研究中的问题,并从课程建设的角度积极探索如何做好年级组的研究工作。

三、成熟期

课题组老师在研究、写作的过程中,会不断遇到困难。比如,有的老师觉得自己的课题,实施途径相对单一,总结提炼策略很难。面对学校《普通中学实施"五育并举"的行动研究》的课题,更有不少老师感到困惑:我的课题和学校的课题有何区别与联系?我应该怎样在课堂上呈现"五育"? 如何解决这些问题,项目组采取了以下策略。

(一) 理论与实践相结合,突破困境

理论上,深入学习"双减""双新"改革发展需求,以推进"'五育并举'—'五育'融合"的课程建设和"大概念下的单元教学"课堂教育发展。通过研究"'五育并举'课堂教学标准"及"大概念下的单元教学"等课堂教学活动,在勤奋抓实的基础上提高专业技术能力,提高工作效率与工作成绩,促进新时期教师专业发展。实践上,项目组利用学校"求实杯"活动,开展课堂教学研究,在实践中寻求突破。老师们遵循叶教授提出的立足"一节好课"的思路,从理论和实践两方面寻求突破。

开展"如何在课程标准的引导性下进行教研活动"为主题的校本教研活动,展示优秀教研组的教研活动、备课活动、经验总结等,加强了教研组对课程标准的学习研究,引领

教师认真学习课程标准,制定高质量的教学内容,从源头上提高课堂教学质量。

项目组七位老师参加了"求实杯",他们敢于面对自己教学中的瓶颈,把自己的课拿出来让大家研究、提建议,在不断地探讨中,寻找最合适的思路。课堂实践使老师们树立了自信,敢于突破自己(表8-7)。

表8-7 项目组成员参加"求实杯"情况

	科目	年级	授课人	课题
1	物理	初二	S老师	透镜
2	体育	初二	Z老师	健身南拳　耐久跑
3	物理	初二	W老师	凸透镜成像规律
4	物理	初三	G老师	实验中的变量转换研究
5	历史	初二	X老师	革命先行者孙中山
6	道德与法治	初三	L老师	共筑生命家园
7	音乐	初一	D老师	草原之歌

"心理健康成长课程"渗透"五育"的行动研究的课题负责人L老师在工作中将理论与实践相结合,撰写了《2022级新初一学习动机(MSMT)测试反馈报告》《"双减"之下学生成长发展变革之我见——基于西城区普通中学学生成长发展调研报告的德育思考》《心理健康教育课程渗透"五育"的策略研究》等论文,促进了学校心理健康教育工作的发展。

物理课题组的老师们撰写了《中学物理核心素养的研究与落实——浅谈初中阶段物理观念的培养》《浅议物理教学在中学生成长过程中的价值》《浅谈初中物理实验教学》等论文,在市、区等征文中获奖;老师们还积极参与了人教社国家重点课题子课题"数字环境下依托数字教学培养初中学生科学思维能力的实践研究"的课题研究,分别做了研究课,促进了课题的开展。

项目组完成了《北京三中以课程建设推进普通中学"五育"落实的行动研究报告》。

(二)借助"变革领导力提升与学校革新项目——高校支持中学发展"的项目校交流活动,交流分享,听取专家指导

2021年12月2日,学校项目组承办了由北京市西城区教育科学研究院、北京师范大学联合开展的"变革领导力提升与学校革新项目——高校支持中学发展"的项目校第三次交流活动。会议由C副校长主持,X校长致辞。会议从"北京三中以课程建设推进普通中学'五育'落实的行动研究""'五育'融入物理教学——初中物理教学模式建构的课堂研究""'五育'积极赋能'心育'——全面促进师生发展"三个方面展示了项目支持下的学校、课堂、教师的变革发展。

物理组G老师说:"用思维的培养代替记忆性的教学,用学生的观察、思考、讨论、概括总结代替教师的语言,用学生的学代替教师的讲。改变旧有的教学模式,尝试新的方式方法。以此为开始,坚持做下去。"体现了青年教师对改变自己课堂教学的信心和决心。

德育处副主任兼心理教师 L 老师在交流总结时说:"随着课题研究进程的推进,我们发现,'五育并举'的教育理念为心理健康课程注入了灵魂与精髓,扎实推动了心理教研组组内的研讨与课程设计的重构和精进,丰富并拓展了心理健康教育的活动设计与实施途径,丰富并深化了心理课程的内涵与深度,切实提升了学生的获得感和幸福感。同时,作为德育干部,能以心理教师的角色切入,以心理课程作为桥梁,既落实起始年级的学生管理要求,又拉近与学生之间的距离,有效为学生提供心理支撑与帮助,切实为他们的成长提供引领和助益。这些无形中也提升了我在双重角色下的成就感与价值感,也为进一步实践探索提供了'催化剂'"。

会后,在总结专家和兄弟校建议的基础上,学校项目组对汇报进行了反思,以期做进一步改进调整:

(1) 学校总结中概念比较多,需要进一步归纳、整理,形成清晰的课堂教学要求和操作途径。

(2) 行动研究中的"行动"突出不够,应该进一步从"做"的过程中总结方法。

(3) 课堂教学研究要始终关注课改的动向,如单元教学、学科核心素养、学生素养等关键点。

(三)借助课题申报工作,推进项目中课题研究规范化、科学化

项目组成员在实际工作中感受到了科研的重要性,逐渐改变"凭感觉""凭经验"上课的做法,他们在实践中紧扣自己的课题,用课题来指导自己的教学,充分发挥科研指导教学的作用。课题组成功申报了两个区级课题,两个校级课题。通过申报专家的点评指导,项目组完善了课题申报工作,对课题研究目的、实施过程与方法策略等有了更深入的认识和理解。

(四)通过案例分析明确思路,把握方向

2022 年 1 月,项目组主要负责人与叶教授针对学校项目计划进行沟通,详细交流了学校课堂教学面临的问题及困惑。在交流分享中,项目组进一步理清了工作思路,积极制定下一阶段的工作安排。

2022 年 1 月 24 日,课题组召开腾讯会议,就课题研究的推进情况与叶教授进行了沟通,进一步明确了课题工作思路。叶教授以历史组课例为例,指导老师们结合"课程标准—学科核心素养—合适的教学方法"来设计一节好课,呈现了教师设计的思维过程:

(1) 厘清教的理由,思考如何讲授孙中山这个人物。教师要先研读人物,揣摩人物与中学教学的连接点。教师在琢磨、挖掘人物的过程中,不断形成学习方法,并将这种学习方法传达给学生,让学生切身领悟教师是如何去解读历史人物的,如放置在时代背景中去"读人"。作为教师,要把"我是怎么想的""我背后的目标是什么"等问题的思考过程外显、明晰。

（2）教的重心固然要渗透家国情怀或爱国情怀的培养和教育，但这一点要通过研究历史核心素养、历史教学目标来实现。如历史的解释与理解，怎么去解释一个历史人物、历史事件，理解孙中山做事的意图，孙中山对当时的情境是如何解读并进而行动的。

（3）具体教学过程要明确并围绕课程目标，基于目标设计学习活动/问题（抓住"目标"和"活动"两个关键词），教师要查文献（如检索"历史""人物""教学"等关键词）、读文献，搜集与人物相关的素材，提前将素材发给学生等，小组合作、辩论等教学法都可以应用到教学实践中。

通过这次案例分享，项目组的成员更深刻地理解了教师的教学设计思维，并认真阅读《追求理解的教学设计》一书，引领自己"以核心素养为指引和依据来选择学习内容，设计保证核心素养目标得到落实的教学过程和教学方法，设计与核心素养培育的教学目标和方式相适应的评价标准和评价方法"。

第四节　高校导师角色与互动

学校的指导教师为叶菊艳教授和毕研教授。两位教授平易近人、深入实践、耐心细致，引领带动学校开展项目研究。特别是叶教授一个月来校两次，后期因疫情原因无法来校，就通过腾讯会议、微信与学校保持密切联系，耐心细致地解答老师们的问题，积极提供解决办法，成为学校、老师们的朋友、伙伴。

H老师倾向于用"引领"与"智囊"两个词来描述高校教师在项目中的角色："我可能更喜欢'引领'这个词。我们发现每当我们陷入一个困境，跟老师们（高校教师）交流之后，都会有'柳暗花明又一村'的感觉。第二个词是'智囊'，不仅是大方向的指引，更有一些具体到某些活动中的小主意、小办法。"H老师的话充分体现了高校教师在学校项目组中的角色定位，那就是"理论引领者""实践指导者"。

一、高屋建瓴　政策解读——理论引领者

北师大团队利用高校的优势，为学校提供讲座、资源，使老师们在开拓视野、提升理论基础方面受益匪浅。

北师大团队为北京三中初中的教育教学研究搭建了坚实的理论平台，"手把手、一对一"引领项目组学习。理论角度的深刻剖析和大量实例的详尽阐述帮助学校站在更高的层面上梳理思路，为学校教育教学文化体系建设起到了引领和推动的作用。北师大团队逐级深入学校的各个层级，依托自己深厚的专业知识，从学校德育、年级管理到课堂指导，引导老师们逐步深入认识、理解"五育并举、立德树人"的教育宗旨与目标，启发带动他们开展对于"一节好课"的不懈追求。北师大团队教师深入浅出地将理论用于指导老

师们的工作实践,每一次讲座和培训结束后,都再次坚定了老师们的探索步伐,在丰富教学理念、总结教学策略的同时,使老师们更加坚信,真抓实干才是提升自身领导力,提升学校整体教育效能感的途径。

二、深入指导 鞭辟入里——实践指导者

北师大教授参与学校教研活动,对校本教研进行有效地系统性指导。专家学者的每一次培训与交流,内容都紧贴每一个研究小团队的实际需求与教学实践。引入、提问、设计、评价、反思,层层深入,指导细致。他们擅于用问题引发思考,用激励促发改变。就是在这一节节课程的再研究、再塑造中,成就了每一节精心打磨的"好课"。

同时,北师大教授也加强了对学校项目组工作的指导,促进项目组深入思考总结课题研究。在学校参加项目组活动交流时,叶教授指导学校"要重点讲清楚行动过程是如何开展的,讲清楚做了什么、为什么要这样做"。叶教授还指导项目组从制度、教研等层面思考如何激励教师发展,思考并梳理如何将课题研究与学校工作相结合。这些有效的指导极大地促进了项目组工作的开展。

北师大教授深入了解教师科研工作中的细节问题,积极给予指导。如文献资料的查找与使用是科研中常见的方法,但是对于一线教师来说,文献资料的查找与使用却是一个困难的工作,"如何找""如何用"令大家不知所措。叶教授利用道德与法治课题组查找的资料专门对老师们进行了指导,大家收获很大,认为这种深入的学习有利于未来课题研究报告的撰写工作顺利开展。

第五节 关键变化事件

一、项目组成员的扩大化推动了项目的发展

2021年1月西城区教育科学研究院举办工作坊,其中一个学习项目是讨论学校的现状及需求,课题负责人C教学副校长认为,年级组长是连接处室、教师、学生的关键环节,他们最了解年级课堂教学现状,让年级组长参与项目研究,能及时了解教师的想法,能让年级组长更清楚自己的角色,积极主动发挥组长对年级教学的组织领导能力。因此,三个年级的年级组长参加了项目研究,成为核心成员,共同完成了对学校现状的分析、学校愿景及项目分工等工作。

2021年10月,叶教授来校交流时提出分布式领导的理念。她说:"在一个学校里面有很多非在位的老师发挥着自身的专业影响力,也是一种领导。很多学校越来越倾向于

走入人人都可为领导，人人都可相互追随的状态。用分布式领导的理念来看，每个人在自己专长的领域都可能成为中心。比如某位老师擅长学生管理，在德育这块他成为中心，其他老师就会追随他。我们想去撬动一个学校的教学，谁来抓专业发展？谁来抓班级管理？谁来抓后勤保障？我们会共同朝着那个目标，每个人有各自的角色，每个人在自己的专长中都是引领者。"这段话启发了我们。在分布式领导理论的引领下，面对学校发展、课堂教学及教师变革的需要，项目组又增加了物理组、艺术组、体育与健康组的相关教师及组长加入项目团队，进一步扩大参与人员，让更多的教师受到鼓舞和带动，充分认识并挖掘自身潜力，成为课堂变革的实施者、带动者和受益者。

至此，学校共有7个学科，10位核心成员，19位教师共同参与了项目组活动。项目组成员的扩大化从"广泛性""典型性""发展性"等方面体现了项目领导对初中工作的全面指导。

"广泛性"主要体现在参与的教师——教师参与范围涉及年级组长、教研组长、备课组长、普通教师。既有高级教师、学科带头人，也有一级教师、二级教师、新入职的青年教师。既涉及年级组工作，也涉及教研组工作；既涉及管理，也涉及教学。他们的教育教学工作在教师群体中具有代表性。

"典型性"主要体现在参与的课程——如选取体育与健康、音乐课程，意在改变艺体课程重活动轻课堂的现象，提升学生体育艺术学科素养，发挥体育艺术学科在培养学生德智体美劳课程中应有的作用；如选取道德与法治学科，思政课是落实立德树人根本任务的关键课程，在学生德智体美劳全面发展中起着不可替代的作用；如选取物理学科，物理学科任课教师参与课题积极性高，主动性强，教育教学基础好，有一定的教育教学能力。但是物理教研组目前也存在以讲替代学，忽视学生学习过程的现象，物理教研组期待通过课题研究促进学科发展，提高学生课堂思维深度，提高课堂质量。

"发展性"主要体现在青年教师的发展与学校课程的发展——初中历史学科参与项目的共四位老师，其中有两位高级教师、两位刚入职的青年教师。全组通过课题，促进青年教师的发展，继承发扬组内优良传统，做好"传帮带"工作。同时，初一心理健康与教育课程是初中亟待发展的课程。初中学段需加强心理健康教育课程的建设，发挥心理教师独特的育人功能，加强心理课程构建，丰富并深化心理课程的活动设计与育人方式，切实提升学生的获得感和幸福感，以达到促进学生身心健康成长、乐观积极发展的最终目的。而项目组的引领恰恰为教研及学科教师的发展提供了重要保障。

二、"一节好课"的提出拓展了研究的思路

"请同学们说一说，你在这节课中就'五育'哪些方面得到了提高？"在音乐课上，老师提出了这样的问题，同学们绞尽脑汁苦思冥想，听课老师也面面相觑。大家一致觉得这种设计好像不是我们想要的"五育并举"课堂中所应出现的设问。确实，在课题实施的过程中，不少老师面对学校《普通中学实施"五育并举"的行动研究》课题，感到困惑：如何在

课程中自然而然渗透"五育"而不是生搬硬套?

2021年10月15日,学校邀请叶教授来校和老师们交流,叶教授解答了大家工作中的疑惑,也提出了许多中肯的意见。叶教授特别提出:"要在经验的基础上进一步开展课堂实践,把思考落实在教学中。要进一步把论文写作与课堂教学结合起来,随着大家对课的深入理解,各种思考、策略就都出来了。"叶教授最后说:"不管是'双减',还是'五育',最后的落脚点一定是'一节好课'……一节好课一定是育人的,提出'五育并举'的课题是让我们的育人意识更明确,把'五育'做得更深刻。""一节好课"的提出使很多老师放下了纠结,重新梳理思路,各课题组将课堂教学工作重点落脚在"如何上好一堂课"上,在教学内容、教师的教学方式、学生的学习方式等方面做了调整。

教初三物理的G老师一直希望在复习课中有所突破,特别是针对学生的实验专题开展综合的复习,让学生能够清晰地理解和运用所学知识。他选择的教学内容为"实验中的变量转换研究",由浅入深、由定式到变式,循序渐进地引领学生理解实验中的变量转换。这种针对学生学习问题整合教学内容的方式,体现了教师对学生学习的关注,不再是简单的"我要讲什么",而是"学生需要什么""教师怎样设计引导学生学习"的理念的体现。

教初二物理的S老师在《透镜》一课中,带领学生"体验",在"动手"中观察思考,在现实生活中观察思考,充分体现了生活中的物理。S老师自己分析比较了让学生体验透镜对光的作用时,两种不同教学方法的效果:以前的做法,教师拿一个透镜演示,但往往受到天气与教室位置的影响,难以开展;或者课间的时候让学生拿凸透镜去室外做实验,但时间有限、效果不明显。现在改进的做法是调动学生们的积极性,自己带手电筒到校,课堂上将手电筒作为平行光源使用,设计实验来体验透镜对光的作用。S老师在反思中写道:"以往的模式是书上有什么,老师教什么,学生学什么,时间长了可能就不太会思考我为什么要教这些、学生也不会思考为什么要学,或许有一天学生会比较迷惑学习的目的是什么。现在的转变是老师在教的过程中要找'我为什么要教'的理由,学生学完不仅是为了考试,而且对生活也有作用。"

三、推出课堂评价标准,推进反思与创新

学校推出了《北京三中"'五育并举'课堂"学生学习行为观察表》(讨论稿)(表8-8)、《北京三中"'五育并举'课堂"育人评价标准》(讨论稿)等要求,各教研组一起研讨、修订、实施、改进,在实践的过程中进一步理解"'五育并举'课堂"的实施要求,也为进一步改进课堂策略与方法提供了依据。

表8-8 北京三中"'五育并举'课堂"学生学习行为观察表(讨论稿)

科目		授课老师	
授课班级		授课时间	
课题		班级学生人数	

续表

		观察内容	一般	较好	好
德	责任担当	1. 展示出社会责任感			
		2. 展示出对国家的认同感,热爱党、拥护党,尊重民族文化			
		3. 尊重多元文化,理解人类命运共同体的概念和内涵			
智	学会学习	1. 学习态度积极			
		2. 学习兴趣浓厚			
		3. 能够根据教师意见调整思路			
	科学精神	4. 展示出科学逻辑的思考			
		5. 掌握实验的方法			
		6. 积极回应教师提问			
		7. 积极参与小组讨论			
		8. 能够辩证地看待问题			
		9. 能够质疑并接受不同意见			
		10. 能够提出有价值的问题			
体	健康生活	1. 课堂精神状态饱满			
		2. 能够保持坐姿端正			
		3. 听讲时注意力集中			
		4. 书写时眼睛与桌面距离适中			
		5. 发言声音清晰洪亮			
		6. 恰当处理身体的突发情况及饥饿困顿等生理需求			
美	人文底蕴	1. 清晰、有逻辑性地表达自我观点			
		2. 倾听同伴发言,尊重同伴意见			
		3. 合作中关注并照顾他人情绪与感受			
		4. 能够学习、理解并展现学科之美			
劳	实践创新	1. 按要求准备学具(教材、文具等)			
		2. 学习时桌面整洁有序			
		3. 书包、水瓶等个人物品摆放整齐			
		4. 笔记记录清晰			
		5. 积极参与教师布置的课堂任务			
		6. 擅于将课堂所学运用迁移于实际生活			

四、明确未来方向,推进课题的深入发展

在当前教育改革背景之下,进一步提高教学质量、提升学生学习成绩,是学校发展的前提,也是学校对社会、对家长、对学生的承诺。教师面临着提高学生考试成绩的巨大压力,在这种情况下,教师课堂教学容易偏向于应试教学,急于"满堂灌""满堂练",认为课

堂教学改革是"花架子"、不实用,只能偶尔为之,对于提高学生成绩作用不大。在这一年的交流中,我们深刻地感受到更新教师的观念并不难,难的是如何让教师坚持在课堂上实施,学校需要给予教师持续性的引领和帮助。经过讨论,大家认为老师们在这个阶段最需要的帮助有以下三个方面:

(1) 学校应更进一步明确研究方向,厘清概念,如老师们需要明确"一节好课"的标准。要坚信我们所进行的课堂教学研究不但有助于学生学业成绩的提升,更有助于学生的终身发展。一节好课的标准不仅仅是传授知识,更是促进学生的全面发展。

(2) 教师的教学设计能力是提高课堂质量、落实"五育"的根本保证,学校应提供更多的具体帮助,如加强和区教研员的合作交流;为教师学习提供更多的平台,开阔眼界;建立更多的激励性政策,加强团队合作,鼓励教师不断加强研究,等等。

(3) 加强年级组"'五育并举'视角下的年级综合实践活动设计与实施的行动研究——以三中初一年级为例"的实践总结,提升管理学生的水平,促进学生综合素质的提高。

第六节　变革的可持续性

一、项目组培养了骨干教师,为变革可持续发展提供了人才保障

在项目进行过程中,项目组成员参加了西城区教育科学研究院举办的工作坊学习,经历了成果案例、高质量教研论文写作、基于实践改进的课题研究框架设计等项目的学习;也积极参与了科研课题的申报工作,经历了申报、答辩、课题研究、论文撰写等一系列完整的过程,对科研引领教研有了更深入的体会,在实践层面"走了一圈",为以后开展课题工作积累了丰富经验。

这批科研骨干对初中的发展至关重要,他们已成为科研的领头人、带动者和实践者。

二、项目组抓住了学校教育改革的根本,立足提高课堂教学质量

课堂教学改革始终发生在课堂上,通过项目组的行动研究,老师们提升了对课堂教学改革本质的认识,更积极地调整自己课堂教学的行为。学校进一步明晰课堂教学要求,使老师们紧紧扣住"课标—学科素养"的中心,以学生理解为基础进行教学设计,提高课堂教学质量。以"一节好课"为切入点,使学生从渗透式、体验式的学科课堂中,丰富和发展"五育",全面提升素养和能力。

三、学校课程建设进一步发展，为学校发展注入了新的活力

在课题研究实施的过程中，学校明确了课程建设的目标：提升国家课程质量，立足学科核心素养，构建以促进学生思维发展的课堂教学；推进学生自主课程，立足学生个性发展，激发学生内动力，促进学生综合素质的提升；加强教师校本教研课程的建设，提升教师认识、挖掘、渗透"五育"的能力。其中，学生自主课程的实施，极大地推进了课程发展，促进了学生综合素质的提升。

自主课程是指在国家、地方、校本课程以外，学生根据自身发展兴趣和需求自主设计并基本独立完成修习的课程，其意义在于立足学生未来的生存与发展，强调自主、个性，突出实效、创新。最大限度地给予学生学习自主权，提高学生终身学习的兴趣、自觉性和主动性，通过培养发现问题、研究问题、解决问题的能力，提高思维能力和实践能力，提升创新能力。

学校让每一位学生都进行了自主课程设计，尝试通过这样的方式引领学生正确认识自己、悦纳自己、努力发展自己，并在实施的过程中不断地完善自己，培养提升自己的意志品质及各种能力，如坚持、克服困难等意志品质，自我学习规划、主动寻求帮助等学习能力。年级组负责学生自主课程的实施，利用年级会，为学生搭建展示的平台，优秀学生代表汇报自己课程实施的情况。学校把自主课程纳入课后服务中，以更规范的形式和要求指导优秀学生开展自主课程，并带动其他学生参与其中。

四、项目组为教师的成长提供了平台——建立学习型团队

学校形成了教研与科研相结合的教研组学习途径。教研组、备课组是由组长组织领导的专业化学习组织。教研活动很容易出现"无话可说、谁也不说、备研活动走过场"的现象。在参加项目组之后，教研组的教研活动内容就丰富了起来，每次都有围绕"上好每一节好课"而设置的活动主题，听课、做课都有目标性，形成了"以科研促教研"的研究氛围。

项目组活动为教师交流提供平台。教师是一个需要不断学习的职业，但是由于平时工作繁忙，很多教师疏于学习交流。项目组几乎是半个月组织一次专家交流，这段时间成为老师们整理思想、交流观点的时间。这一次活动可能是倾吐自己工作中的困惑，探求解决的办法；下一次活动就是交流实践的效果，再反思改进。这些分享、交流、思考促进了教师思想和行为的变化，从而带动了课堂的提升与变化。

第七节　结语

在项目组的规划引领下,学校课题研究工作成果丰硕,催人奋进。但我们深知,在中高考教育改革的背景下,学校教师人才培养体制还需要逐步革新,教育观念的革新与变化还需要持续跟进。正如《国家中长期教育改革和发展规划纲要》提出的,全面发展、人人成才、多样人才、终身学习、系统培养的人才培养观念;体系开放、机制灵活、渠道互通、选择多样的人才培养体制;注重学思结合、知行统一、因材施教的教育观念的革新,这一切都还任重而道远。课堂永远是映照学校教育理念、管理方略、文化品位、师资素养的镜子。希望在研究阶段,项目组对学校教育活力的激发和教育方式的变革能够给学校未来发展注入源源不断的活力,促使成员为大力推进教育制度改革的实施与落地,创造出适合学校学情和校情的全新的教育模式,做出积极有效的努力。

第九章

促进学生心理健康的家校共育策略研究

第一节 项目研究主题与重点

一、研究背景

2021年3月,全国政协十三届四次会议召开期间,全国政协常委、安徽省政协副主席李和平提出了"关注青少年心理健康,加强防护干预措施"的提案。李主席提出了要加强学校与家长的联系机制,建立家长学校等充分发挥家庭教育积极作用的建议。

北京市第七中学是一所普通完全中学,近年来,随着学生数量激增,在家校合作共同促进学生心理健康方面存在的问题日益增多、矛盾日益凸显,主要表现为学校心理健康教育专业者队伍无法满足学生对心理健康教育的需求。2019年,新入学年级学生心理问题排查统计数据表明:学校有心理问题的学生增多(表9-1),持有被医院诊断为心理问题的学生占比多,且学生心理问题成因复杂。学校急需培养大量具备心理咨询资质的心理健康教育志愿援助者队伍,急需在教师队伍中普及必需的心理健康教育专业知识。

表9-1 2019年高一、初一新生心理问题排查统计表

年级	时间	轻度症状学生占比	中度症状学生占比	自杀风险学生占比	需高度关注学生占比	持有医院诊断证明的学生占比
高一	2019年9月	26.23%	3.28%	1.2%	2.5%	3.79%
初一	2019年9月	17.28%	3.31%	0.7%	3.67%	1.47%

学校对家校共育指导不完善,家庭成为学生心理问题产生的主要诱因。家庭教育是学生所有教育中重要的组成部分,对学生心理健康状况具有重要影响。但在现实生活

中,家庭教育往往被弱化。不良的家庭氛围严重影响了学生的心理健康。学校需要引导家长认识到家庭环境对学生心理健康的影响,需要引导家长掌握必要的心理学知识,了解中学生的心理发展需求,提升家长的家庭教育能力。

教育观念滞后,形式主义严重,全面发展的教育理念未能深入人心。部分家长和教师均存在未能将学生的身心和谐发展放在第一位的现象,重视学业成绩,忽略对学生身心健康发展的关注,学校组织的心理健康教育活动有时流于形式,未能达到应有的教育效果。例如,应试心理指导应是所有学科教师均应掌握的普及性的心理健康教育知识,但是调查数据显示,学生的考试心理焦虑所占比重仍然非常大(表9-2)。学科教师普及性的心理健康教育意识与能力有待提升。

表9-2 2020年学生学习适应性问卷调查

题目/选项	完全不符合	不符合	比较不符合	比较符合	符合	完全符合
在考试时,我会紧张得记不起学过的内容	87 (12.14%)	129 (17.99%)	136 (18.97%)	155 (21.62%)	119 (16.6%)	91 (12.68%)
合计	49.1%			50.9%		
一有考试我就会觉得郁闷和不自在	92 (12.83%)	95 (13.25%)	151 (21.06%)	171 (23.85%)	107 (14.92%)	101 (14.09%)
合计	47.14%			52.86%		
我会因考试而感到忧虑	82 (11.44%)	73 (10.18%)	119 (16.6%)	173 (24.13%)	140 (19.53%)	130 (18.13%)
合计	38.22%			61.79%		

家校未能形成教育合力。学生作为教育的主要要素之一,既与学校中的教师构成师生关系,又与家庭中的父母构成亲子关系,学生的这种双重身份决定了学校必须加强与家庭的联系与合作,形成共同促进学生身心健康和谐发展的教育合力。但现实生活中存在以下问题:一是家长配合学校教育的主动性欠缺;二是家校合作内容狭窄;三是家校共育的途径过于单一,实效性不强;四是线上家校沟通共育急需有序引导。随着"互联网+"教育时代的来临,家校及时性沟通的渠道进一步得到拓宽。

家校共育缺乏治理机制保障。党的十九届四中全会从全局的高度对推进国家治理体系和治理能力现代化做出了顶层设计和总体部署。作为民族振兴、社会进步的基石,教育治理的现代化必然成为国家治理体系和治理能力现代化的重要组成部分。而学校则是教育治理的基本载体和主要渠道,教育治理的现代化必然包含并指向学校治理的现代化。由此,学校治理体系建设是国家治理体系和治理能力现代化建设的必然要求。近年来,广大家长的个性化教育需求与学校教育发展不均衡不充分的矛盾日益显现。为此,学校需要积极探索以自主管理、多元参与、协商共治、共建共享为特征的治理机制建设,强化家校沟通,形成教育合力,满足学生多样化、个性化的心理教育需求,形成能够促进学生心理健康的教育合力。

二、研究内容与设计

(一) 核心概念

心理健康:心理的各个方面及活动过程处于一种良好或正常的状态,具体表现为个体能够适应发展着的环境,具有完善的个性特征,且其认知、情绪反应、意志行为处于积极状态,并能保持正常的调控能力。在生活实践中,能够正确认识自我,自觉控制自己,正确对待外界影响,从而使心理保持平衡协调。

心理健康教育:运用心理学的相关理论和教育方法,结合学生不同成长阶段心理特点,对学生进行心理素质培养,提升学生心理调节能力,培养学生健康的心理素质,消除学生成长过程中形成的负面心理情绪,促进学生生理和心理和谐发展。

家校共育:家庭和学校以学生为核心,在国家教育政策的宏观指导下,共同合作,责任共担、共治共享,形成能够有效促进学生身心和谐发展的教育合力的方式和方法。

策略与实施:基于促进学生心理健康的家校共育的策略是指家庭和学校依据国家法律法规与学校制度,以促进学生身心和谐健康发展为共同目标,责任共担、权利共享,能够形成教育合力、合作开展有效教育活动的方式和方法。

(二) 研究内容

(1) 家校共育组织体系建设:包括家长委员会的章程、组织机构、人员的角色定位、分工、工作内容、权利与义务等。

(2) 家校常态化沟通机制建设:包括家长开放日制度、导师制、三方会谈制等。

(3) 心理健康教育教师系列必修课程和系列选修课程建设。

(4) 家庭心理健康教育课程的开发与实施。

(三) 研究设计

项目采取以课题研究为载体,开展家校共育体系建设的"研、建"一体的研究思路。采取以点带面的研究方式,分别成立家校共育组织体系建设、家校常态化沟通机制建设、心理健康教育教师系列必修课程和系列选修课程建设、家庭心理健康教育课程的开发与实施四个研究小组,以研究小组组长为点,带动学校相关利益主体参与其中,形成研究的面。

本研究为行动研究,具体包括文本分析法、问卷调查法以及归纳演绎法。对有关心理健康教育、家校共育策略的相关文献进行文本对比分析,从家庭和学校两个角度总结影响学生心理健康发展的因素;在此基础上,设计家校共育组织体系建设方案、家校常态化沟通机制建设方案、教师及家庭心理健康教育课程方案,并从方案可行性的角度设计学生、家长、教师调查问卷;在调查问卷的基础上,修改家校共育组织体系方案、家校沟通常态化机制建设方案、教师及家庭心理健康教育课程方案并予以实施,在实施过程中不断进行方案的调整;在实践的基础上,归纳总结家校共育促进学生心理健康的一般方法和途径,总结提炼家校共育治理的有效策略。

(四)研究的创新之处和意义

项目研究有明显的评估、受益对象。2019年,我校应用心理专业测评问卷对新高一、新初一学生进行了心理问题排查,留存了研究所需的前测数据;2020年,我校针对家校合作、学生心理健康等问题进行了广泛的问卷调查,并对相关数据进行了统计分析。2021年,我们正在设计和实施专门针对学生心理问题和家校合作的问卷调研,对比三组数据统计进行分析,寻找学生心理问题产生的学校教育、家庭教育因素,并进行针对性的改变研究,最终达成学校有心理问题的学生占比下降、心理问题新发率降低的目的。

项目研究成果的普适价值。作为一所普通完全中学,我校1 100余名在校生涵盖了中学12~18岁所有学段的学生。我校学生群体表现出的心理问题在中学学生群体中具有普遍性;我校为普通中学,学校在家校共育促进学生心理健康方面所表现的问题具有一定的代表性,因而破解问题的实践探索具有一定的普适价值。一是借项目研究构建较为完善的家校共育组织体系和制度体系,形成家校沟通及时有效、家长有序参与学校教育教学活动,家校相互配合,共同促进学生心理健康发展的局面,为同类普通高中家校共育提供范式;二是借助项目研究重点开发并形成参与主体多元、内容丰富、形式多样的家庭心理健康教育系列知识类课程、活动类课程,形成系列微课资源,该资源适用于同类学校;三是借助项目研究重点开发心理健康教育教师必修课程和选修系列课程,形成学校心理健康个性化指导志愿者队伍,为同类普通高中学校提供直接经验。

第二节 学校现状与改进需求

一、学校发展的目标

全面贯彻落实党的教育方针——"教育必须为社会主义现代化建设服务、为人民服务,必须与生产劳动和社会实践相结合,培养德智体美劳全面发展的社会主义建设者和接班人",以《关于新时代推进普通高中育人方式改革的指导意见》《关于深化教育教学改革全面提高义务教育质量的意见》为指导,以培养德智体美劳全面发展的社会主义建设者和接班人为目标,在落实立德树人根本任务的过程中,坚持改革创新,努力为促进学生全面而有个性的发展提供优质教育,实现学校发展的新飞跃。以多元参与、自主管理、协商共治、民主监督为特征的学校治理现代化机制建设初见成效;初中义务教育质量不断提高,中考成绩稳定在西城区中上等水平,数学、英语分层走班成为常态,优秀生培养模式基本形成;符合改革要求的高中育人方式形成。全面实施新教材,在分类培养的基础上,尝试构建分级培养的高中课程体系,在分级、分类、可选择的课程体系建设过程中逐步厘清高中特色化发展的新方向,建设高质量的校本特色课程体系,形成"五育并举"的能够促进学生全面而有个性发展的学校课程体系,保持高水平的高考本科上线率、录取率。基于情境和问题导向的互动式、启发式、探究式、体验式等课堂教学成为常态;尚德、儒雅、笃行、创新的干部工作团队,师德高尚、阳光儒雅、技艺精湛、开拓创新、教育教学特色鲜明的教职员工工作团队基本形成;成为一所"学生满意、家长放心、社会认可"的历史悠久、设施完备、管理现代、课程多元、教学开放、师生儒雅、和谐美丽的高品质普通完全中学。

二、学校现状

北京市第七中学地处德胜街道,是德胜地区唯一一所归属西城教委管辖的普通完全中学。在多次区域布局调整中,七中因其悠久的历史、独特的区域位置以及持续提高的教育教学质量成为德胜街道唯一一所被保留延续的普通完全中学,这为学校提供了稳定的持续发展环境。学校占地面积 20 000 多平方米,拥有教学楼、科技楼、体育馆、200 米环形塑胶跑道的绿荫操场。学校基础设施齐全,拥有完备的现代化教学设施。学校现有 28 个教学班级,学生 1 100 余人;学校教职员工 141 人,专职教师 109 人,平均年龄 41 岁。中、高级教师占教师队伍总数的比例分别为 28%、40%,研究生教师比例稳定在 30%左右,博士研究生学历 1 人。学校校级干部 4 人,中层干部 7 人,平均年龄 48 岁。

学校以"以人文本,和谐发展,为学生的终身发展和幸福奠基"为办学宗旨,认为"七中的每一名学生都是一颗无与伦比的钻石",以"把学校办成一所以开放为特征,倡导'爱、尊重与个性化发展'的高品质普通完全中学"为学校发展愿景,将"培育'人格健全、儒雅宽厚、会选择敢担当,具备可持续发展学习力与可持续发展力'的社会专业技术骨干人才"视为学校发展的使命,高度重视学生发展。

学校高度重视学生心理健康教育工作,开设初一、初二年级的心理健康教育课程和心理选修课程,着力形成系列化的心理健康教育课程体系;充分发挥心理咨询室的作用,做好个别学生的心理辅导;利用多种途径和资源,开展学生心理健康教育讲座、教师心理课堂、家庭教育咨询与讲座等活动,通过"525 心理节"主题教育等多种形式普及心理健康知识,形成心理健康教育的合力;优化生涯指导方案,落实导师制,为学生提供指导与支持。

学生家长学历情况为本科占比较大,其次是专科,还有少部分博士和硕士学历,高中和初中毕业的占比较小。学生家长对学校和老师的信任与认可度较高,家校沟通较为顺畅;但是学生家庭情况较为复杂,单亲、亲子关系紧张等情况较为突出,家庭教育作用的发挥需要提升,亲子间有效沟通和家庭教育的方法需要进一步指导。家长对孩子的发展虽有期望值,但普遍缺乏良好家庭教育的能力。

学校实行分权制管理。教职工代表大会、校务委员会、党总支、学生会、家长教师协会共同组成学校管理领导组织。各管理领导组织间相互平等、相互协作、相互制约,共同促进学校发展。分权制管理整合了学校、家长、学生、社会等多种资源共同参与学校管理,不仅为实现《北京市实施教育部〈义务教育课程设置实验方案〉的课程计划(修订)》所要求的全员育人、全过程育人、实践育人奠定了组织基础,而且为以多元参与、自主管理、协商共治、民主监督为特征的学校治理机制建设奠定了思想基础、组织基础、制度基础。

　　家长成为学校民主开放的组织运行机制的重要组成人员,成为学校多元开放的课程体系建设不可或缺的人力资源。

　　家长是家庭教育的积极引领者。家长是孩子的第一任老师,家庭教育是孩子健康成长的决定因素。为了进一步挖掘家教资源,形成家庭教育学习共同体,引导每一名家长成长为家庭教育的积极引领者,学校成立了家长学校,引入社会资源开展家庭教育讲座;形成了教师、家长、学生三方会谈制度;建立了家教指导微信群;编辑出版了《北京市第七中学家庭教育案例集》。新冠疫情期间,基于网络的家校互动极为频繁。家长以录制微视频的方式参与学校的教育教学活动,学生发展指导中心则通过发放心理讲座视频、家教指导讲座视频以及《学生居家学习生活指导手册》进行家教指导。家校共育的工作格局初步形成。

三、学校发展进程中面对的挑战

　　艰巨的研究任务与学校发展任务繁重、资源不足的矛盾。2022年是课题实施关键的一年,将要完成大规模的家长培训、教师培训并进行归纳总结,形成心理健康教育家长、教师、学生培训课程体系;组建家庭教育个性化指导家长志愿者团队、学生及家庭心理健康教育个性化指导教师团队、心理健康教育专业委员会;制定《心理健康教育专业委员会工作章程》《家庭心理健康教育个性化指导家长志愿者团队工作方案》《学生及家庭心理健康教育个性化指导教师志愿者团队工作方案》;开展2022级新初一、新高一学生学习适应性调研并根据调研结果调整家长、学生心理健康教育培训方案。工作任务非常繁重。

　　同时,在"双减""双新"背景下,学校还面临进一步完善课后服务方案、接受课程视导等任务;2022年无论是新初一还是新高一,学生人数猛增,学校人力资源(学校编制有限)、教室资源严重不足,必须在新生入校前解决这些问题。

　　疫情防控的需要仍是影响研究心理健康教育家长、教师培训课程体系效果的可能的重要因素。线上家校沟通共育急需有序引导:随着"互联网+"教育时代的来临,家校及时性沟通的渠道进一步得到拓宽。但因缺乏有序引导,要么是家长全天候随时发一些碎片式的信息,导致教师疲于应对,无暇备课、批改作业和休息;要么是家长发出信息后无法及时得到回复,于是对学校教师颇多怨言或干脆不再与教师沟通。

第三节 项目开展情况

一、启动期

2020年6月,我校有幸成为"变革领导力提升"项目的成员校。根据项目组的项目团队组成人员要求,我校成立了由教学副校长、教学处主任、德育处主任、科研室负责人及英语教研组长五人组成的项目团队。2020年12月,项目组全体成员参加了项目启动大会,聆听了专家对项目方案的介绍和解读,对项目内容与实施有了初步的了解。由于每位项目组成员,都是由一线教师逐步走上管理岗位的,对自己的学科教学比较熟悉,对于"管理""领导力"学习较少且是自身较为缺失的,所以五位成员对此次项目学习充满期待。期望通过学习能更多地了解、掌握团队管理层面的内容,能了解人、团队,也设想着能从理念学习到实践中的分享指导中,提升自身的领导力。

2021年1月,在专家团队的指导下,我们参加了第一次工作坊。三天的工作坊,内容丰富,小组合作、项目校交流等,给我们留下了深刻的印象。第一次工作坊,我们在北师大专家的带领下,一起寻找学校发展中存在的问题,以问题为研究课题,在课题研究的过程中提升自身的领导力。在专家一步一步地引领下,团队成员根据各自的工作角色找寻堵塞点,变换不同角色与自我对话,聚焦学校发展中我们最想解决的问题。就这样,经过三天的头脑风暴,我们提交了"提升教师工作效能感的策略研究"课题研究方案初稿。

二、探寻转变期

第一次工作坊后,2021年2月,西城区开展高中新课程新教材示范区示范校建设,号召各校积极参加"双新"建设课题申报工作。2021年3月,结合区"双新"课题的申报,在北师大宋萑教授团队来校调研时,对我校的课题申报进行了指导。在专家团队的帮助下,我们再次梳理了学校的现状及亟待解决的问题。

根据对2019级高一、初一学生进行的心理问题排查及调研数据的统计结果,我们发现,近年来,我校有心理问题的学生有增多趋势,持有被医院诊断为心理问题的学生占比多,且学生心理问题成因复杂。随着学生数量激增,在家校合作共同促进学生心理健康方面存在的问题也日益增多、矛盾日益凸显。诸如学校心理健康教育专业队伍无法满足学生对心理健康教育的需求;学校对家校共育指导不完善,家庭成为学生心理问题产生的主要诱因;部分家长和教师均存在教育观念滞后、形式主义严重的现象;家校未能形成教育合力;家校共育缺乏治理机制保障等问题。

因此,本着通过项目研究,解决学校发展中亟待研究的问题的初衷,结合区"双新"课题的申报,我们调整了项目研究方向,将研究课题调整为"基于促进学生心理健康的家校共育的策略研究"。随着研究方向的变化,研究团队成员也进行了调整:英语教研组长退出,高一年级组长和两位心理老师加入了我们的团队。

在宋崔教授、胡荣堃博士的面对面指导,以及项目组助理的帮助下,我校研究团队成员面对问题时,调研、分析数据、结合现状寻找问题的研究意识更强了;团队合作的意识更强了,大家在一起更多讨论的是我们每个人能为这个课题做什么;反思的意识也更强了,隔段时间的集中交流讨论,大家更多关注的是我近期做了什么,需要做出怎样的调整。

三、开展期

重新调整了研究方向后,在宋教授、胡博士的引导下,项目组成员围绕研究目标,结合各自的工作领域,寻找自己研究的切入点。德育处李平主任从家校常态化沟通机制建设入手,研究如何更好地推行导师制;年级组长丁素霜老师则重点开展家长沙龙的相关实践研究,在实践中探寻专项问题的解决方案;曾于秦、张雯两位心理老师更多地从日常学生心理咨询中去归纳问题类型及解决方案,为教师及家庭心理健康教育课程的设置提供来源。

明晰了各自的研究点之后,项目组成员的研究更加落到实处,大家有条不紊地开展工作。

(一) 基于导师制的家校共育有效途径研究

根据专家指导,项目组成员进行了大量的文件学习和相关内容的文献检索,了解到加强学生发展指导,既要对家庭教育提出要求,也要求学校发挥主导作用。如普通高中学校要明确指导机构,建立专兼结合的指导教师队伍,通过学科教学渗透、开设指导课程、举办专题讲座、开展职业体验等对学生进行指导。

另外,项目组成员还对我校"全员导师制"的实施情况进行了调研。通过调研发现有以下问题:导师在与家长沟通方面的落实情况不是很理想,教师对于学生和家长的指导意识还有待增强;在指导的过程中,对于学生心理问题方面疏导和调节的能力还有待提高;学校也亟待建立健全完善的机制和各种培训课程以提高教师的专业水平,指导教师更好地开展家庭教育指导,并给予学生心理方面问题解决的有力支持。

面对导师制实施的现状,该如何去寻找解决问题的方法呢?在宋教授和胡博士多次的线上和线下指导过程中,项目组成员明晰了问题解决的方向,确定了研究的思路和途径:一是要提高导师的指导意识,那么相应的工作保障机制和激励机制是必不可少的;二是增强导师的专业指导水平,要达到这一点,系统的培训课程则显得尤为重要;三是要建立有效的家校协同教育的渠道与途径,保证导师制的落实。

针对以上三方面的问题,在李平主任的带领下,学生发展指导中心开展了一系列的研究工作。

首先,完善了导师制实施方案,要求各年级每学期末开展"三方会谈"和"一对一家访"。刚开始实施时,教师还有些不能理解,认为这样会占用自己大量的时间,而且要根据家长的情况确定与每个导生家长会谈的时间,致使要完成所有导生的会谈要持续较长时间。后经过多层面的沟通与交流,老师们的抵触情绪得到缓解,并且都能按照要求落实各项工作。同时,在学校的大力支持下,根据每位导师的导生数量给予不同的奖励,调动了老师们工作的积极性。

其次,加强对导师的专业培训。导师的专业培训主要以线上线下、部分与整体相结合的方式进行。每次学校的教育教学年会,都会安排面向全体导师的培训课程,如林雅芳教授的《怎样做学生的导师》《心理危机干预》等讲座;充分利用西城区数字学校的资源,丰富导师的学习内容,如《家校携手,助力孩子奋楫扬帆》《父母的情绪管理》《学会沟通 建立良好亲子关系》等,通过系列的讲座与课程提高导师的专业指导水平。

在我校专职心理教师的带领下,部分教师志愿者组成了教师心理志愿者社团。社团定期举办活动,每次围绕一个主题,内容涵盖了冥想、萨提亚理论技术学习、教育心理理论学习与实践分享、个案分析等,展开理论学习、互动体验、案例研讨和身心放松训练等,帮助兼职心理教师快速提升理论与实践水平,自身获得更好的成长,并能更好地服务于学生。

最后,为了给予家长有针对性的、个性化的指导,近几年学校逐渐建立起面谈、电话或视频等渠道,使导师与家长间既有日常的"一对一"或"多对一"的沟通,也有每学期末进行的线上"三方会谈"。灵活多样的交流方式,有利于家校合作和对学生指导的顺利开展。

(二)开展家长沙龙活动的实践研究

在项目组专家的指导下,以高二年级为试点,从开展家长沙龙主题活动的角度入手探索家校共育的新途径,以期达到指导家长了解高中生生理心理特点,学会与孩子沟通、融洽亲子关系的目的。

首先,我们对高二家长沙龙活动的主题需求进行了调研,了解到家长的需求主要为如何保持父母与孩子的良性互动,中学阶段孩子身心发展的特质与需求、父母与孩子沟通时的方法与态度,父母如何对中学孩子的日常行为进行控制等方面。通过问卷调查发现,家庭中多由母亲主要负责孩子的学习和生活,在保持父母双方良性互动方面家长最期望了解如何营造学习型家庭,在孩子身心发展方面家长最期望了解父母与子女的沟通方法与态度,在父母对孩子日常行为的指导方面家长最期望了解如何指导孩子手机自控和家长采取合理控制的方式(见附件一)。

其次,根据问卷调查结果,在宋教授和胡博士多次的线上和线下指导过程中,我们确定了两次家长沙龙的活动主题:一是如何与高中孩子沟通,二是新时代家长角色的转变。

△第一次家长沙龙

由于"如何与高中孩子沟通"的话题过于宽泛,我们又对参加第一次家长沙龙的家长进行了前期调研。通过调研,了解到家长在与孩子沟通时的态度和方法以及指导孩子养成良好情绪管理方面普遍存在困惑。

于是,在第一次家长沙龙活动中,主要邀请了项目组中的我校心理教师曾于秦与家长开展对话,聊聊这两方面的话题,让家长明白了与孩子沟通的目的和方法。

△第二次家长沙龙

这次沙龙活动分为两部分:一是基于第一次家长沙龙前的问卷调查结果(见附件二),邀请与孩子沟通较好、亲子关系融洽且自愿分享的家长进行经验分享。她从自己走过的弯路和后来情绪管理转变之后亲子关系的改善谈起,分享了情绪管理转变的一些做法。二是邀请了项目组专家宋萑教授与家长进行现场互动,解答家长关于亲子沟通的困惑;另外,宋教授还做了《新时代家长的角色转变》的专题讲座,明确了新时代家长要做孩子生命成长的同行者——提供良好的关系和积极的情绪,心理调适的支持者——帮助孩子减压和调适心理困扰,学习资源的拓展者——为孩子创设丰富的学习环境。

四、成熟期

(一) 形成了较为完善的导师专业发展支持系统

1. 建立健全导师工作制度

随着项目的推进,我们完善了《北京七中导师制实施方案》并制定了《北京七中导师工作手册》,明确导师的责任和内容、工作任务、工作途径等,便于教师操作实施。同时,设立导师例会制度保障导师制日常有效实施。在制度建设和任务驱动的双重作用下,增强导师的实践自觉。

2. 构建导师专业成长支持系统

组建了由高校专家、生涯教育专家、心理健康教育专家和优秀班主任等组成的导师专家团队,开展导师课程培训,参与学校导师论坛、研讨活动,为导师工作提供理论支持和实践指导,指引导师的工作方向。

建设系列导师培训课程,以心理健康教育、家校沟通、亲子关系等为主题的导师课程内容,提高了导师的理论水平和指导能力。定期开展导师研讨活动,共同研讨交流,分享教育经验。建立导师经验分享制度,将优秀导师的成功经验进行分享展示,通过相互学习促进提升。

3. 评价激励机制支持

将导师指导工作纳入教师基本工作量,通过导师工作记录和学生、家长问卷等方式,对导师开展学生指导工作和家校沟通工作进行考评,并通过设立专项资金,对优秀导师给予奖励,在职称晋升、荣誉评优中对表现特别突出的导师予以适当倾斜。

通过进一步问卷和访谈的调研反馈发现,导师在"三方会谈"和"一对一家访"方面的落实率有效提高,对于解决学生心理方面的困惑效果也有所提升。家校协同的育人理念也在一次次"三方会谈"中走进家长和学生的内心,导师的工作获得家长和学生的认可与肯定。

通过近一年的实施,家长对这种家校共育的机制非常认可,表示对一个孩子的问题进行三方沟通非常有针对性,非常有效。同时可以感受到导师对孩子的关注、关心与帮助,家长更加愿意配合学校和导师的工作,家校合力的形成更有利于促进学生全面而健康的成长。

(二)设计了心理健康教育相关课程、讲座、沙龙方案

从教师、家长的角度分别设计了心理健康教育能力培训课程方案,旨在为家校协同育人机制建设提供人力资源保障;设计了学生心理健康教育主题讲座方案,提升学生自我心理建设的意识与能力;设计了教师、家长、学生三方互动的主题沙龙。

△家长沙龙主题活动

高二年级两次家长沙龙活动之后,我们对实施情况进行了满意度调研(见附件三)。参与家长非常认可家长沙龙活动的形式和内容,普遍认为收获很大。

在了解孩子发展特点方面,家长认识到孩子是一个独立的个体,他的发展需要我们在适当的时候去帮助,但是不能干涉太多,"不要用成年人的想法去要求孩子",要"共同协商,家长从自身做起,家庭氛围很重要,陪伴孩子一起努力"。在促进亲子沟通方面,家长们意识到沟通的重要性,表示未来会更理解孩子,同时改变自身,学会一些沟通的方法,"改变对话时的强势口吻,耐心倾听孩子的心声""沟通不仅仅是为了了解,还应共情,让孩子信赖并愿意主动交流"。在对家长角色的认识方面,家长们表示未来会以身作则、发挥榜样力量,父母共同承担教养责任、创设支持性家庭学习环境,清晰家长的其他角色,"家长也要勇于认错,反思自己,多考虑孩子的感受和接受能力""还是尊重吧!把自己和孩子放到平等的位置。不要常以家长的姿态去要求孩子,多和孩子平等交流"。此外,家长们也对未来的家长沙龙提出期许,希望增强实用性的案例分享,不仅开设家长沙龙同时开设学生沙龙,或者亲子互动形式的沙龙,帮助家长提升控制自己情绪的能力。

丁素霜老师实施的家长沙龙主题活动实践探索为我们提供了很好的范例,它将成为今后我校家校共育的实施途径之一,在学校各个年级中推广。我们也基本确立下一步的研究计划,即对普通中学家长沙龙活动开展专题研究,探索如何精准确立家长沙龙活动主题、家长沙龙有效互动方式等内容。

第四节 高校导师角色与互动

"导师"一词源于古希腊语,现代含义是指高等学校或研究机关中指导他人学习、进修或撰写学术论文的教师或科研人员。众所周知,高校导师承担着对大学生进行思想辅导的工作,担当着纷繁复杂的教学任务,既是学生日常管理的组织者、实施者,也是现代人才培育模式的践行者和指导者。在指导我校项目导师的角色定位上,高校导师更充当了支持者、指导者、同行者和朋友的多元角色。

一、支持者

(一)专业知识的支持

项目组的高校教师团队运用自己丰富的专业知识和理论建构,引导教师用科研的视角看待和解决工作中遇到的实际问题,并对工作中的教育、教学、科研等方面进行指导和帮助。

(二)案例资源的支持

项目组的老师们利用自身资源,通过理论引领和实践引领相结合,既有宏观的理论指引,又有具体的案例分析和指导,使我们的工作有"理"可依、有"法"可循。

(三)研究设计的支持

此外,项目组的高校教师还把先行设计和反思调整进行结合,根据我们学校和项目组成员个人实际工作的进展情况,不断进行研究思路和研究方向的指导。

二、指导者

(一)目标确立的指导

丁素霜老师说:"我在确定自己的子课题时一直犹豫不决,不知道方向,宋教授就让我说说我做过什么,于是我就没有逻辑顺序地说了说我所做的工作。在我啰唆的叙述中,宋教授即刻捕捉到了我的方向是家长沙龙,虽然这方面我做的并不多,只是较为成功地组织了一次家长联谊会而已,但是宋教授斩钉截铁地告诉我,就做这个,使我的心一下子安定了下来,对于方向的定位指导使我后面的研究清晰了起来。"

(二)问卷调查的指导

丁素霜老师说:"在我前期通过问卷理清了家长需要了解的内容后,着手准备家长沙龙内容的时候,宋教授建议我,在沙龙前后应该做一个简单的问卷对比,看看家长的变化和收获。起初我怕麻烦就没打算做,后来我听从了教授的建议加了前测和后测,尤其是在后测中加了开放式的题目。其实家长填写问卷既是巩固自己所学,提醒自己应用所学,也是检测沙龙效果很科学的一种方式。"

三、同行者

(一)调查问卷的同行者

丁素霜老师说:"我的沙龙前测和后测问卷都是导师的助手参考了导师的建议和我一起设计的,问卷的数据整理也是助手的帮助下完成的,感谢他们与我同行。"

（二）专家讲堂的同行者

丁素霜老师说："第一次家长沙龙举办后，家长们很有收获，是我校的心理老师排除万难帮我按家长需要准备了很长时间。可是第二次我着实犯了难，因为我知道家长的需求，我讲肯定不专业，想请宋教授给我们家长做一次家长沙龙，又担心宋教授没时间，后来我忐忑地跟宋教授的助理联系，没想到很快得到宋教授肯定的回复，并且告诉我时间由我定，没想到宋教授在百忙之中还能抽时间满足一个参与者小小的需求。宋教授很快准备好了PPT，就相关内容耐心与我沟通，还用了我调查问卷中的数据反馈，根据家长的需求和问题调整讲座内容。感谢谦逊敬业的宋教授和助理的帮助。"

（三）配合家长的同行者

丁素霜老师说："在确认了宋教授会给我们做讲座之后，我一直非常激动。因为疫情只能在线上讲，以往我们的家长会都是在钉钉会议里开，而专家团队通常使用腾讯会议。为了方便家长，我又跟宋教授的助理沟通，请宋教授用钉钉这个软件来讲，没想到宋教授欣然同意，克服自身对软件的不熟悉，减少了家长的麻烦。宋教授是一位心里有家长、有老师、有学员、有大爱的同行者。"

（四）课题研究的同行者

自从参与到"变革领导力提升"项目中以来，项目组老师们自始至终与我们同行的身影让我深受感动。作为一个学习者，我更多感受到的是项目组老师们给予我们的支持与力量。从第一次课题确定时三天的工作坊，研究的热情燃起，在胡荣堃博士的陪伴下，我们很快厘清了研究的思路，积极进行研讨，并与同组北京市第六十六中的同仁进行交流、分享。三天的工作坊是忙碌的，但我们似乎忘记了学期工作刚结束的疲惫，完全沉浸在集体探索的乐趣中。

后期虽然课题进行了调整，但是宋教授和胡博士在百忙之中抽时间来校与我们面对面沟通、交流，让我们在研究课题的调整与变化中建立了信心，并为我们各自要研究的内容指明了方向。

项目组组织开展的几次线上、线下的工作坊，让我们不仅掌握了科学的研究方法，在与各校同仁的交流中，促进学习提升的同时，也让我们反思和完善自己的研究过程，更加细化研究步骤。

四、朋友

高校老师非常关注我们的研究进度，团队成员都非常有亲和力，相处如同朋友一样，访谈过程轻松愉快，通过一次次访谈了解我们的研究现状和需求。其中一次访谈中，调研人员重点关注一线教师在论文写作上的困难，在我反映教育教学实践论文和学术论文的差异后，调研人员鼓励我去尝试，尽可能把经验整合成论文。他的鼓励让我有了尝试的动力，并且不断实践。这种同行与陪伴，不会让我们感受到压力，而是给予我们前行的动力和信心。

李平主任说:"在整个课题研究的过程中,无论是我们因为课题开展遇到棘手问题,还是因为忙于事务性工作而疏于数据的收集、分析和整理时,项目组的老师们都能适时出现,在与我们交流的过程中,从我们大量的陈述中,迅速地捕捉到问题的关键,并在与我们分析的过程中,让我们一点一点地厘清思路,明确下一步工作的方向。比如,在我的导师制课题的研究过程中,从我对学校工作的介绍中,宋教授一下子就指出我可以从导师与家长沟通的指导中入手,通过问卷或者访谈来看前后的效果,如此让我的研究工作更聚焦,更容易操作。"

针对我校本次的项目组活动,高校与中学之间的有效合作,充分发挥高校与中学教师在项目研究中的群体合力作用。这一共同体的所有成员拥有共同的学习方式和体验方式,它既保障合作过程中形成的共同利益,又满足我校个性化发展的教育需求,进而保持高校导师指导过程中高效的生命活力。

第五节 关键变化事件

在项目组成员针对课题深入研究的过程中,教师、家长和学生都发生了不同程度的变化,教师专业能力的提升、家长家庭教育观念的转变都促进了学生良好心理状态的形成,促使学生健康成长。

一、面向导师的系列培训课程有效提升导师专业能力

从需求入手的培训课程,给导师提供了专业的支持系统。线上线下、部分与整体相结合的培训方式,也使培训更加具有针对性。开设面向全体导师的生涯教育、心理健康教育、家庭教育指导、危机干预等培训课程,促使全体导师理论和专业水平地提升。同时,我校部分教师志愿者还组建了教师心理志愿者社团。在心理教师的带领下,定期开展活动。围绕萨提亚理论技术、教育心理理论等内容开展学习研讨和互动体验,并结合案例进行深入剖析,帮助兼职心理教师快速提升理论与实践水平,从而更好地服务于学生。

掌握了专业的知识和方法后,导师因为自身专业水平的提升自信心增强了,面对家长的各种问题能从容应对,尤其在处理学生的危机事件时(如学生出现自伤和表达"不想活了"等极端情况),导师能将所学理论知识落地实用,及时帮助学生解决问题,有效地指导家长进行家庭教育。

一位家长在跟导师交流完之后发出这样的感慨:"通过观察孩子这一学期的学习生活,我感觉七中的老师非常负责,有能力、有经验,师资力量也很强;对孩子的学习管理非常有针对性,对每个孩子都不放弃,对每个孩子的优缺点都了解到位;与家长沟通平易近人、言简意赅,给家长的建议直截了当,并且我从中能感觉到老师给我传递了一种力量,

就是不要放弃对孩子的管教,让我对孩子提高成绩抱有很大希望。真心感谢老师们的辛苦付出!"

理论与实践能力的提升能够协助教师再塑职业信念,提高职业素养,提升职业技能。使导师在工作中既能增强师生沟通,提升教育效能,又能协助家庭调整亲子关系,实现双向促进。

二、系列家长培训和沙龙活动促成家长观念转变

针对家长对中学阶段孩子的心理发展需求缺乏了解,溺爱导致的过度关注与学生的自我发展需求之间产生激烈冲突致使学生出现心理问题;家长对超出学生现实发展水平和发展能力的高期待给学生带来了巨大的心理压力等现状,学校设计开展了一系列培训课程和家长沙龙,并全面实施导师制,旨在协助家长系统了解青少年的身心发展特质,了解这个阶段孩子的生理发展、人格特质、认知特点、社会化水平、常见发展问题及解决方案等。家长越多了解青少年期的心理健康知识,越能理解孩子这一阶段的身心状态,不仅能更加沉着稳定地应对孩子出现的问题,还能减少教育伤害,融洽亲子关系,将家庭环境打造成孩子成长的避风港和加油站。

通过访谈和问卷调研,家长反馈获得了以下收获。

(一)提高了家长对青春期孩子的认知

1. 理解了青少年的情绪和行为特点及神经发育的基础

懂得了13~17岁的青少年情绪与行为具有明显的冲动性是正常的,在冲突、挫折面前容易出现强烈的、难以控制的情绪情感爆发,这些冲动性是由于大脑前额叶区域神经系统尚未发育完全导致的,身体发育与大脑发育不匹配,了解了孩子的冲动性和不良情绪,使我们对孩子的一些问题能够做到接纳并尊重。

家长自述:一直认为他长大了,应该更理解父母,教授的讲解点醒了我,他还是个孩子,父母应允许他们发脾气、有个性。

2. 理解了青春期的诉求

家长沙龙中一个亲子冲突的案例,使家长明白了青春期的孩子跟父母对话,不在意父母说得对不对,而在意父母用什么态度。沙龙之后家长们纷纷表示,要改变与孩子的沟通方式,尊重孩子,共同协商。

(二)提高了家长与孩子有效沟通的能力

1. 控制家长自己的情绪

家长们认识到,其实很多亲子冲突的根源在于家长没有控制好自己的情绪,经过培训慢慢学会心平气和、少发脾气,像朋友一样去和孩子沟通。

2. 平等沟通,换位思考

通过家长沙龙,不少家长表示要尊重孩子,平等沟通,跟孩子交流时要站在孩子的角度上,多倾听孩子的心声。有的家长也学会了放下家长的姿态,友好沟通。

3. 掌握了沟通细节

培训课程之后,家长们也在慢慢改善亲子沟通的方式,比如,经常对孩子说鼓励的话,说话不再像以前那么强势了;有的家长尝试在亲子活动中让孩子放松下来再进行有效沟通,等等。

(三)提升了家长的角色认知

1. 父亲参与,共同教养

更多的父亲主动参与到孩子的学习和生活中,加强了父亲的教育陪伴,使父亲们懂得了共同教养的重要性。父母角色的有效发挥促使家庭良好氛围的形成,提高家庭教育的实效性。

2. 自我管理,树立榜样

家长减少在家看电视、玩手机的时间,并能够多学习、多看书,给孩子树立榜样,以身作则,给孩子创造支持性学习环境。增加亲子活动的时间,由督促孩子锻炼变成陪孩子一起锻炼,增进了亲子交流,改善了亲子关系。

(四)提高了家校协同育人效果

导师制的实施,使导师通过"三方会谈"的方式与家长和学生形成了个性化的辅导机制。家长通过跟导师的接触与沟通,更加明白家校沟通交流的重要性,通过"三方会谈"家长和教师都可以从不同的角度进一步了解学生,建立家校之间的信任度,促使家校合力的形成,提升育人效果。

三、教师和家长理论水平和指导能力提升帮助学生心理健康成长

教师和家长心理学理论水平与指导能力的提升,使家校教育方式更能贴近学生心理特点,针对性地解决学生的心理问题,融洽师生关系和亲子关系,促使学生更乐于亲近导师和家长,更愿意与导师和家长交流,同时促进学生的学习效能,使他们真正实现快乐学习、高效学习。

尤其是对处于危机事件中的学生来说,及时的危机干预可帮助他们减轻心理上的痛苦;减少对学生的学习、生活等方面的负面影响,帮助学生及时获得家长、其他教师的关注;帮助学生尽早就医,从而减少心理问题加重的可能性和精神疾病的发生,降低了自杀、攻击伤人毁物等极端情况的发生率。

对于处于心理失衡状态学生的干预,也有利于家长及时了解学生的心理状况,增进亲子沟通和理解;有利于家长及时调整教育方式方法和策略,使家长可以更好地帮助孩子渡过心理难关,促使学生更好的健康成长。

四、完善各类制度建设着力保障家校协同育人效果

《家长委员会章程》的修订,《学校家庭心理健康教育专业委员会工作制度》《家庭教

育指导家长志愿者团队工作制度》《学生心理健康及家庭心理健康教育个性化指导教师志愿者团队工作制度》《北京市第七中学导师制实施方案》《北京市第七中学学生危机干预预警等级和通报流程》等制度的制定和方案的完善，联合教师、家长力量，形成体系化、制度化、课程化的家校协同育人方式，满足学生个性化的心理教育需求，让教育不再陷入胶着，发现关系中的资源和能量，重树教育信心，给孩子的心理教育加餐，唤醒更多生命的内在力量，为青春添彩，为教育赋能。

第六节　变革的可持续性

近三年的项目活动，引发了我们对学校亟待解决问题的思考，在专家的指导和帮助下，围绕"基于促进学生心理健康的家校共育策略研究"，项目团队开展了学习与实践，取得了一定的研究成果。

一、进一步完善家校共育的组织体系建设

对家委会进行改革，修订《家长委员会章程》，制定了《北京市第七中学家长委员会章程》，对家长委员会的性质、宗旨、功能、组织机构，家长委员会委员的分工、任职条件、产生程序以及家委会的工作制度等进行了详细规定。

完善了家长委员会的组织机构，进一步明晰学校、教师和家长在家校合作共育过程中的角色定位，确定学校、教师和家长在家校合作共育工作中的分工和工作内容，引导家长有序参与学校治理。明确规定家长委员会的权利与义务，结合学生心理健康问题产生的诱因，尝试建立分级（班级、年级、校级）分层（按照成员所具备的心理健康知识的不同层次）心理健康教育专业家长委员会，进一步扩大家庭心理健康教育指导者队伍，组织针对性的家庭心理健康教育活动。

二、加强了家校常态化沟通机制建设

完善家长开放日制度，增加家校全面沟通频次；修订完善学校已有的导师制、三方会谈制，建立线上线下相结合的家校共育方式，促进家校沟通及时、有效；创新家长会的内容与形式，体现家庭、学校的双主体，进一步为满足家长的个性化教育需求提供平台。

同时，按照上级有关"依法治校""党领导的校长负责制"等要求，进一步完善学校组织机构，成立了争议调解委员会。

三、进一步开发了心理健康教育教师系列必修课程和系列选修课程建设

根据学生心理健康教育问题,构建心理健康教育教师系列必修课程和系列选修课程,开展普及性心理健康知识教育和专业心理健康知识教育,提升教师心理健康教育的意识与能力,培养学校心理健康个性化指导志愿者队伍。

四、尝试开发与实施家庭心理健康教育课程

建设开发主体多元、内容丰富、形式多样的家庭心理健康教育课程(含活动课程),提升家长参与家庭心理健康教育的意识与能力。

五、团队成员在项目参与过程中收获了成长

我们的项目团队成员,在具体的学校工作中,分别负责德育、教学、科研、共青团、年级组等工作,项目研究把大家聚集到一起,共同聚焦"促进学生心理健康的家校共育策略研究"。在研究中加深了对这一研究方向的思考和实践,收获了成长。

通过对课题研究的不断深挖,与高校专家团队、其他项目校交流沟通,老师们的视野得到进一步开阔,研究方法与研究能力得到提升,正如张雯老师所说:"对于今后工作的持续推进,希望自己能够继续以做研究的精神去解决实际工作中的难题,在遇到困惑时,可以通过查阅文献找到解决办法,通过学习理论,使自己站位更高、视野更广,更全面地思考和解决问题。"

同时,老师们希望将在针对问题开展深入研究的思考与收获,进一步推广到日常工作中,李平主任说:"在不断地研讨与实践中,我认识到,面对各种问题都要形成在实践中探寻、在探寻中变革、在变革中创新的思维方法。我会继续立足当下实际,不断在变通中寻找解决问题的新途径。对于学校的各项工作也都应该以这样的工作态度、思维方法,由部分影响整体、由点及面地逐步推动各项工作开展。"老师们也从认识上的改变促进领导力的发展,郭婷婷老师说:"遇到一项综合性强的工作,要从事物之间的联系中寻找切入点。学校是一个整体,学校任意问题的解决都需要各个部分的参与、改变。提升参与度,就是要在各种各样的联系中找到自己的发力点。这其实也是与领导力相关的,工作中要认识到每个人的长处,各尽其用,优劣得所。"

近三年的项目活动,我们针对学校存在的问题,进行了深入的研究探讨,并基于研究开展改善。通过进一步开发心理健康教育教师系列必修课程和系列选修课程建设,教师专业能力进一步提升;通过完善家校共育的组织体系建设,加强家校常态化沟通机制建设,进一步开发家庭心理健康教育课程,使家校合作更加顺畅;通过深入、专业的项目研究,教师研究能力、工作能力、领导能力得到进一步成长。未来我校还将持续变革,关注

学生心理健康发展,完善家校协同育人机制建设。

附件一:高二家校共育调查问卷(结果)

1. 家里主要负责孩子学习和生活的是(　　)

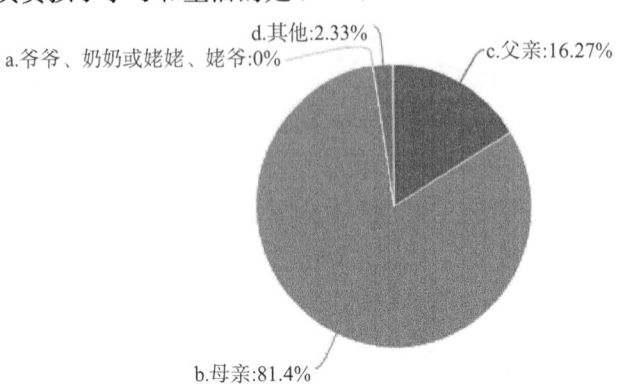

   - a.爷爷、奶奶或姥姥、姥爷:0%
   - b.母亲:81.4%
   - c.父亲:16.27%
   - d.其他:2.33%

2. 在保持父母双方的良性互动上,您最想了解的是(　　)[多选题]

   - a.家长如何平衡工作与家庭的双重压力　23.26%
   - b.了解如何营造和谐的家庭氛围和良好的夫妻关系　27.9%
   - c.了解如何营造学习型家庭(指家人建立共同愿景与目标,一起学习与成长)　79.07%
   - d.如何协调家长的角色冲突　60.47%
   - e.其他　9.3%

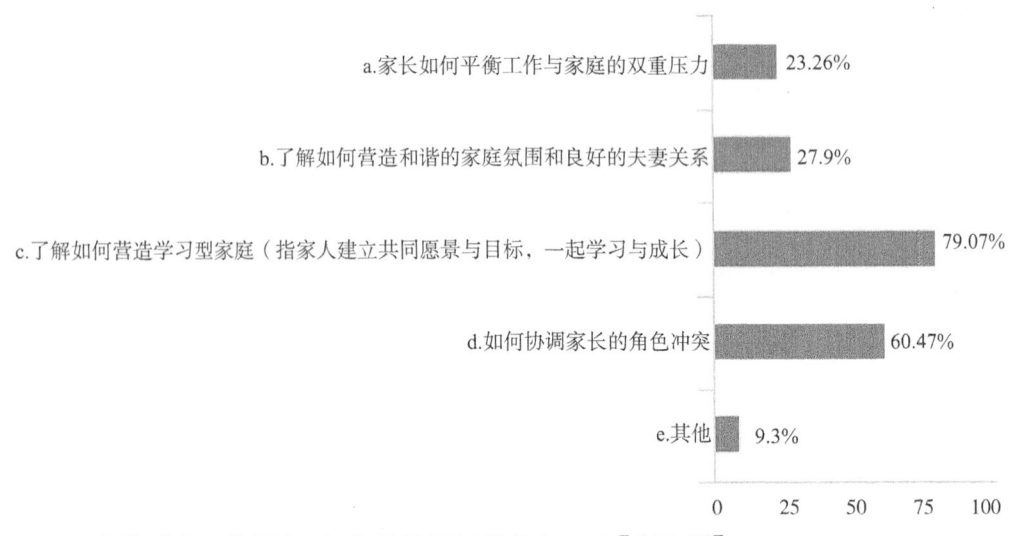

3. 在孩子身心发展方面,您最想了解的是(　　)[多选题]

   - a.如何维持良好的亲子关系　37.2%
   - b.父母如何自我成长以作为子女的榜样　23.26%
   - c.父母与中学生子女沟通的方法与态度　60.47%
   - d.教养子女的适当方法(权威式/民主式等)　20.93%
   - e.中学阶段孩子身心发展的特质与需求　55.81%
   - f.其他　2.33%

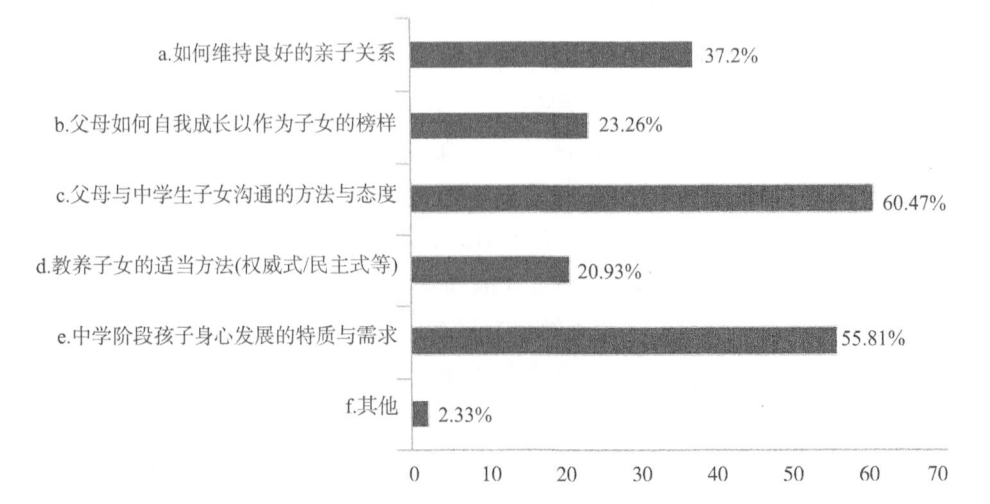

4. 在父母对孩子日常行为的指导方面,您最想了解的是( )[多选题]

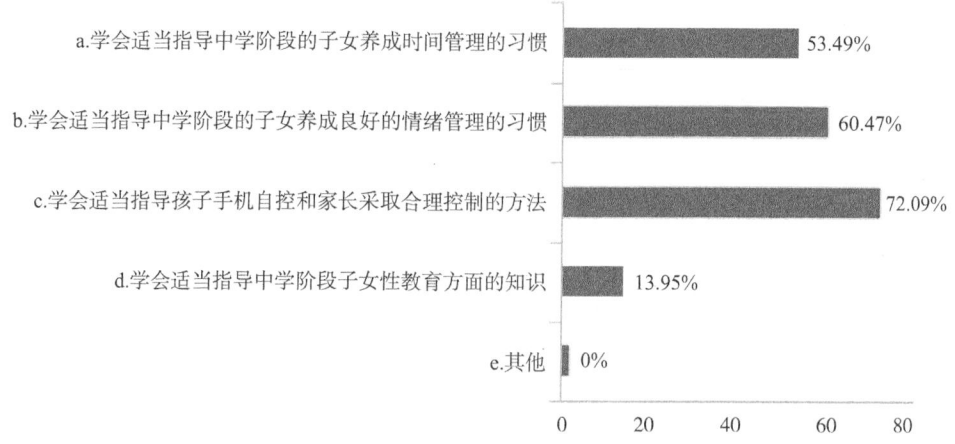

选项	比例
a.学会适当指导中学阶段的子女养成时间管理的习惯	53.49%
b.学会适当指导中学阶段的子女养成良好的情绪管理的习惯	60.47%
c.学会适当指导孩子手机自控和家长采取合理控制的方法	72.09%
d.学会适当指导中学阶段子女性教育方面的知识	13.95%
e.其他	0%

附件二:高二家长沙龙问卷前测(2022年5月9日)(结果)

1. 在了解孩子的身心发展的特质与需求方面,您自评您符合下列哪个选项?[单选题]

选项	小计	比例
不太了解	8	11.11%
了解一些	17	23.61%
了解一部分	31	43.06%
了解较多	13	18.06%
很了解	3	4.16%
本题有效填写人次	72	

2. 在与孩子沟通的方法与态度上,您自评您符合下列哪个选项?[单选题]

选项	小计	比例
完全没有态度和方法	3	4.17%
偶尔有一些好的态度和方法	12	16.67%
分事情(50%)有好的态度和方法	30	41.67%
绝大部分事情能有好的态度和方法	24	33.33%
几乎都能保持好的态度和方法	3	4.16%
本题有效填写人次	72	

3. 您在指导孩子手机自控方面的做法的有效程度,您自评您符合下列哪个选项?[单选题]

选项	小计	比例
指导做法无效	21	29.17%
偶尔能指导有效	17	23.61%
50%能有效指导	24	33.33%
绝大部分做法能指导有效	9	12.5%
指导做法很有效	1	1.39%
本题有效填写人次	72	

4. 您自己在情绪管理方面,自评分数为哪个选项?[单选题]

选项	小计	比例
完全不控制	0	0%
偶尔能控制	8	11.11%
能控制50%	21	29.17%
绝大部分事件能控制	40	55.56%
能很好地控制	3	4.16%
本题有效填写人次	72	

5. 您在指导孩子养成良好情绪管理方面的做法,自评分数为哪个选项?[单选题]

选项	小计	比例
完全没指导或指导做法无效	7	9.72%
偶尔能指导有效	17	23.61%
50%能有效指导	30	41.67%
绝大部分做法能指导有效	17	23.61%
指导做法很有效	1	1.39%
本题有效填写人次	72	

附件三:家长沙龙活动反馈调查问卷(2022年6月9日)

1. 在了解孩子发展特点方面,家长的收获反馈如下

了解了青春期孩子的特点;了解了孩子在成长过程中的变化;孩子的个头与生理心理发展不是成正比的;孩子目前大脑仍处于发育阶段,身体发育与大脑发育没有完全;孩子的身体成长与思想成长并不一致,不要用成年人的想法去要求孩子;了解孩子在这个

阶段的正面及可能有的负面情绪;了解了孩子行为背后的原因和科学逻辑;孩子成长中出现各种问题,首先做家长的要学会接纳并尊重。

孩子是一个独立的个体,他的发展需要我们在适当的时候去帮助,但是不能干涉太多。关注孩子的发展,高二年级大多数家庭和孩子面临的问题,共性颇多。

2. 在促进亲子沟通方面,家长的收获主要有以下三点

①更理解孩子

家长反馈1:当遇到孩子脾气暴躁或者心情不好的时候,尽量避免和孩子争吵,可以以平等的方式侧面询问;一直认为他长大了,应该理解父母,教授的讲解点醒了我,他还是个孩子,父母应该允许他们发脾气、有个性。

家长反馈2:可以适当原谅他的不懂事,跟朋友一样相处。

②家长自己应该改变

家长反馈1:改变对话时强势的口吻,耐心地倾听孩子的心声。

家长反馈2:之前的沟通存在很大问题,以后要多运用鼓励的话语。

家长反馈3:尽量控制自己的情绪,多和孩子做正面的沟通和交流,理解孩子在学习上的压力和烦恼。

家长反馈4:了解孩子的特点,掌控好自己的情绪。

③学会了一些沟通的方法

家长反馈1:沟通十分重要,有很多细节被忽视了,如放下家长姿态、和孩子友好有效的沟通。

家长反馈2:懂得了如何与孩子沟通,学会了倾听、反馈、共情。

家长反馈3:多鼓励他,多陪伴他。要以鼓励肯定的方式引导孩子,不要给孩子太多压力。

家长反馈4:沟通不仅仅是为了了解,还应共情,得到孩子的信赖,愿意主动交流。

家长反馈5:可以和孩子一起进行亲子活动,在活动中孩子才能放松下来,更易沟通。

3. 在对家长的角色的认识方面,家长的收获如下

①以身作则,榜样力量

家长反馈1:家长是孩子的一面镜子,家长要多看书,少看手机、电视。

家长反馈2:我们家长想要改变孩子现在的学习状态,首先要从自我做起。

家长反馈3:要以身作则,管理好自己的情绪,心平气和,少发脾气。

家长反馈4:家长也要勇于认错,反思自己,多考虑孩子的感受和接受能力。

②创设支持性家庭学习环境——父母共同承担教养责任

家长反馈1:父母应该共同参与。

家长反馈2:加强父亲的教育指导。

③明确了家长的其他角色

家长反馈1:还是尊重吧!把自己和孩子放到平等的位置。不要总以家长的姿态去要求孩子,多和孩子平等交流。

家长反馈2:懂得作为一名家长,有时也要和孩子做朋友。
家长反馈3:在孩子的成长过程中,家长不是主导者,而是陪伴者。
家长反馈4:心平气和,像朋友一样相处。
家长反馈5:是家长,更是朋友,要平等共勉。
家长反馈6:家长不是控制者而应该是指引者。

4. 家长沙龙需要改进的方向

①增强实用性的案例分享,让家长既有理论,又有实践中可参考的解决问题的方式方法

行标题	平均值
讲授方式	95.88
内容吸引力	94.92
内容实用性	90.88
	小计:281.68　平均:93.9

问卷调查反馈出讲座内容的实用性是低于讲授方式和内容的吸引力的,开放性问答也反馈出了家长的期待。

家长反馈1:能有点具体的事例更好。
家长反馈2:如何以积极的事例做心理疏导。
家长反馈3:希望以此为标准多开展开放性的交流分享经验的活动。
家长反馈4:还是需要在实践中有用的讲座,现在管教孩子,难以把握度,说深了不是说浅了也不是。

②亲子沟通是双边工作,可在举办家长沙龙的同时开设学生沙龙,或者是互动形式的沙龙会收到更好的效果

家长反馈1:建议给孩子也做一些这样的沙龙讲座活动。
家长反馈2:期待学校也开展适合孩子的沙龙,和孩子共同进步。
家长反馈3:希望能有亲子体验模式的沙龙。

③家长沙龙不仅注重提升亲子沟通的能力,更应该注重提升家长控制自己情绪的能力

第十章

聚焦青年教师专业成长，助力学校教育持续发展

第一节　项目研究主题与重点

一、研究背景

教师队伍建设是推动学校教育发展的重要一环，教师专业得到高质量的提升，将会为学生提供更优质的教师队伍，促进学生发展，推动学校变革与教育变革。随着教育事业的蓬勃发展，学校教师中青年教师所占比例越来越大。青年教师专业发展情况会影响学校教师队伍整体的发展，关系到学校教育教学质量的提升，关乎学校未来的发展走向。由于青年教师参加工作不久，处于适应与过渡、分化与定性等阶段，面临着角色转变、同伴对比等问题，容易产生职业倦怠、业务能力发展滞后等一系列现实困难和心理不适，亟须学校为青年教师提供切实有效的指导和帮助。

"变革领导力提升"项目组成员作为学校的中层领导者，是教师队伍中的重要成员，既需要提升个人专业能力，又承担着引领、指导学校其他教师专业成长的职责。项目组研究如将新策略、技巧和实践直接应用到学校青年教师培养工作的领导实践中，可使得项目组成员的新思维和知识对青年教师产生最快速度、最大限度的积极影响，从而带动教师队伍专业能力的整体提升。

二、研究主题

基于以上研究背景，结合相关调查数据分析，经项目组成员共同讨论、高校专家团队帮助指导，特确定开展校本研究的主题——基于发展学生核心素养的青年教师专业能力培养。

三、研究框架

项目研究框架如图10-1所示。

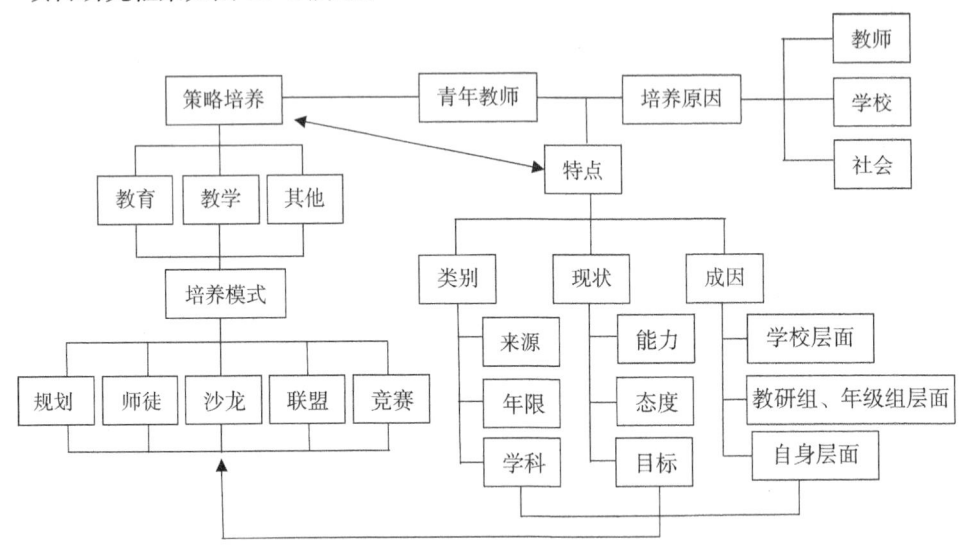

图10-1 项目研究框架图

四、研究重点

本研究结合本校青年教师专业发展的现实问题和具体需求,基于洋葱模型构建"二三五"青年教师专业发展共同体,在时间中验证、改进模型,完善青年教师专业发展培养机制,创新中学青年教师培养模式,促进青年教师队伍的整体提升。

本研究的侧重点有以下几个方面:一是促进项目组成员进一步明确对角色、身份、职责等的认识;二是促进项目组成员进一步提升基于证据的学校变革管理理论知识水平;三是促进青年教师的管理模式和逻辑产生良性变化。同时也希望通过参加本项目,管理团队的能力得到提升,从而带动教师队伍的能力得到提升。

第二节 厘清学校现状与改进需求

一、学校现状及发展目标

北京市第六十六中学建校于1954年,2005年被评为北京市高中示范校。2002年

10月,合并北京市第一三三中学;2015年7月,合并北京市广安中学。学校目前分两址办学,初一、初二年级在学校南址(白广路校区),其他年级在学校北址(枣林前街校区),目前教学班共计52个,在校学生共计约1 800余人。北京市西城区白纸坊小学借址办学,南址有八个班的小学一年级学生,北址有六个班小学五、六年级学生。学校在职教职工267人,专任教师205人。其中,35岁以下青年教师有46人,占专任教师的22.4%。

学校拥有扎实的教风、学风、校风。建校60余年来,秉承社会主义办学方向,扎实落实立德树人根本任务,以科学教育、人文教育为基本着力点,逐步形成了"以师生发展为本"的办学理念及"学生健康成长、教师幸福成功、学校和谐发展"的共同愿景目标。

二、学校面临的挑战及改进需求

近年来,随着基础教育深化改革、区域资源重整,学校所在学区划片中名校热校多、本校生源质量下降等,同时教师新老交替集中、师资年龄结构不合理问题日趋凸显。在生源质量下降的情况下,如何提升教育教学质量?在变革的大背景下,如何促进可持续发展?成为学校亟待解决的问题。

青年教师是学校的生力军和顶梁柱,青年教师的专业成长将直接影响学校的可持续发展。因此,学校将青年教师的培养工作作为学校教学质量提高的突破口,青年教师的培养工作无疑是学校改进和提升最有利且最有效的实现途径。

根据前期问卷调查结果表明,本校青年教师的教师信任、教师文化、教师教学策略、教师学业强调、教师建构主义理念、教师集体自我效能感、教师集体效能感、教师韧性、教师承诺都处于中等偏上水平,同时显现出教学水平随着教龄增长反而下降的特点。进一步调查发现,本校教龄越长的青年教师,对校长、同事、学生和家长的信任程度越低,对学校教师之间以及教师和领导之间合作、支持、共同愿景等情况的评价越低,说明随着对新环境的了解逐渐加深,青年教师经历了一段怀疑、不确定的时期,学校未能持续有效地为他们创设能促进其成长的工作环境。

而从课堂教学观察中可以看到,学校不少青年教师都会在教学设计、课堂管理、教学方法上遇到问题。对于大部分新入职的青年教师而言,虽然具备学科专业知识和教学理论知识,但是在具体的教学工作上缺乏实践经验,面对具有不同特点的学生和实际的教学场域,他们很难迅速地将所学的理论知识与教学实践相结合,还缺乏科学合理地完成教学设计以及自如驾驭课堂教学的能力。

通过访谈发现,学校许多青年教师在专业发展的过程中面临着现实困境。首先,时间与精力的不足限制了青年教师对教师职业进行本质的思考和探寻,这一点体现在许多青年教师未对自身专业发展进行长期整体的规划上。一方面,青年教师仍处于适应与过渡阶段,工作规划大多与如何完成常规的教学和管理工作来不断积累工作经验有关,以期尽快适应学校的组织结构及完成角色转换;另一方面,青年教师平日里忙于各类繁杂的教学和管理工作,难有时间、精力去深入思考并规划自身的专业发展。除此之外,青年教师对未来发展也相对迷茫,存在着无目标方向、无途径来帮助自身提升专业能力的问题。总的来说,从教师个人来看,青年教师未能将自身发展与教育教学工作结合起来,寻找适合个人需求和发展水平的发展方向;从外在组织来看,学校未能为青年教师提供外在的支持、指导和帮助,从而导致青年教师陷入一种迷茫、盲目和追求短期效应的状态,影响其未来的专业发展。

第三节　校本项目开展情况

一、项目启动期——在困惑中寻找变革的起点

(一)困惑:何为领导力?如何变革?

项目启动伊始,学校由教学校长带队,教学主任、德育主任、教科研主任、初中语文和数学两位教研组长一共六位老师作为核心成员参与到项目活动中来。最开始接触"变革领导力提升"这个项目,几位老师既困惑于"领导力"到底是何义,更困惑于如何"变革"。即不清楚未来领导力的变革内容是什么?几位老师和学校发展之间的关系是什么?几位老师的领导力提升和学校的发展如何寻找到契合点?另外,刚开始老师们认为项目只是一个普通的培训,类似于以往的很多培训,只需要老师们听几次专家讲座,最后交一份学习总结即可。带着迷茫与困惑,老师们开始了第一次工作坊的学习。

(二)起点:从文化叙事开始

第一次工作坊,六位老师聆听了国外专家的讲座,并在北师大项目核心团队老师的引导下,首先组建了学校的"变革领导力提升"团队。在项目组的引导下,团队几位成员围绕学校文化进行叙事,寻找到了学校发展的文化词"人文关怀、敬业、协作、精细、追求卓越",表达了学校发展的愿景"学生成功,教师发展,社会认可的幸福校园",也寻找到了促进学校发展的五个积极因素"爱岗敬业、教师奉献、精细化管理、协作、向心力集体荣誉感"和五个消极因素"年龄结构不合理;进取心不足;生源家庭差异大;观念固化,缺乏高端引领;非教学工作任务重"。通过进一步的交流讨论,几位老师共同确定了学校变革的切入点:应致力于通过探究如何指导青年教师制定职业规划的问题,以解决学校发展中的青年教师进取心不足的问题。因为进取心不足源自青年教师定位不准、目标不明确,希望未来能实现八成青年教师定位精准、目标明确,并付诸积极行动的效果。

第一次工作坊,几位老师正式审视了自己的学校文化,分析影响学校发展的积极因素和消极因素,最终确定了学校未来发展的突破口。三天的工作坊,每位老师都有很大的收获,正如教学张主任所说:"突出的感受是在这个变革领导力提升的小组当中,尤其是在学校学期末,还有大量的工作需要完成的背景下,我感觉这三天的学习,内容非常丰

富和具体。因为这里面有世界的背景,有高端理论知识的支撑,又有对学习具体工作的聚焦和整理,让我受益匪浅。印象最深刻的应该是专家教授们的指导,非常细致和直接,在某种程度上改变了我们的工作思路,改变了平常的工作模式,让我体验到了头脑风暴的魅力,还有和同伴们沟通的重要性。从一个项目的确定,到每个工作环节的思考,再到目标的实现,整个工作流程越来越清楚,方法越来越具体,内容越来越充实。这些内容对我们这一项目的具体实施起到了明显的指导作用,我们也会保存这三天的学习记忆,以这个为新的起点开展相应的工作。"

二、项目探寻期——在摸索中找寻变革的突破点

经过第一阶段的理论培训之后,随即进入第二个阶段——专家进校园阶段。这个阶段是项目由理论走向实际的阶段。

(一)专家进校园:让学习真正发生

对于学校教师而言,无论是教学经验不是很丰富的青年教师,还是教学实践经验比较丰富的中老年教师,均缺少对于教育本身更高的思考站位、前沿的教育教学理念以及从理论层面到教学实践层面的指导。

以北京师范大学宋萑老师为代表的专家团队,不断跟进六十六中学"变革领导力提升"项目的推进。专家团队走进校园,走进课堂,对六十六中学的青年教师培养进行具体指导。宋老师第一次进校,听了两位青年教师的课,并对课堂的现状、课堂的状态给予评价。在这之前,学校不少老师以为一节学生活动比较多、课堂氛围热闹的课就是一节好课,于是在进行教学设计时设计了很多教学活动来调动课堂氛围,但是宋老师在听完课后却提出了不同的观点,他认为这节课虽然有小组活动,学生活动比较多,但小组内部并没有真正的合作,学生的探究也不是真的探究,在这节课上"学习没有真正发生"。在宋老师的点拨下,学校教师发现对于好课的评判标准和高校专家团队存在着一定的差距。学校教师对于好课的评判标准还停留在过去,即认为环节设计好,学生小组活动、课堂氛围活跃这些表象特征是一节好课的评判标准,在上课过程中并没有实际关注学生的学习状态以及深入学生的学习实质,了解学生在课堂中实际的学习效果。这次专家进校园引发了学校教师对好课的深入思考。

(二)工具进校园:为教学提供工具支撑

一线教师特别期待能得到专家具体的指导。而高校的专家没有办法进到学校里每一位老师的课堂,对每一位老师进行有针对性地指导,这时候一线教师迫切需要一个工具的支持,即需要一个能超越学科限制,对于初中各个学科都具有普遍指导意义的工具来指导中学老师的教学工作。在了解了学校实际的需要之后,专家团队为学校教师提供了教学设计表。从单元整体设计到课时设计,从教师活动到学生活动,从活动目的到课后评价,专家团队的教学设计表不仅提供了教学设计的基本框架,还在每一部分里有具体指导语言,对相应结构部分提出具体要求和指导,该教学设计表成为教师设计教学的

有力参考。在此基础上,学校也开发了教学设计评价表和现场课评价表,这两种评价表,为教学评价建立了具体的指标和细则,增进了教学评价对教学的改进功能,提供了从教学设计、教学实施到教学评价全学科、全流程的支持。不仅提供一个教学设计和教学评价的工具,更有工具背后传递出的教学理念、教学思想。

授人以鱼不如授人以渔。一节课的具体指导效果毕竟是有限的,对一个人的指导效果也是有限的。真正有价值、有意义的指导是方向性的指导。教学工具的开发转变了学校教师的教学思想,提升了学校教师的教学设计水平。

三、项目转变期——在兴奋中创新变革的生长点

在这个阶段,六位学校的中层领导、老师积极探寻青年教师的培养之路。"变革领导力提升"项目组的专家们并不是直接拿出一个已经设计好的培养模式交给学校直接实施与验证,而是鼓励项目组的核心成员结合自己的工作实际,结合自己的角色分工,群策群力,集体探讨,共同找寻学校发展的模式路径。找到了方向,并不意味着事情就做好了,还需要去具体落实、具体操作。如何创新青年教师的培养模式,成为摆在项目组老师面前最大的一个问题。

对于青年教师的培养,学校的原则就是守正创新。守正意味着要保留,要传承过去好的经验做法;创新意味着要在原有的基础上进行大胆的尝试。

(一)从"青年教师评优课"到"青年教师沙龙"

学校培养青年教师的主要途径是每年的青年教师评优课活动。通过评优课活动,可以很好地锻炼青年教师的教学能力。青年教师的培养目标,不仅在于青年教师个人课堂教学水平的提升,还有其综合素质的整体提升。学校在原有"青年教师评优课"的基础上增加了"青年教师沙龙"活动。通过组织专家讲座、青年教师研讨会等具体活动,一起探究教学中出现的问题。例如,针对新任教师比较多的特点,召开了"新任教师专题培训沙龙",由学校各处室主任向青年教师解说教学常规、教务常规、德育常规等,由主要学科的教研组长解说本学科教学特点,并给青年教师指出学科成长的建议。从理论到实践对青年教师进行多层面的指导,这样针对青年教师特点的培训,让青年教师收获颇多。

(二)从"师徒结队"到"青年教师联盟"

以往的青年教师培养模式有它的优势,但是也存在一些弊端。如果师傅是中老年教师,可能对于青年教师在教学设计的大方向理论指导思想方面就缺少一个更高层次的指导。中年教师和老年教师本身的实践经验很丰富,但对于符合时代发展的新课程理念的理论水平,很多中老年教师是有待提升的。

以往青年教师的培养模式,无论是师带徒、师徒结队还是青年教师评优课活动各有优势和问题。师带徒的模式,对于培养青年教师有积极作用,目前学校依然保留。但问题在于师傅都是学科师傅,而青年教师的发展需要有团队,除了青年教师和学科师傅个体之间的交流,青年教师之间也需要交流。他们有共同的话题,有类似的教学经历,在教

学中面临着一些共性问题。

青年教师年龄相仿,有创新力,有活力。如何激发青年教师的活力,这需要为青年教师的发展提供一个深度交流的平台,以更好地促进青年教师之间的交流学习。因此,青年教师联盟应运而生。可以说,这两项活动是对师徒结对模式的一个有力的补充,由中年教师对青年教师的指导,变为青年教师和青年教师之间的同伴互助成长。

这个阶段对于项目组成员来说是一个不断探寻可行之路的阶段。另外,学校教师对于数据的分析也存在一些困难和困惑,不会做调查问卷;做了问卷调查以后,调查结果如何分析运用也是一个值得探讨的问题。

(三) 从"单人单课教学设计"到"多人协同大单元设计"

伴随着新课程改革的推进和义务教育新课标的出台,新的课程理念要求青年教师的教学需要从"单课教学"向"大单元教学"转变,从单人备课到多人协同设计。项目组创新青年教师培养模式,尝试开展了初中语文学科课例合作设计活动,学校初一、初二两个年级的语文备课与北师大研究生合作进行语文课例的设计和实施。两个北师大的小组和六十六中学的老师集体备课,共同设计一个大单元。在这个过程中,老师们不是指导和被指导的关系,而是共同协作的关系。专家团队侧重于对北师大学生进行理论和实践的指导,学校的一线老师也在这个指导过程中收获很大。一线教师和北师大学生共同参与培训,共同思考如何设计大单元教学。通过设计这个大单元,老师们理解了在大单元设计中可能会碰到问题,对以往教学中容易忽略的问题也进行了进一步的思考。新出现的一些教学问题及新的教学现象也激发了老师们的思考,如线上教学与线下教学的差异,如何在线上教学中提升学生参与学习的积极性和主动性,等等。

从"单人单课教学设计"到"多人协同大单元设计",可以说是项目的有益尝试,也是教学途径的创新。通过高校团队与中学一线教师合作备课研讨,增进了彼此间的了解,让教学理论与教学实践有效的融合,促进了青年教师的专业成长。

四、项目深化期——在实践中扩大变革的影响面

(一) 在思考中凝结项目成果

伴随着"变革领导力提升"项目的不断推进,我校对青年教师培养模式的研究也不断深化。形成了基于洋葱模型的"二三五"青年教师专业发展共同体,推进青年教师培养模式的变革(图10-2)。

(二) 在实践中扩大项目的辐射作用

在青年教师培养的具体实践中,项目的作用不仅直接影响青年教师的专业成长,也间接影响教研组长、骨干教师等,促进他们进一步发挥骨干带头作用。在参与培养青年教师的过程中,教研组长也深入学习与教学工具相关的内容,理解先进的教学理念和思想,并将这些理念思想融入自己的教育教学过程中,逐步变革自身的课堂教学模式。教师们课堂教学模式的变化对学生学习效果也会产生比较大的影响,可以说,此项目最后

的受益人是学生。课堂教学设计的变化使得课堂教学发生改变,进而影响到学生的学习过程。换句话说,教师教的变化其实就能引起学生学的变化。

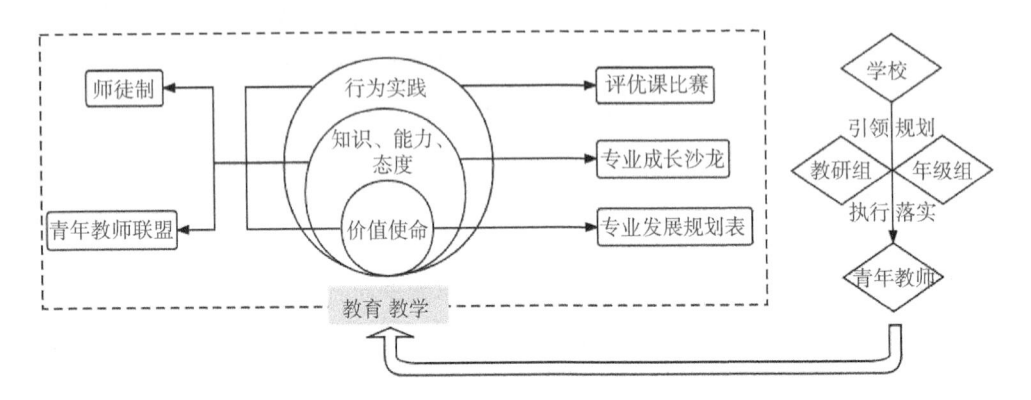

图 10-2 基于洋葱模型的"二三五"青年教师专业发展共同体

第四节 高校导师角色与互动

在"变革领导力提升"项目全面展开的一年多时间里,帮助学校进行工作的宋萑教授和胡荣堃博士七次亲临学校、深入课堂,全面开展对我校青年教师的指导工作。包括核心素养的落实、大单元概念的确立、课堂评价标准的重塑等,从教学理念的提升到课堂教学的实践,从线下教学的活动到线上教学的指导,方方面面,层层深入,北京市第六十六中学的青年教师、中层干部都得到了不同程度的提升与成长,教师们成了课程改革的弄潮儿。

众所周知,一线的老师们工作非常紧张,每天有处理不完的事务。尽管知道学习的重要性,但是面对浩如烟海的学习内容,总有些力不从心,或者是遇到什么问题就学习一些什么知识,随意性较强。在参加"变革领导力提升"课题后,一线老师们感受到了系统学习的优势,高校的老师们在进行了充分调研之后,对一线教师的需要有了较为明确的认识,再以工作坊的形式来帮助一线教师进行强化学习,这样的学习形式和学习内容确实对一线教师很有帮助。工作坊让一线教师了解了整个高校团队的优秀和细致,每次的工作坊都会有对开展工作的回顾和展望,帮助一线教师明晰自己在这段时间里的工作重点和进度,摆脱盲目性。更宝贵的是,一线教师们在学习知识的过程中学会了学习,获得了沟通和思辨的智慧,也获得了更好的参与感和更丰富的交流体验。在学习过程中,一线教师也保持着一定的紧张感,在集体环境中、在和兄弟校交流的过程中增强学习的动力和主动性,拓展了个人思维的视角和层次。在高校团队的督促下也会产生新的思考,不断迸发一些新的灵感。可以说,高校的老师们起到了专业学习、开放式教育的促进作用。

一、引领示范,注重实效,行为上有变化

2021年9月,两位高校老师来到六十六中学,深入课堂,听了两节青年教师的课。专家们到校听课很常见,学校老师们也并没有在意。上课之后才发现,这样的听课给学校老师们打开了一个新世界。首先是两位高校老师选择坐在学生身边,而不是坐在教室后方,且在上课之前就进入状态,迅速浏览了学生的教材,并和学生做了简单的交流。上课之后,两位老师也始终处于密集参与的状态,或者记录老师的语言,或者留意学生的活动,或者观察大家的反应,在对时间与教学内容的设置上特别用心,做了细致的笔记。这样的听课方式对老师们来说是一个挺大的触动,老师们马上意识到了自己在听课过程中的被动。在听课结束后,六十六中学的老师们与两位高校老师进行交流学习,从课堂上学生与老师的表现,去思考课堂上的预设与生成,去检验课堂教学效果。

通过这样近距离的接触,高校老师们通过身教让一线老师们发现自己的弱项,这一听课方式的变化让一线老师们成了一个课堂的观察者,一个课堂的参与者,也真正开始成为课堂的解读者,让一线老师们获益匪浅。

二、指导探索,智慧碰撞,思想上有深化

听课之后的评课也让六十六中学的老师们受益良多。当时地理老师在课堂上采用了小组合作的方式进行教学,这是一种热门的教学方式,在年龄较小的学生中也产生了看似较好的效果。在接下来的评课中,两位高校老师透彻地给六十六中学的老师们解读了小组合作学习的实质和内涵,如此一来,老师们对小组合作学习的概念逐渐明晰。小组合作学习绝不仅仅是形式上的组合,更重要的是合理的分工、发挥学生的主观能动性、具备严格的评价机制等,这样才能达到有效教学的目的。高校老师对一线老师的上课环节进行充分观察,精准把握了课堂上教师和学生的活动情况,从这样的证据积累中来反思课堂上小组合作学习的效果。通过评课,一线老师们茅塞顿开,意识到之后小组合作教学活动应以怎样的形式开展更为正确,小组合作的教学活动怎样操作才能让课堂更为优化。也在某种程度上启发一线老师们之后要避免主观地评价课堂,要有丰富准确的理念支撑,要不断去学习前沿的教育教学知识来丰富自己的储备。

其实这样的例子还有不少,两位老师还曾在六十六中学开设与学科核心素养、单元教学设计等内容相关的讲座,高校老师们的先进理念、创新精神、钻研精神、反思精神一次次地引导一线老师们转变教育教学观念,促进一线老师们的专业成长。青年教师们在最需要学习的时间得到高校名师们的帮助,是一种幸运。高校老师们在一线青年教师面前打开了一扇扇大门,让一线青年教师与时俱进,让六十六中学成为学习型、研究性的组织,让学校的教育事业充满生机与活力。

第五节　关键变化事件

参与"变革领导力提升"项目,对于核心团队的成员而言,具有重要的影响,不仅促进一线老师们理念的变化,也促使老师们改变以往教育教学过程中的思考方式和行为方式,在参与项目活动的过程中,自己的领导力得以提升。

一、参加工作坊学习:从"被培训者"到"变革主体"的转变

几次工作坊学习,让学校老师们印象深刻,获益良多。工作坊的学习让学校老师们这些"被培训者"形成了一个统一的团队,成为学校未来发展的谋划者。作为校核心团队的成员,老师们关注学校发展,谋划学校发展,为学校未来发展出谋划策,并通过实际行动来推动学校更好的发展,作为学校主人翁的意识也得以提升,成为推动学校发展变革的主体。从项目"被培训者"到学校"变革主体",在这个过程中,老师们自我变革的意识增强了,自己想变革,不再是被要求变革,而是自主变革。在高校团队的推动下,老师们开始由跟随变革、盲目变革到变革意识觉醒,自主变革,明确学校发展的方向。

二、和专家一起听评课:好课评价标准的转变

一线教师每天忙于具体而琐碎的工作,缺少更宽广的教育视野,对于教育改革大方向把握的并不是很准确,特别需要专家引领与指导。专家进校园转变了一线教师对好课评价的标准,让我们意识到只有让学生真正参与到学习中去,学生的学习能力、学习水平得以提升,这样的课才是一堂真正的好课。好课不是评价老师组织活动多么热闹,讲得多么精彩,而是要以学生为主体,评价学生素养是否提升。这才是评价一节好课,评价老师教学设计好坏的一个重要标准。

三、评价工具使用:促进教学评一体化转变

评价在教和学全过程中起着非常重要的作用。通过评价可促进教师的教,再促进学生的学。我校2022年春季学期举行的青年教师评优课活动,以教学设计评价表和现场课评价表作为教学设计评价标准和教学现场授课时的评价标准。基于教学评一体化的教学模式,有效提升了青年教师的教学水平。

评价工具的使用,对老师们教学理念的提升、教学设计能力的提升和教学能力水平的提升起到了一个推动的作用。老师们原来的课堂设计可能更多地关注教师的教。教

学设计模板的提供让老师们重新审视了自己的教学设计,从大单元的角度思考,某一课时在整个大单元中的作用地位。教学设计模板的提供,为老师们设计教学提供了一个思考的维度,让老师们在关注自身教学设计的同时也要思考大单元的整体设计,思考学生在学习过程中是否真的有所得。让老师们从课程的角度,从教材的角度,从学生的角度,多维思考建构自己的课堂教学。老师在设计课堂教学的同时,把对教材的理解、课标的理解,对学情的把握,整合到教学设计中去。

作为一种评价的标准,对于青年教师设计课堂教学,包括组织课堂教学都会起到正向的引导作用。我们倡导教学评一体化的整体的教学思路。工具的使用,有力促进了教学评一体化教学模式的形成。老师们根据这个评价标准来设计教学。在教的过程中,还可以使用评价贯穿于教学的全过程,从最初的设计到教学的实施,到教学结束后对学生学习成果的评价,然后再通过这个评价,反过来促进教师改进提升教学,为接下来进一步的教学改进提供了依据。

教学设计评价表和现场课评价表为教学管理者(包括教研组长)从学科维度对青年教师课堂的教学评价提供了支撑,使教研组长的评课有据可依,变得更专业。

目前,一线老师们不可能每一篇课文都用教学模板非常详细地进行教学设计,但每周或每学期积累几个这样的教学设计,时间长了,自然会形成一种自觉思维。长此以往,教学设计中所传达出的学生观、课程观就会影响老师的思想,进一步影响老师们今后教育教学的行为。

四、建立教师专业发展模型:从"工作逻辑"到"研究逻辑"的转变

如何推动项目有效开展一直是困扰一线教师的难题。项目初期,只是确定了大概的研究方向,具体如何开展还是比较迷茫和困惑的。项目探索期,我们着重解决的是研究中的具体问题点,如青年教师教学设计能力的提升、课堂教学水平的提升、教学理论水平的提升等。项目转变期,在确定了基本的研究思路以后,开始开展沙龙活动,趋向于带着研究的意识来开展青年教师的培养活动。随着项目活动的不断推进,核心组成员不再只是完成培训活动,也不再只是完成学校的常规工作,而是带着研究的眼光审视青年教师培养问题,把这个来自实践中的困惑变为研究的课题。对"变革领导力提升"项目变革的意识、研究的意识已经有所提升,对青年教师的培养,更在积极地寻找各种新模式、新途径。核心成员研究意识不断提升,想问题、办事情也逐渐由"工作逻辑"向"研究逻辑"转变。我们的阶段成果也逐渐由经验总结性质的工作汇报上升到研究论文(《中学青年教师专业发展 PMSC 模型的实践探索》),建立六十六中学青年教师培养的新模式。

第六节 变革的可持续性

一、变革惊喜 持续发展

(一)项目研究促进青年教师的职业发展

本研究经过计划、行动和反思,初步探索出"二三五"青年教师专业发展共同体,帮助青年教师制定专业发展规划,激发其内在的主体性,在谋求专业发展的过程中实现自我;帮助青年教师提升专业技能,将理论知识转变为实践活动,并针对教师工作中的常见问题、特殊问题切实地给予可操作性的指导建议;同时,该模型为促进青年教师完成身份转换营造了良好的学校组织氛围,积极建设学校的教师文化,促进各位青年教师从孤独走向合作,从封闭走向开放,从个人成长走向集体进步。因此,该模型基本满足青年教师专业发展的需求,在青年教师中收到了很好的反馈和支持。

(二)项目研究促进学校层面的可持续性发展

青年教师是学校发展的新生力量,也是学校未来发展的基础。因此,对青年教师的培养,就是对学校未来发展的筹划。基础打得好,未来发展就不会差。现在项目研究的成果体现在青年教师身上,青年教师是受益者。他们通过学习提升了认识,无形中也会把这样的成长过程传承给未来的青年人。

在研究过程中根据洋葱模型摸索建立"二三五"共同体,并得以磨合、实践、完善,青年教师从中受益,这样的培育模式将在我校青年教师培养工作中常态化持续使用。围绕一个核心,通过层层细化,完成目标的方式适用于很多工作。本次项目研究之后,可以把这样的模型在学校其他工作中进行推广和实践。

这样的研究过程,不仅让研究对象受益,作为研究者也即学校的中层干部以及教师代表受益。我们从项目聚焦开始,认真参与了全过程。高校团队和一线老师的关系不是研究者与资源提供者的关系,而是共同研究的关系。高校团队帮助一线老师发现问题、聚焦问题,共同解决问题。在高校老师的指导下,一线老师能够体会到研究方法、研究过程,同时还惊喜地看到了研究成果。有了这样的体验后,一线老师能更深刻地体会理论的精髓,使用由自己参与创建的模型时也更加得心应手,于以后的工作有更深远的影响。

二、引发思考 发现不足

在具体实施的过程中,本模型还显现出了一些不足,这些问题可作为进一步改进此模型的参考,有以下几方面。

（一）评价反馈不到位，解决对策需跟进

根据评价结果提出改善建议是评价工作的最后一步，也是十分关键的一步。然而，在实施模型的过程中，这一环节常常被忽略。青年教师填写专业发展规划表后，没有得到任何反馈意见，学校也没有针对青年教师提出的需求跟进解决对策。在青年教师评优课比赛中也有同样的问题，评优课比赛更注重评优课的结果，而忽视了评优课比赛的改进功能。针对这个问题，在举办各项青年教师专业发展培养活动时，要注重及时给予相应的评价与反馈，并依据青年教师的需求和问题切实地提供帮助。

（二）教研能力未考虑，培养模式需完善

教研是教师专业发展的有效路径，然而中学教师对教学研究在认识层面、能力水平和主动性等方面还存在一定的问题与差距。许多青年教师认识到自身的教研能力不足，具体表现为不会撰写教研论文、缺乏足够的学习资源、不了解可发表相关论文的期刊种类等。当前的青年教师专业发展共同体重点关注青年教师的教学能力和教育能力，尚未将教研能力纳入其中。结合现实需求和理论意义，学校应该鼓励青年教师将自己的教学工作与教育研究结合在一起，开展教育研究工作；并将教研能力作为培养重点之一，为其提供方法指导、信息指导和资源支持，完善当前青年教师专业发展模型。

（三）深层水平尚不高，模型深度需提升

教师对教师职业价值使命的认识是影响教师专业发展最内在的因素和最关键的因素，它处于洋葱模型中的最内层，与其他外在的水平发生相互作用并影响整体的发展。当前，青年教师更多聚焦于"可视"的问题，这些属于比较直观的、容易观察到的"行为实践""知识、能力、态度"等外层水平的问题，如在教学工作中遇到的教学设计、课堂管理、班级建设等，而忽视了内在的、更深层的问题。青年教师的培训与交流也停留在表层，尚未涉及根源性的问题和有效提升深层因素的水平。在今后的工作中，需要更加关注内在因素，将青年教师的工作与自我发展、职业使命相结合，由内及外地激发教师专业发展的原动力。

第三部分 反思篇

第十一章

不确定时代的共同协作

当前,人类社会的发展正进入一个"不确定"的时代,与对"确定性"的诉求相比,面对不确定的变化则成了常态。这种常态性的变化不仅意味着有规律、可掌控的演变与调整,同时也包含了难以捉摸的变动、变革甚至动荡。如何在如此"不确定"的时代重塑"确定性"发展成为国际社会当前极具迫切性的议题,这也是中小学基础教育在未来得以稳定发展应付诸思考的重要话题。为解决这一问题,笔者将剖析既往 U-D-S 伙伴协作在当前时代的不适应性,进而提出新型 U-D-S 协作模式,并分析其如何帮助中小学直面不确定性。

第一节 不确定时代的样态

一、不确定时代的内涵

目前,人类社会处在充满着不确定因素和社会风险之下:新冠疫情暴发且持续蔓延,由此产生了一系列始料未及的危机与社会矛盾,加之全球化背景下各国原有的内在困境,使得社会发展面临的不确定性变得愈发复杂且多样,在政治、经济、文化等各个领域都面临着诸多风险和挑战,正如理查德·哈斯所言:"'失序'比其他任何词语都更好地抓住了当前和未来形势的特点。"[1]实际上,这种"不确定"不仅仅是当前时代的社会样态,它也是人类社会历史上长久存在的情形,是任何个人或群体(家庭、国家、国际社会等)进行行为决策与选择时必须考虑的问题[2]。但在人类社会中,任何行为主体进行的决策都是面向未来的,由于人类认知能力的有限性以及运动变化的绝对性,这些决策主体无法确

---

[1] 哈斯. 失序时代:全球旧秩序的崩溃与新秩序的重塑[M]. 黄锦桂,译. 北京:中信出版社,2017.
[2] 田野. 关于国际政治经济中不确定性的理论探讨[J]. 国际论坛,2000(4):62-67.

知未来,在这样的前提下,我们把那些无法预料的和难以测度的变化称为"不确定"。我们将从哲学视角和社会学视角两个方面来解释其内涵。

(一)哲学视角

在哲学层面,"不确定性"涉及本体论和认识论的双重含义。从本体论的角度讲,现实世界之所以是不确定的,是因为自然界本身具有不确定性[1],这种不确定性的大致来源有三种:首先是根源于事物本身的内部矛盾,矛盾的对立统一面的地位不确定造成事物表象的不确定;其次是根源于客观事物自身转化的过程;最后是不确定性的客观事物的相互联系,而这种关系又是不确定的,不确定性事物过程及其不确定的关系导致了不确定的结果[2]。现实世界的客观事物是纷繁复杂、不断发展的,没有什么是一成不变的,正如恩格斯所说:"自然界不是存在着,而是生成着并消逝着。"[3]这表明一切事物都处在不断地变化之中,有变化就伴随着不确定性的产生,无论是来源于单个事物内部要素的运动和变换,还是多个事物间多种客观力量的相互作用。认识论意义上的不确定性,是指人们对客观事物或过程缺乏有效的信息、知识和了解,其原因可能来源于四个方面[4]:首先,人们在认识的过程中,因受外界因素的影响而不能准确地把握认识对象;其次是在认识对象的过程中忽略了可能会导致认识误差的次要因素;再次,由于受到主体自我意识、概念系统、理论思维、认知结构、思维方式、先前经验,以及主体的价值观念、需要、兴趣、情绪、性格等影响,而在处理问题的认识过程中产生偏差;最后,认识所依据的先前认识与经验具有个别性、现象性、具体性等不足,影响认识的产生。人类与客观世界的关系归根到底就是认识与实践的关系[5],认识世界只是改造世界的先决条件,正是因为人类的认识是不确定的,那么受人类认知所影响的实践活动则会进一步加剧不确定性的产生。

(二)社会学视角

继德国量子物理学家海森堡在自然科学领域提出"不确定性原理"(Uncertainty Principle)之后,"不确定性"作为一个学术概念得到了各领域研究者的广泛探索。但有学者认为,社会学对于"不确定性"的探讨相较于其他社会科学更具优势,因为社会学强调将不确定性置于真实的社会世界中进行探讨,不仅从政治、经济、社会、文化等维度进行宏观分析,还从个体心理、群体关系甚至社会整体层面进行剖析[6]。该学者还沿着实证主义、人文主义和批判主义三大社会学理论范式的学术脉络,梳理了"不确定性"概念的基本内涵,见表11-1。

---

[1] 欧庭高,陈多闻.现实世界不确定性的哲学意蕴[J].山西师大学报(社会科学版),2004(3):12-17.

[2][4][5] 唐美云,房欣雪."不确定性"的哲学解读及其当代启示[J].汕头大学学报(人文社会科学版),2010,26(5):52-56+95.

[3] 恩格斯.自然辩证法[M].中共中央马克思 恩格斯 列宁 斯大林著作编译局,译.北京:人民出版社,1971.

[6] 文军,刘雨航.不确定性:一个概念的社会学考评——兼及构建"不确定性社会学"的初步思考[J].天津社会科学,2021(6):73-83.

表 11-1 社会学三大理论范式对"不确定性"内涵的理解

	产生根源	内涵	分析层面	特征
实证主义视角	社会结构变迁	社会事实	社会整体	客观的、结构的
人文主义视角	个体能动性	行动及其主观世界的属性	微观个体	主观的、建构的
批判主义视角	社会历史生产、生产方式变革	社会现象及社会整体的特征	个体—社会	批判的、辩证的

通过对"不确定性"社会学研究谱系的梳理，我们发现关于"不确定性"的社会学探讨早在孔德时期便已出现，但对其关注大都是零散的、依附性的，穿插在对确定性寻求的各种理论体系之中，直至当代社会学者更多地关注到社会学本身。例如，社会理论家齐亚·萨达尔认为，人类现在处于"后常态"（postnormal）时代，旧的正统观念正在消亡且新的正统观念还未出现，形成了复杂、混乱且矛盾的社会[1]；齐格蒙特·鲍曼描述人类生活在"流动"的时代，没有稳定的目标、标准、价值、原则，一切都是流动的，推动现代社会从传统的"固态社会"（Solid Society）向"液态社会"（Liquid Society）转变，进入不确定和不可控的年代[2]；安东尼·吉登斯则形容人类生活的世界是一个"失控的世界"（runaway world）[3]，即风险是现代性的主要特征。几种后现代社会学理念都揭示了世界不再是稳定、固定不变的，一切不再是"常态"[4]。

二、常态社会发展的不确定性

"不确定"不仅是当代的社会现实和社会结果，更是作为社会持续变革过程中的阶段性结果，不断影响着正在发生和即将发生的社会转型。无论是史前的远古时代、传统的农业时代，还是现代的工业时代，抑或是如今的信息化、全球化时代，不同时代的生产生活方式都相应形成了特定时代下社会发展的内在矛盾和不确定性挑战。

在史前的远古社会，自然界构成了人类最基本的生产生活环境，由于人类知识的匮乏及应对自然变化的经验有限，来自自然界的风险和生存竞争共同构成了原始社会人类生存发展的不确定性挑战。然而，随着人类知识的增长和能力的增强，很多令原始人望而生畏的自然环境的不确定性，诸如天气变化、农时季节、矿产采掘、金属冶炼等，逐渐成为可以被科学知识和生产实践有效应对的确定性。

从原始社会到农业社会，虽然很多旧时代的不确定得以解决，但也有大量新的不确定涌现出来。在传统的农业社会，人类逐渐从被自然统治的困境中得以逃脱，开始有了

---

[1] SARDAR Z. Welcome to postnormal times[J]. Świat i Słowo, 2020, 34: 46.
[2] 鲍曼. 流动的现代性[M]. 欧阳景根, 译. 北京: 中国人民大学出版社, 2018.
[3] GIDDENS A. Runaway world: How globalization is reshaping our lives[M]. New York: Taylor & Francis, 2003.
[4] 蒙托里, 张大川. 心态的冲突——动荡时代中的不确定性、创造力和复杂性[J]. 国际社会科学杂志(中文版), 2017, 34(2): 40-56+6+10.

以畜牧业和农业为主的生产活动。自此农业社会发展的不确定性既有来自自然界的生存性风险,更有来自社会的发展性危机。"传统小农"一方面不断地通过经验的认知和历史书写的学习来提升自身对抗自然风险的能力;另一方面,"封建国家"通过其强大的国家机器和对地方社会的行政性动员以强化社会控制来对抗社会风险[1]。

进入现代工业社会后,人类社会的生产形态和生活样态发生了根本性的转换,工业文明和现代科学的进步极大推动了人类改造与征服自然的能力,现代社会面临的一方面是极大的物质财富的生产和消费,另一方面是对自然肆无忌惮地攫取和使用下隐藏着的空前严重的风险。

如今,信息化、全球化和网络化共同铸就了崭新的社会形态。虽然新的生产生活方式还处于生成与发展中,但一些风险形态的出现已经引起人们的广泛关注和深刻讨论。信息安全在不断的网络谣言事件和个人隐私泄露中被定义,地方性实践和局部性热点问题被带进全球化视野中来讨论,网络社会海量信息的生产和不同空间形态下"数字鸿沟"的割裂。当代社会发展的不确定性和社会的风险变得异常复杂而多样化。在生态领域、经济领域、政治领域、社会领域等,人类社会均面临着诸多新的风险和挑战[2]。因此,当代社会更是一个充满着不确定性因素和风险危机的时代。

总之,人类社会发展的历史就是一部人类学会应对内外在风险以获取生存与发展机会的实践活动史。不同的社会形态面临着不同的不确定性和形形色色的社会风险,进而限定了特定时代人类的生产生活实践,相反,人类不同时代的生产生活又进一步形塑着这一时期的不确定因子和风险危机。

三、不确定时代下中小学的确定性寻求

"不确定性"作为常态贯穿于人类文明发展过程中的各个阶段。因不同时代的生存境遇和生产生活方式不同,相应产生并形成着不同的社会风险样式、认知水平和应对方式,进而影响到个体和群体的生存与发展实践,并形塑着我们所处的社会形态和发展轨迹,亦产生着代代相传的应对不确定性现实的知识形态。生活在一个不确定的时代已成为21世纪人类社会不争的事实,但"人类社会发展的历史就是一部人类运用有限理性在不确定性的世界中追求确定性的生存与发展实践"[3]。面对不确定性风险带来的挑战,鲍曼表示,我们要勇敢进入滋生不确定性的温床,心安理得地接受世界的混乱无序,学会与好恶交织共处,以寻找不确定时代里的"乌托邦"[4]。

在充满不确定性的时代背景下,信息化、全球化和网络化的时代特征塑造了教育时空的无边界性、知识样态的不稳定性等教育系统的新生态,我国的基础教育体系也正经历巨大变革以应对社会发展的新需求。由社会变革所引起的四方面教育变革——教育

---

[1][2][3] 尹广文.在不确定性中发现确定性:社会学的研究传统与时代担当[J].宁夏社会科学,2021(4):156-164.

[4] 鲍曼.流动的时代:生活于充满不确定性的年代[M].谷蕾,武媛媛,译.南京:江苏人民出版社,2012.

研究范式变革、教师教育变革、学校教育变革和大学功能变革,构成了大学与中小学伙伴协作兴起的直接原因[1]。但由于不同时代的社会变革对教育需求的不同,伙伴协作的侧重点也会有所不同。学者将我国的伙伴协作的动因因目标任务的不同总结为不同的阶段[2]:1978—1983年的协作主要针对"文革"后中小学师资匮乏的问题,大学在伙伴关系中的作用就是辅助教育学院和教师进修学校为中小学教师提供学历补偿教育;1984—1989年的协作主要针对中小学教师的学历提升问题,大学通过脱产、业余和函授等方式提供大学本科和专科起点的学历教育;1990—1999年的协作则大都是解决中小学教师的教育教学能力提升问题,大学以参与中小学骨干教师队伍建设的方式促进教师的专业发展。自2001年第八次基础教育新课程改革启动以来,教育领域内发生了全方位的深层次变革,社会由于其发展对教育抱有更高期望,使得中小学改进过程中内部力量的不足得以显现。大学的教育研究者走入教育现场,与中小学的教育实践者一并经历教育发生的过程并解决教育教学实践中的真实问题,作为外部力量协助中小学实现学校改进和教育变革,大学与中小学之间的伙伴关系进而得到了稳定且长足的发展。在当前的不确定时代下,教育变革、学校改进和教师专业发展成为本项目中的中小学依赖于伙伴协作的关键动因。

第二节 困境丛生的传统 U-D-S 合作

20世纪中后期,西方学者开始关注大学与中小学的合作问题,并通过实践探索提出了 U-S(University-School)合作模式,随着实践的深入,学者们聚焦在 U-S 合作过程中文化冲突的协调、支持性环境的建设以及合作实效的评价等问题[3],由此应运而生了致力于解决教师专业成长和学校改革发展的 U-D-S(University-District-School)合作模式[4]。而 U-D-S 合作在实践运作中却存在诸多现实问题,难以应对不确定时代下的各种不确定的挑战。比如,面对参与成员和项目进展的不确定性,地区教育行政工作者对此缺乏监督,后期失位,任项目放任自流,活动参与者亦是浅尝辄止,没有获得实质提升;面对各个学校情况的不确定性和迥异性,大学专家凭借经验对其做出草率的诊断进而开展后续工作;面对中小学教师能力的不确定性,大学专家以简便的培训会议形式开展工作,高高在上地掌握话语权,让中小学教师直接应用其理论成果,抑或直接照搬另一所学校的成功模板与套路;面对未来发展的不确定性及各种未知的可能,大学专家和地方行政工作人员在项目活动结束后便不再过问,因与中小学教师没有捆绑关系而互不打扰,中小学教

---

[1] 张景斌.大学与中小学的伙伴协作:动因、经验与反思[J].教育研究,2008(3):84-89.
[2] 王枬,王彦.大学与中小学伙伴协作共同体的构建[J].教师教育学报,2014,1(1):76-82.
[3] 李国栋,杨小晶.U-D-S伙伴协作:理念、经验与启示[J].外国教育研究,2013,40(10):30-37.
[4] 陈娜."U-D-S"伙伴协作:价值、阻力与路径[J].教育理论与实践,2017,37(8):29-31.

师习得的能力多局限于某个特定项目中,在面对新的不确定挑战时便寄希望于寻找"下一个"项目。

一、形式导向的合作

在传统 U-D-S 合作中,大学与中学是在地方政府的支持下形成合作关系,地方政府常常为活动的组织者和号召者在前期作为合作双方搭建平台、建立关系,在大学与中学的合作关系确立之后,地方政府会逐渐淡出这种三角合作关系,使合作变成大学与中学的二元互动。

至此大学与中学开启双方的正式合作,在合作活动中,双方人员是否全勤出席,参与深度、参与实效等无人监督。实际上,根据诺尔斯成人学习理论的发现,成人学习者和儿童在学习的主动性上存在显著差别[①]。在儿童的学习活动中,教师决定学习目的、学习内容、学习计划和教学方法,儿童的学习被动地依赖教师的教学活动。而在成人的学习活动中,学习者的自主性和独立性在很大程度上取代了对教师的依赖性,也就是说,中学教师的参与在很大程度上取决于自己对自己的要求。成人教育学教授霍华德·麦克拉斯基提出的生存余力理论[②]认为,一个人总是在他需要的精力和可提供的精力之间寻求平衡,当前中学教师面对着教育改革的迭变,承担着繁重的教学任务,还有一些教师身兼数职、面面俱到,这些都加大了其生存负载,使他们在应对"非必要"的活动时产生惰息心理。

有些教师忙于教学任务,"顾不上"参加项目活动。"学校里的日常工作,跟高校可能还是不太一样的,高中老师其实挺忙的,不像高校里的老师事情相对较少,做事能比较专一,或者说课题落实下来,能集中精力去做。高中的老师、初中的老师有很多事情是比较琐碎的。"(Y 中学 Z 老师)有些教师只想参与和自己所教专业有关的项目。"比如说,我抱着学习的态度,愿意多听听、多了解,那我就去参与。但如果我觉得这跟我现在的工作没有什么直接的关系,或者说我很忙,那我就不听了。"(Q 中学 Y 老师)

上述教师是因为教学任务重所以无法深度参与课题项目,还有一些教师认为这些项目给他们带来了不好的情绪体验。"参与感更多的项目,我可能会更多地参与其中,深度参与、用心做事,收获肯定会很大。但是很忙的时候我就会觉得做这些比较烦人。"(Y 中学 Z 老师)教科院某教研员也认为,一线教师做科研、做项目确实会面临时间重合和精力不足等问题,此外他认为教师对项目意义、价值的判断和预设同样影响着参与项目的效果。"对于一线的老师,能否完成研究的课题主要在于他们有没有时间、精力,他们觉不觉得这样做对他们有非常大的作用和意义,这很重要。老师们其实非常辛苦,他们有很多的智慧,在实践工作中发挥得非常好,能取得亮眼的成绩。而一旦做成研究,就会增加很多额外的工作。"(Q 中学 Z 老师)

---

① 杨潞.诺尔斯成人学习理论的启示[J].北京石油管理干部学院学报,2016,23(5):58-60.
② 应方淦.成人生存境遇与学习——基于余力理论的解读[J].中国成人教育,2007(19):16-17.

二、循规蹈矩的合作

传统 U-D-S 合作中,大学教师向中学提供的理论知识或实践技巧常常是通用的,在 A 校是一个讲法,到了 B 校还是同一个讲法,一些专家研究好一个专题便开始四处举办活动,甚至跨省的讲座内容上也不会有任何改变。实际上,这忽视了各个学校的具体情况,让人不禁联想到关于"教育学是否是一门专业学科"的讨论[①],曾有人认为教育学不是一门专业的学科,其理由是它不像医学那样具备专业性,医生给不同的胃疼的病人开的处方可能是完全不同的,因为医生首先要充分了解病人的病情和致病原因,然后才能做出诊断列出治疗方案。如此对比,若教育学面对不同学校却进行同一场讲座,推广相同的理论,应用相同的方法,这确实难以令人信服,更是对自身专业性的蔑视和否定。因而,传统的 U-D-S 在这一方面确实有失偏颇,存在明显的不足。这种"快速""一致"和为了"完成任务"的指导,无法应对真实情境中的各种"不确定"。学校如何取得符合自身文化理念的有效变革,教师如何获得真正的专业进步,不禁令人怀疑。

教师回忆之前参加的一些项目,没有获得理想的成效。"以前和高校的接触都比较零星,相互之间也不了解,只是高校的一些老师过来讲课,或者做一个指导。但这些指导不一定有效,即使有效,也没有后续的跟进。目标不明确,时间也比较短。"(X 中学 H 老师)他提出了自己认为理想的合作模式。"比较理想的模式是,我们提出一个我们关心的问题,高校能提供操作性强的方案,我们按照这个方案有针对性、有持续性地去做。"(X 中学 H 老师)

中学教师普遍认为以前和高校的沟通比较少,并且仅有的一些联系也都是围绕工作指标与任务展开的,这样的合作方式并不能有效促进学校的变革和教师的发展。"我感觉每次都是教怎么做科研,怎么写文章。不太考虑我们的实际需求。"(Q 中学 Z 老师)"之前参加的一些项目,基本上是专家讲座,但是讲座可能与我们学校的实际情况会有一些差异。"(X 学校 H 老师)

三、自上而下的合作

传统 U-D-S 合作中,大学教师是作为"专家"来到学校进行"培训"的。在访谈中学教师时,几乎全部的教师都说自己之前参加的项目课题是大学专家定期或不定期来学校做的培训,或讲一些先进理论、解读最新教育研究成果,或教授具体的教学法、备课思维,讲完之后便离开,至于有多少人在听、能听懂多少、能做到多少,不闻不问;有些只是在项目收尾之际进行紧急补课,做出立竿见影、揠苗助长的成果。这种合作关系无法应对即时

[①] GROSSMAN P, COMPTON C, IGRA D, et al. Teaching practice: A cross-professional perspective[J]. Teachers College Record, 2009, 111(9): 2055-2100.

生成的不确定,因为在其中的大学教师被当成不容置喙的专家,是自上而下的培训者,专家说的内容即是"真理",老师们需要做的就是"听话"。如此一来,一方面会导致思维惰性,使人失去独立思考的能力;另一方面,听话照做也不一定能解决眼下的问题。

一些教师回忆说:"我之前参加了一个科研课题,他们会自主研发一套课程,然后去找合作学校实施这种课程。"老师们并不喜欢这些自上而下的"培训"。"我可能不需要这种普及性的培训,我需要更深入一个层次的培训,比如说就某一种方法或者某一个点,可以要求再高一点。"(Y 中学 W 老师)"这些年,参加了这么多项目,包括去知名高校、发达地区学习。但是这种项目合作形式,我觉得还不能称之为伙伴,为什么不能呢? 因为更多的是像我们现在课堂教学当中的一种讲解式课堂,我们是聆听者,说得直白一点,就是我们去参加培训,那么这个培训是不是我们所必需的呢? 这种培训的效果是不是很好呢?"(H 中学 S 老师)

传统的协作模式起初会让中学教师产生思考,比如"这个培训对我有什么帮助","什么样的培训适合我"。渐渐地,参与这类型协作多了,教师就很容易默认其合理性,形成一种"惯性"。"从我参加工作那么多年,还有很多比我参加工作还早的老师,我们参加的就是这种自上而下的培训。我们已经形成一种惯性了,就是说更多的时候就坐在那听高校的专家讲。"(H 中学 S 老师)

四、有始无终的合作

传统 U-D-S 合作中,三方的互动与交往是不定期的、非持续的,大多采取大型集会、专题讲座等形式。在这种合作模式下,地方教育行政单位和大学是临时的施予者,中学是临时的接收者,项目过程中穿插几次讲座,结束后不再联系,中学教师能获得多大程度的进步完全取决于几次活动的主题与内容。项目结束之后,地方教育行政单位庆祝项目结题,大学教师做完培训就继续理论研究,中学教师产生困惑时也不再向高校教师请教。于是,一个个项目很快就过去了,然后开始筹备下一个项目,中学教师能力的提升总是寄希望于参加什么类型的项目、参加多少个项目。

有始无终的合作模式让老师们感觉这些都是流于形式的。"像一个商业往来,就像现在企业签订合同。"(H 中学 S 老师)"以前一些学习就是你听过就好了,听完之后交一个总结,然后很多东西都是流于形式。"(X 中校 Z 老师)"以前很多工作可能有一个好的开头,但是它并没有跟进,也没有一个很好的结尾,就是虎头蛇尾的感觉。"(S 中学 D 老师)

传统协作更像是短时间的紧急任务,有一些项目并没有带给中学教师启发和收获;一些项目带给了中学教师收获,但是随着项目结束,教师的自主研究与学习思考也戛然而止。"培训的时候热血澎湃,活动节奏紧凑,但是没有后续。我觉得要做一件事,是不是应该持续、连贯地做下去? 大家研讨时很热烈,也觉得好像找到了抓手,但是没有持续下去。"(Q 中学 L 老师)

第三节 直面不确定的新型 U-D-S 合作

面对不确定时代的各种实时挑战,本项目建构了新型 U-D-S 合作模式试图弥补传统 U-D-S 合作模式的弊端,也尝试建构真正撬动学校变革、促进教师发展的灵活的可持续的发展模式。在这一新型合作模式下,U-D-S 的协作关系像是成长者与陪伴者之间的关系,地方政府和高校作为陪伴者,及时根据各种不确定性为中学成长者提供适度的监督或帮助。他们之间的关系像倾诉者与倾听者,大学专家充分倾听中学的变革需求,了解中学教师的现实困难,对各种不确定的挑战进行识别与分析,在此基础上更好地开展个性化活动。他们之间的关系像发展者与启发者,大学专家不再是高高在上的培训者,中学教师也无须言听计从。作为处于发展中的自由个体,他们有权利探索各种不确定,大学专家在过程中扮演启发者,避免以往的越位和专断。他们之间的关系像自主者与赋能者,大学专家给予中学教师的不局限于某一具体的课堂教学方法或者某一节课的重难点剖析,而是注重提升教师的个人能力与综合素养,为其提供持续的支持,帮助其成为更加完备的教育者;为其赋能,提升教师独自应对各种不确定挑战的能力。

一、成长与陪伴

成人学习者在多数情况下有能力自己选择学习内容[①],自主制订学习计划,在主导的心理需要上,他们更倾向于独立自主地进行学习,既然有自主性,便衍生出懒惰性,因此需要借助一定的外力作用。这种外力既不是严厉的"监督",即对主体能动性的否定;又不是松散的"不顾",这是对懒惰性的纵容。最好的外力作用便是"陪伴",陪伴能够松弛有度地应对过程中的"不确定"。

在本项目中,地方政府既负责前期为大学与中学教师搭建关系、促成合作,又在双方合作过程中给予适时的监督与关怀,一方面,督促团队成员按时参加项目活动,保证项目进度;另一方面,及时调整项目实施过程中生成的新问题,保证项目的成效。在面对不确定挑战时,比如突如其来的新冠疫情、前期规划的实施遇到阻碍、中学教师缺席活动等,项目团队始终发挥着有效的陪伴作用,一方面保障项目成员认真参与项目,另一方面又为项目的顺利有效开展及时更新工作计划和工作方法。

教科院某教研员在访谈时说:"我们教科院根据这个项目的开展情况及时进行了一些调整。刚开始的时候,我们把六个项目校的校长邀请到一起,进行座谈会来推动这个项目,效果不是特别好。后来我们就把各个项目校的副校长组织起来,如果他们的研究

---

① 田璐.成人学习理论下教师教育与教师专业发展再思考[J].继续教育研究,2022(1):46-50.

方向是德育,那我们就请德育副校长,教学方向的就请教学副校长,我们组成了另外一个研究团队,这个团队相对更务实一些,可以跟大学专家进行更有针对性的交流。因为从大校长的角度来说,他们更愿意从学校宏观层面上开展相关工作,但是项目本身更希望聚焦真实的问题,所以这在当时是有分歧的。教学副校长也好或者德育副校长也好,我觉得他们工作起来会更务实或者更有针对性,研究就更有实效性,我觉得这是一个非常好的转变。第二个转变就是当副校长们来参加圆桌会议,当他们明确了研究方向之后,我们又组织了相关的一线教师或者中层干部参与到这个项目中。中间组织的两次工作坊非常有益,面对突发的新冠疫情,让各个学校的老师们在网上横向交流,跟大学专家也进行了一些比较深入的交流。这个我认为是非常好的契机,让高校的专家和一线的学校建立了非常好的伙伴关系。"(教科院 Z 老师)

二、表达与亲证

随着个体的不断成熟,学习目的逐渐从为将来的工作准备知识,转变为为直接应用知识而学习,因此大学教师及地方政府作为"外来人"在帮助学校变革发展时首要工作是"倾听""了解",重视并挖掘"当下"的丰富可能性,"亲历"和"亲见"是必要的。在课堂教学中,学生应是被"看见"的[①],同样的,在 U-D-S 伙伴协作中,中学教师也应被大学教师所"看见"。作为"亲证者"的大学教师,带着谦逊、尊重、开放、专注、友好进入中学教师真正的"日常",放下作为专家的权威,在一线"接受""吸收",去见证当下的潜在可能性,在深入倾听、耐心了解的基础上对学校的发展及瓶颈做出判断,进而更科学合理地开展活动以促进学校变革和教师发展。

中学教师对比过去的项目经历,对本项目做出了高度评价。"我以前也参与过类似的项目,我觉得和这个项目相比,一是背景不一样,二是形式不一样,之前是大学的老师们来帮助我们做某一方面的提升,或者是给予我们理论的指导比较多。而这次的活动充分尊重了学校的选择,尊重了我们每个人的选择,尊重了我们在这个项目中的主体地位。"(L 中学 L 老师)"我们以前做培训,培训结束后回去自己研究,然后到一定阶段上交成果,几乎没有过程性的指导。我特别喜欢咱们项目的一点,就是过程性,这个项目在整个过程中是持续跟进的,给我们的感觉是高校的师生是为一线教师服务的,是来帮助我们的。"(L 中学 W 老师)

新的协作模式与传统的合作模式相比,老师们最突出的感受是觉得新的协作模式非常贴合学校特色和教师个人风格,是非常适切、有效的。"感觉这是一个为我们量身打造的项目,根据我们学校的特点来做具体指导。我还依稀记得,几个学校在一起交流,我们能够感受到兄弟学校的特点、老师们的特点,以及一些工作的特点,这种交流对我们的帮助也是不容忽视的。"(L 中学 L 老师)"我觉得我们和高校是在互相学习,我们向高校学

---

① 张华军,朱小蔓."看见"学生:情感人文取向的课堂教学研究[J].教育科学研究,2019(3):10-15.

习比较好的研究方法、比较先进的一些理念,高校也通过这个项目,更加了解学校的真实情况,更加了解一线的情况。"(Y 中学 Z 老师)"这种伙伴关系,跟以往都不太一样,在整个过程当中,我们交流、研讨和碰撞。"(H 中学 S 老师)这种新型合作关系,不仅让老师们感到被尊重、被理解,同时也取得了良好的成效。"这些年参加的项目课题很多,交流和学习的机会并不少,但是像这种形式的还真是头一次。如果让我来定位我们这种关系、这种合作,我觉得就像现在倡导的深度教学一样,整个项目团队就是一种深度合作。这个项目能够让我们深度地参与进来,能够让我们更好地与实际的工作结合,更好地引领我们去创新工作。"(H 中学 S 老师)

三、发展与启发

对于成人来说,学习活动不是以教师的知识传授为主要途径,而是更多地借助自己的经验来理解和掌握知识,这启示了大学教师在开展活动时要尊重中学教师的主体性,发挥其个性与能动性,以往作为"培训者"的介入已不能满足中学教师的发展需求,因此大学教师的角色应是启发者、引导者。

中学教师在参与项目过程中感受到项目设计是个性化的。"之前参加过的一些项目,并不这么完整。以前的活动就是高校给出课题,我们去验证它对还是不对。而现在这个项目,要从出发点去找自己的问题,然后自己去解决。因为我们也看到,每个学校的定位点是不一样的,每个学校有自己的特点,要通过每个学校自己确定的项目方向来解决其不同的需求,我觉得这是这次和以往研究的课题不一样的地方。"(L 中学 W 老师)这种个性化的项目设计能够落到实处,形成诊断—反馈—改进的闭环,有效促进学校变革与教师发展。"要变革领导力,首先就是要变革大家的意识,大家平等对话、平等交流,需要这样一个平台。大学教授一直跟我们讲我们有什么问题就直接跟学校,或者跟他们提出来。这是之前的讲座培训做不到的。不同的大学、不同的教授、不同的专家讲述的思想或者观点可能是不一致的,但是我们只是听,也不知道什么是最适合我们学校的。只有像这样的深度合作,专家来到我们的学校,有针对性地提出一些建议,然后如果有不合适的,学校这边也提出来,互相反馈,才能制定出最适合我们学校的方案。"(H 中学 S 老师)

不仅是项目本身新的设计理念让中学教师体验到不同,参与协作的高校专家在交流与指导过程中也给中学教师留下了深刻的印象。"我第一眼见到她(某大学教师)就觉得很有亲和力,她说的内容我就特别想听。她一直在鼓励我们思考。每当我们讨论出一点结果的时候,她都会说'那这个事情你们想达到什么样的目的?'。可能有一些专家是直接告诉你'这个可以这样去做',但是她很有教学艺术,很懂老师,如果把我们比喻成学生的话,就是她很懂学生的心态。如果我直接告诉你答案,你就不会去思考,但是我不告诉你答案,而是让你自己去想这道题可以怎么做,还可以从哪些角度去想,这样就能促进思考。她也分享了她自己的一些经历,我感觉她很有水平、很接地气,让我们感同身受,而

且很多时候她不经意间说的那些话都能给你带来启发。"(X中学Z老师)

四、自主与赋能

随着分布式领导的推行,学校的变革和发展不再只关注校长领导力的发挥和提升,逐渐开始转向广大教师群体的领导力,将教师群体视为推进学校变革和促进学生发展不可或缺的重要力量。因此,在教师专业发展活动中,大学教师在注重培养中学教师的"现有能力"的同时也要挖掘其"潜在能力",在解决现存困惑的同时为解决未来"不确定"挑战而赋能。在这一过程中也激发着中学教师由过去的"听命行事者",变成一个独立思考、自主发展的人。

学校和教师都面临各种不确定的挑战,每个人的时间成本都非常宝贵,传统协作中事倍功半的培训无疑是一种资源浪费。那么,如何能够提质增效,使合作效益最大化?要明确课题项目研究等教师专业发展活动,不是为了解决教师的某一个具体问题,而是注重在解决具体问题的过程中为教师赋能[1],培养教师自我诊断、自我学习、自我发展、自我反思的各项能力。本项目注重培养中学教师学会"循证教育""科研探究"等思维与方法,基于校本研究,构建学校领导者的"变革领导力"以解决实践真问题,进而引领其他教师携手进步。项目从两个层面采取行动,首先基于校本探究,提升学校中层领导者自身的学习领导力;其次支持学校中层带领其他教师一起实施学校改进行动。项目的核心目标是促使学校具备自我改进与提升的内驱力,从而实现可持续发展。

中学教师评价这种新型合作模式,不仅能够解决他们眼前的问题,还能让他们获得实在的本领,提高其解决问题的能力。"这个团队的设计很优秀,优秀的背后是因为有非常优秀的老师,某大学老师来学校好几次,我们交流很多,我感觉她的确是想为我们带来一些改变,想为我们做事,让我们首先想清楚我们要做什么,所以她真的就不仅仅是授之以鱼。……她对我们非常了解,我们项目的专家们非常负责,真的是把自己当成对口学校的一个成员,愿意从自己专业的角度给我们的发展提出一些方向,和我们进行沟通。最重要的是很多内容是带着我们一起做,能引发我们的一些思考,这就是一个授之以渔的过程。项目专家不仅仅给予我们一些理论,而是真正地给了我们帮助。……她来我们这儿做讲座,总是挖空心思地想,老师们需要什么?老师们想听什么?老师们听完之后什么是对他们有益的?跟我们这个项目的初衷一样,变革领导力就是带着我们去做事情,最主要的是希望我们自身能够产生一定的变化。如果我们改变了,并能带动自己的团队改变,这样学校就改变了。"(X中学Z老师)

中学教师对新的协作模式给予了高度肯定,教科院教研员也在深度参与的过程中看到了中学教师实实在在的变化与提升。"我印象最深的是某位老师一说到科研,她就哭

---

[1] 闫寒冰,单俊豪.从培训到赋能:后疫情时期教师专业发展的蓝图构建[J].电化教育研究,2020,41(6):13-19.

了,她觉得这个事情她干了这么多年,却不知道意义何在,她觉得很苦恼。但是你看她现在,沙龙也好,交流也好,她的这种意识越来越清晰。这个变化主要是专家在跟她座谈的过程中,给了她研究的方向,把她这些年做的散落一地的工作都放到一个篮子里面,让她能够一只手就把她之前的工作都拎起来。另外,我觉得专家团队访校和她参加的教师队伍建设沙龙、培训,都是在帮助她从工作分类当中找到重点,并且能够把重点变成特色。逐渐让她知道她的这种领导力的特质是什么,或者说她这种领导力在教学或者管理当中具体的载体是什么?这个其实非常重要。"(教科院Z老师)

第十二章

协作模式中的高校角色：优势与局限

进入 21 世纪以来，大学与学校伙伴关系（University-School Partnership）已经成为减少教育不平等、推动教师教育改革、学校改进、教师专业发展的一种重要方式。近些年来，大学、区域与学校合作项目（University-District-School）通过合作教改与教研、协助中小学开展学校特色建设工作、探究并践行新教育理念等形式为学校和教师提供发展机会，被视为促进教师在实践中学习（learn in practice）的一种有效探索。

大学、区域与学校伙伴关系被定义为一个边界区域或第三空间，这一理论观点建立在"在空间之间"存在"差异域的重叠和位移"这一概念基础之上。在这个混合的空间里，每一个对立的部分都有超越习惯的边界的潜能，随之而来的创意组合和观念重组可以为对立思维提供新的选择。因此，边界区域或第三空间成为协作以及创新的空间。在这里，不同的观点、知识和实践可以发生频繁的相互作用。然而，由于教师与大学专家之间拥有不同的知识类型，习惯使用不同的思维和工作方式，拥有对不同的优先事项、责任和愿景的个性化理解，使得他们之间总是存在着隔阂和边界。边界是导致行动或互动中断（discontinuity）的社会文化差异[①]。如若期待在边界区域产生创新，意味着大学、区域和学校三个不同实践共同体要形成协作关系，并且要不断协商和改进方案的适用性。已有研究发现，当活动目标能够反映不同参与主体的声音，尽可能满足不同成员的需求时，小组协作的成效往往更高[②]。因此，了解各方需求，是构建平等协作模式的前提。

实践共同体理论进一步阐释了边界区域协作的发生机制。根据实践共同体理论，跨界学习是两个或两个以上实践共同体的相互参与和协作，强调边界及跨界安排中所隐藏的学习的潜能。学习发生的方式和过程是"合法的边缘性参与"（legitimate peripheral participation），即学习是成员获得进入实践共同体的资格并参与实践活动，从边缘走向中

[①] AKKERMAN S F, BAKKER A. Boundary crossing and boundary objects[J]. Review of Educational Research, 2011, 81(2): 132-169.

[②] STAR S L, GRIESEMER J R. Institutional ecology, translations' and boundary objects: Amateurs and professionals in Berkeley's Museum of Vertebrate Zoology, 1907-39[J]. Social Studies of Science, 1989, 19(3): 387-420.

心、实现身份转换的动态向心运动[1]。相互的参与、共同的事业、共享的知识库是实践共同体的三个结构要素[2]。共同的事业建立在共同的目标之上,尤其是"两方或两方以上具有共同目标,且任何一方单独无法实现的目标"。因此,能否提出双方认同的协作愿景并构建共同的目标就成为大学、区域与学校建立平等协作模式的关键。

事实上,平等的协作模式并非意味着消除学校教师和大学人员协作过程中存在的权力要素,而是在理解并回应学校和大学各自需求的基础之上,为致力于问题的解决和双方共同的专业学习而形成的一种灵活性伙伴关系。平等协作模式能够形成各参与方共同的心理所有权,助力于为实现目标而共同投入、共担风险、共享结果。

基于这一理念,北京市西城教科院与北京师范大学教师团队共同开发设计了"变革领导力提升"项目。旨在通过大学、区域与学校平等协作,透过学校中层领导力的发展来撬动学校变革,推动学校发展。通过三方合作,助力学校中层领导思维方式、基于探究和循证的问题解决能力,以及带领一线教师自主发展能力的提升,并实现由中层领导观念和行为来影响一线教师观念和行为并最终惠及学生成长的核心目标。

西城教科院在项目推进的过程中为学校变革提供所需资源,为学校搭建展示、学习、互动的平台,并为学校变革持续提供情感支持。高校专家在探寻学校变革需求的基础上,通过与学校持续互动,了解学校推进变革的阻力和障碍,根据学校个性化需求与学校一起合作探究新知识。项目设计的亮点在于由学校方提出合作需求,项目鼓励学校校长和中层领导者主动寻找学校发展中遇到的痛点和难点问题,在明晰学校需求的基础上,建立三方共同协作愿景,开展跨界学习。通过"持续性互动"(sustained interactivity)[3]的项目设计方式,促使各方重新检视自己习以为常的思维经验和专业实践,实现引发教育观念革新及行为系统变化的目的[4]。

大学、区域和学校共同协作的过程是一个互相了解、逐渐构建信任的过程,是从借助外力推动到内在自觉变化的过程。在三方协作模式下,高校专家是联结地方政府和学校的重要力量,对于推进学校变革起着至关重要的作用。本章将围绕协作模式下高校专家扮演的角色、局限性展开分析,以为其他大学-区域-学校协作模式的实践探索提供启示和经验借鉴。

---

[1] LAVE J, WENGER E. Situated learning: Legitimate peripheral participation[M]. Cambridge: Cambridge University Press,1991: 48-50.

[2] WENGER E. Communities of practice: Learning, meaning, and identity [M]. Cambridge: Cambridge University Press, 1998: 173-175.

[3] HUBERMAN M. The mind is its own place: The influence of sustained interactivity with practitioners on educational researcher[J]. Havard Educational Review,1999,69(3):289-320.

[4] TSUI A B M,LAW D Y K. Learning as boundary-crossing in school-university partnership[J]. Teaching and Teacher Education,2007,23(8): 1289-1301.

第一节　协作模式中的高校角色

本项目可划分为三个阶段,第一阶段为在西城教科院的组织和协调下,高校逐渐了解学校变革需求,形成协作共同愿景,并初步构建三方协作角色分工的阶段;第二阶段为高校、区域和学校三方合力加强的阶段,是三方开展跨界学习与合作,共同探究新知的阶段;第三阶段为学校自觉推进变革阶段,是在前两个阶段的基础上,学校变革主动性被逐渐唤醒、积攒更多能量的阶段。图12-1为U-D-S三方合作的阶段性特点与三方角色的变化。

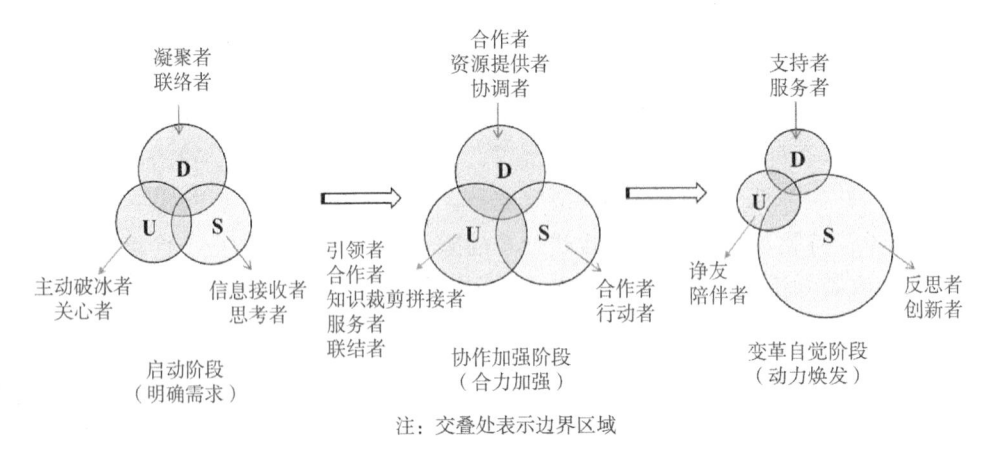

图 12-1　U-D-S 三方合作的阶段性特点与三方角色的变化

一、启动阶段

能否明确变革需求是三方协作顺利开展的基础。要想明确变革需求,就必须努力创造"平等"的协作关系。大学专家是传统意义上的"权威",而平等协作关系的确立首先需要大学专家在身份上从"专家"(知识权威)向"朋友"(平等互助的学习者)转化。角色转变是大学专家和学校教师进行有效对话、了解学校需求的首要前提。合作伊始,因大学和中学文化的差异会出现许多矛盾和冲突问题,但差别和冲突也是我们的朋友。在启动阶段,高校方扮演了主动破冰者和关心者的角色。

(一) 主动破冰者

合作第一阶段的核心目标是构建变革愿景和目标。在共同愿景和目标构建的过程中,首先面临的是双方的差异问题。大学和中小学存在组织结构、工作节奏、关注点、奖励标准、思维方式和知识类型等外显差异,以及源于它们面临的问题情境、制度环境和已经形成的文化规范等更核心的差异。如何通过活动创造一个利于双方交流合作的平台显得尤为重要。项目初始阶段,西城教科院组织开展了前置工作坊,邀请学校参与者思考目前组织结构与文化对学校变革的影响、学校参与者对变革项目所持的观念以及参与项目的时间精力等保障条件,为高校和学校参与者创设了互相了解的平台。在了解学校现状的基础上,开展了为期三天的项目启动工作坊,分别讨论了项目愿景和设计理念、中层领导可以发挥的角色和影响、学校变革模式和阶段三个重要问题,并开展了题为"学校文化叙事""确立作为学校改进抓手的探究问题""我的影响力基础""项目团队建设与初步构建讨论"等的相关讨论,以学校为单位,高校教师主动加入学校参与者的对话与讨论之中,进一步了解了学校的现状和参与者的期待。三天的工作坊双方致力于理清"制约或者束缚学校发展的瓶颈问题","反思项目参加者在学校扮演的角色"。与此同时,在工作坊期间为学校参与者推荐了与之相关的文献学习材料,项目组从文献内容、文献原文内容摘录、该文献的优势、该文献的不足、该文献与项目主题的适切性等方面引导学校参与者批判性地阅读理论文献,为后续项目顺利开展提供基础。为了进一步了解项目学校的需求,西城教科院组织高校教师逐一参观访问学校,工作坊的召开和访校活动极大地拉近了高校教师和学校的距离,高校专家打破了与学校教师、校长间存在隔阂和障碍的固有局面,进一步了解了学校面临的个性化改革需求,呈现出非常"接地气"的专家形象,为鼓舞参与者士气、构建共同的合作愿景、创建信任奠定了基础。

最开始的那一次印象比较深,所有项目学校以及高校团队集中在一起,连线国外专家。专家给我们讲解了"变革领导力提升"项目的愿景和目标,厘清了许多专业术语。那一上午,时间非常紧张,信息量很大。在随后的第一次工作坊中,我们花了三天时间进行学习和小组讨论。现在回想起来,这些活动设计,尤其是要求我们回顾参与项目的学校教师在学校中扮演的角色,其实是一个自省的机会,也是一个彼此熟悉的机会。让我们更加了解高校团队教师,他们很接地气。

——L 中学 W 老师

第一次工作坊,各个学校的老师聚在一起研讨,其实那时候还是比较迷茫的,不知道我们要干什么。通过研讨,大家一起分析学校文化、学校现状,一点点理清制约或束缚学校发展的瓶颈问题,为我们接下来的研究工作找到了切入点。现在想一想,第一次工作坊研讨是特别重要的,因为确定了研究方向。

——L 中学 W 老师

印象很深的是有一次沙龙,要求我们对自己的工作生涯,或者说这几年的工作状态进行回顾。平时工作中我们是很少这样做的。

——Y 中学 Z 老师

通过跟老师们交流,我发现高校老师们去过很多学校,他们确实有很多的实践经验,是踏踏实实去做研究、做调研的。他们很接地气,与我原来想的不一样。

——S 中学 H 老师

(二) 关心者

大学-区域-学校协作初期是构建信任的关键期。构建信任关键在于理解、共情、协助与肯定。多元主体协作之初常会伴随不适、苦恼，乃至痛苦。平等合作与互动意味着来自不同组织的人员需要跨越原先的组织边界与知识边界，对于高校教师而言，作为学校的朋友，能否切实理解对方的困惑和需求，坦诚沟通，真诚开放，对于建立协作伙伴关系至关重要。专家教师团队定期访校，了解学校开展课题研究中面临的困难，扮演了"关心者"角色，给项目组学校成员留下了深刻的印象。他们细心读懂学校的需求，鼓励老师们离开熟悉的舒适区，改变习以为常的惯性思维，一起去探索。正是这一角色形象，为学校成员提供了安全的合作氛围，为下一阶段三方合力加强奠定了基础。学校主体观念发生变化，厘清变革需求，是构建院校协作关系的前提条件。

我首先想到的一个词是"难得"。作为一线中学教师，离开大学已经很多年了，和大学老师们这么近距离的接触，也感觉很陌生。但是在活动中，我却有一种久违的亲切感。高校教师能够深入学校，和我们进行面对面的交流，我感觉特别难得。另外，在沟通的过程中我刚开始并不是特别地敢于表达自己的想法，但随着和他们的交流逐步深入，我逐步感受到他们对一线教育教学现状的关心。正是这种关心，使我们愿意和高校教师去交流，有问题去求助，现在回想起来，我们的沟通一直是非常愉快的。

——L 中学 L 老师

通过启动阶段高校、教科院和学校的多方努力，确定了共同的学校变革愿景，学校参与者——中层领导者引领学校变革的信念、专业知识、专业品质等内在素养开始逐渐提升。在观念层的作用下，中层领导逐渐涌现出聚焦组织方向、重塑组织制度与流程、信任教师、重视教与学、整合资源等行动意识，为下一步行动做好充分准备。

二、协作加强阶段

在高校与学校互相了解、双方初步建立信任关系后，西城教科院组织了多场专题工作坊，包括如何寻找抓手、如何开展行动研究、如何分析数据，为项目顺利开展提供了坚实的基础。在协作加强阶段，形成了专家每月固定访校以及六所学校轮流主办学术沙龙分享会的工作机制，在持续三方互动的基础上，形成了多样化的协作内容。

(一) 引领者

学校变革的关键在于教育观念系统的更新与实践，用"另一只眼"去发现日常教育教学实践中的瓶颈，正如 Reed 和 Stoll 所言，学校组织学习和教师个体的学习都需要从外部视角来审视个体业已形成的各种教学理念和教学活动，并提供相应的反馈，以推动教师观念和行为的改变。理想的合作不仅能够影响教师的知识、信念和实践，而且可能对学校组织环境甚至外部环境产生积极影响。"变革领导力提升"项目根据每个项目校的需求，形成了多样化的协作内容，包括针对学校文化理念如何落地的思辨探讨和行动研究、课堂教学的课例指导、初中年级组学生活动设计的整合探索，以及专门针对大数据、新教师成长、家校合作如何开展等问题。高校专家基于理论视角和国际化研究视野,引领学校和教师明确方向,在明确目标的指引下开展反思与创新。

我最初参加项目的时候在想,高校的教师能够理解和体会我们一线中学老师的困惑吗? 能引起他们的共鸣吗? 在沟通的过程中,我发现老师们对我们还是比较了解的,对于我们的一些困惑,他们是进行了深度挖掘的。在听了这种有高度、有深度的阐释、指导之后,对老师们关于政策以及教育教学方式的理解是有影响的,老师们在这种影响下也在不断改变……高校老师特别关注学校里的动态和发展,想搞清楚这个事情到底是一个什么样的状态,或者是我们在操作的过程中是怎样完成的。这样他们就能迅速地提出优化策略,提升我们在某一部分工作上的能力和效率。

——L 中学 L 老师

在工作坊中我接触到很多新的理念,对我们的思想还是有很大的冲击的,如果有时间踏踏实实地听一听,再把这些思想运用到实际教学行动中,相信会有非常好的结果。

——S 中学 L 老师

可能更喜欢"引领"这个词,高校教师确实给了我们很多引领。每当我们陷入困境的时候,去跟他们交流,都会给我们柳暗花明又一村的感觉。

——S 中学 H 老师

这个项目确实给我们提供了很多我们欠缺的东西,给了我们非常需要的思路、工作方法、指导意见,高校教师是理念与工作模式上的指引者。

——X 中学 H 老师

我们在工作坊中还真是学到了一些方式,比如分析团队当中每个人都有什么样的特点,有什么样的特质,我才知道原来还可以这样去分析人、分析团队。除此之外,还有"拉着走""推着走"的方式,仔细一想还真是这个道理。有的人就很主动,我可能说一句话就行了;有的人就需要我去等一等,我明白了,我在工作中应该是这样去做的。

——X 中学 S 老师

高校教师首先发挥的是引导作用,在高校教师面前,我们觉得自己的心态就像学生一样,老师们在大的方向上为我们指导,把最先进的教育理念传递给我们。所以从这角度来说,高校教师为我们打开了一扇又一扇的窗户,让我们见识到教育教学的新世界。

——L 中学 W 老师

高校老师们会站得更高一点、更远一点。当我们站远了,自然也会对事情全貌有更清晰的认识,但是作为一线老师有时候我们可能深陷其中,跳不出来,所以我觉得高校老师就像一个引领者,带领着我们确定下一步前进的方向。

——S 中学 C 老师

(二) 合作者

协作加强阶段,大学、区域和学校进一步加深了实践共同体的身份认同。实践共同体意味着协作方互惠平等协作关系的建立,要求各方坦诚沟通、互相尊重,并且共同致力于问题的解决。在项目推进过程中,高校专家更多扮演的是平等合作者、支持者和辅助者的角色。在学校方面临困难和障碍的时候,学校借助实践优势,高校专家借助理论优势,大家一起"摸着石头过河",努力达到"有思想的行动和在行动中形成新的思想"的协作目标。这一过程体现出学习的本质,"将教师学习视作除了知识的获得与通过参与而累积的经验之外的新知识创建的过程",体现了项目设计的初衷。

我们和高校教师的合作还是非常顺畅的,我认为顺畅有一个基础,源于我们有共同的目标愿景。另外,在交流过程当中,高校方是有名气、深耕实践的教育教学专家,我们是一线的实践者,拥有的是直接经验。虽然我们很不相同,但我能感受到互相的吸引力、平等以及尊重。所以从这个角度来讲,我们的交流没有限制和阻碍。

——H 中学 S 老师

高校给我们的帮助还是很实际的。当我们发现有困难了,高校老师会给我们很有力的支持,帮助我们把一些好的理念落地,大家在一起合作得很好。

——Y 中学 Z 老师

我认为我们的课题研究就是典型的行动研究,遇到问题就改进。都是摸着石头过河,不断地前进,然后再改,再前进。课题这样做下来会很真实,对我们学校来讲,就可能找到真正适合我们学生的东西。

——X 中学 S 老师

(三) 知识裁剪拼接者

学校教师非常期望和高校专家开展合作,但是由于双方的知识类型和基于知识类型而导致的使用语言的不同,很多学校教师无法自行搜索到特别匹配的理论和相关研究;另外,许多学校教师在和高校教师沟通的时候对于他们输入的概念理解起来有很多障碍。为了更好地帮助学校教师解决问题,高校教师需要根据目前学校教师所处的情境,将理论性知识进行恰当的裁剪,使用学校教师易理解的语言,把与具体教学问题相关的国家政策、理论知识和实践经验进行整合拼接,帮助学校更全面、更长远地界定问题、解决问题。探究是本项目的特色,项目是基于学校的研究(school-based project)。正是基于"探究"(inquiry as stance)的立场,高校教师主动地以更加积极的态度,进入跨界学习者的工作情境中,去反思学校需要什么语言和方式的理论指导。

高校老师在和我们交流的时候,提到的几个概念性工具给了我特别大的启发。比如我们提出一些不太成熟的想法,高校老师说其实这就是某种概念的雏形,如项目式学习、研究性学习,等等。一下子就把我们的思路打开了。

——S 中学 H 老师

高校老师很接地气,他们能迅速找到我们工作中的难点和障碍。我觉得比较宝贵的是,他们不是把前沿理论直接告诉我们,而是经过了一些加工,结合了我们学校的现状进行探究。

——L 中学 L 老师

最开始进入这个项目的时候,我感觉跟我自己的关系不大,因为项目名称叫作"变革领导力提升",而我并不是领导,只是一个年级组长。后来在实际操作的过程中,我们发现,项目是能够实实在在地帮助我们一线的老师。项目名字很"高大上",但是在过程中却落到了我们的教学设计、我们的每堂课,真正从理念到行动,有意识地去指导我们,这个确实是有帮助的。

——S中学L老师

高校团队对这个研究过程给予了全程指导,尊重学校老师的意见和想法,也会根据一线的具体情况调整研究步骤和具体的支持措施、方法,让我们感到被尊重、被认可、被鼓励,甚至是被支持。

——L中学W老师

(四)服务者

服务者的角色定位是中国情境中大学与中小学伙伴关系的最主要的定位之一。大学成为推动教育改革、学校改进和教师专业发展的工具[①],服务者角色定位也成为高校,尤其是师范院校社会服务职能的应有之义。大学回应学校需求,开展共同协作,成为促进教师专业精神和专长发展的有效途径也已在学术界和政策领域达成广泛共识。项目切实让参与教师感受到了成长,回应了他们的迫切需求,让他们产生温暖的、被支持的感觉。

给我们的感觉是高校师生是为我们一线服务的,是为我们提升自我来帮助我们的,所以我们特别喜欢这种扎扎实实开展的活动。

——L中学W老师

高校老师经常跟我们分享他们看到的适合我们学习的资料。这种分享,让我们觉得高校老师其实就在我们身边。在这个过程中,我发现大家是很无私的,是真心实意地帮助我们,慢慢地,我们也敢于表达出自己的一些需求,后续的合作越来越顺畅,大家的配合越来越默契。

——X中学Z老师

如果用一个词来形容这个项目,我觉得应该是"她在丛中笑"。在整个过程中,高校老师一直在启发和引导我们自己去审视工作中遇到的困惑,同时为我们提供知识和理念的支撑,等我们收获了果实之后,你会发现,原来高校老师是在"丛中笑"的,他们并不是来争春的爱,而是来帮助我们成长的。

——L中学W老师

(五)联结者

大学、区域、学校共同参与问题的识别与讨论的情形并不多见。为了推进三方合力的形成,高校专家承担着联结区域与学校的角色,一方面,将学校参与者面临的困难、障碍以及期望传递给地方教学研究机构,加深地方教学研究机构对学校需求的理解;另一方面,站在地方教学研究机构的视角,从长远和整体的角度深入探索如何加强学校自觉改进的能力,如何更好地为学校赋能,需要提供哪些资源,创设哪些平台等问题。"联结者"的角色为三方合力的发挥创造了条件,也正是基于项目组中高校教师的角色优势,改变了学校教师的观念,更加关注工作的"过程"。在参与学校轮流主办的研讨沙龙上,学

---

① 王晓芳.大学与中小学协作情境中的教师跨界学习研究[M].北京:中国社会科学出版社,2019.

校参与者转变了工作思维,珍视基于平等交流基础上的"哪怕只是过程或者一点想法的交流",将沙龙视为彼此"学习借鉴"的理想场所。

  以前很多发言和汇报都是基于"汇报结果"的,但现在思维转变过来了,不再只关注结果,哪怕只是过程或者一点想法的交流也很可贵,平等交流,畅所欲言。我也是在项目推进过程中边学习、边思考、边研究,在咱们这个合作体制之下聚焦我们学校发展中的真问题。通过学校领导者的引领带动,我们更多的老师以更宽阔的视角,更具有创新性的思考,扎实推进教师专业发展。当然教师能力提升了,最终会反映到课堂上,指向学生的发展,这也是我们项目的终极目标。整个项目有非常详细的、前瞻性的规划,正因为有共同的愿景、共同的目标、共同的理想,这种工作的节奏、友好的关系自然而然就生成了。

——H 中学 S 老师

  以往我们老师们的工作相对比较封闭,都是自己干自己的,而这个项目强调组织之间的沟通,这种沟通合作的工作模式给我的触动很大。另外,合作模式的设计让我们有很多借鉴其他学校发展思路的机会,从其他学校的发言中,我们可以梳理自己学校的相关工作是怎样完成的,我们在做这些工作的时候遇到了哪些问题,又是怎么解决的。这是一个很好的借鉴过程。

——X 中学 H 老师

  随着大学-区域-学校的频繁互动,极大促进了学校领导内在素养和行为表现的积极变化。学校领导的变化自然而然地辐射到与其一起工作的教师,许多一线教师被吸引到项目的探索中来,项目团队表现出逐渐壮大的趋势,并且体现出教师教育教学信念、教育教学相关知识以及工作投入度和自我效能感不同程度的提升。在三方合力加强阶段,领导内在素养和行为表现发生积极变化也使部分教师表现出内在素养和行为表现方面的积极变化,推动了学校变革的进程。

三、变革自觉阶段

  随着前两个阶段变革进程的推进,逐渐生成了学校领导和教师新的观念和思维方式,并逐步浸润到学校组织制度、资源配置、学校环境与日常运行中。推进变革最重要的使命是改变学校组织的规范性结构,这里的结构既包括设定方向、发展人,也包括重新设计组织制度和组织中人的行为规范[①]。在变革自觉阶段,西城教科院组织开展了题为"反思自我:作为领导者的角色、责任、信念以及领导质量与实践"的工作坊,为高校和学校创造了总结和反思的场所,进一步梳理了学校领导在学校变革中发挥的角色、责任以及信念对领导质量和实践的影响,为参与学校创设"回头看"的机会,引导学校参与者在整合和不断反思的基础上进一步调整观念与行为,扎实推进学校变革工作的内生发展。除此

---

① LEITHWOOD K, JANTZI D. A review of transformational school leadership research 1996—2005[J]. Leadership and Policy in Schools, 2005, 4(3): 177-199.

之外,西城教科院组织了项目成果提炼工作坊,为高校和学校提供了共同探讨项目所取得的成果以及下一步学校自觉行动中可能面临问题的解决思路的机会,为学校自觉发展赋予更多的能量。在这一阶段,项目影响力进一步扩大,从一小部分教师逐渐影响到学校更多教师的观念和行动,激活了更多教师主动发展的动力,扎根内生,赋予学校文化新内涵,焕发学校发展新气象。在该阶段,高校教师发挥的角色体现出新特点。

(一) 诤友

高校教师作为教师教育者,需要掌握更系统、更丰富的知识,更重要的是要具备高站位的眼光与意识。整合能力与反思能力是高校教师角色更好发挥的内在要求。在学校变革自觉阶段,通过反思工作坊以及定期访校交流,高校教师扮演着"诤友"(即审视者)的角色,与学校参与者一起在"行动中形成新的思想",进一步促进学校参与者树立"在思想中行动"的观念,打破以往的惯性思维,培养长远思维、系统和合作思维。

这个项目相当于一个打破的过程,打破那些周而复始、惯性的思维方式和做法,去看到新的问题并探索解决这些问题。

——L 中学 W 老师

我一直在思考一件事情,为了项目、为了学校,如何更好地发力,我在逐步探索,也受到各方面思维的影响。我们能感受到高校老师团队和教科院心怀美好期盼,大家都在思考如何找到更好的发力点。

——H 中学 S 老师

我觉得参与这个项目最重要的一点,是对我们思想和观念的改变,这是非常有价值和意义的。它给了我们一种持续推动的力量,对参与项目的老师、各个层面的领导带来工作作风、方式方法等的改变。这个项目抓住了关键的人、关键的事,解决了关键的问题,起到一个整体促进的作用,给学校带来一种新的气象。

——L 中学 W 老师

我觉得参与项目带来的是一种做事方式的改变,一种思想观念的改变,提升了工作的科学性和严谨性。

——Q 中学 D 老师

在项目进行过程中,我开始思考如何把每个成员身上的优势发挥到最大化,这种变化让我印象很深刻。

——X 中学 Z 老师

现在做事会有意识地去思考做这件事的目的,我要如何做一个完整的规划,想清楚了再去做。还会去思考这件事可能产生的对其他老师、学生或家长的影响,提前设计后期预案和干预措施。思考问题的全面性、深刻性与以前相比都增强了。

——X 中学 S 老师

(二) 陪伴者

在学校变革自觉阶段,高校教师所擅长的批判性反思可能会逼迫学校教师跳出以往的舒适圈。在学校教师积极寻求改变的过程中,高校教师陪伴学校教师找到进一步拓展学习的空间,见证种子教师团队协作、自主学习和成长之后获得的快乐,以及"教学环境带来的实实在在的变化"。这其中,陪伴者的角色给予学校更多的情感联结,高校教师和学校教师形成了更稳固的战友、伙伴关系。

  如何守正创新就是我们面临的主要问题,通过项目让学校教师有了新的活力,观念上有了很大更新,我想我们还应该再快一点。其实观念上的改变,特别是惯性思维的改变是比较困难的,但是大家愿意去尝试,这是一个很好的开始。现在明显的变化是我们更加关注学生,好多活动设计时我们不仅征求老师的建议,也征求学生们的建议。现在学生们对年级活动更感兴趣了,对老师更加认可,项目给我们的教学环境带来了实实在在的变化。

——S中学H老师

  一开始把该项目定义为评级发展的课题,是一个参与课题的平台和机会,但我现在更加能感受到真实的教学快乐。

——S中学S老师

  以前,在评级的时候,特别渴望能有一个进入课题研究的机会,确实存在功利性的想法。其实,参与这样的项目真的是挺好的一件事情,虽然在做的过程中也有一些烦恼,给自己的工作带来了很大压力,但是做完之后觉得自己进入了一个新的能触及、能掌握的领域,也是一件很快乐的事情。

——S中学L老师

  我们看到不仅是青年教师受益,也包括我们这些骨干教师、骨干班主任,以及整个德育主力群体。在打磨的过程中,所有人都在积极地思考解决问题的方式和方法,大家的热情被点燃了,现在我们经常研讨,成为一种工作的常态。

——L中学W老师

  工作这么多年,日复一日,缺少新意和变化。这个项目给我们带来一股新鲜空气,让我找到了工作的价值,重新燃起了工作的热情。这个项目是实实在在地做事情,推动了学校实实在在的发展。对于一线老师而言,这样的研究是我们愿意参与的,是能真正带给我们思想和行为变化的,所以我们还是很喜欢的。

——L中学W老师

  学校建设是一个长期积淀的过程,不可能一蹴而就。项目六所学校虽然都有从特色校向优质校发展的诉求,但是在变革初期有不同的发展现状和定位,因此,在项目合作初期就确定了各校不同的工作重心和工作方式,并且项目允许学校变革体现出快慢不一的节奏。虽然节奏不同,但是我们看到项目校在办学理念、共同愿景、领导和教师观念与行为、学校文化等关键要素方面都发生了变化。随着项目的不断推进,变革项目的影响力也在逐渐扩大,从最初项目的核心参与者辐射到了更多一线教师,学校教师感受到实实在在的专业发展的获得感和幸福感。有些学校走得更远,他们将新思想运用到课堂实践中,不断提升对学生的影响,增强了学生的学习动机和参与热情。

第二节　高校教师角色作用发挥的局限性与反思

"变革领导力提升"项目聚焦学校变革路径,U-D-S三方合作的项目设计,让学校领导者可以跳出学校原有解决问题的内循环,发现问题、探讨原因、分析问题,寻找可能的解决之路。学校变革的过程实际上成为"提出问题—分析问题—引领学校教师一道解决问题"的过程。在此过程中,高校教师角色作用的有效发挥对于学校解决问题的实际成效有着重要的作用,厘清影响高校教师角色作用发挥的因素能更好地助力协作合力的形成。

一、能否做到理论和实践的贯通,在行动中不断思考

影响高校教师角色作用发挥的因素首先是自身因素,高校教师通常具有坚实的理论基础,能够很好地发挥理论导师的作用,但是变革项目除要求高校教师承担理论导师的作用外,还需要高校教师拥有丰富的实践智慧。在协作模式中,高校教师需发挥的功能使命应是贯通教育理论与教育实践,不仅要将高新教育理论引入教师日常实践,还需要把教师面临的实践问题和难题升华为教育理论研究课题,助力教师用教学学术的视角解决教育教学实践问题,推动教育理论与好的教育实践交互共生。这一过程是高校教师和学校教师共同探究的过程,如果学校教师在其中切实感受到了学习的快乐,真实的成长,能极大地提升项目在学校教师中的影响力,激发教师主动加入专业共同体的愿望,为教师之间开展合作和反思对话创造机会。而这一愿景的实现,需要高校教师擅长在学术性与实践性之间找到结合点,并且对教育实践、教育现象具有很强的评价、反思与系统思考的能力,能够不断地反思,特别是在行动中进行反思。这样才能在与教师共同探究的过程中不会陷入机械、表面、非此即彼看待教育问题与现象的困局,能更好地为教师学习指明方向。

一开始我希望专家团队告诉我们问题如何解决,渐渐地我发现解决问题就像看病一样,每个人的体质不同,不是某一种药就能适合所有得这个病的人。和高校教师的合作印证了一句话"授人以鱼不如授人以渔",专家团队就是在做"授人以渔"的工作,这是真正有利于我们成长的。

——L中学W老师

明确问题,指明方向,提升教师解决问题的技能,对于帮助教师构建一种有利于未来持续发展的能力而言至关重要,对教师的影响也会潜移默化地增强。

我认为这种影响它是慢慢产生的,和专家团队在一起长时间研究后,就不再停留于比较浅层次的思考。慢慢地学校里面研究的氛围在增强,现在大家都主动积极地参加项

目研究,而且在日常工作中,会自觉地运用,去学习,去实践。

——Y中学Z老师

二、能否与学校建立持续的信任关系

对于项目参与者而言,当校长越明确表示项目合作对学校未来目标与使命的重要性时,他们越能感受到学校领导对项目的支持。校长的支持至少通过两种途径提升项目对学校教师的影响力。第一,校长支持是三方协作关系建立的首要前提。项目初期,高校、教科院与学校校长、中层领导者共同讨论学校目前存在的问题以及未来发展愿景和使命、目标。一方面,高校教师能更好地掌握学校目前遇到的障碍;另一方面,有助于学校校长理解高校教师的观念是否和学校的发展理念一致,这一点对构建学校校长与高校教师之间的信任感非常重要,当双方拥有共同的学校愿景和实现方式的一致性理解时,更容易建立共同的规范(shared norms)和集体的责任感(collective responsibility),这对建立实质性的合作关系至关重要。第二,高校教师、学校校长与教师参与者,以及教科院教师共同参加的定期会议和结构化活动能帮助学校教师在繁忙的日常工作中经常调整自己的专业优先事项,有助于把精力集中到真正有利于教学实践和现象问题解决的事项上,在校长的支持下开展工作。许多项目参与者表示,在校长支持的范围中,常常使他们能够在繁忙的日程中挤出一些时间来反思如何改善他们的实践,重新调整他们的专业优先事项,并在有些时候发现以往业已积累的经验不再满足他们的专业期望,开始主动地重新设想提高自身专业能力建设的新的可能性。与此同时,学校教师在参与工作坊团队活动以及高校教师与一线教师一对一、一对多共同探究的过程中,能够找到一群真正了解自己日常工作的同伴,大家互相提供有用资源、共同学习、分享新的知识和技能,建立专业友情(professional camaraderie),大家互相鼓励、给予肯定,情感层面的联结更好地激发了大家有效支持彼此教育教学实践工作的动力。这不仅增强了他们自我实践反思的主动性,还在"共同做"的过程中增强了专业自我效能感。学校参与项目的教师规模也逐渐壮大。

项目最初,只有我们五个人一起探讨,慢慢地加入了其他同事,队伍规模越来越壮大,现在整个初中部的老师都知道我们项目的情况。过程中无数次的碰撞,一直到现在我们确定主要目标,老师们都努力地在课堂上进行探究,这对于教师的成长和学校的发展是特别可贵的。

——H中学T老师

校长有明确的学校变革方向和愿景,主动加入学校需求的探索、厘清和表达中,并为三方协作下的校本探究提供切实的支持,这是"变革领导力提升"项目顺利推进的重要保障。这些因素不仅为三方协作提供了合作的坚实基础,更重要的是为学校教师参与探究创造了安全的心理氛围,增强了学校教师主动参与的信心。对高校教师而言,需要具备主动与校长和学校建立信任关系的意识,以及遇到困难解决问题的能力、正念与勇气。

三、能否找到学校真正关心的合作主题

在三方协作模式下,学校教师对于合作过程中的知识交流而言其并非简单的知识接收者,相反,教师的学习是基于对自身发展需求的理解之上,教师会对外部知识进行筛选与重构。因此,促进教师在协作中探究和学习的主动性对于发挥大学-区域-学校协作的力量来说至关重要。在合作初期,迫切需要找到学校教师真正关心的、亟待解决的教学实践中存在的问题,让更多的教师被"吸引"到合作探究中来,为中层领导力的发挥奠定基础。这就需要学校层面在项目初期能够主动思考如何将教学工作和科研工作相融合,是否能够选择一个让每一位教师都能参加且是学校亟待解决的问题作为学校变革的需求。另外,学校层面的组织者和协调者的人选方面,可以将"是否能够切实统领教师开展教研活动"作为选择的重要依据。提出一个好的问题,组建一支有意愿、有勇气、有能力的中层领导力队伍作为"种子选手"先行探究,并逐渐影响更多的一线教师加入校本探究中来。这些前期工作的设计会极大地影响后期高校教师角色作用能否顺利发挥,也会影响到项目参与者的信心。项目初期,高校教师要细心观察学校方存在的困难,耐心引导学校聚焦现实问题,并从政策、理论和实践相结合的视角,协助学校提出明确的需求表达。高校教师要发挥好理论智慧和实践智慧来助力项目参与者专业发展通道的构筑,赋予项目参与者更多内在追求职业幸福的能力和动机,在协作中激发参与者能量源源不断地向外发挥。

U-D-S 协作是一种突破学校内循环,借助三方优势共同开拓学校变革路径的教育改革模式。"变革领导力提升"项目将学校中层领导者视为激发学校变革的关键力量,通过大学-区域-学校持续性互动设计,联结三方交往性力量,创造了一种引领学校内生发展、促进教师专业学习的变革路径。高校教师作为重要的协作方,在学校变革的不同阶段扮演着不同的角色。高校教师理论与实践的贯通意识、学校领导支持以及项目团队组建策略等因素都会影响到高校教师角色作用的发挥及变革成效,需要在 U-D-S 项目设计中予以重点考虑,以助力平等协作模式的构建以及持续性伙伴协作关系的形成与维护。

第十三章

协作模式中的信任

在U-D-S协作模式的项目中,影响实施效果的一个关键因素就是参与者之间的信任。建立信任,不仅能大大减少沟通成本,促成各方协作,其本身也是开展协作项目的一个重要目标。那么,在此次项目的实施过程中,参与者之间建立了怎样的信任?这种信任是如何建立的?……为此,项目组开展了一系列访谈,充分了解高校团队(U)、区域项目管理者(D)、学校团队(S)三方人员对项目的看法和实施过程中的感受。本章将结合相关文献,根据对访谈数据的分析,对信任的概念及其价值、信任的类型、信任的建立过程和影响因素,以及相应的策略建议,进行分析阐述。

第一节 信任及其在协作模式中的价值

一、什么是"信任"

信任是一个复杂的社会与心理现象,很多学科的研究都有涉及。尽管不同研究视角下对信任的具体定义不尽相同,但从本质上看,信任都是一方对另一方的积极的预期或期望。

在当代社会学研究中,德国社会学家西美尔开创了对信任的研究关注。他认为,信任是社会中最重要的整合力量之一,如果人们之间不能彼此互信,社会就会瓦解。卢曼进一步指出,信任是一种靠着超越可以得到的信息所概括出的期望,是人们减少社会交往复杂性的一种机制。他将信任分为人际信任和制度信任,前者建立在熟悉度及人与人之间的感情联系的基础上,后者则是基于外在的,诸如法律一类的惩戒式或预防式的机制。英国社会学家吉登斯把信任界定为个人"对一个人或一个系统之可依赖性所持有的信心,在一系列给定的后果或事件中,这种信心表达了对诚实或他人的爱的信念,或者对抽象原则(技术知识)之正确性的信念"①。这里的"系统"主要是指抽象系统,即由象征标志和专家系统所组成的社会系统。

在心理学领域,最早进行信任问题研究的美国心理学家多伊奇通过囚徒困境实验,发现人与人之间信任与否可通过博弈双方是否合作反映出来,这种信任是个体基于对不可预料的结果的预期而做出的非理性行为。此后,很多的心理学家都对信任问题进行了研究(如 Hosmer、Rotter、Wrightman 等),大都把信任看成是存在于个人内部的性格特质或心理状态,是个体对他人的一种积极性预期,是经过社会熏陶和学习而形成的相对稳定的人格特质。然而,个体的心理与行为会受到社会文化和传统的影响。有研究者立足中国的历史文化背景,提出了以义务为基础的本土人际信任模式,把人际信任定义为"在人际交往中双方对对方能够履行他所被托付之义务及责任的一种保障感"②,并指出人际关系与人际信任的辩证关系,进一步解释了中国人的信任建立机制。

在管理学中,对信任的研究主要集中于人力资源管理和组织行为学研究领域,大都聚焦于组织内的信任和组织间的信任这两类。对于组织内的信任,有学者认为是个体与他人进行合作时,对他人做出的合理选择的信心和期望③。在一项对管理者和下属间信任关系的研究中,研究者构建了一个信任影响模型,其中信念、诚实、激励、公平和开放五个维度构成信任,管理实践和个人性格是对信任关系有影响的两类因素④。著名管理学教授罗宾斯认为,信任是高绩效团队的特征,即团队成员相信彼此的正直、品质和能力。在对组织间信任的研究中,有研究者将合作创新关系中的组织间的信任看成是"一方对另一方完成基于共同期望的行动的一种期望"⑤。虽然研究视角各有不同,但此类研究普遍都认可,信任能够减少误解与冲突,提升凝聚力,降低管理成本,影响甚至决定着工作绩效。

二、信任在协作模式中的价值

不同领域的研究都高度肯定了信任对人类生活的重要价值。它是人际交往的核心所在,是社会发展的聚合力量,在人或组织间的合作性关系中更发挥着至关重要的作用。对于此次 U-D-S 三方协作模式,信任的价值主要体现在两个方面。

第一,信任是形成伙伴协作关系的基础。对合作伙伴的信任是促进合作的关键要素。U-D-S 三方合作有组织层面的伙伴关系,也有个体间的深度影响和协同工作。这就需要组织之间、个体之间保持高度的开放性,打破彼此间的沟通壁垒,进行真实、有效的

---

① 吉登斯. 现代性的后果[M]. 田禾,译. 南京:译林出版社,2000.
② 杨中芳,彭泗清. 中国人人际信任的概念化:一个人际关系的观点[J]. 社会学研究,1999(2):15.
③ DIRKS K T, FERRIN D L. The role of trust in organizational settings[J]. Organization Science, 2001, 12(4):450-467.
④ MARTINS N. Developing a trust model for assisting management during change[J]. SA Journal of Industrial Psychology, 2000, 26(3): 27-31.
⑤ 何丽君. 合作创新伙伴信任关系的构建[J]. 科技管理研究,2011,31(6):165-168.

对话。没有彼此信任作为前提，就无法实现这种程度的开放与交流，也就无法建立起真正的伙伴协作关系。这种信任既包括对彼此真诚的信任，也包括对彼此能力的信任。只有建立信任，才能为相互的深度沟通打开大门，才能逐步形成携手共进的伙伴情谊，为实现最终的共同目标铺就一条畅通大道。在协作模式的实际运行中，信任关系的建立促进了学校教师与高校成员之间的信息流通，增强了双方的合作意愿与行为，从而提升了工作绩效。

第二，信任是促进共同协作创新的关键。尽管U-D-S的工作模式有着明确的契约要求和地方政府教研组织的制度保障，但对于具有探索性、创新性的合作模式来说，这还远远不够。因为组织间的合作创新往往"具有信息不对称性、多利益团体性与目的多重性等特点，仅仅依靠契约的硬性约束还远远不够，还需要依赖于软性约束，信任就是重要的软性约束方法之一"[①]。国内外很多研究都表明，高水平的信任能够促进合作伙伴间的知识分享和转移，进而促进合作伙伴的创新开发。而且，信任关系的建立，会为伙伴间的畅所欲言、大胆尝试提供心理上的安全感，会有效地促进合作伙伴的创新与探索。

第二节 协作模式中信任的类型和发展过程

一、协作模式中信任的主要类型

对于信任的类型，不同的学者有不同的划分方式，既有从信任发生的主体类型来划分的，也有根据信任的来源或者构成来划分的。社会学领域研究认为，信任不仅存在于人与人之间，也存在于人与系统或者制度之间。管理学、组织学的研究既关注人际间的信任，也关注组织层面存在的信任。心理学研究则更多关注信任的心理特征和构成要素。有研究者从情感性（非理性）和认知性（理性）两个维度来分析信任的类型（如Lewis和Weigert，Mcallister等）。Lewicki等人还从市场交易的角度，基于对利益和风险的评估程度不同，提出了人际信任发展的三阶段，相应的信任类型从低到高依次是谋算型信任、了解型信任和认同型信任。

（一）U-D-S三方主体的信任

就此次U-D-S的协作模式来说，信任发生在高校团队、政府代表和学校团队三方之间（图13-1），涉及组织、个体两个层面。组织层面的信任就是协作的三方之间的信任，是一种组织间的信任；个体层面就是这三方组织成员之间以及各自内部成员之间的人际信任。

---

① 何丽君. 合作创新伙伴信任关系的构建[J]. 科技管理研究，2011，31(6)：165-168.

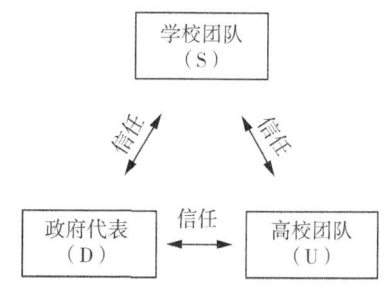

图 13-1　协作模式中的信任

从对相关数据的分析来看,在此次项目的协作模式中,各方最为关注、谈及最多的是学校团队对高校团队的信任,尤其是个体层面学校团队成员对高校团队成员的人际信任,而高校团队对学校团队的信任,以及高校团队与政府代表之间、学校团队与政府代表之间的信任,均无太多涉及。这种情况很大程度上源于项目的属性。此项目是由地方政府领导下的教研部门所设立,对公办学校而言具有天然的系统权威,自然就形成了较高的信任。对于高校团队来说,项目的设立就是地方政府和高校团队之间彼此信任的结果。更为重要的,整个项目服务的主体是学校,项目的目标是要通过提升学校中层管理者的领导力促进学校的发展,因此协作模式的核心在于学校团队与高校团队之间的协作,这种协作在实际执行中就落在团队的个体成员身上,即高校团队是以一种外部力量的角色、通过具体成员的活动协助学校团队的成员开展实践改进行动。而且,当学校教师与高校团队中的特定对象建立了信任,良好的两两互动经验会扩大学校教师的信任范围,建立对整个高校团队的信任,从而促成项目整体上良好的协作氛围,保障伙伴关系的持续深入发展。可见,在协作模式中,最为核心、最为关键的就是建立起学校团队成员对高校团队成员的信任,让学校成员真心实意地接纳高校团队成员的参与,实现双方的有效合作。

(二)认知型信任、情感型信任和制度型信任

综合相关文献和数据结果,进一步分析协作模式中的信任类型,可主要分为认知型信任、情感性信任、制度型信任三类。

认知型信任是一种基于理性判断的信任类型,是建立在对对方专业能力、资源、责任感等认知评估的基础上,对其协作中专业表现的积极预期。在协作模式中,此种信任源于双方合作中的专业关系,突出地表现为学校老师对高校成员在工作中所展现的专业水平的高度认可。这是高校团队与学校团队有效开展专业协作的基础和保障,也是学校团队成员对高校团队成员间最主要的信任类型。访谈中,绝大多数学校老师都表达了这种肯定,有的最初就满怀期待,希望获得"引领";有的在过程中感受深刻。

> 我们自己的教育智慧,或者说非常专的一种方法,需要有更高的引领。我们期盼着像教研院、北师大或者更高一级的人,给我们在思想层面上进行指导、引领。
>
> ——H 中学 S 老师

高校老师到校听我们老师的公开课,这让我印象比较深刻。我自认为这是老师讲得很精彩的一节课,但是经过高校老师分析后才发现很多课的问题所在。我才知道我们所认为的好课和经过高校研究、探讨的好课的标准还是不一样的,给我触动还是挺大的。

——L 中学 W 老师

情感型信任是一种不以理性评估为依据的信任类型,是在与对方情感联结的基础上形成的,对其意图和行为的充分肯定和积极预期。在协作模式中,它更多表现为学校教师形成对高校成员的心理认同和积极期望,从而让双方超越单纯的工作关系,建立形成有情感共鸣、更为持久的"朋友"关系。与认知型信任相比,情感型信任的建立需要更为充分、深入的沟通,尤其是非认知领域的沟通和相应的情感支持。"信任有时并不是来自双方可信赖行为的展现,而来自心理的'偏见',情感支持正是创造这种'偏见'的主要来源。"①因此在项目过程中,高校团队成员会更加注重专业领域之外的主动沟通,展现自身对学校教师的关心与支持,拉近与学校教师的心理距离,与其建立"情感层面的联结"。

有时候我会在小的地方做一些尝试,比如有一次去七中的时候,正好是教师节,我印象特别深。在去之前,我想到今天是教师节,就去学校对面买了蛋糕和花,准备送给老师们。我希望能够用这样的方式来表达:我不只是一个单纯跟你们一起干工作的人,我们还是共同作战的伙伴、战友。我希望建立情感层面的联结,这个是我们大学方面的人应该尝试去做的事情。

——高校团队 S 老师

制度型信任是指由系统、契约等规定的制度关系基础上形成的,对对方履行协作职责、发挥自身作用的一种积极预期。在这种信任中,由于系统、契约等具有的强制力和权威性,由此形成的制度关系就成为陌生人之间建立信任的前提和保障,双方往往由此形成关于对方履行承诺、职责等特征的积极期待。在协作模式中,政府代表、高校团队和学校团队彼此的工作关系,是由相关制度、契约等明确规定的,因此三方之间都存在着制度型信任,尤其是在政府代表和学校团队之间、政府代表和高校团队之间,此种信任是最为主要的信任类型,也是前文提到的访谈中很少被谈及的主体之间的信任。与认知型信任和情感型信任相比,制度型信任往往是一种前置的信任,产生在项目实际运行之前,会在项目初期构成双方的"信任基础",促进其他类型信任的逐步建立,并在项目的后续实施过程中持续而隐蔽地发挥着作用。

北师大是师范领域高校里的领头羊,我们是基础教育最直接的实践者。我想从高校到咱们基础教育的学校,这个项目从建立之初就自然而然地生成了这种关系。

——H 中学 S 老师

他们(学校)最初的一点点信任,可能给的是西城教科院和北师大。他(学校)觉得,教科院这么专业的项目,请北师大这么好的团队,那自然是有帮助的,这是一个信任基础。这也是一种组织特征或者这个项目制度、这种培训模式本身带给你的学术权威或者影响力带来的一点信任基础。

——高校团队 H 老师

---

① 罗家德.社会网分析讲义[M].北京:社会科学文献出版社,2010.

二、协作模式中信任的发展过程

在合作中,信任往往是随着双方互动的加深和关系的发展而逐步形成的,由于伙伴双方对对方了解和认识的加深,占主导地位的信任类型也在不断发生变化。在此次 U-D-S 的协作模式中,最核心和最关键的是学校团队成员对高校团队成员的人际信任。以此类信任为主线,分析相关数据可以得出,协作模式中信任的发展经历了观望试探、逐步升温、稳固发展、自主延伸四个阶段,每个阶段都有不同的信任类型发挥着主导作用。

(一) 观望试探阶段——从无/不信任到以制度型信任为主的初步信任

此阶段主要是指项目初期学校团队与高校团队开始建立联系,初步相互认识的阶段,大体上是从项目启动到第一次工作坊之前的这段时间。在这一阶段,学校团队与高校团队从"不认识"到"认识",双方成员在初步的互动中相互试探、感知彼此的态度。通过这一过程,学校团队成员对高校团队成员逐步从一种无/不信任的状态发展到形成初步的信任,其中占主导地位的是基于系统属性和"契约"要求的制度型信任,随着专业活动的开展会出现基于专业能力的认知型信任。

由于最初的陌生感和对项目发展的不确定,学校团队成员在一开始接触高校团队时,很可能是充满"质疑"甚至"抗拒"的。但其中又蕴含着对高校团队的制度型信任,这一方面源于前文提到的吉登斯所说的"专家系统",即北师大作为著名师范院校的专业地位,及其教师作为"专家""学者"的专业属性;另一方面来源于教育管理系统赋予项目主办方的权力和权威。在这种略显矛盾的心理状态下,学校老师们在此阶段往往带着一种"被动"的"观望"态度试探性地与高校团队开展接触。

> 第一次去的时候明显感觉到他们的抗拒:你过来能帮我什么?能不能帮上我?……有些老师觉得我过来是要求他们做事情的,是有一点抗拒的,但同时又希望可以要求我做点事情,最初也可能不好意思讲,是有点别扭的一种状态吧。
>
> ——高校团队 Z 老师

> 开始大家相互不认识,学校老师的热情和积极是因为尊敬你。比如觉得你是大学的学者,又是西城区的项目,会对你很客气、很尊重。但是我觉得可能一开始,应该都会是一种观望或者被动的状态吧。
>
> ——高校团队 Y 老师

面对这种情况,政府代表和高校团队都从自身在项目中的角色出发,通过组织多种方式的互动交流,增进学校团队与高校团队的相互了解。其中,作为项目主办方的政府代表,即西城区教科院的项目团队及具体负责人主要承担起了组织协调的职责,重点通过项目活动(如启动仪式、座谈交流等)帮助双方"破冰"。

> 最头疼的其实是第一个阶段,就是帮助高校和学校破冰。这是我们教科院在这个项目中很重要的职责。第一个阶段我们把校长请过来参与这个项目,后来发现不行,因为校长希望全面开花,而专家认为我们应该聚焦,所以有些校长就不太理解,这个过程用了

很长的时间。我们赶紧调整做法，请副校长来参与，让副校长组建研究团队，推进相关工作。

——教科院 Z 老师

在初步结识的基础上，高校团队成员则更加积极主动地与学校教师开展具体的交流互动（如第一次的访校交流），通过专业的交流、真诚与支持的态度，让学校教师了解此次项目的目标，感受到高校教师是"过来帮忙的"，消除学校老师们的顾虑，达成彼此协作的"共识"，在制度型信任的基础上初步建立起体现专业责任的认知型信任。

跟 X 中学我一直在强调的是，我们跟你们在一起，你们有什么困难、有什么想法说出来，我们尽量去帮助解决。我觉得信任是在一件一件事情的解决过程中建立的，同时我自己会定位，不是我来指导你做什么事情，是大家一起共同解决现在遇到的问题。

——高校团队 X 老师

第一次去的时候，我就跟他们说，我是过来帮忙的，看你们有什么需要我做的。然后用我的想法帮他们梳理课题。第二次去的时候，就感觉舒服很多。他们觉得我真的是帮他们完成任务的，而不是布置任务的。

——高校团队 Z 老师

第一点就是寻找共识，我觉得这是建立信任的基础。只有我们考虑到双方的需要，建立双方都能认同的项目目标，才意味着项目真正展开了。通过沟通，帮助他们澄清对项目的认识、期待，基于现在学校什么样的状态做什么改革，我们花了很长时间寻找共识。

——高校团队 B 老师

（二）逐步升温阶段：以认知型信任为主的理性信任

此阶段是在前一阶段的基础上，学校团队与高校团队形成了更为频繁、有效的专业沟通方式，基本上是第一次工作坊至访校活动初步开展的这段时期。在此阶段，构成协作模式核心的学校团队与高校团队开始作为主体开展多种形式的专业活动，学校团队在这些活动中逐步对高校团队形成以认知型信任为主的理性信任，并开始呈现出积极主动的协作态度。

这一阶段的学校团队建立的认知型信任主要是基于高校团队在各种专业活动中展现出的专业能力和责任态度等专业要素，既体现在组织层面，也体现在个体层面。在组织层面，最具标志性的事件就是高校团队组织的"第一次工作坊"。通过这次工作坊，高校团队呈现出整体的专业性，不仅帮助学校老师明确了项目的"方向"，让他们感受到专业交流的必要性和有效性，还很快拉近了彼此间的距离，促使他们迅速建立起对高校团队的认知型信任。

第一次工作坊的时候，各个学校的老师聚在一起，大家进行研讨。那时候我们还是比较迷茫的，不知道我们要干什么。通过研讨我们一起分析学校的文化、学校的现状，一点点理清制约或束缚学校发展的瓶颈问题，为接下来的研究寻找到了切入点。当时并不觉得有什么，现在想一想，第一次的研讨是特别重要的，因为那是一个定方向的阶段。

——L 中学 W 老师

第一次工作坊，我既感觉到他们被激发起来了，也感觉到我们的关系"啪"的一下拉近了。当时大家非常投入，讨论得热火朝天，说话丝毫没有距离感，完全是一家人或者一个团队一样在说话，交流汇报的时候，也能感觉到"我们是一个团队，我们在一起"这种精神。

——高校团队 H 老师

在个体层面，具体表现为高校教师在后续开始的访校活动中，开展了一些具有关键意义的专业活动，如研究指导、教师讲座、项目研讨等。通过"访校中的专业性活动、专业语言的交流"，高校教师展现了自身的专业能力和专业态度，促成了双方的专业"共识"，让学校老师们建立起基于其个体专业水平的认知型信任，并呈现出更加积极主动的协作态度。

上次 S 老师提到的前期和后期的调研，之前我就没有想到。我就想着最后做个开放性的问卷就可以了。（问家长）听完讲座之后，你有什么样的收获？你对情绪控制或者对孩子身心发展的认识补充了哪些知识？S 老师说，你做一个前期的调研和后期的调研，一对比就会看到沙龙的效果。看似简单，其实它是一种更科学、更严谨的方式，带给我的是做事方式的改变、思想的改变。

——Q 中学 D 老师

我去 S 中的高中部，给他们的双新课题申报做指导。我觉得课题研究一定不是孤立于教师工作的，所以我的整个指导，从来都不是只讲学术规范，更多的是去想他的工作内容。这个课题如何帮到他的教学，从这个角度课题应该怎么往下做。学校当时申报了十几个课题，有的老师同时在不同的课题里，工作量很大，我帮他们做了统筹。我觉得这次指导是一个关键性的事件。老师们觉得我们是真正从他们的教学实践出发，而且也相信，像我们这样指导，他们一定可以在工作中有所收获、成长的。讲完后又进行了沟通，他们回去就立刻组建教师团队了。

——高校团队 Y 老师

感觉到 L 中学的信任有了特别大的提升，应该是那次我去给他们做完讲座之后。当时他们第一次提出来，请我和 S 老师就大单元教学进行一个讲座。我们的讲座，准备得很认真，内容也很充实，学校的青年老师都来听了。可能他们看到了我们的用心，以及在这个过程中感受到了我们的真诚和支持。在那个讲座之后，我发现 Z 主任与我们的沟通非常主动。

——高校团队 H 老师

（三）稳固发展阶段：认知型信任和情感型信任"双主导"的信任模式

此阶段是学校团队与高校团队真正开展专业协作，促进学校实践改进的阶段，大体上是在访校活动常态化后至成果提炼之前的这段时间。在这一阶段，针对各所学校的访校活动形成常态化，面向全体的工作坊也适时开展，学校团队和高校团队在充分的沟通中，围绕项目确定的学校改进课题和任务，开展了深入的交流与分享，实现了双方的协作与学校的改变，学校团队在此过程中对高校团队形成了充分的信任，不仅持续增强原有的认知型信任，还形成了更为持久的情感型信任，呈现出认知型信任和情感型信任"双主导"的信任模式。

一方面,在持续进行的访校活动中,学校教师与高校教师得以开展深入的专业交流,更充分地感受到高校教师的专业水平、专业精神,及其关照"实际"的专业意识,打破了学校老师们的"刻板印象",形成了专业上的认同感,从而激发他们对于自我提升与实践改进的内在动机,也加深了他们对高校教师认知型信任的程度。

> 我觉得变化的原因,首先是我们遇到的高校老师特别爱岗敬业,而且对我们的关心是发自内心的。另外就是,我们的沟通过程是有效的,我们一些思路的碰撞是有意义、有价值的,对一些问题的探讨是有结果、有帮助的。在这个过程中,我们逐渐转变一些思路和方法,也改变了过去对高校教师那种高高在上的、只知道理论而难以联系实际的刻板印象。
>
> ——L 中学 L 老师

> 最开始的时候,说实话我没想到高校会这样贴近我们的教学实际,以为就是大家开会,然后再说一些论文方面的内容,不会深入实际。没想到咱们这次活动特别契合学校的一些实际情况,高校教师多次入校,对我们的一些指导也都非常到位,对我们很有启发和帮助。
>
> ——H 中学 W 老师

> 这个项目确实提供了很多我们欠缺的东西,给了我们非常需要的思路、工作的方法、指导意见,对我们的帮助很大。比如,课后服务是我们从去年9月1号开始的,现在一共经历了4轮修改,措施和想法都得益于北师大这个项目。
>
> ——X 中学 H 老师

另一方面,除了项目自身的专业活动,高校教师会有意识地提供超出项目范畴的专业帮助(如解决学校实际问题、提供资源与机会等),并通过充分、平等的沟通与对话,表达对学校及教师的关心与着想,让老师们感到"被尊重、被认可、被鼓励",从而建立起一种基于"朋友"关系的情感联结,形成更深层的情感型信任。

> 建立信任的第二点就是在他们需要的时候提供帮助,这样才能真正走入他们的内心。第三个就是对话,对话特别重要。现在做不到面对面,但还是能通过电话、信息技术的手段保持常态性的联系,也能了解到他们现在的障碍是什么。对话的主要目的就是提供帮助,了解项目进展中遇到的困难,我们能为他们提供什么样的帮助。
>
> ——高校团队 B 老师

> S 老师做得很多的是给予学校可能目前没有的资源:专业发展的资源、项目的资源、科研的资源,等等。这些额外的资源也会让学校在交往过程中对我们产生充分的信任,就是他感觉到你是帮我的、你是在和我一起努力、为我们好。这种时候,他就会打破原有的想法(觉得我们双方是一种对立的关系),而认为我们成了并行的关系,甚至是好朋友、一起共同努力的关系,这种信任感就会与日俱增。
>
> ——高校团队 H 老师

> 项目团队跟我们的关系特别好,很融洽,没有因为是高校来的老师而让我们觉得他们高高在上。我们一线的老师能够感觉到自己是被尊重、被认可、被鼓励的,我们跟高校

老师、助理同学们之间是一种良性的互动关系,互相学习、互相配合,我非常喜欢。

——L 中学 W 老师

(四)自主延伸阶段:"双主导"信任模式的延续和超越

此阶段是在项目后期的成果阶段,学校团队与高校团队在此前形成的协作关系中顺利完成项目工作,并会自主地期待或延展出超越项目自身时空界限的协作契机和需求,基本上是从成果提炼阶段直至项目结束乃至之后的一段时间。作为上一阶段的延伸和发展,此时学校团队和高校团队的协作已经成为双方习惯的工作方式,双方成员也都成为彼此的"熟人",认知与情感交织的"双主导"信任模式持续、稳定地发挥着作用,并可能随着协作关系的持续发展,形成更牢固、更持久的信任,尤其是更高水平的情感型信任。

进入此阶段,与高校团队成员"伙伴"协作的良好体验,会持续增强学校教师对高校教师认知型信任和情感型信任的水平,让他们对项目中建立的协作关系产生"不舍"的情感,会期待未来能有机会延续与高校教师的交流与合作。

在我们和高校团队平常交流的过程中,氛围特别的温暖、友善,高校老师们都特别平和。是真正的学术式的探讨,不是一种上级对下级的领导和被领导的关系,而是一个很平等的伙伴关系。我是比较认可这个伙伴关系的。

——S 中学 L 老师

我个人特别期待我们的项目能再持续一段时间,项目到年底就要结束了,挺舍不得的。感觉我们刚刚走入正轨,正要开始更加深入地研讨,更加深入地往前走,项目就结束了。感觉这个项目的时间还是太短了,希望将来得到更多的、持续不断的帮助和支持,这是我们的期待,对此我们深表感谢。

——L 中学 W 老师

这种积极的信任体验还有可能迁移到教师日常的工作中,有助于加深学校成员之间的信任。有的老师感到在项目后期,自己所在团队成员之间的沟通都更加"放得开",团队氛围更加和谐。面向教师开展的前后测数据也表明,项目实施完成后教师对校长、同事、家长的信任水平,都较实施之前显著提高(表 13-1)。

对比第一次工作坊跟这一次工作坊,我觉得我们成员之间在阐述自己想法的时候,很明显更放得开了,而且有自己的一些思考和见解,互相之间有碰撞,整个团队越来越和谐,我们的目标越来越一致。

——X 中学 S 老师

表 13-1　项目实施前、后教师对校长、同事、家长信任的差异比较结果

	配对/变量	平均值	标准偏差	t	Sig.(双尾)
配对 2	信任校长_前 信任校长_后	3.72 4.09	0.778 0.799	−5.376	0.000

续表

配对/变量		平均值	标准偏差	t	Sig.（双尾）
配对 3	信任同事_前 信任同事_后	3.76 4.22	0.744 0.723	−6.494	0.000
配对 4	信任学生家长_前 信任学生家长_后	3.76 4.13	0.712 0.727	−5.866	0.000

同样，这种良好的协作体验也会促使高校教师"投桃报李"，将彼此的交流、合作拓展到项目以外的其他专业工作和发展机会中，给学校教师带来更多的帮助和支持。这既是"双主导"信任模式作用的体现，也是协作双方情感型信任进一步发展、深化的表现。

> 我总希望能够给学校老师带来一些回应、回报。……从一个关系的构建来说，这是我应该要做的事情。像这次，我先主动联系期刊，说我要组稿，然后请学校老师参与。为什么要请他呢？就是他那么支持我们的工作，我觉得我们也要投桃报李。……做一些支持他发展的事情。我们不是作为一个工作上的同事，而是作为一个朋友来做这样的事情。
>
> ——高校成员 S 老师

综上所述，在此次 U-D-S 协作模式中，学校团队与高校团队通过以上四个信任发展阶段，逐步从"陌生人"发展成为"熟人"，遵循着从低水平信任向高水平信任的演进历程。从各个学校的整体表现看，信任发展的阶段越高，双方的协作就越好，项目推进就越高效，最终体现在学校的实际改变就越显著。然而，并不是所有学校的团队都会全部经历这四个阶段，不同的学校成员之间也存在差异，有些可能基于以前的合作经历一开始就处在第二阶段，而有些"伙伴"之间可能就一直停留在第二阶段，仅限于工作中的认知型信任。正如高校团队的 S 老师所说："有些人可能只是工作上的合作关系，有一些是可以进入相互信任的朋友关系的层面。我觉得是有差异的，跟接触的时间、接触的层次、大家相互的理解过程，都有关系。"

第三节 协作模式中影响信任的因素和策略建议

一、协作模式中影响信任的主要因素

信任的形成往往会受到来自信任方、被信任方和信任关系所处的特定环境等因素的影响。结合数据分析结果，在协作模式中影响学校团队与高校团队建立信任的因素，主要存在于组织和个体两个层面。组织层面包括外部环境、组织特征、关键人物三个方面，个体层面包括个人特质和人际沟通两个方面。

(一) 组织层面的因素

1. 外部环境

外部环境主要是指学校目前面临的整个教育环境。随着基础教育领域的一系列改革,学校所处的教育环境正在发生巨大的变化。在义务教育阶段,"双减"改革继续深化,2022年秋季学期开始实施义务教育新课标;高中阶段持续推进"双新"改革,落实普通高中新课标……面对这些改革、变化,学校自身也感到需要更多的专业支持和发展平台。这种由外在环境刺激产生的发展需求,有助于学校在项目之初就形成对高校团队的积极期待,有利于信任的建立。

这两年教育形势和教育政策确实发生了挺大的变化,不管是初中的"双减"政策,还是高中的"双新"政策,都对我们的观念有一些冲击。对于我们思路的一些局限,确实需要有人来点拨,有人来点亮。高校教师恰好在这个时机为我们做了这样的工作,使我们产生了相应的转变。

——L 中学 L 老师

最开始我期待还是挺高的。为什么有这样高的期待?因为我觉得对于学校特别是中学而言,如果能有一个更高更大的平台去看到更多前沿的东西,对于学校的整体发展是有着非常重要的意义的。

——Y 中学 W 老师

2. 组织特征

组织特征主要包括学校的文化氛围和高校的组织声誉,两者都会影响学校教师对高校团队的开放和接纳程度。从项目的实施过程看,学校的组织氛围越是开放、包容、支持,其老师与高校团队的沟通就会越顺畅、坦诚,会更快地建立起信任,双方协作的实际效果也会越好。

我觉得 X 中学的整体氛围是很友好的,一开始就没有把高校团队排斥在外的情况。跟他们整个过程的沟通都是比较坦诚的,我觉得挺好的。

——高校团队 X 老师

从我们学校的角度来说,我感觉领导们还是比较开放的。如果有问题,你找领导们去沟通、协调,他们会积极主动地去协助你解决。比如说我们校长,他本身对教育教学有着自己明确的指导意见,那么我们就需要思考,他的指导意见如何跟我们的课题结合、渗透;每一次工作坊,他都过问、组织,进行认真的学习,然后反过来跟我们再沟通。所以我觉得在我们学校不存在任何的阻碍和障碍。

——S 中学 D 老师

信任往往与过去的行为相关联,而声誉正是一个组织的浓缩历史[①]。北京师范大学作为著名的研究型师范院校,在教育研究和实践领域都享有盛誉。这种声誉带给高校团

---

① 何丽君. 合作创新伙伴信任关系的构建[J]. 科技管理研究,2011,31(6):165-168.

队一种先天的学术权威,有利于学校教师对高校团队建立信任,尤其是制度型信任、认知型信任;但同时,它也会让学校教师预设形成一种可望而不可即的距离感,不利于信任的加深,尤其是情感型信任的形成,可谓是一把"双刃剑"。

一开始接触这个项目,我是有点焦虑或者有点痛苦的。因为听说是北师大的团队来帮助我们,我们觉得是可遇而不可求、可望而不可即。北师大老师们的理论水平、专业水平都非常强,像我们学校这样的实际情况,他们能不能给到我们特别贴切的帮助?会不会这个帮助对我们来说有点儿"高处不胜寒"呢?

——X 中学 Z 老师

3. 关键人物

在 U-D-S 协作模式中,学校对高校团队的信任是在彼此的互动中发展起来的。无论何种形式的互动都需要以具体的"人"作为中介来进行。因此,在学校层面存在这样一个"关键人物",其作用的发挥会直接决定互动的效果,进而影响信任的形成。比如,在项目启动时期,主办方就发现学校的"副校长"是一个关键人物,更能够和高校团队取得目标上的共识,促进信任的形成,奠定协作的思想和团队基础。

刚开始的时候,我们把六个项目校的校长邀请到一起,进行座谈会来推动这个项目,效果不是特别好。后来我们就把各个项目校的副校长组织起来,如果他们的研究方向是德育,那我们就请德育副校长,教学方向的就请教学副校长,我们组成了另外一个研究团队,这个团队相对更务实一些,可以跟大学专家进行更有针对性的交流。因为从大校长的角度来说,他们更愿意从学校宏观层面上开展相关工作,但是项目本身更希望是聚焦,所以这在当时是有分歧的。教学副校长也好或者德育副校长也好,我觉得他们工作起来会更务实或者更有针对性,研究就更有时效性,我觉得这是一个非常好的转变。

——教科院 Z 老师

具体到各个学校的项目推进,高校成员在与学校成员的互动中又发现了两个关键人物。一个是"校长",他/她作为学校的领导者,对项目的认识水平和对高校成员的共识程度,往往直接影响学校整体的意愿和行动,从而影响信任的形成。

我跟 S 中学的校长有一次面对面的对话,这个特别重要。校长介绍了他们学校的大概情况,以及对自己学校未来发展的一些设想。他说,要用应试教育的方式来做素质教育。我很纳闷他的这种说法,也有一点儿不认同。但是,我不能去否定人家,所以我说了我对他说法的理解,用新课改的很多内容表达他的想法,给他换了一种说法,获得了他的认同,他只是表达上有自己的话语体系,他会觉得,Y 老师我们的目标是一致的。所以他很期待我们接下来三年的合作。那一次交流就相当于"破冰",而且是在学校高层层面的。

——高校团队 Y 老师

另一个是学校团队中的"沟通协调人",这个人负责与高校成员联系,并在学校中协调、落实项目活动。正如高校团队的 Y 老师在访谈中所说:"谁来负责这件事、他具有什么样的关系和在教师里具有的影响力,直接决定了这件事情能不能做成,也意味着学校对这件事情的看法。"因此,这个人的选择也会影响项目协作的实际效果,进而影响其他教师的信任水平。

(二) 个体层面的因素

1. 个人特质

个人特质是指双方自身那些影响信任关系建立的具体特征。在协作模式的实际运行中,主要包括高校成员的专业素养和学校教师的需求差异。

对于学校教师来说,高校成员在项目过程中展现的专业素养是其建立认知型信任的主要依据和决定性因素。高校团队的 H 老师指出:"教师是一个专业人员,包括学校管理者,都是一种专业的身份。最能够建立这种专业信任的,就是你在专业领域获得他的认可。这种专业领域内的信任是最重要的基石。"这种专业素养既包括专业领域的知识和能力,也包括对专业工作的认真、热情等专业精神的表现。不少学校老师在访谈中都提到了这一点,H 中学的 S 老师就表示:"咱们专家的专业理解,以及对于基础教育的热情时刻在感染着我们。"

然而,不同的教师在专业领域的需求存在着差异。面向学校的项目活动若无法满足其个体的需求或期待,很可能让其对高校团队的指导产生一定的情绪或看法,进而影响到认知型信任的发展。有老师就在访谈中表达了自己真实的想法。

我可能不需要这种普及性的培训,我需要更深入一个层次的培训,比如说就某一种方法或者某一个点,可以要求再高一点。这是我第一个觉得和预期有偏差的地方。

——Y 中学 W 老师

因为我读研究生的时候就进行过专业训练,所以对我们有几个老师来说,是增加了额外的负担,占用了我们的时间。其实直接告诉我们要做什么,我们自己去完成就可以,再听一遍对我们没有什么帮助。我们都研究生毕业这么多年了,还要再去学怎么写文章和做科研,我觉得没有必要。

——Q 中学 Z 老师

2. 人际沟通

沟通是影响信任形成发展的重要因素。有效的人际沟通有助于增加彼此的了解,缓解认识的分歧,联结内心的感情,促进信任的建立与增强。从协作模式的实际运行看,学校教师与高校团队沟通得越充分,就越能达成共识、建立信任,双方的协作就越顺畅。而对人际沟通效果有影响的主要有沟通内容、沟通方式和沟通态度三个因素。

在沟通内容上,高校团队与学校教师之间是以专业性沟通为主、社交性沟通为辅。前者主要是围绕项目推进和学校发展所需的专业内容,是建立认知型信任的主要途径;后者则是在日常生活领域寻找共同语言或者给予情感支持,是建立情感型信任的主要途径。但需要注意的是,专业性沟通还要考虑学校老师的认识水平和特点,否则就可能成为"听不懂"的理论,进而影响学校老师对高校成员指导学校实践工作能力的信任。有学校老师说:"高校在理论上可能会更'高'一些,教授们对于一线教学的实际情况,可能不是特别了解,所以有一些内容可能讲得会比较高深,我们在听讲座的时候,会有一些不能完全理解的地方。"

在沟通方式上，高校团队在项目前期主要采用线下面对面沟通的方式（如第一次工作坊、访校活动），后来受疫情影响转为线上视频沟通（如线上工作坊）。从实际效果看，线下面对面的沟通更受学校教师的欢迎和认可，对于其建立信任具有重要的意义。很多学校教师都在访谈中对比了这两种方式，肯定了面对面沟通的效果。

> 在开始阶段，我们进行了比较务实的面对面的工作坊、沙龙，或者分组讨论会议，效果还是非常不错的。后来受疫情影响和环境条件的限制，我们的沟通方式改为线上。但这种方式有一定的时间间隔性，还有沟通的理解差异问题，跟面对面沟通还是有一些区别的。所以，我们觉得在后一阶段并没有达到项目组在我们学校进行工作落实的目的，对我们后期工作的推进和落实，在效果上还是打了一些折扣的。
>
> ——X 中学 L 老师

在沟通态度上，鉴于专业系统赋予高校和学校之间非平等的专业关系，高校团队成员在与学校教师的沟通中，普遍有意识地保持一种尊重、坦诚、关怀的态度。这种沟通态度获得了项目学校教师的认可，有效地促进了信任的形成，是双方得以有效协作的重要基础。

> 在沟通中，我们要本着特别真诚、平等的态度，这是非常重要的。虽然在项目中是所谓的"专家"，但是在实际的工作生活中，这些学校团队的成员更为年长，他们的人生阅历等更为丰富，我们要给予足够的尊重。沟通要充分，信息要畅通，当他们有需求、有问题的时候及时解答。
>
> ——高校团队 H 老师

> 你可能要有一些"自我的暴露"。你肯定希望能够跟学校老师有一些共鸣，这也是我们需要去做的。我其实特别担心给他们增加负担，因为我知道老师的负担确实太重了。我一直的想法就是：我不给你增加负担，或者尽量以最小的负担给你带来比较大的收益。这就是我要站在你的立场，去为你着想。
>
> ——高校团队 S 老师

> 我们每一次的交流都是有什么说什么，特别开诚布公。我们跟 Y 老师的交流就是她有不满意、有想法的地方，都会特别认真地给我们指出来。我们有不明白的地方，也会一而再再而三地询问她，有时候一个问题问好几遍，但是 Y 老师从来没有不耐烦过，或者表现出一些不满意，所以我们的沟通是非常好的。
>
> ——S 中学 D 老师

二、协作模式中增强信任的策略建议

基于对此次协作模式中最核心信任类型的发展过程及影响因素的分析，可以进一步对项目实施提出四个方面的建议，即慎选协作伙伴、抓住关键"人""事"、加强人际沟通、培育共享文化，供此类项目的实践进行参考，促进协作模式中学校与高校之间信任的增强。

（一）慎选协作伙伴

慎重选择协作伙伴，是促进协作模式中信任构建的重要前提。在由政府或其具体部门主办的 U-D-S 项目中，高校团队一般是项目的设计者和实施者，项目学校则往往由主办方推荐或选定。如果学校对项目的内容和目标并不是充分认同或者需要，只是考虑到主办方的身份或者项目的资源而"被动"地参与，那就很难与高校团队取得真正的共识，也就需要更长的时间建立信任或者可能无法建立信任。因此在项目招募阶段，既要引导意向学校充分理解项目的要求，认真衡量项目目标与自身发展的适切性，又要充分了解学校的真实意愿和想法，选择真正有需求、有热情的学校参与进来，在最初就激发学校参与项目的主动性，加速信任的建立。

（二）抓住关键"人""事"

抓住关键人物和关键事件，是促进协作模式中信任发展的有效策略。此次项目中就发现，学校的校长和学校团队的执行负责人是项目实施过程中的关键人物，他们的态度与行动会影响项目在学校中的执行效果；高校团队第一次专业亮相（即第一次工作坊）和具体成员的第一次访校活动都是信任建立的关键事件，会直接影响学校教师对于高校团队及其成员专业性的看法。因此，在项目实施过程中，高校团队成员要注重与学校中的关键人物进行充分的沟通，首先与他们达成共识，获得他们的信任，同时要做好第一次专业活动的设计和准备，展现自身的专业性，促进认知型信任的建立。

（三）加强人际沟通

充分、有效的沟通是协作模式中信任建立的必备条件。此次项目中就发现人际沟通是影响信任建立的一个重要因素。因此，在整个项目过程中，要借助各种正式或非正式的沟通机会，充分利用线上、线下各种沟通方式，尤其是尽可能加强线下面对面的交流，与学校教师开展专业和非专业的互动、交流。专业内容的充分沟通是双方协作关系建立与发展的基础，能够消除专业领域的认知壁垒，促进认知型信任的建立和发展。非专业内容的沟通则可以增进彼此的了解，加速伙伴之间的情感交流，建立更融洽的协作关系，化解交往中的障碍和固执，降低合作中的交易成本，增加彼此间的情感型信任。

（四）培育合作文化

培育合作文化有助于伙伴间形成积极的期望，促进彼此的信任。这种合作文化是指在伙伴间形成共识的目标指向、合作理念和行为准则。在此次项目中，当高校团队成员与学校伙伴间逐步建立起共享的合作文化时，就为双方提供了一套清晰的目标导向和行为规范系统，构成了彼此共享的合作价值观，这种价值观渗透于合作过程中的每个细节，会增进双方的理解、分享和支持，提高信任的水平和最终合作的效能，让学校团队和高校团队在一致的目标下形成促进学校发展的协作共同体。因此，在项目实施过程中，要首先注重共享目标的形成，在此基础上通过积极的互动，逐步培育彼此认同的合作文化，促进双方合作的发展和信任的深化。

第十四章

伙伴协作关系对变革领导力和学校改进的重要性

对于"伙伴协作(partnership)"一词,有很多类似概念,如合作、共同体、网络等[1]。这些名词的意义都彼此近似,旨在表明不同机构之间的合作关系。伙伴协作关系,正如Goodlad 所言,它应是一个共生关系(symbiotic)[2],究其含义本质,则包括协作双方分属两种机构,这两种机构在结构、文化方面存在差异;双方有着共同目标,并力图解决共同的问题;双方各有所长,也各有所短,协作的过程亦是一个相互取长补短、无私互助的过程;双方各自需要不同,协作应能够满足各自的需要,并互相分享资讯和相互支持;要求分享的决策权和分享的责任,成员自愿参与,并获平等对待;协作是一个渐进发展的过程[3]。

学校改进领域的伙伴协作通常是指学校和大学之间的合作关系[4],后来又演化出了大学-政府-学校(U-G-S)伙伴协作、大学-区域-学校(U-D-S)伙伴协作等,其历史可以追溯到19世纪,但直到20世纪80年代,教育界开始认识到伙伴协作对公共教育改善的重要作用[5]。伙伴协作各方都在这样的同生共长关系中获得各自的发展。对于大学而言,伙伴协作提供了实践应用平台和研究场域;对学校而言是其教育质量提升、领导力发展、教师成长的关键路径;对区域和政府而言则是引入第三方来改善区域教育生态、提升协同治理能力的重要措施。

事实上,从一般性教育变革到具体化学校改进已然揭示出教育质量提升领域在不断走向精细化、内部化,与自上而下的外烁型教育变革不同,学校改进一经提出就强调改变

---

[1] 李子健,钟宇平.大学与学校伙伴协作共创优质教育计划总结报告[S].香港中文大学香港教育研究所,2002.

[2] GOODLAD J I. School-university partnerships for educational renewal: Rationale and concepts[C]// SIROTNIK K,GOODLAD J. School university partnerships in action: Concepts, cases, and concerns. New York: Teachers College Press, 1988.

[3] STALLINGS J A, KOWALSKI T. Research on professional development schools[J]. Handbook of Research on Teacher Education, 1990, 251: 266.

[4] LENG-HAN H, KUEN-FUNG S, FUK-CHUEN H. Partnership in staff development: A school-institute project in Shanghai and Hong Kong[J]. Partnership and Change: Toward School Development, 2004: 239.

[5] STALLINGS J, KOWALSKI T. Research on professional development schools[C]//HOUSTON W R. Handbook of research on teacher education. New York:Macmillan,1990.

校内的学习条件和其他相关条件,最终让学校更为有效地实现教育目标。但正如剑桥大学学校改进研究小组所指出的,"学校改进是教育变革的一种策略,它可以增强学生的学习成效;同时还能增强学校应对变革的能量。这样的学校改进通过聚焦教学过程以及支持它的相关条件从而提升学生的学业成果。它是在变革的时代中为提供优质教育而提升学校能量的策略,不是盲目地、毫无批判地接受、实施政府的法令"[1]。其核心就在于学校改进不是一种输血式的发展,而是强调赋能学校领导、教师、职工,提升学校能量,实现一种持续的造血式发展。世人常言,一位好校长成就一所好学校,但在实际学校变革场域中,常常可见优秀校长折戟于所接手的新学校,关键就在于学校发展不是只靠一位领导者就能完成的,需要一支领导团队,尤其需要一支强有力的中层干部团队。因此学校改进必然要赋能中层干部,让中层干部具备持续推动学校改进的能力,使其在学校发展中识别新环境、新问题,寻找新方向、新方法,落实变革举措,并在评估成效基础上改进方法举措,唯此,学校改进才能和学校所处内外部环境变化与时俱进。然而长期以来,很多学校在队伍建设中面临着"铜头铁脚豆腐腰"的结构性失调问题,中层领导力的缺失成为制约学校发展的软肋[2]。因此,支持学校改进的伙伴协作必然要把中层干部的领导力提升作为重要突破口,实际上,不少研究也发现,伙伴协作能够支持学校团队的领导力提升,进而帮助学校团队形成更强的责任感和授权感[3]。

在"变革领导力提升"项目中,大学、区域和学校所构建的伙伴协作机制就是要把中层干部的领导力提升作为抓手来实现学校变革。本章将采用达林的有关伙伴协作的三种取向来分析伙伴协作如何支持变革领导力的提升和学校革新,进而提炼出支持变革领导力提升和学校革新的可持续性路径方法。

第一节 技术取向伙伴协作关系与学校变革改进

一、技术取向伙伴协作关系实践

项目系统与学校系统之间能够基于学校的实际经验,结合项目人员的专业支持,促进变革领导力发展与学校改进。这源于项目系统人员和学校系统人员既往的学习与工作类型差异,在理论研究与实践行动中存在着互补的关系。项目系统人员拥有更多的思想智慧和理论智慧,能够提供系统的、理性的和"技术导向"的支持;而学校系统人员则拥

---

[1] 达林. 理论与战略:国际视野中的学校发展[M]. 范国睿,主译. 北京:教育科学出版社,2002.
[2] 鲍传友. 从夹心到核心:学校中层领导力的认识与培养[J]. 中小学管理,2014(3):4-6.
[3] VERNON-DOTSON L J, FLOYD L O. Building leadership capacity via school partnerships and teacher teams[J]. The Clearing House: A Journal of Educational Strategies, Issues and Ideas, 2012, 85(1): 38-49.

有更多行动智慧和实践智慧,能够提供学校实际经验知识①。具体而言,以技术取向的伙伴协作关系对变革领导力发展与学校改进行了相关探索,回答了"从此我们走向何处""我们应该从哪研究""我们应该利用哪些知识"的发展问题②。

(一) 理论引领

中学系统教师将大学教授看作理论引领者。"高校教师首先发挥的是引导作用,在高校教师面前,我们觉得自己的心态就像学生一样,老师们在大的方向上为我们指导,把最先进的教育理念传递给我们。所以从这角度来说,高校教师为我们打开了一扇又一扇的窗户,让我们见识到教育教学的新世界。"(L中学W老师)中小学教育实践者因为长期沉浸在琐碎、变化、及时性的实践情境和结构中,缺乏对实践的整体把握、理解和设计,经常会产生困顿、无助和孤独感,他们需要理论的介入与互动,以使自己的经验和境界产生质的飞跃③。大学教授能为中学教师的教育教学工作提供理论依据,协助中学教师将零碎的工作经验上升到理论层面。"我跟丁老师就一些活动的操作进行交流,老师说其实你这个就是项目式学习、研究性学习,我突然觉得应该在这方面去做文献资料查询,这给我特别大的启发。我也很惭愧,因为我在查询的时候发现这些内容十年前就已经开始尝试了,我们还当作一个比较新的、没怎么听说过的活动去做。"(S中学H老师)同时,大学教授还能为学校教师提供更多元的理论视角、更多样的知识内容。"高校的老师参与中学课程的听评课,他们的视角和思路与我们传统的听课视角、思路是不一样的。他们有听评课的工具,还会掐时间、记回答这个问题的次数等,这些评价以前不是我们最关注的点。"(L中学W老师)

(二) 研究指导

从整体规划来看,本项目是以各校基于自身学校文化和工作情况提出的研究课题为支撑点带动项目进程的,项目通过开展工作坊与沙龙,以理论学习和小组研讨等形式提供相应的指导;项目团队会定期前往各个学校进行实地访校,针对课题研究进行深度研讨。

在项目前期,项目团队采用量表对各校教师的教师集体自我效能感、教师学业调查、教师信任、教师集体效能感、教师承诺、教师文化、教师韧性等情况进行调查,通过学校办学自评表了解各校学校管理、课程建设、教育学的效能情况,旨在充分了解各校情况,与中学教师一起找到学校改进的突破口。

在项目过程中,项目团队以工作坊的形式加强研究过程的指导。在首次"为学校变革做准备"工作坊中,本项目组织各校开展校本研讨,项目团队提供校本研究方案设计框架引导学校教师形成校本项目设计方案。随后,项目团队围绕"数据处理""校本探究成果""论文写作指导""课程研究框架设计"开展了集中学习与研讨活动,对推进校本研究、

---

① 吴康宁.从利益联合到文化融合:走向大学与中小学的深度合作[J].南京师大学报(社会科学版),2010(3):5-11.

② 多西,弗里曼,纳尔逊,等.技术进步与经济理论[M].钟学义,沈利生,陈平,等译.北京:经济科学出版社,1992.

③ 李伟,程红艳."U-S"式学校变革成功的阻碍及条件[J].高等教育研究,2014,35(6):68-75.

产出高质量研究成果进行了针对性指导。而大学教授的定期访校能够根据各校的具体困境与问题,为中学教师提供更具有针对性和细节性的指导。"我有特别深刻体会的一次是 I 老师和 J 老师指导我们高中的'双新'课题,近三小时的指导,J 老师将我们的课题细分,告诉我们哪个是对的,哪个地方应该怎么做。我感觉这是一次特别接地气的、特别具体的指导。"(S 中学 C 老师)

(三) 专业支持

在项目系统和学校系统的伙伴协作关系中,大学教授将自身定位为"专业指导者"和"专业支持者"。"指导"指向项目的主要任务——课题研究,而"支持"更多指向对学校教师提供日常教育教学工作的解答和资源支持。"另外一个就是支持,支持他们推进自己的工作,不仅仅是专业支持,还有是在需要你的时候,你去支持,包括问题的解答。"(高校团队 H 老师)这种"随时随地"的个性化支持,能够让学校教师感受到项目团队的帮助,有助于两者之间建立更紧密的信任关系。

于中学教师而言,大学教授自身拥有的理论素养和知识储备是最直接的专业支持。在项目开展的过程中,许多学校邀请大学教授进入学校开展主题讲座,为中学教师介绍先进的教育教学理论,如 Y 中学邀请 G 教师开展学校青年骨干培训;L 中学校邀请 H 教师和 L 教师开展教学评一致性以及大单元设计讲座等。同时,大学教授为中学教师改进教育教学工作引入了实物型工具,如学校办学自评表、调研问卷、评课工具等。"我觉得最主要的帮助就是为我们提供了一些工具,这些工具都是高校研制出来的比较好的工具,而我们一线教师是比较缺乏这些工具的,这些工具需要很强的理论背景或者能力才能制作出来,这恰恰是中学老师的短板。"(L 中学 W 老师)

大学教授不仅拥有改进教育教学工作的重要知识,而且还具有获得有价值的知识的途径与资源,因此,大学教授也发挥着信息与资源中介人的作用。"K 老师经常跟我们分享一些资料,无论是线上的研讨学习,还是一些对我们的发展有借鉴意义的材料,她都愿意与我们分享,K 老师给我们的帮助可能不仅仅与这个项目有关。在生活中,这种频繁的分享,让我们感觉到 X 老师其实就在我们身边。"(X 中学 Z 老师)

二、技术取向伙伴协作关系:变革领导力发展的工具箱

项目系统与学校系统跨越边界的合作,促使参与项目的中层领导重新审视自己之前的想法与实践,进而引发了他们的深度学习以及思想观念和行为系统的变化。与传统的校本研修相比,这种伙伴协作关系更能拓展教师的学习情境,具有更大的开放性、包容性和对话空间[1]。用自己的专业能力来发挥领导作用是中层最好的领导方式,而技术取向伙伴协作关系能够直接指向学校中层领导专业素养的提升,丰富其专业知识,发展其专

---

[1] 王晓芳.从共同体到伙伴关系:教师学习情境和方式的扩展与变革[J].华东师范大学学报(教育科学版),2015,33(3):43-52.

业能力，转变其工作模式，进而发挥领导作用。

（一）提升专业素养，促成实践与理论相互转化

中学教师专业的有效发展依赖于其不断形成的成熟概念，即能够指导教师实践行为的个人理论，但成熟概念的形成通常需要日常概念与科学概念的互动①。

中学教师不乏"日常概念"，在日常教育教学的工作中基于经验和反思自下而上地发展出了丰富的"日常概念"。然而，日常经验与理论概念之间存在着断层，大学教授能为中学教师引入丰富的理论知识。"几次集中的学习，确实让我们领会到了很多新的管理方面的理念和概念。最开始的那一次印象比较深，所有项目学校以及高校团队集中在一起，连线国外专家。专家给我们讲解了'变革领导力提升'项目的愿景和目标，厘清了许多专业术语。那一上午，时间非常紧张，信息量很大。"（L中学W老师）大学教授的立足高度、审视高度及分析深度总体上要优于中学教师，他们能够引导中学教师梳理问题和解决问题。通过这样的引导，将中学教师的教育教学经验与理论知识的联结，促成日常概念和理论概念进行互动。"我觉得高校的老师一直在启发和引导我们自己去发现工作当中的一些困惑、问题，并鼓励我们，给予我们一些知识的支撑、理念的支撑，然后让我们自己去解决一些问题。"（L中学W老师）S老师谈到，一些理论证实了自己的经验，促进工作向前走了一步。"我们在工作坊中还真是学到了一些方式，比如，分析团队当中每个人都有什么样的特点、有什么样的特质，我才知道原来还可以这样去分析人、分析团队。除此之外，还有'拉着走''推着走'的方式，仔细一想还真是这个道理。有的人就很主动，我可能说一句话就行了；有的人就需要我去等一等，我明白了，我在工作中应该是这样去做的，那次印象很深。"（X中学S老师）实践工作促发理论的探索，理论验证实践工作并提供支撑，来自经验学习的自发概念和来自理论学习的科学概念之间的互动，促进真正的概念发生，中学教师的变革领导力发展得以实现。

（二）转变工作模式，促进研究逻辑与工作逻辑相互渗透

鉴于学校教师和大学教授所面临的问题情境、制度环境、文化规范等差异，学校与大学分属于两个不同的活动系统，两者之间存在着"边界"。本项目透过证实了的伙伴协作关系，形成了一个包含学校教师、行政管理人员、大学人员、研究生、学区教育行政人员等多元主体的、更加开放的"边界地带"②。基于校本的课题研究以及项目活动是边界地带的人员交流的载体和中介工具，以课题研究的方式，将研究逻辑渗透于教育教学的实践工作中，给予中学教师充足的科研支持，协助中学教师转变工作思路和方法。

本项目增强了中学教师实践工作中的研究意识。"我们做了这些工作，又如何把这些工作提炼成学术成果，在这个转换的过程中，我们这种意识逐渐增强。"（X中学S校长）研究意识促进中学教师反思日常教育教学工作，提升中层领导思考问题的全面性和深刻性。正如S校长所说："现在做事会有意识地去思考做这件事的目的，我要如何做一

---

① 毛齐明.教研组"教""研"的丧失与回归[J].中国教育学刊,2012(2):32-35+39.
② 王晓芳.从共同体到伙伴关系:教师学习情境和方式的扩展与变革[J].华东师范大学学报(教育科学版),2015,33(3):43-52.

个完整的规划,想清楚了再去做。还会去思考这件事可能产生的对其他老师、学生或家长的影响,提前设计后期预案和干预措施。思考问题的全面性、深刻性与以前相比都增强了。"(X中学S校长)意识的增强促进工作思路和方法的转变,在项目团队的指导下,中学教师能够突破工作归纳性的局限,发展思维的抽象性与逻辑性,从而有助于中学教师审视日常工作找到学校改进的突破口,将零散的日常工作以一定的逻辑组织起来,使工作效果最大化。"我们个人处理工作的思路和方法,不仅受到高校教师的影响,也受到同类型学校的一些影响,我们会有一些思想上面的碰撞,然后产生了改变。我们工作方式的改变,可能影响学校里其他老师们的工作方式的转变。"(L中学L老师)

三、技术取向伙伴协作关系:学校改进的资源提供商

(一)课题研究突破学校改进困境

本项目中将课题研究作为人员交流和项目推进的载体,课题研究的内容与结果直接指向学校改进实际困境的改善,这是因为各校所开展的课题研究主题是以教育教学中所存在的实际问题为抓手的,再由大学教授和中学教师在共同商议的过程中加以确认,旨在找到学校改进的最好"发力点"。

同时,课题研究带动中层领导的领导力与科研能力的发展,为学校改进提供可持续的影响。一方面,中学教师掌握的能力能够迁移应用,采用课题研究的方式解决项目研究主题之外的问题。Z主任用"看病抓药"来形容这种指导关系。"没有所谓的灵丹妙药,我们要自己动手去配方、抓药,然后找到适合自己的路,但不是闭着眼睛一摸黑儿地想抓什么药就抓什么药,而是要先把道理学好,然后才去想方法。"(X中学Z主任)另一方面,课题研究促进学校改进的有效性,为学校改进提供可持续性的变革动力。"课题研究是推动学校变革和自我变革的特别有效的手段,需要变革的不仅是方法,还有我们的头脑、思维方式。我们需要用一种更新的理论来丰富我们的头脑、指导我们的行动,更需要一种持续推动的力量。"(L中学W老师)

(二)课程改革提升学校办学质量

当前,培养具有创新意识与批判思维、跨学科视角解决问题、团队合作等核心素养的人才成为各国教育改革关注的核心要点。课堂教学是学校教育的主要活动,是推动教育改革的重要手段。项目系统参与到各校课堂教学活动当中,围绕教师课堂活动进行合作探讨和研究,为学校的教学变革提供指导和各类资源,积极推进中学课堂改革,提高学校的办学质量,促进学生发展。

大学教授为中学教师注入了课程改革的新理念,为课堂改进提供了新的视角,打破教师的惯性思维和"舒适圈"。L中学W老师在回忆项目过程中印象最深刻的事情时说:"高校老师到校听我们老师的公开课,这让我印象比较深刻。我自认为这是老师讲得很精彩的一节课,但是经过高校老师分析后才发现很多课的问题所在。我才知道我们所认为的好课和经过高校研究、探讨的好课的标准还是不一样的,给我触动还是挺大的。"(L

中学 W 老师)从备课到评课,大学教授与中学教师充分的交流,大学教授为中学教师解答疑惑、引入资源,将理论具体落实在行动当中。"听课后对课堂教学设计的反馈,这是对我非常有帮助的。比如说我在构思'共筑生命家园'这堂课时,面临着教学案例的选择如何更贴近学生、调动学生积极性的问题。我跟 J 老师进行了交流,J 老师看了我的试讲课件之后提出了一些需要改进的问题,比如要重新选取一些教学资料,从学生感兴趣的方面来设计这节课等,给了我很多新的想法和新的素材。"(S 中学 L 老师)

大学教授带动中学教师采用教研的方式关注课堂教学,将研究的思维带入教学反思中,促进中学教师之间的相互研讨,共同改进教育教学实践。"参与了我们的课题研究之后,我更加注重用科研的意识来引领、带动语文组的工作。我们要开展一些理论学习,包括新课标的内容和最新的语文理念等。我们增加了老师们学习理论的次数,并且带动老师们搞课题研究,按照我们现在越来越清楚的课题研究方式申请一些语文课题。"(L 中学 W 老师)

第二节 政治取向伙伴协作关系与学校变革改进

一、政治取向伙伴协作关系实践

政治取向下学校变革被视作学校是以权力、权威和利益竞争为焦点的过程,学校的发展变成了资源分配的问题[①]。在政治取向下,人们从关注某一变革结果的质量问题,扩展到关注该结果的个体、组织和环境的互动上,只有不断进行利益协商谈判才能实现学校改进。在吴康宁对大中小学合作类型的划分中[②],"利益联合型"的 U-S 合作与政治取向的学校变革相似,都以利益动机作为驱使,依靠合作协议相维系,通过与合作协议规定的目标相对照来评价对方是否切实履行责任。

(一)权力驱动

我国自 20 世纪 90 年代起大学和中小学就开展了各种形式合作的尝试与探索,但大学与中小学的合作伙伴关系在没有相关政府部门的支持下缺乏制度化保障与规范化导向[③]。项目中,西城区教育科学研究院作为区域代表与项目校之间具备一定权力关系,其承担一定行政角色,起到组织和协调大学与中小学合作,推动双方合作实现制度化与规

---

① 达林.理论与战略:国际视野中的学校发展[M].范国睿,主译.北京:教育科学出版社,2002.
② 吴康宁.从利益联合到文化融合:走向大学与中小学的深度合作[J].南京师大学报(社会科学版),2010(3):5-11.
③ 庞丽娟,洪秀敏.破解教师教育难题:政府、大学与中小学合作[J].沈阳师范大学学报(社会科学版),2011,35(2):1-3.

范化的作用。如作为项目发起者之一的 L 老师在访谈中提到区域在项目启动中的作用及政治性要素。"项目是由区域发起的,在学校的选取上有政治性的考量,需要兼顾学校的不同情况。"(高校团队 S 老师)J 老师同样认同该项目"对于区里来说,是一个资源分配的过程。"(高校团队 Y 老师)对于与区域具有权力关系的学校来说,区域能够较好落实对学校的规范与指导,而对于平级单位其协调的能力则受到局限。"E 校比较特殊,是一个处级单位,和教科院基本是平级。教科院管不到他们,所以也不好说什么。"(高校团队 Y 老师)除了区域与学校系统之间的权力关系外,伙伴协作关系实践在学校内部系统中同样以权力关系作为重要的驱动力。从教师进入项目的方式来看,大部分学校的中层领导与教师进入项目都是以服从校级管理的方式进入的。如 B 校与 F 校的老师加入项目都是通过上级领导的命令。"我一开始是被强行拉进去的。"(X 中学 S 老师)"我是被通知进来的。"(Q 中学 Z 老师)Q 校副校长同样是接到校长的指令而加入项目的。"当时就是校长开会,说要中层领导参加,那就是我们几个了。"(Q 中学 Y 校长)权力关系成为开展伙伴协作实践的重要驱动因素。

（二）利益冲突与调和

任何一项合作之所以能产生,都是基于各方具备共同的利益诉求,大学与中小学的协作伙伴关系同样是基于双方利益的诉求展开。但是,中小学和大学内部都有不同的子团体[①],每个人都有自己特有的资源和利益,在统一发展中并非每个人都能从中受益,伙伴协作中各主体呈现出的愿景不完全相同。例如,大学对项目的发起是出于对理论的本体化探索。"原来在英国做过类似的项目,想引进国内。"(高校团队 S 老师)而中学则有的是出于问题解决的需求,有的是为服从政府部门的管理和要求。"有的学校是真的想解决问题,但有的学校就是项目选到它,就来做了。"(高校团队 S 老师)而区域则一方面出于对学校发展提升的考量,另一方面有对成果产出的需求。具体落实中,各利益主体间甚至可能产生利益冲突的局面。在大学和区域需要有可见的成果产出来确认项目的效果时,学校老师却无法完全认同。"我能理解,像写文章或者出书,是肉眼可见的成果。但这对我们来说是锦上添花,我们得先有'锦'。"(Q 中学 G 老师)由此可见,即使伙伴协作的三方达成一定的共识,但当其利益的价值排序对于三者来说不同时,同样会出现矛盾。

这种利益冲突不仅仅出现在协作三方之间,在学校里"人和人之间、部门之间的关系,利益是根深蒂固的,这个其实是比较难撬动的"(高校团队 S 老师)。对于中层领导来说,他们在自己学校有着明确的权力关系,当进入项目后,项目组重新构建的权力关系若与过去的权力关系相冲突,则会使项目的开展遇到阻碍。若老师们与项目组具备共同的利益与价值愿景,如 L 中学老师与大学老师共同发表论文,则伙伴协作会朝着良性的方向发展。但若老师们与项目组的愿景不一致,如 Q 中学教师不认同科研的价值,则伙伴

---

① BIRNBAUM R, EDELSON P J. How colleges work: The cybernetics of academic organization and leadership[J]. The Journal of Continuing Higher Education, 1989, 37(3): 27-29.

协作关系难以推动。因此，在伙伴协作关系中，为调停各主体冲突关系，需要构建足够的共同利益。

二、政治取向伙伴协作关系：变革领导力发展的关系库

研究发现，在政治取向伙伴协作实践中，利益的竞争与资源分配往往是围绕社会资本展开的。社会关系网络是社会资本的关键，布尔迪厄将社会资本界定为实际或潜在的社会资源，这些资源的存在依托制度化的关系网络[①]。在项目中，制度化的合约构建起了大学-区域-学校三者及其周边的关系网，以促进学校干部领导力的发展。正如X老师所说："即使这个项目结束了，我们跟项目校不管是学术的关系，还是私人的关系，还是能够可持续发展的，并带动老师们、干部们有更好的专业发展，这些都在探索当中，我觉得还是很有价值的。"（高校团队X老师）

具体而言，在学校内部，学校领导为完成项目要求，必须跳出学校已有的组织安排，与教师形成新的沟通网络，以增进领导与教师之间的相互了解，使得深度的模范影响和个性化的关怀成为可能。"跟项目组的老师们交流更多了，我感觉我更能理解老师了，能够在一定程度上换位思考。没有参与这个课题的时候，我们就想为什么老师会这样呢？从老师那儿去找不好的那方面的原因。听完以后，我们觉得老师确实太不容易了，家长方面也确实有一些问题。"（Q中学Y校长）

而在项目的不同组织之间同样形成了正式与非正式的社会关系网络。"一定程度上可以提供一些引领，提供一些资源，拓展一些关系网络。比如说我们能够把一些专家引进来。"（高校团队S老师）。大学教师与L中学中层领导和老师形成了稳定的合作关系，随着项目的推进，L中学中层领导更多地参与到大学教师主持的其他课题研究当中，对科研与教学有了新的理解，同时也在参与过程中产生了更多有关团队建设的灵感。"为我打开了一扇窗，就是以科研来促发展，以科研来促提升。无论是对青年教师的培养，还是我们语文组的建设，都是一个特别好的途径和方法。"（Q中学W老师）这种改进得到了项目中教科院老师的认可。"两年来咱们教育变化得非常快，经常会出台一些政策，所以各个学校主管相关业务工作的副校长，他们更愿意看到专家或者是领导对于相关政策的解读。专家在群里面分享的高端论坛或者峰会的内容，对于主管业务的副校长来说，他们是非常受益的。"（教科院Z老师）

随着项目的推进，这种信任关系的建立逐渐加深，实现了以利益关系建构的关系网向以情感联系建构的关系网的转变。"会进入一种相互信任的、朋友的关系。我还是希望能够有一些情感层面的连接，共同作战的伙伴、战友的关系。从我自己来讲，就是我要站在你的立场去为你着想。"（高校团队S老师）

---

① 包亚明.文化资本与社会炼金术——布尔迪厄访谈录[M].包亚明，译.上海：上海人民出版社，1997.

三、政治取向伙伴协作关系：学校改进的启动器

政治取向下有关学校改进的基本假设认为，资源与权力关系在学校变革中发挥着主导作用[①]。项目中由关系网构成的社会资本与项目学校改进呈现出互惠互利、相辅相成的关系，政治取向伙伴协作关系于学校改进的启动具有关键作用，有助于凝聚学校改进的各方力量，获取学校改进的社会资源，从而促成学校改进的发生。

一方面，政治取向伙伴协作关系通过行政力量整合学校改进所需人力资源，提升中层领导与教师在学校改进中的主体权利和参与途径。学校教师卷入学校改进进程中，一开始是基于政治性考量。"一开始，西城区教科院让他们参与进去，他们是一种被动的状态，具体要做什么、怎么做，是不知道的。"（高校团队 Y 老师）项目校老师们直言，若没有行政单位的要求，可能不会参与到学习的项目中，而项目校的中层领导们也鲜有机会与老师们通力合作，促进学校改进。"平时我也跟大家有接触，但更多的是教学工作方面，比如说听课、备课等。而他们研究的学生心理问卷调查、发现的一些问题、围绕这个课题做的一些工作等，我没有机会跟他们做深入的交流。我觉得这个项目让我在这个方面打开了一扇窗。我个人是分管教学的，虽然知道学生会有心理问题，但因为不分管，所以可能并没有特别深入地去了解这个领域。因为这个项目，让我更多地了解了这些方面的知识。"（Q 中学 Y 校长）另一方面，政治取向伙伴协作关系能促进学校改进理念的生成与组织环境的构建。由于大学老师与区域分别代表了知识与权威，能够使中学教师对学校改进的理念产生信任。"咱们这儿都是很有名气的专家，有深入研究的专家，感觉心里有底了，我按照这个方向去做，我会做到更好。"（Q 中学 W 主任）对于这种信任，L 教师说："这有点像护身符，它更多的是一种关系层面上建构出来的东西。"（高校团队 S 老师）同时具备政治权利的区域一方同样为项目的目的——学校改进本身的合法性创设了权威基础。"老师们都觉得政府有这样的项目，那肯定是好的。"（高校团队 Y 老师）这种自上而下对于学校改进理念的渗透为项目校改进奠定了坚实的理念与环境基础，成为启动学校改进的重要力量。

第三节 文化取向伙伴协作关系与学校变革改进

一、文化取向伙伴协作关系实践

学校改进是一个系统而持续的过程，"目的是在一所或多所学校里改变学习条件及

[①] 达林.理论与战略：国际视野中的学校发展[M].范国睿，主译.北京：教育科学出版社，2002.

其他相关的内部条件,从而更有效地实现教育目标"[1]。文化观点认为,学校改进依赖于参与者的价值观[2]。在大学、区域、学校伙伴协作项目推进过程中,大学、区域、学校之间的伙伴协作关系的建立是缓慢的,随着三者之间价值观的不断调整,大学、区域、学校之间的信任关系在漫长的合作时光中逐步建立,形成了共同的价值观,三方的伙伴协作关系也在不断地发生变化。

项目推进初期,受到新冠疫情的影响。"2020年的时候,我们就有这个计划(组织工作坊)。但是因为疫情,什么都做不了了。"(高校团队S老师)部分原定计划无法达成,大学与中学参与者之间相互了解、增进联系的机会较少,影响了二者关系"破冰"。大学和中学之间缺乏足够的理解和信任,在多方面存在矛盾。教科院Z老师在访谈中提到过这个问题。"最头疼的其实是第一个阶段,就是帮助高校和学校'破冰'。这是我们教科院在这个项目中很重要的职责。第一个阶段我们把校长请过来参与这个项目,后来发现不行,因为校长希望全面开花,而专家认为我们应该聚焦,所以有些校长就不太理解,这个过程用了很长的时间。我们赶紧调整做法,请副校长来参与,让副校长组建研究团队,推进相关工作。"(教科院Z老师)

在前期项目推进不佳的情况下,教科院对项目参与对象进行了调整。"因为从大校长的角度来说,他们更愿意从学校宏观层面上去开展相关工作,但就项目本身来说更希望是聚焦,所以这在当时是有分歧的。教学副校长也好或者德育副校长也好,我觉得他们工作起来会更务实或者更有针对性,研究就更有实效性,我觉得这是一个非常好的转变。"(教科院Z老师)在这个转变契机下,与项目研究方向一致的分管德育或教学的副校长参与到项目中,副校长又组织了相关的中层干部或一线教师参与到项目中,使得中学与高校的工作开展能够更为聚焦,促进二者之间深入、有益的交流,各方参与人员也逐渐"破冰",促成了更为广泛密切的沟通。正如L中学L主任在访谈中所说:"在沟通的过程中我刚开始并不是特别地敢于发表自己的想法,但随着和他们的交流逐步深入,我慢慢感受到他们对一线教育教学现状的关心。正是这种关心,使我们愿意和高校教师去交流,有问题去求助,现在回想起来,我们的沟通一直是非常愉快的。"(L中学L主任)

X中学H主任在访谈中说:"以往,老师们的工作相对来说比较封闭,都是自己干自己的,而这个项目强调组织之间的沟通,这种沟通合作的工作模式给我的触动很大。因为这个项目确实给我们提供了很多我们欠缺的东西,给了我们非常需要的思路、工作方法、指导意见,对我们的帮助很大。印象很深的是,当时有位教授用案例的方式讲解论文应该怎么写。我本来以为大学的老师不太讲究这些,其实大学团队还是做足了功课。"(X中学H主任)随着三次工作坊、多次访校沟通等活动的开展,在大学专家基于学校需求、充分尊重学校想法的精心付出之下,来自中学的参与人员也逐渐接纳了大学专家,将其视为关系紧密的同伴。大学专家J老师在访谈中说:"S中学是你能看到这种信任关系在

---

[1] 许爱红.学校持续改进的过程:模型与特征[J].教育科学研究,2011(9):36-40.
[2] 达林.理论与战略:国际视野中的学校发展[M].范国睿,主译.北京:教育科学出版社,2002.

不断加强,或者说,你自己能感觉得到。"(高校团队 Y 老师)双方不断地沟通交流、思维碰撞,彼此之间逐步构建起信任关系,互相为对方的发展着想,大学方能发挥其专业优势,学校方的变化持续向好。

伙伴协作得以开展,本身便意味着大学与中小学是凭某个特定的基础意见而联结在一起的共同体,伙伴协作的所有价值应以这样一种共同体的存在为先决条件[①]。在项目推进过程中,大学方发挥专业支持和计划引领作用,并通过学校的教育实践推动理论创新,区域方提供行政支持和服务,学校方是主动的发展者,虽然各方存在文化上的不一致性,但是三方共同学习研究、同生共长,有着共同利益和一致的价值观——以学生发展为中心,谋求学校持续改进,构建起共生协同的伙伴协作关系。

二、文化取向伙伴协作关系:变革领导力发展的价值愿景

自我变革是学校应对环境的变化之道,"文化观点认为,对于改进过程,一个群体、组织或社区中逐渐形成的价值观和规范十分重要"[②]。学校愿景是对学校希望在未来成为什么样的学校所做的一种描述,体现了学校的办学理念和培养目标,概括了学校组织的目标、使命及核心价值。确立学校愿景是推动学校变革不可或缺的环节,是建立在对外在环境和学校能力综合分析基础上的,这个过程需要协调各主体间的目标与利益,统一各方的价值追求。

学校变革通过学校内的教师开展,没有个体的投入,学校的转变难以发生。因此,在大学、区域、学校三方伙伴协作关系下,在学校愿景的调整过程中,需要以共同的价值观为导向,提升学校方参与者的变革领导力,帮助教师特别是领导层产生意识的转变,提升理性思考能力,充分重视价值观的重要性,将价值观落实到行动,实现自身的变革,并且对当前的学校文化进行详细评估,明晰当前学校文化的优缺点,为学校变革采取的措施和行动提供充分的理由。在第一次工作坊活动中,在大学专家的引导下,通过叙事理解校园文化,中学参与者总结归纳本校现有核心文化,分析各方因素,提出未来愿景并期许解决现存问题;同时,中学参与者也通过自评、他评的形式,反思自身所应具备的素养,也思考通过变革对领导者、教师、学生所应具备的内在素养和行为表现产生什么样的影响。如 L 中学在工作坊活动中,参与者们讨论、明确学校愿景,即"构建成为学生成功、教师发展、社会认可的幸福校园"(Q 中学实物资料),并通过 SWOT 分析,着重明确消极因素。"我们通过探究如何指导青年教师制定职业规划,以解决我校发展中青年教师进取心不足的问题。进取心不足源自青年教师定位不准、目标不明确,我们希望青年教师定位精准、目标明确,并付诸积极的行动。"(Q 中学实物资料)并基于此设计研究方案,开展校本研究。

通过工作坊的头脑风暴,老师们的工作意识有所转变,工作方式有所改良,正如 L 中

---

① 苏尚锋.大学与中小学合作共同体的特质及其构成[J].教育发展研究,2014,33(20):6-10.
② 达林.理论与战略:国际视野中的学校发展[M].范国睿,主译.北京:教育科学出版社,2002.

学老师在第一次工作坊活动后反思:"在某种程度上改变了我们的工作思路,改变了平常的工作模式,让我体验到了头脑风暴的魅力,还有和同伴们沟通的重要性。从一个项目的确定,到每个工作环节的思考,再到目标的实现,整个工作流程越来越清楚,方法越来越具体,内容越来越充实。"(L中学老师们)同时,老师们切身体会到需要打破自身边界,采取行动,促使全校师生共同指向学校未来发展目标。Q中学老师在参加第一次工作坊后说:"总之,变革需从本身做起,为学校的发展、学生的进步,努力将学到的知识运用到未来的工作中,用'往大了去想,往小了去做,往全去评'这句话指导我们前进。"(Q中学老师们)

正如H中学S主任在访谈中说:"我们同行之间在一个不指向结果的、平等的、畅所欲言的机制中交流,实际上特别重要。"(H中学S老师)通过项目的各项活动,大学专家和多个学校的教师们齐聚,互相交流学习,促使发展与维持良好的人际关系、阐释和探讨变革思想,形成共同的规范和价值。

正如教科院Z老师在访谈中说:"我印象最深的是某位老师一说到科研,她就哭了,她觉得这个事情她干了这么多年,却不知道意义何在,她觉得很苦恼。但是你看她现在,沙龙也好,交流也好,她的这种意识越来越清晰。"(教科院Z老师)学校方参与者通过活动,理解了变革领导力的特质,梳理了自身工作内容,更加明晰了工作方向,确定了工作重点,将变革领导力内化于教学或管理实践中,辐射更广泛的教师群体。

三、文化取向伙伴协作关系:学校改进的动力源

"学校改进,始终是以'人'为开始,以'人'为依归,以'人'为改变的单位"[1],政府、高校教师、专家学者等校外变革能动者作为"技术专家"在学校中引入改进的理念并支持学校改进的实现,学校教师等内在变革能动者则执行学校改进的具体措施并扮演模范角色[2]。在文化取向伙伴协作关系下,在共同谋求学校持续改进的价值观的引领下,大学专家更多以启发的方式,引导中学教师不断地自我审视。正如大学专家H老师在访谈中所说:"这个项目推进实施的过程中,它不是一种说我硬塞给你,或者你按照我设计好的路线去进行的这种方式。更多的是你需要的东西,你自己自我审视,向内去挖掘你自身更多的可能。我们导师就是在不断地启发、不断地提醒你,你对自身、对学校还有哪些可以思考、可以挖掘,哪些问题你考虑到了,面对这些问题你还能怎么做。然后是启迪主体,我要把参与培训的这些学校团队的成员作为一个主体,他们是思考的主体、行动的主体,也是改变的主体,所以说我们在一旁就像是一个催化剂。"(高校团队H老师)

项目推进过程中,区别于培训,大学方采用形式更为丰富、互动更为频繁的活动方式"授之以渔",带领学校投入变革。正如H中学S主任在访谈中所说:"这些年,参加了这

---

[1] 汤才伟.中层教师在学校改进过程中的领导和参与[M].香港:香港中文大学出版社,2003.
[2] 黄琳.影响持续学校改进的因素:变革能动者的角色[D].香港:香港中文大学,2013.

么多项目,包括去知名高校、发达地区学习。但是这种项目合作形式,我觉得还不能称之为伙伴,为什么不能呢?因为更多的是像我们现在课堂教学当中的一种讲解式课堂,我们是聆听者,说得直白一点,就是我们去参加培训,那么这个培训是不是我们所必需的呢?这种培训的效果是不是很好呢?像咱们这种机制,我还是头一次参与,就像我刚才提到的工作坊、沙龙,等等,这种机制是非常好的。这个项目能让我们深度参与进来,让我们更好地去与实际的工作结合,并更好地引领我们去创新工作。"(H 中学 S 主任)

X 中学 Z 主任在访谈中说:"双方的关系是这样的,在学校层面,我们能从分析现状出发,提出了我们的需求,而项目给了我们无私的帮助,跟我们一起成长,既有引路的作用,也有陪伴的作用。我觉得我们之间的关系还是非常融洽的,到目前为止,合作还是非常愉快的。"(X 中学 Z 主任)虽然"指导与被指导"的角色关系仍然存在于大学与中学之间,但是在文化取向的伙伴协作关系中,更为重要的是大学与中学之间的角色关系更加平等、紧密,通过交流互动、思维碰撞,形成了一种互相尊重、相互影响、共同发展、共同创造、共同成长的文化氛围,促进了双方的高质量发展。

项目通过给予中学教师思想上的引领,进而影响学校参与者价值观、领导力的变化。正如 H 中学 T 校长在访谈中所说:"我们的初衷是如何提高这个年级的成绩,后来眼界提升了,提升在哪儿呢?理念融合,思想融合。如何提高我们方方面面的能力,教学能力也是其中的一个方面。"(H 中学 T 校长)同时,"学校变革开始于能动者能够形成话语意识并将自己的实践经验转化为动能"[1],参与者也进一步影响到更多的学校教师,激发教师开展学校变革的主体意识,激发他们由内而外的主动开展变革,并根据自身需求去探索变革之路,赋能学校,拥抱变革。正如 X 中学 S 主任在访谈中所说:"通过这个项目老师们对'双减'的认识更深刻了,我们周五是校本化的团队活动。开课的除了音乐老师、美术老师、体育老师之外,还有德育老师。本来我也想开一门课,后来另一位年轻老师说她想带,我说那你带着走,我来审。每个人都积极地参与这个项目。"(X 中学 S 主任)

第四节 伙伴协作关系与学校变革改进:指向可持续性

大学尤其是师范大学中有从事教师教育研究的专业队伍,他们有丰富的教育研究经验,掌握教育研究的方法,在从事研究过程中常常会深入中小学一线去探索如何将教育理论和教育实践结合,这支由高校教师组成的专业队伍是 U-S(大学-学校)协作的专业引领者[2]。中小学作为基础教育的主阵地,为教育研究提供了源源不断的研究样本,而中小学也有相当一部分教师具有教学改革的能动意识,这部分由具有教育改革探索和执行意

---

[1] 金哲,胡雅静.在回望与反思中走向未来——"学校改进与伙伴协作"第十届学术研讨会综述[J].教育发展研究,2018,38(6):80-84.

[2] 王鉴.U-S 协作:基于课堂生活研究的教师专业发展[J].教育科学研究,2011(10):67-72.

识的老师组成的专业队伍,是 U-S 协作的探索者和执行者。

依托"变革领导力提升"项目,高校和中小学在地方政府的牵引下形成彼此信任、密切合作的良好关系,这种合作给学校的教学组织形式带来的影响,集中体现在技术、政治和文化层面。

一、伙伴协作赋予学校变革能量

根据力—场原理,任何现状的维持是两股相反力量之间势均力敌造成的平衡状态导致的,促进变革的力称为推动力,与之相对的维持不变的力是抑制力,二者处于平衡状态时,就没有变革的发生;当两股力量的其中一股力量削弱或增强时,平衡被打破,变革由此发生[1]。学校教育变革同样依循这样的规律,随着基础教育课程改革的不断推进,倒逼中小学不断进行课堂教学变革,但部分学校具有维持现状的惰性,且没有足够的手段来应对变革过程中出现的不确定性,害怕出现改革失败的局面,所以这部分学校通常采用消极手段来应对课程改革。这部分学校变革的发生需要借助外力,如大学教育研究的专业团队等。高校与中小学的伙伴合作本质上是在中小学的教学场域中,中小学教师开展课堂实践,高校教师在其中针对课堂实践情况进行点拨,激发中小学教师对课堂实践存在的问题进行深度思考,并进行理论归纳,同时引入最新的教学观念,最终形成课堂教学实践问题的解决方案,使得教师的教和学生的学更加和谐统一[2]。

改变中小学教师是中小学推进基础教育改革的基础环节,如何培养高质量的教师是教育改革的根本命题,只有中小学教师在教育理念和方法上不断革新,才能在课堂教学实践中落实改革精神,将学生培养成德智体美劳全面发展的社会主义建设者。因此,学校的发展依赖于教师的改变,教师的改变又有一定的渐进性[3],需要借助高校从事教育研究的专业团队的指导,才能逐步改变自身的教学实践行为。具体来说,在合作过程中,高校专业老师为中小学教师带去了新思想、新理念、新技术、新的教育教学模式,为中小学教师提供学习资料,在高校专业老师的指导下,中小学教师不断摸索着前行,对自己的教育行为、教学模式和身边多年来发生的教育现象进行深层次反思,以研究的态度思考如何更有效地进行课堂教学改进,将高校专业教师带来的教育教学理论运用到实际的教学中,逐步成为教育改革的实践者。高校教育研究者的专业引领,能有效避免中小学教师在变革中因"试误"次数太多而信心丧失,帮助中小学教师更高效地完成改变过程。

二、伙伴协作厚积学校变革资本

迈克尔·富兰认为,变革最理想的开始阶段应具备三要素,分别是中肯(Relevance)、

---

[1] 张翔,张学敏.教师教育 U-S 共生性合作的发生机制探究[J].教师教育研究,2012,24(1):29-34.
[2] 岳定权.U-S 合作教研中的知识互动及其实现[J].教学与管理,2021(27):59-61.
[3] 操太圣,卢乃桂.伙伴协作与教师赋权——教师专业发展新视角[M].北京:教育科学出版社,2007.

准备(Readiness)和资源(Resources),也就是三个"R"。其中,在课程变革中首要考虑的因素应该是资源,资源作为变革的基础,是推动变革不断进行的不竭动力[①]。在"变革领导力提升"项目中,高校和中学相互合作,共同打通资源共享平台,为学校变革厚积变革资本,这主要集中在智力支持上。高校老师为中学教师提供前沿教育理论指导、自主学习资源,并结合中学教师的授课情况给予点评,促进其课堂不断完善;同时高校教师也为中学教师提供将实践转化为理论的指导,就中学教师的教学实践情况进行点拨,组织中学教师收集与阅读专业文献,将教学实践情况上升到科学研究,形成论文或者研究著作等科研成果,这些资源支持也能更好地建立起大学老师和中小学教师之间的人际信任,更好地推动教师变革的进行。中学教师的积极参与为高校教师提供了源源不断的实践案例,丰富了高校教师对教育理论和实践的科学研究,为高校教师探索如何进行教学改进提供多样的研究样本。

三、伙伴协作赋能学校变革能动者

美国学者古德莱德和霍姆斯小组最早提出"中小学—大学互接伙伴"概念,认为大学与中小学要形成本质意义上的合作关系,必须具备几个核心要素,包括有共同的目标,旨在提高学校教育质量;有共同的兴趣和利益,旨在推动教师发展和教师教育;有平等的权利和义务,共同的决策和行动[②]。在"变革领导力提升"项目中,高校教师和中小学教师在共通的价值观念下形成良好的合作,共同为提高学校教育质量和推动教师教育发展而不断努力。在这个过程中,中小学教师是学校变革的能动者,高校教师为中小学教师提供资源支持和理论指导,赋能中小学教师不断进行教学变革。

拥有内在的变革意识和拥有变革的外在条件支持,才能促成教师有效的变革行为。在项目中,高校教师不断参与到中小学教师的课堂及备课活动中,发现部分中小学教师的课堂教学仍采用相对传统的方式进行,即以单一授课为主,高校教师结合最新的教育发展理论,如核心素养、项目式学习等理念,不断启发中小学教师思考如何让核心素养落地,如何在教学中开展项目式学习、问题式教学等,从而增强学生课堂学习的主体意识和主动参与的兴趣,提升课堂教学效果,培养学生的核心素养。高校教师深入中小学进行指导的过程能帮助中小学教师不断发现课堂中存在的问题,发现课堂实践与教育前沿理论之间的差距,激发中小学教师利用教育前沿理论来指导教育教学的主动意识,由此唤醒中小学教师内在的变革意识。给中小学教师的理论指导、学习资源和技术支持等,能切实帮助中小学教师发现自身教育实践存在的问题,提升中小学教师变革课堂教学的能力,如高校教师组织中小学教师进行大单元教学设计,给中小学教师提供大单元教学的文献参考和大单元教学设计模式说明,中小学教师围绕文献和理论说明,选择具体章节

---

① 杨明全.课程变革的学理分析性质、功能与过程[J].全球教育展望,2001(6):45-50.
② 滕明兰.从"协同合伙"走向"共同发展"——大学与中小学合作问题研究[J].教育发展研究,2008(11):62-65.

进行大单元设计的研讨,并最终形成针对该章节的大单元教学设计,随之进行授课、评课、反思总结,最终撰写大单元教学实践的相关论文。在这个过程中,中小学教师首先在高校教师提供的条件支持下进行教学变革的探索,在探索过程中不断提升教学、科研能力,之后能慢慢地独立开展教学研究。因此,高校在和中小学的伙伴协作过程中,能不断激发教师的变革意识及提升教师的变革能力,赋能学校变革能动者。

四、伙伴协作打通研究-实践路径

长期以来,中小学具有实践优势,但缺乏研究意识和研究能力,部分中小学教师会认为自己只是从事教学实践活动的工作者,而非教学现象的研究者,认为教学活动的研究不是重要甚至必要的环节,教学现象的研究应由大学老师完成。事实上,只有站在学科最前沿,才能探索出更适合学生学习的教学方式。中小学中许多具有教学影响力的名师,基本上都是兼备教学高手与研究高手的双重素养,因此,中小学教师也有必要在课堂实践之余,针对教学活动和环节进行深入思考,并开展科学研究,以期能不断提升课堂教学效果。另外,也有部分中小学教师意识到针对教学活动开展科学研究的必要性,却苦于不知如何开展。对于高校教师来说,他们具有学术优势,但常常走不出"书斋理论"的藩篱,只有更多接触教育实践,深入了解教育现状,才能有机会将自己的理论成果或教育理念应用于实践、检验于实践,在实践中不断增强对理论的思考,进而逐步丰富教育理论研究。在"变革领导力提升"项目中,高校老师和中小学教师的伙伴协作关系,能共同打通研究-实践路径,在合作过程中分享各自的信息、观念和方法,互通有无,形成互补的专业共生关系[1]。

高校专业人员进入中小学,根据自身以往的研究经验,组织中小学教师形成课题小组,针对课堂的实践活动开展研讨,同时组织中学教师收集与阅读专业文献,探讨如何将教育理论运用到实际的课堂教学中,或者如何将实际课堂教学的规律上升到理论层面,从而促进教育理论研究的发展,也扩大了教育研究的队伍。如果中小学教师队伍中出现越来越多的教学研究者,这些教师的专业发展就有了很大的保障,因为他们自身既从事教学实践,也从事教学研究,能在不断学习和钻研的过程中提升自己的专业水平,对于教学的把握会因此而日趋成熟,使整个教师队伍的专业水平得到大幅提升。

对于大学的教育研究者来说,教学研究的目的是为了指导教学实践,而教学实践的检验需要大学教育研究者深入教学现场,方能不断发现理论和实践之间的偏差,以不断修正教育理论,推动教育实践—理论的协同发展。在U-S协作中,中小学为大学研究人员提供了教育研究的平台,通过合作,大学教育研究人员能直接接触学校,在共同的探索中一起学习和丰富教育理念。

---

[1] 芦垚. 学校改进中的 U-A-S 合作研究[D]. 长春:东北师范大学,2011.